校企"双元"合作开发教材

中国特色高水平高职专业（导游专业群）建设成果

新编21世纪高等职业教育精品教材 | 旅游大类

旅行管家实务

Travelling Housekeeper Practice

主 编 韩德琼 杜 晨

微课版

中国人民大学出版社

·北京·

前　言

旅行管家既是历史的产物，也是时代和未来的需要。自旅游活动出现起，就有了安排和打理旅游活动的需求。对旅游者而言，为了满足这样的需求，可以自我打理，也可以请人打理，后者即旅行管家的雏形。在旅游业发展的初期，因为社会生产力水平的低下，导致大众旅游活动呈现出单一化、程序化等特点，从而使得旅行管理活动也简单易行。对旅游服务人员而言，旅行管理服务包含在其他旅游服务之中，并未受到太多的重视。但是随着经济社会的发展，旅游供需两端都呈现出越来越突出的多元化、个性化等特色，不仅对旅游服务提出了更高的要求，也促进了服务岗位的职业细分。随着旅游者对旅行管理需求的增加，旅行管家这一职业就跃然而出了。

现代意义上旅行管家的诞生，主要是为了应对旅游活动中日益复杂的管理需求，因此，需要从业人员具备较强的管理能力和相关素质，但这是传统旅游从业者较为缺乏的。因为旅游业在我国的起步较晚，高质量发展的时间并不长，长期以来对旅游服务的要求主要停留在技术层面，对旅游服务质量标准的建设和旅游服务教育教学的要求也同样以技术技能为主。但是随着旅游需求多样性和旅游活动复杂性的不断增加，旅游服务人员除了通过技能训练提高自身的接待能力之外，同样需要加强对管理思维的训练，通过管理的手段优化工作流程、资源配置和服务内容，从而达到全面提高旅游接待能力的要求。旅行管理知识与技能是旅行管家职业的核心竞争力。过去在旅游专业的课程设置中，类似“管理学”这样的课程主要是针对本科类学生开设的，但随着旅游服务职业自身的发展与社会需求的变化，专科学生也有掌握这些知识的必要。

本书深入贯彻党的二十大精神，全面融入社会主义核心价值观，落实立德树人的根本任务，体现课程思政的要求。同时，本书从实际需求出发，将旅行管理思想与旅行服务技能全面融合，构成全书的理论主干，渗入每个章节之中。全书的第一部分是“基本素养篇”，第一章全面介绍了旅行管家的职业特性和素质要求，明确了旅行管家的价值所在；第二章介绍了旅行管家工作开展必备的基础知识。无论是服务技能还是管理思想，都必须建立在旅游服务基础知识的前提之上，这也是本书的重要思想理念之一。第二部分是“基础工作篇”，从第三章到第六章系统地介绍了旅行管家的基本工作内容和要求，包括沟通工作、定制工作、接待工作和辅助工作等。其中沟通工作是旅行管家工作的起点，也将贯穿在旅行管家所有的工作之中；定制工作和接待工作相辅相成，构成了旅行管家工作的前端和后端；辅助工作是其他工作的“润滑剂”，在旅行管家的实际工作中越来越重要，却长期被研究者所忽视，所以在这里也特辟一章来介绍。第三部分是“发展提升篇”，全面介绍了旅行管家服务提升的两大推手：管理升级与智慧升级。第七章创新性地提出了旅行管家的管理系统，从管理的高度将旅行管家的工作整合起来，并介绍了旅行管家工作优化的一些思路和做法；第八章介绍了科技发展和智慧进步为旅行管家实际工作带来的各种技术支持。

本书可以作为本、专科院校旅游专业课程教材，对于旅游企业的服务与管理人员以及培训部门也不失为一本有价值的参考用书。全书由浙江旅游职业学院韩德琼老师、杭州市中国旅行社集团有限公司杜晨共同编写。两位编者都有着长期的旅游从业经历和丰富的旅游教学经验，希望通过本书不仅能为旅行管家职业的研究提供一些理论支持和应用探索，而且能为广大旅游从业人员的职业发展与转型带来一些参考和帮助。在本书的编写过程中，我们得到了浙江旅游职业学院麦扑智慧旅游学院的大力协助，杭州远景国际旅行社有限公司、杭州众泰旅行社有限公司、浙江省中国旅行社集团有限公司等旅游企业为本书编写提供了宝贵的素材，中国人民大学出版社也为本书出版提供了大力支持，在此一并表示感谢。同时，因为本书的内容和题材均较新颖，同类研究相对较稀缺，书中不乏独有的创见，难免存在许多不足之处，也期待各位读者和方家批评指正。

在本书撰写之初，欣闻携程旅游网络技术（上海）有限公司“定制旅行管家服务”证书参与了教育部 1+X 证书制度第四批试点；而在本书即将付梓之际，又得知中国旅行社协会正式发布了《旅行管家分类、要求与认定》团体标准；教育部更是在《职业教育专业目录(2021 年)》的高等职业教育专科专业中新增了“（540104）定制旅行管理与服务”专业，足见旅行管家职业的建设与发展目前已受到业内外越来越多的重视，相信它也将在未来发挥越来越大的职业价值。

编　者

目　录

第一部分　基本素养篇

第二部分　基础工作篇

第三部分　发展提升篇

第一部分
基本素养篇

第一章 旅游与旅行管家

内容提纲

1. 知识目标：熟悉旅游活动的概念，掌握旅行管家的概念，掌握旅行管家的工作职责

2. 技能目标：能够了解寻找旅行管家的途径，能够判断旅行管家的工作范围和内容，能够解答关于旅行管家职务职责的基本问题

3. 素质目标：掌握旅行管家的思想素质要求，掌握旅行管家的文化素质要求，掌握旅行管家的技能素质要求，掌握旅行管家的心理素质要求，掌握旅行管家的身体素质要求

知识导入

张先生有假期全家出门旅游的习惯，一家人已经去过世界上 30 多个国家和地区了。多年的旅游经历不仅开阔了他的眼界，也让他从最初怯生生的游客变成一位热爱远行的旅游达人。眼看假期又将来临，张先生考虑今年带着家人去欧洲看一看。他不排斥跟着旅行社出行，但是已经是成熟游客的张先生，自己心里有许多盘算：出趟远门不容易，他想多去几个国家，去看看真正有特色的景点，不能把时间花在街道、广场等一些无关痛痒的景点上。但是搜索了不少旅行社提供的旅游产品后，张先生感到非常失望。那些产品或者行程过于宽松，或者行程中无足轻重的景点太多，或者行程中购物环节太多，没有能够符合他心意的产品。

看到他这么纠结，有朋友建议他干脆自由行算了。张先生确实也注意到了在旅游市场中，这类产品非常多，廉价的机票和合适的酒店搭配的组合一度吸引了他的目光。但是张

先生知道，欧洲有丰富的历史和文化资源，如果没有专业的向导带领，单纯依靠自由行恐怕会错过很多眼前的美景。同时，听说欧洲的旅游有很多特别的规矩，自己平时工作繁忙，没有太多时间提前做功课。能不能找一个人为自己打点安排合适的机票、酒店，根据自己的想法安排旅游行程，在当地落实好有效的接待，同时也能为自己提供贴身的随行服务呢？张先生将自己的需求输入电脑，很快，屏幕上跳出了4个字：旅行管家……

在大众旅游活动中，由旅行社安排的团队旅游活动和旅客自行开展的散客旅游活动，在活动的组织、安排和具体实施过程中有较大的区别。团队旅游活动有组织、有安排，有安全保障，但是产品往往缺乏新意，不能满足旅客的个性需求；散客旅游活动能从旅客的实际需要出发，灵活机动，但缺少了专业人士的组织和安排，安全保障不足。随着旅游业不断发展，旅客的需求也在不断增加，越来越多的旅客发现团队旅游和散客旅游各有优点和弊端，而“旅行管家”服务却恰好能兼具团队和散客旅游优点，渐渐成为旅游市场中的新宠。那么，旅行管家是什么？旅行管家能做什么？经过本章的学习，相信你可以得到正确的答案。

1.1 旅行管家的概念

1.1.1 旅游活动的基本概念

1. 旅行与旅游活动

旅行是人类社会中的一种传统活动形式，也是人类生活的一种基本需要。今天，人类的旅行活动已经完成了从艰苦探索向愉悦体验的过渡，这在人类发展史上有着划时代的意义。关与旅行或旅游的概念历来表述众多，概而言之，旅游行动客观上是人们短暂离开惯常环境的一种活动，联合国世界旅游组织（1995）对旅游行动作了如下定义：Tourism comprises the activities of persons traveling to and staying in places outside their usual environment for not more than one consecutive year for leisure, business and other purposes. The usual environment of a person consists of a certain area around his/her place of residence plus all places he/she frequently visits.（旅游是指人们为了休闲、商务或其他目的而履行到其惯常环境之外的地方，并在那里停留持续时间不超过一年的活动。一个人的惯常环境是由其居住地周围地区及其所有经常光顾的地方组成的。）当然，旅游行动不可能脱离外部环境单独存在，这类行动的开展同样离不开为其提供必要服务的众多相关部门及整个社会系统的支持。

从上述定义可以看出，旅游活动具有三方面的特征：第一，旅游活动是指一种人类的移动行为，这是旅游活动的根本属性。第二，这种移动性导致了异地性，并产生了参与者与目的地社会文化的接触。异地性将旅游活动和人们在惯常环境中的大量行为区分开来。第三，移动及异地的过程具有暂时性特征，作为旅客的人们不会长久移居。暂居性将旅游活动和人类其他离开惯常环境的行为，如迁徙、移民等进行了区分。不管旅游活动的形式或内容怎样变化，只要同时满足了移动性、异地性和暂居性的活动，就可以视作旅游活动。这些观点与其所衍生的理论体系，构成了传统意义上西方旅游学的学科主干，也成为较长一段时间以来中国旅游研究者研究旅游发展、看待旅游变化的重要指导思想。

在世界旅游组织的规定下，旅游活动被分为国内旅游活动和国际旅游活动两大类别，其中，国际旅游包括入境旅游和出境旅游。对于不同的旅游活动，各国政府往往采取不同的政策。目前，中国对入境、出境、国内三大市场的发展战略是“大力发展入境旅游，规范发展出境旅游，全面提升国内旅游”。不过，中国政府的旅游部门在编制计划的过程中，逐步形成了以计划性供给为出发点的一套概念体系，来描述或阐述旅游活动的基本内容。这就是旅游“六要素”：吃、住、行、游、购、娱。也就是说，发展一地的旅游业，往往需要从这六个方面入手，提供相应的设施或服务。旅游“六要素”在相当长的时间里成为国内旅游计划、旅游统计的主要框架，至今仍有相当大的影响。

旅游“六要素”所概括的内容，主要是基于对观光或愉悦旅游供给的概括和提炼。在历史上，观光或愉悦确实是旅游活动开展最为主要的动机，不过随着全球化和城市化进程的加快，越来越多学者认为商务旅行、会展节事等产生的移动性也应纳入旅游范畴。基于这一理解，世界旅游组织对旅游的定义逐步放弃了对愉悦性的坚持，而接受了更为宽泛的理解，即将旅游活动的目的分为休闲、商务和其他三类。在这其中，商务旅游与愉悦旅游（休闲活动）有明显的区别。除了旅游目的不同，它们在出游自主性方面也有强弱之分。愉悦旅游是人们自己选择是否旅游、到哪里旅游和如何旅游，而对于商务旅游活动来说，是否旅游、到哪里旅游和如何旅游往往由公司或单位来决策。此外，愉悦旅游一般发生在闲暇时间内，而商务旅游一般发生在工作时间内。

同时，在不同的旅游类别中，“六要素”的体现也有不同。一般认为，吃、住、行对于所有旅游活动来说都是基础活动，其中饮食、住宿是人们的基本生理需求，而交通是人们离开常住地的物理基础，是旅游之所以成旅游的重要条件。但对于愉悦旅游来说，一般不包括商务活动；而对于商务旅游来说，商务活动是其旅游的基本目的，因而构成商务旅游的基本层次，游览、娱乐、购物等反而是可有可无的。在愉悦旅游当中，观光旅游和度假旅游也有很大的不同。对于观光旅游来说，主要目的是欣赏自然、人文景观以及风土民情等，因而游览活动是基本层，娱乐和购物活动是提高层次。对于度假旅游来说，主要目的是利用非惯常环境放松身心，因而娱乐活动是基本层次，游览和购物活动是提高层次。

通过上述分析不难看出，经历了一定的发展阶段后，旅游业实际上已经形成了比较稳定的产业分布和发展模式。在当代，以观光旅游为代表的愉悦旅游和以商务旅行为代表的商务旅游成为最主要的旅游形式；吃、住、行、游、购、娱旅游“六要素”是各类旅游活动中最主要的内容或表现方式；在不同的旅游活动中，“六要素”的组合和层次各有不同；它们和其他特色化、专题化的活动共同构成了异彩纷呈的旅游世界。所以尽管从微观上看，旅游活动有着较明显的时代性，但是在宏观上，旅游发展大体上呈现稳定性。唯有这样，才可以为旅游学科的研究、旅游产品的制作和旅游服务的供给带来较大的便利。

知识链接

旅游十八大要素及业态化创新

关于旅游要素，业界有很多版本。绿维文旅最新总结了旅游十八大要素，包括“九大基础要素”（吃住行游购娱厕导智）和“九大发展要素”（商养学福情奇文体农），并认为任何一个要素都是一种业态，每一种业态都有不断创新发展的空间和结构。

表1-1 旅游十八大要素及业态化创新分析表

要素		内容	衍生业态
九大基础要素	吃	“吃”作为旅游要素之首，在旅游规划时应作为重要的考量因素，绿维文旅认为，特色餐饮是旅游基础要素的重要组成部分。特色餐饮的设计，最重要的是挖掘具有当地特色的食品，从食的方面体现文化的吸引力。	3D投影餐厅、主题餐厅、歌舞宴、古食谱体验、创意餐厅等。
	住	“住”是以过夜居住为主的住宿形态。引入多元文化IP，创意住宿产品，注重软件设施和硬件设施的合理配套，并运用创新营销手段，打造区域特色化住宿品牌。	精品民宿、郊野木屋、集装箱度假小屋、气泡酒店、房车营地、乡奢主题酒店、太空胶囊旅馆等。
	行	景区内交通方式的设计应该以项目为依托，设计具备景区特色的、有一定趣味性和参与性的特色型绿色交通方式，或者将常规型交通方式进行包装，使其成为一种可体验、可盈利的特色游憩方式。	游轮旅游、低空飞行、滑翔伞、热气球、自驾营地、房车营地等。
	游	在推崇个性和流行自由的旅游时代，游玩形式已经从传统的观光转变为深度体验，旅游项目呈现出细分化、专业化的趋势，以现有资源为载体，打造丰富的游乐体验形式，从而最大限度地体现出旅游资源的价值。	特定主题＋旅游、观光游、商务会展旅游、度假游等。
	购	购物已经不仅仅是一种购买行为，对于部分购物景区而言，购物本身就是一种核心吸引力，绿维文旅将购物业态分为生活类购物和体验性购物两大类，生活类购物是满足人们日常生活的需要，体验性购物衍生出大量创新业态。	商贸城、琉璃厂、树屋商店、无人超市、创意集市等。
	娱	娱乐业态可以分为健康休闲类、文化娱乐类、文化创作类和游乐休闲类。在娱乐业态中，除了注重游客的感官体验，还可以导入科技、名人、综艺、动漫等IP资源，以提升项目吸引力。	健康休闲类、文化娱乐类、文化创作类、游乐休闲类等业态。
	厕	厕所是文明沟通中最短的直线，厕所作为人类基本需求不断升级的一个窗口，体现人类文明的进化历程。在厕所建设和管理中，应将厕所建设、管理作为推动旅游公共服务体系建设的切入点和引爆点，让游客的旅游变得更温馨、更便利、更安全。	生态厕所、新型厕所等。
	导	“导”分为导览系统和导游两部分，导览系统由导览牌、标识牌组成。导游则需要引导游客感受山水之美，解决旅途中可能出现的突发事件，并给予游客食、宿、行等方面的帮助。	语音导览系统、实景导览、AR门票、平面导览等。
	智	“智”是以互联网为媒介，以科技为手段，依托数据库资源，建立起的智慧旅游体系。绿维文旅认为旅游智慧化下的全新移动生活，成为一切产业融合的主渠道与通路结构，互联网、物联网的盛行，线上线下联动发展，移动App的出现与发展，将促进旅游产业融合、旅游体验智慧化、旅游方式转变、旅游消费升级。	AR/VR旅游、智慧旅游平台、智慧酒店等。

续前表

要素		内容	衍生业态
九大发展要素	商	“商”是以商务为目的，把商业经营与游览、观光结合起来的一种旅游形式，商务旅游一般是以出差的形式呈现，是新时代旅游发展和拓展要素之一，以经商为目的，把商业经营与游览、观光结合起来的一种旅游形式。主要涉及交通、迁移、住宿、专题论坛、文化或者饮食活动和饭店行业的宴会。	旅行式团建、游轮年会、专题论坛、会展中心、知名会议中心等。
	养	大健康与旅游加速融合，成为现代服务业的新亮点，“三避五养”度假成趋势。“养”是指养生旅游，包括养生、养老、养心、体育健身等健康旅游新需求、新要素；新时代旅游者追求多元化、个性化的旅游体验与服务，也逐渐成为人们休闲旅游的主要需求。人们通过度假的方式使“五养”（即养生、养老、养心、养颜、养疗）、“三避”（避霾、避暑、避寒）得到充分的实现。	温泉疗养、葡萄酒庄、创意瑜伽、创意 SPA、室内健身、特种疗养、中医养生、美容会所、健康管理中心等。
	学	“学”即研学旅游，是指“旅行＋教育”组合的产品业态，融体验性、教育性、娱乐性、休闲性于一体，是一种满足自我提升的高层次旅游业态。	修学旅游、国学旅游、科考游、培训游、拓展训练旅游、摄影采风、冬令营、夏令营等。
	福	祈福旅游在满足人们观光游览、审美欲望、精神需求和猎奇心理上有着特殊的功效。“福”是中华民族文化最为重要的祈愿用字，围绕“福”字所形成的祈福文化，象征着人们对一切美好的愿景，并形成了五字真谛（福、禄、寿、禧、财）。同时祈福文化的兴起还催生出了宗教，宗教的传播也使得民间祈福走向多元化发展态势。	祈福感恩游、宗教朝圣游等。
	情	“情”，是指情感旅游，包括婚庆、婚恋、纪念日旅游等各类精神和情感的旅游新业态、新要素。“情”业态强调主题性及体验性，以亲情、爱情、友情等情感为主，通过纪念日活动、交通/游线配置、景观节点打造、设施复合功能打造等方式进行业态创新。	婚庆、婚恋、纪念日旅游、亲子游、祭祖寻根游、慈善公益游等。
	奇	探奇旅游包括探险、探秘、游乐等旅游新产品、新要素。“奇”的业态主要是以探奇为核心，将原有的游憩方式进行创新，让游客更有刺激感，以极限运动为主。与其他业态形式相比，探奇业态更直接地关联着游客的旅游安全。	徒步穿越、山地越野、冲浪、跑酷、走绳、滚太空球、滑沙。
	文	“文”指以文化创造力为核心的新兴需求，通过对主体文化或文化因素进行创意性产业化开发，形成独创 IP。文创业态的开发，需要深度挖掘文化内涵、创新文化体验模式；需要建立内容丰富、游览紧凑、结构合理的游憩结构；需要利用创意概念，开发设计文创衍生品；需要创意独具特色的品牌形象，形成独特的文化观光和文化休闲吸引力，进而形成完整的文创业态体系。	创意零售、创意工坊、文创集市、手作体验等。
	体	体育旅游强调的是以观赏、参与各种体育运动为目的的旅游休闲业态，随着“全民健身”与体育运动逐渐常态化、休闲化、全民化。	乡创酷玩、飞扬击剑、泥浆足球、笼式足球、骑酷单车、中体飞行等。
	农	乡村振兴战略是重大发展统筹抓手，是党的十九大与旅游关联第一战略。乡村振兴中的旅游供给为解决不平衡不充分的发展与美好生活需求的满足，提供了最好的路径。依托农业资源，具有极大参与性特点的农业旅游，是利用农业景观、农事参与和农产品吸引游客前来观赏、游览、品尝、休闲、体验、购物的新型农业经营形态，是在农、林、牧、副、渔等广泛农业资源基础上开发的能为游客提供特色体验和服务的旅游业态。	稻田画、田园认养、农事体验、农业嘉年华、花卉旅游节、麦田怪圈等。

资料来源：绿维文旅．https://mp.weixin.qq.com/s/Oubh5h3miuOwCy9oo7vBDQ，有删改。

2. 泛旅游活动

尽管旅游发展大体是稳定的，但是在长期以来却难以对其进行精确的研究，这也是由旅游活动的特性所决定的。例如在旅游研究中，旅行（travel）和旅游（tourism）这对术语很容易混淆。从字面含义来看，“旅游”是由“旅”和“游”两个动作组成的，其中“旅”是旅行，“游”是游览或游憩。旅行更多地强调人们在空间上的移动过程，而旅游往往较为强调在异地的短暂滞留过程。通常来说，旅行活动的范围会比旅游活动更宽泛，旅游活动必然是旅行活动，但是旅行活动不一定是旅游活动。不过，人们对这两个词本身始终没有一致的理解，一种观点认为，如果不考虑移民、战争等特殊性质的人类流动，广义的旅游活动和旅行活动也能基本一致。同样的，旅游者与非旅游者的概念也是模糊的，随着旅游业的不断发展，更多产业与之相融合，使得旅游者的概念日益宽泛。所以，虽然拥有一个明确的概念对于学术研究有着积极的意义，但是旅游学始终是一门较为模糊的学科。因此，随着旅游学的不断发展，更多有针对性的思路和研究方法被陆续提出。其中，为了更好地理解旅游活动以及与之相关的各种人类行为，提出了“泛旅游活动”的概念。

泛旅游活动（pan-tourism activity）即将人类在闲暇时间或工作时间内所表现出的户外游憩、愉悦旅游和商务旅游等各种短暂性空间移动行为界定于同一个领域内，统称为旅游活动。在时间上，一个人的整体时间通常可被分为工作时间和闲暇时间。闲暇时间就是人们在工作、睡眠及满足其他基本生存需求之外的时间。在闲暇时间内，人们所从事的活动具有较大弹性，一般称为休闲活动；相应地，工作时间内所从事的活动称为事务活动。在空间上，休闲活动通常又可分为在惯常环境之内的游憩活动和离开惯常环境到异地的旅游活动；外出事务中的大多数情况可视为商务旅行和旅游活动。因为考虑了本地游憩，所以泛旅游活动未将异地性作为必要条件。

泛旅游活动是对旅游移动行为的最笼统的理解，它涵盖了户外游憩、愉悦旅游、商务旅游等各种旅游活动行为，并且在融合这一广泛领域的同时，秉持保护地球自然资源、尊重人类历史遗产、协调各个部门价值观、平衡游客与社区利益等理念，鼓励研究者、公共组织和产业界朝着多目标协调、可持续旅游方向前进。作为一种概念，它有效拓展了传统旅游活动的时空边界。在实际行业发展中，人们也会使用“泛旅游”来表示旅行社、旅游酒店业务之外的产业链延伸。

同时，在创意经济领域，人们将精神体验的资源视为旅游开发的对象，理解为“泛旅游思想”或“泛旅游主义”。这种现象说明将当地游憩、愉悦旅游、商务旅游纳入统一的研究视野，不仅在产业角度已经得到了支持，同时也成为旅游整体发展越来越重要的方向。这样的发展趋势为旅游产业的供需带来了新的变化。近年来“全域旅游”“文旅融合”等理念和政策的提出，本质上是“泛旅游思想”的发展的重要体现。旅游活动定义的延展基于的是行业事实，而随着旅游活动边界不断被打开，在泛旅游活动中，应对市场需求的变化，需要更多专业的旅游吸引物、旅游设施以及旅游服务有效供给，才能保证旅游业更加健康、平稳、有效的发展。在这样的变化中，一个全新的职业——旅行管家也应运而生了。

1.1.2 旅行管家

1. 旅行管家的发展

旅行管家是现代旅游业发展过程中的必然产物。在旅游活动中，旅游者是旅游产品的消费者，无疑也是旅游活动的主体。然而在大众旅游发展的初级阶段，传统的出游模式一般是由旅行社制定旅游产品，然后游客选择报名，聚众成团后才能出游。因此在较长的时间里，游客对旅游活动的选择权被束缚在了旅游市场中有限旅游产品之下。也就是说，游客的旅游需求是被供给侧抑制的，其对旅游活动的参与度是有限的，这样的现状也与旅游者在旅游活动主体地位是不相匹配的。当然，造成这种现象的原因主要在于社会经济发展整体处于较低水平，旅游的生产力发展水平难以快速提升，旅游市场的活力也难以有效显现。目前，随着社会工业化发展的不断完善，生产资料和产品供给的不断充沛，人民生活水平的不断提高，旅游产业走在第三产业发展的前列，也快速朝向高质量的发展迈进。

随着旅游市场不断健全和完善，旅游者主体地位不断增强，旅游市场需求的不断升级，催生了更为多样化和深度化的产品供给。在中高端市场中，个性化的定制旅游模式也渐渐兴起。这种模式在旅行社行业中最初被称为“小包团”。小规模的团队、非常规的线路成为此类旅游活动的标志。不过，“旅游定制”并非是一个新鲜名词，对旅行社而言，其开展旅游定制工作也并非一朝一夕，但是，传统上旅行社的定制服务主要针对的是大客户或人数众多的大团队出行。虽然也强调个性化，但是从设计到组织、安排以及具体的服务上，和个人或小团队出行的旅游定制工作有较大的不同。在“小包团”这一模式下，旅游者成了旅游活动真正的“主人”，决定旅游活动的大方向，旅行社担任“管家”角色，为旅游者旅游目标的顺利实现，旅游活动的顺利达成提供专业化的服务。

随着定制旅游市场的不断发展成熟，定制服务的各项要求、准则和技能经验也不断得到强化，不仅催生了诸如“旅游定制师”这一类的职业，同时也使定制服务成为旅游从业人员必须具备的重要技能之一。而定制并非旅游服务的全部，市场中的旅游服务商同样重视旅游活动中的现场服务、与旅游活动有关联的辅助服务、旅游活动之后的后续服务等。随着散客旅游时代的全面来临，更迫切需要能够提供综合化旅游服务的旅游服务者。于是，能更适应旅游者个性化出行，能为旅游者提供更为专业、齐全、完备服务功能的“旅行管家”逐渐成为旅游市场的新宠。顾名思义，“旅行管家”就是在旅游活动中提供管家式服务的人。随着市场中“旅行管家”群体的不断壮大，他们的职业形象、岗位职责和工作要求也逐渐清晰起来。“旅行管家”服务将成为一种新型的旅游服务，提供这一服务的“旅行管家”也将是一种新的旅游职业。它既是旅游业发展到一定阶段应运而生的一种职业，也是旅游业未来发展中必不可缺的重要职业。因此，对“旅行管家”职业展开相关研究十分必要。

扫一扫

视频：旅行管家职业的产生

虽然“旅行管家”职业刚刚兴起，但管家却是一种古老的职业。在古代中国，管家相当于贵族家中的“宰”或家臣，即家中或族中各项事务的总管。在“家国同构”的文化体系下，后世的“宰相”就好比是国家的管家。作为管理和执行事务的主体，管家的存在，显然能让主人的工作生活更加轻松如意。现代的管家制度来源于西方，最早的起源被认为是在于法国，英语中的管家“butler”一词源自法语的“bouteiller”——贵族或宫廷宴会上的司酒官。后发展为家庭中的首席仆役长，统领众仆，给每一个人分派工作、监督和验收，事无巨细，精益求精。而老派的英国宫廷更加讲究礼仪、细节，将管家的职业理念和职责范围按照宫廷礼仪进行了严格的规范，成为行业标准，因此，英式管家也成为家政服务的经典，管家式服务也由此而来。

随着时代的进步，以及贵族文化和庶民文化的融合，管家的角色和职能也在发生着变化。从先前的家庭式管家，到近代的酒店式管家，再到现代的社会机构式综合的管家式服务，可以视作传统管家的文化和精神操守的传承，以及在新的时代更为丰富的价值和应用的体现。今天，在社会不同的领域，形形色色的管家式服务都获得了积极的倡导和推广。

引经据典

中国最早的管家——“宰”

“宰”是会意字。在甲骨文中，宰写作“宀”（屋）内有“辛”，“辛”字本为平头刀之形，也就是说在屋内以刀操劳即为“宰”。而《说文解字》记载“宰，辠人在屋下执事者。从宀，从辛。辛，辠也”。辠是古文“罪”字，也就是说，“宰”的本义是“罪人执事”，也就是“奴隶”。

后来，奴隶头也称“宰”，于是被引申为家臣之长。《论语》记载“原思为之宰，与之粟九百”，意思是说原思做了孔子的家臣总管，孔子给他俸米九百斛。对当时的大贵族而言，“家”包括封地和人民，所以“宰”虽然是“家”中总管，有时候实际上管理的是一个地区。《论语》也记载孔子说过，“求也，千室之邑，百乘之家，可使为之宰也”。意思是冉求是一个千户的大邑，具备兵车百乘的大家，可使他去做一个大总管。在历史上，孔子的学生冉有、子路也分别做过鲁国执政季氏的宰，都在史书中留下了显赫的记载。

再后来，帮助政府管理地方的官员也叫“宰官”“里宰”。《史记》记载，公元前501年，孔子做了鲁国的中都宰，政绩斐然，一年后四方都纷纷效仿，他也因此被提拔为司空。而帮助国君管理朝政的官员则有了“宰相”“大宰”“宰夫”等不同称号，其中，“宰相”的称号传承了2 000多年。

同时，作为“管家”的“宰”，不免要操劳家务，在古代免不了要杀猪宰羊，所以宰也有“杀”义。颜师古注《汉书》说：“宰，为屠杀也。”因此，后世厨夫也可以称为“宰夫”。尽管“宰”的意思发生了巨大的变化，但是在“齐家、治国、平天下”的文化传统下，“管家”这一职业始终被中国传统的社会和家庭所重视。

因为管家职业的存在，在古代旅游活动中，旅行管家可以说是贵族旅游阶段客观存在的角色。而在现代旅游活动中，旅行管家服务最初同样源于欧洲。早期的“旅行管家”，更多是在旅行中从事相关的家政工作和协调工作。如下面是一则西班牙的旅行管家招聘启事：“Travelling housekeeper：International family require a travelling housekeeper with european passport based in Barcelona. The candidate must be discreet，motivated，organized，flexible，full of energy. Will be travelling 90% of the time. Knowledge of English and or French and Spanish a plus. Must be capable of maintaining houses immaculately clean，laundry，ironing and wardrobe management.”（https://jobs.justlanded.gr/）不难看出，其对旅行管家的要求主要是语言能力和家政工作能力，其工作内容与日常居家管家大致无异，只是将其置于旅行活动中。而随着旅游活动的日益成熟和丰富，旅游服务的日趋专业化，旅行管家逐渐承担起更多与旅游相关的事务管理活动。今天的旅行管家虽然兼具为旅客提供日常生活管理相关服务的职责，但更主要的是提供专业的旅行服务，是一种强调个性化、专属化、定制化旅游服务的新兴职业。旅行管家具体的类型可以是多样的，但是其基础使命始终如一，那就是“让旅行更轻松”。

中国旅行社协会于2021年发布了《旅行管家分类、要求与认定》（T/CATS001—2021），定义旅行管家（tour servant）为基于满足旅游者个性化旅游需求，以其具备的某一方面或多方面的专业化知识和技能，为旅游者提供信息资讯、知识讲解、指导指引、在途服务等基于旅行活动中所需要的特定专业服务的工作人员。从广义上讲，旅行管家针对旅客的旅游需求，从旅游活动的沟通、定制、接待各个环节出发，及时有效地统筹、安排、协调旅客的旅游活动并提供相应专属化的服务。因此，旅行管家背后包括一整套对旅客提供专属化服务的集合，也包括提供该种服务的专业化旅游服务机构或组织。从狭义上说，直面旅客的接待活动，是旅行管家最重要的工作内容。其工作范围大致包括：协助旅客办理各类手续、城市概况及景区景点讲解、餐食推荐、娱乐推荐、交通信息提供、特产代购、门票代订、车辆代订，以及其他法律法规允许内的活动的协助。① 所以，旅行管家也可以是一种职业，一个工作岗位，可以由具体的旅游服务者来担任，其工作主要是向旅客提供上述服务。

本书以广义的旅行管家为研究范畴，但会对狭义的旅行管家职业要求作重点的讨论。在具体的对客服务过程中，旅行管家通常会在行程进行中始终相伴旅客，为旅客提供最及时的消费、娱乐和休闲信息；在行程进行中为旅客提供当地城市及景点的介绍，让旅客更好地了解熟悉当地的风土人情；全程围绕旅客提供管家式服务，协助旅客实时安排行程，帮助旅客打理行程中的杂务、办理各类手续，根据旅客喜好推荐目的地的饮食、娱乐信息；在保护旅客的私密个人空间的同时，提供最具人性化的服务和必要的协助。“旅行管家”的诞生，打破了传统老旧的“导游旅游”模式，个性化服务贯穿于旅游中的吃、住、行、游，省去了旅客自己出行前查看繁杂攻略及提前购票、行程中的劳顿等，可以专注目的地的深度体验。同时，团购优势可以让旅客享受到相对低价的门票等，在旅游服务提供方面有着极大的比较优势。

课证融通

携程“定制旅行管家服务”参与1+X证书制度第四批试点

携程旅行于2016年上线C2B“定制旅游”平台，对接全球各大目的地的专业服务商。随即在部分私家团线路中推出旅行管家（Travelling Housekeeper）/微管家服务，将客户的行程内容交付旅行管家，保障客户旅途的轻松舒畅。同时，提出旅行管家的使命，包括尽最大努力维护客户出行时的精力和愉悦的心情，免去客户在行程中的劳顿和烦冗费时的各类手续和等待，让客户的精力和注意力全部绽放在旅程中最精华的时刻，为客户带来最难忘的旅途回忆等。②

2020年12月31日，教育部职业技术教育中心研究所发布了参与1+X证书制度试点的第四批职业教育培训评价组织及职业技能等级证书名单。经过专家遴选、公示、核查企业信用和涉税信息、复核等程序后，提请国务院职业教育工作部际联席会议审议，确定270家职业教育培训评价组织的355个职业技能等级证书，可以参与1+X证书制度第四批试点。其中序号第70为携程旅游网络技术（上海）有限公司“定制旅行管家服务”。③

①② 旅行管家（Travelling Housekeeper），见携程旅行网，https://vacations.ctrip.com/notes/656.html.

③ 中国职业教育与成人教育网，http://www.cvae.com.cn.

在旅行管家职业发展的背后，也体现出了经济社会发展中管理思想的巨大进步。随着国民经济的持续发展和人民生活水平的显著提升，在旅游市场中，旅游产品、设施与服务的供给不断丰富。与此同时，旅游者对旅游活动的需求也朝着多元化和深度化的方向发展。在这样的变化中，“千篇一律”的观光旅游并不能够满足游客日益增长的旅游需求，日益丰富的旅游供给又需要依赖有效的管理，才能够将市场中的资源、要素组合成个性化、专业化的产品，更有效地满足市场中不同消费者和消费群体的需求。开始强调管理，也正是旅游服务作为一个行业类别逐步走向成熟的一个重要标志。

2. 旅行管家服务的特点

旅行管家服务不同于一般的旅游咨询、旅游策划或导游工作，它不仅是一种建立在较高专业素质基础上的高智能服务，同时也是一种建立在人性化基础上的广义服务，主要具有以下特点。

（1）工作独立性强。

旅行管家是独立性很强的工作。作为直面游客的旅游服务者，旅行管家无论是在与旅游者确定旅游活动内容，策划旅游行程的交流、沟通、接洽过程中，在旅游活动确定后的组织、安排、衔接过程中，在旅游活动开展时提供游览讲解、生活服务、应急处理过程中，还是在游览活动结束后的后续服务过程中，都必须独立地面对工作、执行计划、组织活动、应对挑战。尤其是在工作中出现问题时，旅行管家要独立地、及时有效地、合情合理地进行处理。因此旅行管家需要做好独立开展工作的准备，具备独立工作的能力，并能够通过自己的独立工作完成繁重而复杂的工作。

（2）工作复杂多样。

旅行管家服务工作是复杂多样的。首先，旅行管家的服务对象是复杂多样的。游客来自世界各地，他们的国籍、民族、职业、年龄、宗教信仰、受教育情况、性格、习惯、爱好等千差万别。其次，游客的需求是复杂多样的。旅行管家需要通过远多于导游员或旅行策划师的工作，满足或帮助满足游客的各种需求，并解决或处理旅游中出现的各种问题和情况。最后，旅行管家要面对的人际关系是复杂多样的。在旅游活动中，旅行管家既代表旅行社或合法旅游服务机构，需要履行企业或组织的责任，维护企业或组织的利益，同时，作为游客的“旅伴”，旅行管家又代表游客，需要维护游客权益；大多数旅行管家在实际工作中还建立起了具有鲜明个人特色的“身份标签”，另外，旅行管家有时还要以双重代表的身份与有关各方交涉。

（3）脑体高度结合。

旅行管家服务是一项脑力劳动和体力劳动高度结合的工作。一方面，旅行管家接待的游客有着各种社会背景和文化水平，其中不乏专家和学者，旅行管家需要具有很广的知识面，天文地理、政治经济、社会文化、宗教民俗、医疗卫生等均需涉猎，同时，因为旅行管家向游客提供的大量属于个性化服务，因此对服务专业化的能力要求会更大。另一方面，旅行管家的工作量很大，除了在旅行之前对旅游活动的策划和安排、在旅行游览过程中进行的接待和讲解外，还要随时随地帮游客解决问题，并向游客提供一些个性化服务，尤其是旅游旺季时，旅行管家往往超时工作，体力消耗大，常常无法正常休息。因此，旅行管家需要具备灵活的大脑、灵巧的双手和较强的身体素质。

（4）工作跨文化性。

旅游是世界文化传播的重要渠道。世界各国（地区）之间的文化传统、风俗民情、禁忌习惯各异，游客和目的地居民的思维方式、价值观念、思想意识也不尽相同，这就决定了旅行管家服务工作也具有跨文化性。旅行管家既是游客和目的地文化圈之间的桥梁，也是不同文化之间的润滑剂，在旅游产品设计、旅游接待讲解与旅游辅助服务等方面都需要充分考虑文化间的异同，做好文化的衔接和阐述工作。同时，旅行管家在不同文化背景下工作，应尽可能多地了解不同文化，才能在圆满完成接待工作的同时，积极有效地肩负起传播文化的重任。

3. 旅行管家服务的原则

（1）旅客至上，服务第一。

旅游者参与旅游活动有各自不同的旅游动机，如想获得物质上的享受或精神上的快乐。但是对于旅游者而言，“希望旅游目标能达成”这一愿望是共同的。因此，作为专业的旅游服务提供方，旅行管家要将旅游者放在第一位置，关心旅游者，尽力满足旅游者的合理需求。国际旅游界将服务的标准定为“热情友好、效率卓著、安全可靠、灵活方便和设身处地”。旅行管家在旅游接待工作中也要以此为原则和目标，发扬我国人民热情好客、注重礼仪的优良传统，把向旅游者提供优质服务看成工作的重要职责。

（2）维护各方合法权益。

我国有关法律法规赋予了旅游者相应的合法权益，旅行管家在提供服务的过程中，必须切实予以维护。无论发生什么问题，旅行管家应积极采取一切必要的措施，把问题控制在最小范围之内，尽量避免游客的合法权益受损。因此，知法、懂法，维护旅游者合法权益，在法律法规约束的范畴内，向旅游者提供尽可能优质的服务是旅行管家工作的重要原则之一。同时，旅行管家也要能够利用法律手段维护旅行社和自身的合法权益。

（3）提供合理而可能的服务。

旅行管家在处理旅游者提出的各种要求和问题时，应遵循合理而可能的原则。当旅游者提出要求时，旅行管家必须认真地倾听，冷静分析旅游者的意见是否合理、有无实现的可能，对其合理的要求要给予肯定，并想方设法办理；对不合理的要求要给予耐心细致的解释，提供合理化的解决方案，使其心悦诚服。

以上三项原则是旅行管家服务工作的基本要求，也是衡量旅行管家人员服务态度和服务质量的重要标准。“旅客至上，服务第一”原则是旅行管家工作的出发点，“维护各方合法权益”原则是旅行管家服务顺利开展的基本保障，“提供合理而可能的服务”原则是旅行管家处理旅游者各种问题和要求的准则。

1.2 旅行管家的工作职责

旅行管家秉承专属化服务的理念和愉悦旅客、方便旅行的使命，成为旅游业中又一新兴的职业。虽然现代意义上的旅行管家职业形成和发展的时间不长，但在发展过程中，旅行管家已经形成了比较鲜明的职业特点和比较清晰的工作边界。就目前而言，在实际工作中，旅行管家主要的工作职责集中体现在客户沟通、产品定制、旅游接待和附属服务四个方面。

知识链接

某旅行社 7×24 小时旅行管家服务

1. 行程前：目的地攻略制作、重要时间点提醒、目的地特色项目推荐；
2. 行程中：目的地信息咨询、行程问题协调解决、紧急情况应急处理；
3. 行程后：游览体验互动分享、行程中问题后续处理；
4. 关于旅行中的所有问题，我们的旅行管家会 7×24 小时一直提供服务。

1.2.1 客户沟通

旅行管家与旅客发生接触的过程中，随时都会有沟通行为的发生。沟通是人与人之间、人与群体之间思想与感情的传递和反馈的过程。通过沟通，旅行管家能够及时了解旅客的各种需求，以及在旅游活动前、活动中和活动后对旅游活动的各种反馈，旅客也能从旅行管家处获得所需要的信息和回馈。良好的沟通可以让旅客和旅行管家在旅游活动中达成思想的协调和感情的通畅，确保旅程的顺利和圆满，因此，沟通是旅行管家工作重要的职责之一。

在旅游活动中，与游客的沟通历来备受重视。但与普通导游人员直面游客的沟通不同的是，在具体的旅游活动接待过程中，旅行管家与游客的沟通涉及的范围会更广，时间跨度也会更长。从时间上来看，主要可以分为事前沟通、事中沟通和事后沟通三个方面。

1. 事前沟通

事前沟通主要指旅行管家在接待旅客出行之前与旅客进行沟通的阶段。在这一阶段，旅行管家主要的工作有：通过沟通，获取旅客旅游需求，提供旅游策划；通过沟通，整合相关资源，设计出旅游产品；通过沟通，调整产品内容，获得旅客最终的认可。

2. 事中沟通

事中沟通主要指旅行管家在接待旅客出行的过程中，与旅客进行沟通的阶段。在这一阶段，旅行管家主要的工作有：通过沟通，了解旅客在旅途中的需求，并且给予反馈；通过沟通，了解旅客在旅途中的反馈，并针对这些反馈给予积极的回应。

3. 事后沟通

事后沟通主要指旅行管家在结束对游客出行旅游接待之后与游客沟通的阶段。在这一阶段，旅行管家主要的工作有：通过沟通，收集旅客对旅程的评价，并且据此给予相应反馈；通过沟通，建立常旅客档案，为游客的二次旅游消费做准备。

在本书第三章将对旅行管家的沟通服务做详细介绍。

1.2.2 产品定制

产品策划和定制是旅行管家重要的工作职责之一。通过与旅客充分和有效的沟通，旅行管家需要针对旅客的具体需求，完成专属化旅游产品的定制，并得到旅客的诺成。在这一阶段，旅行管家主要的工作是：明确旅客实际旅游需求，根据需求整合相关旅游资源、设施及服务，规划旅游线路，设计旅游产品，明确产品的主题、内容、定位、特色和创意，定价并包装旅游产品，满足旅客的实际需求。

在本书第四章将对旅行管家的产品定制服务做详细介绍。

1.2.3　旅游接待

旅游接待是旅行管家直面旅客的服务过程，也是旅行管家的核心工作。在这一阶段，旅行管家主要的工作是：根据与旅客签订的合同或约定，按照计划安排组织旅客完成参观、游览、体验等旅游活动，负责为旅客导游、讲解，介绍当地文化和旅游资源，配合和督促有关单位安排旅客的交通食宿，保护旅客的人身和财务安全，耐心解答旅客的问讯，协助处理旅途中遇到的问题，反映旅客的意见和要求，协助安排旅客会见会谈等活动。从工作内容角度上而言，旅行管家在旅游接待过程中要做的事情和导游员大致相同，但从工作性质上而言旅行管家所提供的主要是，建立在标准化服务基础上的个性化服务和人性化服务。

在本书第五章将对旅行管家的旅游接待服务做详细介绍。

1.2.4　附属服务

附属服务是旅行管家"管家式服务"的重要组成部分，也是旅行管家和导游员等传统旅游服务者最大的区别。随着旅游业的不断发展，旅客对旅游需求早已超越观光的范畴，向全域化方向发展，"旅游＋"不断引爆出新的旅游需求，"旅游活动"的边界也越来越模糊，旅游服务者对旅客的服务更不再单纯停留在"吃、住、行、游、购、娱"上面，而是延伸到社会生活的方方面面。例如，在酒店服务中，早已出现了"金钥匙"的服务模式，实现了服务的转化和升级。而旅行社的日常旅游接待服务，却长期处在较为低端的水平上，不能满足市场中旅游消费者日益增长的旅游需求，而旅行管家所提供的附属服务正是破解这一弊端最重要的手段。

旅行管家的附属服务是对特定旅客的一种专属化的服务升级，并没有严格意义上服务内容和种类的界定。在旅行管家的经营范围之内，可以向旅客提供一切可能的服务，或委托代办旅客的一切需要的服务。这需要旅行管家在传统的旅游服务以外，同时需要兼具极为丰富的服务经验和工作能力，能够针对旅客的各类需求，提供卓有实效的服务。旅行管家显然也需要具备极强的学习能力，随时能使用最为先进、新颖的技术手段，满足旅客的需求。旅行管家也需要具备极强的敏锐性，能够针对旅客的实际需求做到超前服务和惊喜服务。

在本书第六章将对旅行管家的附属服务做详细介绍。

课证融通

旅行管家的分类

因为旅行管家从事旅游服务工作主要提供的是个性化的服务，因此很难从服务内容上对旅行管家进行精准的分类。中国旅行社协会于2021年发布了《旅行管家分类、要求与认定》(T/CATS001—2021)，对旅行管家的分类做了如下规定：

旅行管家是以所掌握的特定专业知识、信息或技能，为旅游者某一方面的个性化需求提供特定单项类别旅行服务的人员。其提供的单项服务类别包括：

1. 讲解服务

在特定场馆、场所或旅游者旅游活动过程中某一个特定时间或地点，为旅游者提供历史文化、自然地理、科学技术、风俗人情、艺术鉴赏等一个或多个方面讲解服务。

2. 旅拍摄影服务

在旅游者旅游过程中，为旅游者提供摄影摄像跟拍服务，或指导旅游者开展摄影摄像活动。

3. 体育运动指导服务

为旅游者开展体育旅游活动提供专业技能传授、科学健身指导等服务。

4. 户外探险领队服务

为开展山地、荒漠、草原等专项探险活动的旅游者提供传授基本户外知识、技能和技术，方向指引，户外安全管理等服务。

5. 自驾游向导服务

为采取自行驾驶汽车以灵活性和机动性的方式开展旅游活动的旅游者提供方向指引、路况指导、行程规划等服务。

6. 城市观光顾问服务

为城市观光旅游者提供城市观光、娱乐、购物、生活体验等信息，协助旅游者规划旅游活动安排、推荐旅游体验场所和地点等服务。

7. 医疗康养服务

为寻求医疗、康养为目的的旅游者提供医疗咨询、康养指导等服务。

8. 亲子游乐服务

为与父母一起旅行的未成年人提供游乐、陪伴、早教、培训，以及为父母与未成年子女共同出行的旅游群体提供活动策划、行程安排等专业服务。

9. 研学旅行指导

策划、制定或实施研学旅行课程方案，在研学旅行过程中组织和指导中小学学生开展各类研究学习和体验活动的服务。

10. 旅游定制类服务

依托定制旅游产品相关资源、服务、组织以及供应链体系，为旅游者提供定制旅游产品设计方案和实施方案的服务人员。

1.3　旅行管家的素质要求

旅行管家的工作繁杂、责任重大，因而对一名合格旅行管家的素质要求是多方面的，可以将其归纳为思想素质、文化素质、技能素质、心理素质和身体素质 5 个方面。

1.3.1　思想素质

1. 热爱祖国

在任何时代、任何国家，“热爱祖国”都是伦理道德的核心。无论是在中国境内提供面对国内外旅客的旅游接待服务，还是在中国境外为中国旅客提供旅游相关服务，爱祖国、爱家乡、爱社会主义制度是旅行管家的首要美德。

2. 品行端正

旅行管家要做好旅游接待和服务工作，前提条件是品行端正，在与人交往过程中，要做到尊重他人、诚信待人、自尊自爱、不卑不亢，时刻维护自己的人格尊严，不做有损人格、国格之事。

3. 爱岗敬业

作为旅游从业者当中的一员，爱岗敬业是旅行管家工作开展的必要保证。旅行管家在工作过程中要谨记游客至上、服务至上的服务宗旨，真心实意地为游客服务。

1.3.2 文化素质

1. 史地文化知识

史地文化知识包括历史、地理、民族、宗教、风俗民情、风物特产、文学艺术、古建园林等方面的知识，它们不仅是刺激游客产生旅游行为重要的吸引物，构成旅游产品重要的精髓，策划旅游线路重要的依据，同时也是旅游产品生产过程中在地导游讲解服务的重要素材。掌握历史、地理等文化知识是做一名合格旅行管家的必备条件，旅行管家应理解这些知识并将其融会贯通、灵活运用。

2. 政策法规知识

政策法规是旅行管家工作的指针，在旅游沟通、旅游策划、旅游接待以及旅游服务过程中指导旅行管家具体工作的开展。同时，它也是处理旅游相关问题的原则，旅行管家要以相关的法律法规有理、有利、有节地处理旅游活动中出现的问题和事故。因此，旅行管家必须掌握相关的政策法规知识，做到遵纪守法，并让游客，尤其是外国游客了解和遵守中国的法律法规。

3. 心理学知识

心理学知识是从事人际交往工作中有必要掌握的基本知识。旅行管家要学会运用心理学知识了解旅游管家工作，了解面对的游客，有的放矢地做好旅游接待和相关服务。运用心理学知识也能够有效地协调与各旅游接待部门工作人员的关系。另外，旅行管家还需要运用心理学知识调整自己的心理状态，使自己始终精神饱满、热情周到地为旅游者服务。

4. 美学知识

旅游活动是一项综合性的审美活动，要求旅行管家懂得什么是美、美在何处，并且善于通过旅游策划和旅游产品的生产帮助旅客寻找到美，在旅游接待和服务中，通过生动形象的文字、语言和其他手段向旅游者传递审美信息，帮助他们最大限度地获得美的享受。旅行管家还要运用美学知识指导自己的衣着打扮和言行举止，因为旅行管家本身也是旅游者的审美对象。

5. 旅行知识

旅行管家应掌握旅游业务知识，包括交通知识、海关知识、货币保险知识、邮电通信知识及礼仪常识、卫生常识、生活常识等。

1.3.3 技能素质

1. 旅游产品的开发设计、制造和生产能力

旅行管家需要具备的最基本的工作能力是旅游产品的开发设计、制造和生产能力，即旅行管家能够随时根据旅客的需求，将旅游吸引物、旅游设施和旅游服务进行有机组合，形成符合旅客需要的旅游产品，并通过这样的旅游产品的供给，通过旅途中的专业服务，让旅客获得旅游带给其的美好体验。

2. 创意策划能力

旅行管家向旅客提供的旅游沟通、旅游策划、旅游接待以及旅游服务，有着鲜明的专属化、个性化和定制化特征。因此，旅行管家需要具备一定的创意策划能力，在旅游策划领域有显著的专长，才能为旅客提供更新颖、更具有特色、更具有吸引力的旅游产品与服务。

3. 文字表达能力

旅行管家需要具备一定的文字表达能力，在旅游产品策划方案的制作、旅游活动的宣传、与旅客的互动等方面，都需要出色的文字表达能力与精彩的创意设计和完美的产品组合相配合，帮助旅游者更好地理解旅游活动的相关信息，为旅游者带来更多美的享受。

4. 语言表达能力

语言表达能力是旅行管家重要的基本功，这既是与旅客沟通的重要渠道，也是为旅客提供旅游服务的重要工具。旅行管家若没有扎实的语言功底，就不可能顺利地与旅客进行信息交流、文化交流，更不可能高质量地完成旅游接待和服务工作。旅行管家要能够熟练地使用语言，特别是要有较强的口语表达能力，包括外语、普通话和方言，要做到发音标准、语调优美、语法准确、词汇丰富、语能达意。

5. 独立工作能力

旅行管家服务工作的独立性很强。尤其是旅行管家带领旅客外出旅游之时，往往独当一面，要独立地组织旅游活动、独立地处理各种各样的问题。因此，较强的独立工作能力对旅行管家成功完成这些工作具有重要意义。

6. 组织协调能力

旅行管家在接到旅客的旅游需求后，需要根据需求整合各项资源，规划好旅游线路，组织好旅游产品；在向旅客提供接待服务时，要根据旅游接待计划合理安排旅游活动。这都要求旅行管家具有较强的组织协调能力；要求旅行管家在安排活动时有较强的针对性并留有余地，在组织各项活动时讲究方式方法，及时掌握变化着的客观情况，灵活地采取相应的有效措施。

7. 人际交往能力

善于和各种人打交道是旅行管家最重要的工作技能之一。旅行管家的工作对象范围广而且复杂，需要经常与层次不同、背景各异的中外人士交往，因此，旅行管家必须具有灵活多变、适应不断变化环境的人际交往能力。

8. 灵活应变能力

旅游活动中出现问题和事故在所难免。临危不惧、头脑清醒、处事果断、随机应变是旅行管家处理问题和事故时应有的素质。旅行管家应根据不同情况采取相应措施，合情、合理、合法地予以处理。

1.3.4 心理素质

1. 观察能力

旅行管家在与旅客进行沟通时要注意倾听，捕捉有效信息，了解旅客真实目的和需求，并给予旅客有效的反馈。同时，在旅游服务中要注意观察、随机应变，要善于通过不同方式观察并发现旅游者的心理变化和需求，及时调整服务工作的详略、深浅和快慢，使其更具针对性。另外，旅行管家不仅要注意观察旅游者，还要善于观察周围的事物和环境，若发现异常变化，要当机立断，或改变游览线路，或把旅客带离现场，以免发生意外。

2. 判断能力

旅行管家在旅游接待和服务过程中，除了需要具备准确捕捉有效信息的能力，同时还要能够根据捕捉到的信息迅速做出正确、精准的判断。尤其是旅行管家在带团过程中，需要冷静思考各种各样的问题并且准确判断，采取有效措施，予以正确处理。当遇到险情时，更要求旅行管家沉着冷静、果断处理，避免事故的发生；当出现问题后，应果断采取措施，合情、合理、合法地予以处理，尽量减少损失和不利影响。

3. 自控能力

首先，旅行管家必须具有理性的心理品质，时刻清楚自己的角色，始终精神饱满、热情友好地为旅游者服务。其次，旅行管家与旅游者或旅游团领队及其他人员交往时，应既不傲气又不胆怯，沉着自然、不卑不亢。另外，旅行管家与旅游者及其他人员之间出现矛盾、发生纠纷时，不能感情用事，而要以理服人，力争双赢，避免冲突。

1.3.5 身体素质

旅行管家服务工作是一项脑力劳动和体力劳动高度结合的工作，为了适应这项工作，旅行管家不仅要有丰富的专业知识、娴熟的服务技能和较强的心理素质，还必须有健康的身体。旅行管家服务工作要求旅行管家不仅有旅游产品的设计能力，同时还应该具备旅游产品的生产能力，即能走路、会爬山，能适应各地的气候、水土和饮食；能为旅游者四处奔波，满足他们的合理要求，解决他们的困难；能适应长期在外、体力消耗大、无法正常休息的工作特点。

课证融通

旅行管家从业的整体要求

中国旅行社协会于 2021 年发布了《旅行管家分类、要求与认定》（T/CATS001—2021），对旅行管家从业整体要求做了如下规定：

1. 遵纪守法，自觉维护国家利益、民族尊严，遵守公序良俗。
2. 诚实守信，为旅游者提供服务应遵守约定，诚信服务。

3. 身体健康，应具备良好的身体素质和体力，无传染性疾病、无影响旅行服务质量及安全的其他病症。

4. 心理健康，应具备健康积极的服务心理和良好的心理素质。

5. 掌握普通话，并掌握所服务区域的方言、少数民族语言或外语。

6. 仪容仪表端庄大方、言行举止文明得体。

7. 学历与工作经验要求（应至少符合以下三项条件之一）：

（1）具有大学专科及以上学历或同等学力。

（2）全日制本科及以上学历的在校生。

（3）高中毕业并从事相关专项服务 2 年以上的在职从业人员。

8. 宜接受过相应专项服务的专业培训，具有所从事的专项旅行服务的专业知识和技能，具有良好的对客沟通能力。

9. 涉及行政许可事项的服务类别，应取得相应的准入类资格证书；无准入限制的，应满足相关国家标准、行业标准和团体标准的要求，宜取得相关水平评价类证书。

10. 适应所从事服务工作区域的自然环境和生活条件。

11. 对所服务区域的旅游线路、交通状况等信息熟练掌握。

1.4　旅行管家的行业展望

随着经济社会的不断进步，服务越来越深入到社会生活的每个角落，服务意识、服务理念、服务手段、服务方法，广泛地体现在社会各行各业的发展过程中。在服务型社会中，产业结构已经不能简单地划分为“第一产业”“第二产业”“第三产业”了。当今社会各个产业结构之间，不仅“你中有我，我中有你”，而且这些产业以及产业之间越来越多以服务为载体，以服务为手段，以服务为依托，以服务为目标，按照服务的标准来经营和发展，指导自己的行动。服务越来越成为成功的力量源泉与可靠保证，很多企业只有在符合服务标准的前提下，才能更好地进行自己的生产与经营，部分政府也提出了类似“店小二”式的服务、“最多跑一次”这样的要求，来适应“服务型社会”为各行各业带来的变化。

扫一扫

做好众创者的“店小二”

扫一扫

从浙江经验走向全国“最多跑一次”书写简政放权新篇章

思政园地

“最多跑一次”与旅行服务的提升

2016 年底，“最多跑一次”改革在浙江首次被提出。“最多跑一次”改革是通过“一窗受理、集成服务、一次办结”的服务模式创新，让企业和群众到政府办事实现“最多跑一次”的行政目标。这项“刀刃向内”、面向政府自身的自我革命，已然显现出成效。

“最多跑一次”改革涉及政府治理、公共管理、地方政府创新等各领域工作，应群众需求而生、为解决问题而变，既植根于浙江行政审批制度改革形成的体制机制优势，又在价值取向、流程优化、信息共享、力量整合等方面有了新的超越，是浙江省委、省政府向全省人民做出的承诺，体现的是以人为本，蕴含的是观念革新，推动的是转型发展，是一场从理念、制度到作风的全方位深层次变革。

对全国而言，浙江作为“最多跑一次”的改革样本，铺开改革仍是“进行时”。打造服务型政府，要求政府建立为企业和群众全程服务和长效服务的工作机制，特别要把资源投向以改善人民群众生活质量，关乎千家万户的义务教育、公共医疗、社会福利和社会保障、劳动力就业和培训、环境保护、公共基础设施、社会安全等领域，全面提升人民群众的获得感和幸福感。

思考：“最多跑一次”的成功推广对旅行管家的服务提升有哪些参考意义？

旅行管家同样是在社会全面朝着服务型方向迈进的大背景下诞生与发展起来的，其背后有经济增长和产业发展基本逻辑和原理的支撑。显而易见的是，旅行管家是传统旅游服务业在新时代的一种升级。随着科技对人类生活的巨大改变，在日常生活中信息渠道变得更加顺畅，信息量变得更加充沛，旅游资源变得更加丰富，旅游产品变得更加多样，更需要专业的旅行管家为旅游者规划更合适的线路，打造专属化的产品，营造难忘的旅程。因此，旅行管家在未来有广阔的发展前景，也将在未来的发展中与新型技术结合得越来越紧密。

随着经济增长带来旅游总需求的不断增加，全域旅游已经成为大势所趋，传统定制化的旅游产品面临着巨大的挑战，而个性化鲜明的旅游产品受到越来越多的追捧。同时，在社会转型升级的大背景下，创新成为时代的主旋律，旅行管家无疑是旅游业实现“创新发展”的排头兵，是最具鲜活生命力的旅游服务提供方式，也是众多传统旅行社创新突破的重要途径。

目前，旅行管家像初升的朝阳，有着巨大的发展动力和美好的前景，但是同时在发展中还会面临与传统旅游的磨合融通以及应对未来旅游革新的巨大的挑战。总之，旅行管家是一个朝气蓬勃的职业，值得旅游行业中的青年才俊们为之拼搏和奋斗。

内容小结

旅行管家是在旅游活动中提供管家式服务的人，这是近年来出现的新型旅游服务角色，它不同于传统旅游行业中的旅游咨询师、旅游策划师、导游员和服务员，有着独特的工作职责和岗位要求。旅行管家的工作职责包括客户沟通、产品定制、旅游接待、附属服务等方面，具有工作独立性强、工作复杂多样、脑体高度结合、工作跨文化性等特点。因此，旅行管家职业对从业者的思想素质、文化素质、技能素质、心理素质和身体素质等方面都有着较高的要求，是旅游职业未来发展的重要方向之一。

实训练习

应知考核

1. 旅行管家的工作职责包括客户沟通、产品定制、________、附属服务。
2. 旅行管家的素质要求，包括思想素质、文化素质、________、心理素质、________。

3. 旅行管家的服务特点有工作独立性强、工作复杂多样、脑体高度结合、__________。

应会考核

1. 旅行管家和导游员的工作职责有哪些区别？
2. 要想成为一名专业的旅行管家，在工作能力上要达到哪些要求？
3. 请谈谈对旅行管家行业未来发展的看法。

实践操作

请你通过互联网或其他信息手段，寻找一下目前在国内提供旅行管家服务的企业，并从提供的服务内容上来看，分析它们之间有什么差别。

第二章 旅行管家必备的基础知识

内容提纲

1. 知识目标：了解旅游经营者的概念，掌握旅游经营者的责任和义务，掌握旅行社业务经营的规则，熟悉旅游安全事故的定义，掌握旅游安全事故的分类方式，掌握旅游安全事故的处理原则和一般处理程序，掌握突发事件应急处理的主要办法，熟悉待人接物的有关礼仪知识，掌握旅行管家常用术语

2. 技能目标：能够科学、合理地处理旅游安全事故，能够进行必要的旅游安全告知

3. 素质目标：掌握旅行管家的经营素质要求，掌握旅行管家的安全管理素质要求，掌握旅行管家的礼仪素质要求

知识导入

张先生通过网络搜索，联系到了某旅游服务机构的旅行管家王女士。经过一番沟通，张先生将自己的欧洲出行需求详细地告知了王女士。很快，王女士就按照张先生的要求为他拟好了大致的出行计划，并和他商讨起行程的细节来，也向他提供了不少有益的生活资讯。在交流中，张先生发现王女士对当地旅游相当熟悉，于是询问起她的工作经历。王女士笑着回答说，没有专业的培训是做不了旅行管家的。旅行管家既是为游客制定行程的人，也是陪伴游客完成行程的人，如果不专业，旅客怎么可能放心将旅程交予她管理呢？

旅行管家的专业性主要体现在人性化服务和个性化服务之上，人性化服务就是以人为本，想游客之所想，急游客之所急，做个有温度的人，提供有温度的服务。而个性化服务主要指的是针对不同旅客的差别化服务。但是个性化服务有一个前提，它是建立在无差别

的一般服务基础之上的。因此，并不是爱玩的旅游达人都可以成为旅行管家，要成为一名合格的旅行管家，需要通过严格的培训和专业的实践。如果旅行管家连旅游基础服务工作都不过关，那么个性化服务再精彩也不过是“空中楼阁”。作为一名合格的旅行管家，在实际工作开展之前必须具备的基础知识包括旅游活动相关的经营知识、安全知识、礼仪知识等。通过本章的学习，相信你对这些知识可以获得比较全面的了解。

扫一扫

视频：旅行管家需要具备的知识

2.1　旅行管家的经营知识

旅行管家是旅游活动的经营者，旅行管家在旅游活动中对游客提供各项旅游服务的过程，即其所从事的旅游经营活动。通过经营活动，旅行管家满足了旅客的需求，促进了旅游市场的良好发展，为社会、企业和自身创造更大价值。因此，旅行管家要想行之有效地开展工作，首先需要了解旅游经营者和旅游经营活动相关的一些知识。

2.1.1　旅游经营者的相关知识

1. 旅游经营者的概念

《中华人民共和国旅游法》（以下简称《旅游法》）第一百一十一条第一款规定：旅游经营者，是指旅行社、景区以及为旅游者提供交通、住宿、餐饮、购物、娱乐等服务的经营者。同时，从事旅游经营的单位和个人必须符合国家规定的经营条件，依法登记，取得营业执照；国家规定应当取得相应经营许可的，必须向有关主管部门申请。禁止未取得营业执照或者经营许可证的单位和个人从事旅游经营活动。因此，旅行管家要想开展旅游接待服务工作，也必须满足国家规定的旅游经营者相关准入条件。

2. 旅游经营者的义务

（1）履行旅游合同。《旅游法》第四十九条规定：为旅游者提供交通、住宿、餐饮、娱乐等服务的经营者，应当符合法律、法规规定的要求，按照合同约定履行义务。

（2）提供合格产品。《旅游法》第五十条规定：旅游经营者应当保证其提供的商品和服务符合保障人身、财产安全的要求。旅游经营者取得相关质量标准等级的，其设施和服务不得低于相应标准；未取得质量标准等级的，不得使用相关质量等级的称谓和标识。

（3）不得进行商业贿赂。《旅游法》第五十一条规定：旅游经营者销售、购买商品或者服务，不得给予或者收受贿赂。

（4）保护旅游者个人信息。《旅游法》第五十二条规定：旅游经营者对其在经营活动中知悉的旅游者个人信息，应当予以保密。

（5）承担连带责任。《旅游法》第五十四条规定：景区、住宿经营者将其部分经营项目或者场地交由他人从事住宿、餐饮、购物、游览、娱乐、旅游交通等经营的，应当对实际经营者的经营行为给旅游者造成的损害承担连带责任。

（6）履行报告义务。《旅游法》第五十五条规定：旅游经营者组织、接待出入境旅游，发现旅游者从事违法活动或者有违反本法第十六条规定情形的，应当及时向公安机关、旅游主管部门或者我国驻外机构报告。

（7）投保责任险。《旅游法》第五十六条规定：国家根据旅游活动的风险程度，对旅行社、住宿、旅游交通以及本法第四十七条规定的高风险旅游项目等经营者实施责任保险制度。

3. 旅游经营者的责任

违反《旅游法》规定的旅游经营者：将受到相应的处罚。构成犯罪的，依法追究刑事责任。《旅游法》第一百零四条规定：旅游经营者违反本法规定，给予或者收受贿赂的，由市场监督管理部门依照有关法律、法规的规定处罚；情节严重的，并由旅游主管部门吊销旅行社业务经营许可证。第一百零七条规定：旅游经营者违反有关安全生产管理和消防安全管理的法律、法规或者国家标准、行业标准的，由有关主管部门依照有关法律、法规的规定处罚。第一百零八条规定：对违反本法规定的旅游经营者及其从业人员，旅游主管部门和有关部门应当记入信用档案，向社会公布。

思政园地

我国的旅游立法体系和旅游法

党的十九大把坚持全面依法治国确立为新时代坚持和发展中国特色社会主义基本方略的重要内容。会议指出，全面依法治国是国家治理的一场深刻革命，必须坚持厉行法治，推进科学立法、严格执法、公正司法、全民守法。改革开放以后，我国旅游业发展迅猛，国家和旅游主管部门也十分重视对旅游的立法和法制建设。到目前为止，我国已逐步建立起规范的旅游立法体系，涉及国家大法、旅游法、国务院行政法规、地方旅游管理条例、旅游部门规章、其他部门相关法律法规六个方面的法律和规章。

2013 年 4 月 25 日，第十二届全国人民代表大会常务委员会第二次会议审议通过了《中华人民共和国旅游法》(以下简称《旅游法》)，自 2013 年 10 月 1 日起施行。（原）国家旅游局早在 1982 年就成立了《旅游法》起草领导小组和工作小组，1985 年 11 月将送审稿提交国务院，因我国旅游业还在起步阶段，制定《旅游法》的基本条件尚不具备，故起草《旅游法》的工作暂时中断。1989 年 3 月，（原）国家旅游局再次把起草《旅游法》的工作提到议事日程，组织精兵强将，经过多次调研、论证、讨论、修改，形成送审稿。实行社会主义市场经济体制后，《旅游法》草稿涉及的相关内容需要重新调整，起草工作再次中断。1995 年底，《旅游法》起草工作重新启动。2009 年有关部门通过多种形式、多种途径，正式起草《旅游法》，终于得以在 2013 年颁布实施。《旅游法》从动议到出台将近 30 年，凝结了几代旅游和法律工作者的辛劳。《旅游法》能够出台，与我国旅游业的发展水平和地位、与旅游法制建设的进程密切相关，特别是与我国不断提升经济社会发展水平和不断完善法制体系紧密相关。

《旅游法》的颁布与实施，是我国旅游法制建设发展史上重要的里程碑。《旅游法》是一部综合性的法律，共设 10 章 112 条，除总则、法律责任和附则外，《旅游法》分别对旅游者、旅游规划和促进、旅游经营、旅游服务合同、旅游安全、旅游监督管理、旅游纠纷处理等方面做出了明确的规范，涉及行政、经济和民事法律规范，确立了政府统筹、部门负责、综合协调的旅游发展和管理机制。《旅游法》的这些制度和创新必将对我国旅游业的发展产生积极而重大的影响。

资料来源：卢世菊．旅游法教程［M］．6版．武汉：武汉大学出版社，2017.

思考：我国的旅游立法体系是否已经完备？是否能够充分保证旅行管家工作的顺利开展？有没有可以加以完善的地方？

2.1.2 旅行社业务经营规则

旅行管家作为一种旅游服务岗位，既可以隶属于旅游服务机构，也可以隶属于旅行社。但是就目前国内旅游市场发展情况来看，按照旅行管家参与旅游经营和提供服务的准入要求，主要还是应隶属于旅行社或旅行社下属的机构或部门。因此，旅行管家工作要顺利开展，也必须熟悉旅行社业务经营的基本规则。

1. 旅行社及其经营业务范围

《旅游法》第二十八条规定：设立旅行社，招徕、组织、接待旅游者，为其提供旅游服务，应当具备下列条件，取得旅游主管部门的许可，依法办理工商登记：有固定的经营场所；有必要的营业设施；有符合规定的注册资本；有必要的经营管理人员和导游；法律、行政法规规定的其他条件。

第二十九条规定：旅行社可以经营下列业务：境内旅游；出境旅游；边境旅游；入境旅游；其他旅游业务。旅行社经营前款第二项和第三项业务，应当取得相应的业务经营许可，具体条件由国务院规定。

第四十八条规定：通过网络经营旅行社业务的，应当依法取得旅行社业务经营许可，并在其网站主页的显著位置标明其业务经营许可证信息。发布旅游经营信息的网站，应当保证其信息真实、准确。

2. 旅行社的权利和义务

（1）旅行社的权利。旅行社有自主签订旅游合同的权利，有权自主地与任何团体和个人（旅游者）签订旅游服务合同。在此类合同关系中，旅行社与合同另一方当事人法律地位平等，应按平等、自愿、等价有偿的原则履行合同。同时，还有收取合理旅游费用的权利和要求旅游者正确履行旅游合同的权利。

（2）旅行社的义务。1）旅行社有警示及告知的义务。《旅行社条例》第三十九条规定：旅行社对可能危及旅游者人身、财产安全的事项，应当向旅游者做出真实的说明和明确的警示，并采取防止危害发生的必要措施。2）旅行社有报告及协助的义务。《旅游法》第五十五条规定：旅游经营者组织、接待出入境旅游，发现旅游者从事违法活动或者出境旅游者在境外非法滞留，随团出境的旅游者擅自分团、脱团。出境旅游者在境外非法滞留，随团出境的旅游者擅自分团、脱团的，应当及时向公安机关、旅游主管部门或者我国驻外机构报告。3）旅行社有提示义务。《旅游法》第六十一条规定：旅行社应当提示参加团队旅游的旅游者按照规定投保人身意外伤害保险。

经典案例

购买名表被国外海关没收，损失谁担？

2015年11月1日，A公司与B旅游公司签订合作协议，委托B旅游公司为其员工及客户安排组织旅游线路行程。2015年12月，A公司员工邓某接受了B旅游公司的安排，由

C旅游公司实际负责提供了境外旅游服务。2015年12月13日，邓某所在旅行团途径瑞士时，邓某在当地商店购买手表一块（约人民币58 000元）。当日，邓某所在旅行团在进入意大利境内过程中，因邓某未申报所购买的手表，致该手表被意大利海关没收。

游客邓某认为：

其手表被没收，是因为旅游公司员工李某在过海关的时候并未告知其需要申报所购买的物品，仅是收取了其购买手表的税单帮助其办理退税手续，据此认为相应的损失应当由旅游合同的相对方——C旅游公司和B旅游公司承担。

现邓某起诉要求C旅游公司和B旅游公司连带赔偿其手表被没收的损失，并称其为了在境外维权还产生了翻译费和律师费损失，一并要求两家公司赔偿：手表损失61 917元、翻译费1 150元、律师费2 160元，合计65 227元。

扫一扫

跟团游购买名表被国外海关没收，损失谁担？

分析：你觉得B旅游公司和C旅游公司需要为游客的损失承担责任吗？为了避免这样的事件发生，应该怎样做？

3. 旅行社经营行为规范

（1）按照核定的业务范围开展经营活动。《旅游法》《旅行社条例》《旅行社条例实施细则》规定了旅行社业务范围。旅行社应当按照核定的业务范围开展经营活动，严禁超范围经营。超范围经营包括：1）未取得相应的旅行社业务经营许可，经营境内旅游、出境旅游、边境旅游、入境旅游、其他旅游业务；2）分社超出设立分社的旅行社的经营范围经营旅游业务的；3）旅行社服务网点从事招徕、咨询以外的旅行社业务经营活动的；4）外商投资旅行社违规经营中国内地居民出境、边境旅游业务及赴港、澳、台旅游业务；5）经营出境、边境旅游业务的旅行社组织旅游者到国务院旅游主管部门公布的中国公民出境、边境旅游目的地之外的国家和地区旅游。

（2）发布真实、准确的信息。《旅游法》第三十二条规定：旅行社为招徕、组织旅游者发布信息，必须真实、准确，不得进行虚假宣传，误导旅游者。

（3）安排活动不得违反我国法律、法规和社会公德。《旅游法》第三十三条规定：旅行社及其从业人员组织、接待旅游者，不得安排参观或者参与违反我国法律、法规和社会公德的项目或者活动。

（4）选择合格的供应商。《旅游法》第三十四条规定：旅行社组织旅游活动应当向合格的供应商订购产品和服务。

（5）合理报价。《旅游法》第三十五条规定：旅行社不得以不合理的低价组织旅游活动，诱骗旅游者，并通过安排购物或者另行付费旅游项目获取回扣等不正当利益。旅行社组织、接待旅游者，不得指定具体购物场所，不得安排另行付费旅游项目。但是，经双方协商一致或者旅游者要求，且不影响其他旅游者行程安排的除外。发生违反前两款规定情形的，旅游者有权在旅游行程结束后三十日内，要求旅行社为其办理退货并先行垫付退货货款，或者退还另行付费旅游项目的费用。

（6）合理安排领队或者导游。《旅游法》第三十六条规定：旅行社组织团队出境旅游或者组织、接待团队入境旅游，应当按照规定安排领队或者导游全程陪同。

（7）维护导游、领队合法权益。《旅游法》第三十八条规定：旅行社应当与其聘用的导游依法订立劳动合同，支付劳动报酬，缴纳社会保险费用。旅行社临时聘用导游为旅游者提供服务的，应当全额向导游支付本法第六十条第三款规定的导游服务费用。旅行社安排导游为团队旅游提供服务的，不得要求导游垫付或者向导游收取任何费用。

（8）缴纳旅游服务质量保证金。《旅游法》第三十一条规定：旅行社应当按照规定交纳旅游服务质量保证金，用于旅游者权益损害赔偿和垫付旅游者人身安全遇有危险时紧急救助的费用。

经典案例

全兼地领队被投诉购物和自由活动安排纠纷的处理

某旅行社组织了欧洲游团队，领队对目的地情况熟悉，该旅行社就没有聘用出境游目的地的地陪服务，由领队兼任地陪服务。旅游行程结束后，游客向旅游主管部门投诉领队服务：第一，领队在安排某著名景点时，带领旅游团队在博物馆开放前一个半小时抵达，在等待景点开放的过程中，领队介绍了博物馆周边的购物商场和厕所，然后直接去办理购票等事宜。游客认为领队有指定购物场所的嫌疑，因为领队协助游客退税，而且浪费了一个半小时。第二，根据合同约定，自由活动时间不少于半个小时，但自由活动时间实际上超过两个半小时，领队不作为。游客要求旅行社予以赔偿。

扫一扫

全兼地领队被投诉购物和自由活动安排纠纷的处理

分析：你觉得游客的投诉合理吗？领队的工作是否违反了旅游公司的经营规范？旅游公司不为游客安排地接导游是否合适？

2.1.3　旅游合同的订立规则

1. 旅游服务合同的概念和种类

为了更好地规范旅游经营者的经营行为，充分保护旅游者的合法权益，《旅游法》规定旅行社组织和安排旅游活动，应当与旅游者订立合同。这里所说的合同即旅游服务合同，既包括旅游者与旅游经营者签订的包价旅游合同，也包括旅游经营者根据旅游者的具体要求安排旅游行程的旅游安排合同，旅游经营者接受旅游者委托为其提供代订交通、住宿、餐饮、游览、娱乐等旅游服务的委托合同，以及为旅游者提供旅游行程设计、旅游信息咨询等服务的相关旅游合同。

2. 包价旅游合同的订立

（1）包价旅游合同的形式和内容。包价旅游合同的订立，是旅行社经营者与旅游者之间做出意思表示、达成合意，最终签订旅游服务合同的过程。《旅游法》第五十八条规定，包价旅游合同应当采用书面形式，包括下列内容：1）旅行社、旅游者的基本信息；2）旅游行程安排；3）旅游团成团的最低人数；4）交通、住宿、餐饮等旅游服务安排和标准；5）游览、娱乐等项目的具体内容和时间；6）自由活动时间安排；7）旅游费用及其交纳的期限和方式；8）违约责任和解决纠纷的方式；9）法律、法规规定和双方约定的其他事项。该规定属于强制性规定，即旅行社与旅游者签订包价旅游合同必须包括上述规定的内容。

（2）旅行社订立合同时应当履行的义务。旅行社订立合同时应当履行的义务主要包括合同内容说明义务、提供旅游行程单义务、人身意外伤害险提示义务和告知义务等。其中旅行社的告知义务是指旅行社以恰当的方式告诉旅游者可能危及旅游者人身、财产安全的旅游风险，以及可能对旅游者产生不利影响的法律风险，以使其保持警惕的义务。《旅游法》第六十二条规定，订立包价旅游合同时以及履行包价旅游合同过程中，旅行社应当向旅游者告知下列事项：1）旅游者不适合参加旅游活动的情形；2）旅游活动中的安全注意事项；3）旅行社依法可以减免责任的信息；4）旅游者应当注意的旅游目的地相关法律、法规和风俗习惯、宗教禁忌，依照中国法律不宜参加的活动等；5）法律、法规规定的其他应当告知的事项。

（3）关于代订合同的要求。旅行社对其通过线路设计、服务组织而形成的包价旅游服务，既可以自行向旅游者进行宣传、与旅游者订立包价旅游合同，也可以委托其他旅行社代理营销包价旅游服务产品，可以委托地接社接待旅游者，以利于提高市场效率。《旅游法》第六十条对此类委托和代理进行了明确的规定：旅行社委托其他旅行社代理销售包价旅游产品并与旅游者订立包价旅游合同的，应当在包价旅游合同中载明委托社和代理社的基本信息。旅行社依照本法规定将包价旅游合同中的接待业务委托给地接社履行的，应当在包价旅游合同中载明地接社的基本信息。

3. 包价旅游合同的履行

《旅游法》第六十七条、第六十九条对包价旅游合同的履行有以下规定：

（1）旅行社应当按照包价旅游合同的约定履行义务，不得擅自变更旅游行程安排。

（2）经旅游者同意，旅行社将包价旅游合同中的接待业务委托给其他具有相应资质的地接社履行的，应当与地接社订立书面委托合同，约定双方的权利和义务，向地接社提供与旅游者订立的包价旅游合同的副本，并向地接社支付不低于接待和服务成本的费用。地接社应当按照包价旅游合同和委托合同提供服务。

扫一扫

视频：包价旅游合同的履行

（3）因不可抗力或者旅行社、履行辅助人已尽合理注意义务仍不能避免的事件，影响旅游行程的，按照下列情形处理：1）合同不能继续履行的，旅行社和旅游者均可以解除合同。合同不能完全履行的，旅行社经向旅游者做出说明，可以在合理范围内变更合同；旅游者不同意变更的，可解除合同。2）合同解除的，组团社应当在扣除已向地接社或者履行辅助人支付且不可退还的费用后，将余款退还旅游者；合同变更的，因此增加的费用由旅游者承担，减少的费用退还旅游者。3）危及旅游者人身、财产安全的，旅行社应当采取相应的安全措施，因此支出的费用，由旅行社与旅游者分担。4）造成旅游者滞留的，旅行社应当采取相应的安置措施。因此增加的食宿费用，由旅游者承担；增加的返程费用，由旅行社与旅游者分担。

经典案例

航班取消导致游客损失，该由旅游公司承担吗？

2016年2月16日，刘某与A公司签订《团队出境旅游合同》，刘某等六人赴马尔代夫旅游。合同第十七条第三项约定，出境社具备履行条件，经旅游者要求仍拒绝履行本合同义务的，出境社向旅游者支付旅游费用总额30%的违约金。

因Q2353航班的机械事故，刘某等人一直在机场滞留到3月1日均不能出行，后该航班取消。刘某认为旅行社并未改订其他航班，旅行社可以履行合同而拒绝履行，应按照约定支付旅游费用总额30%的违约金共计14 817元。

扫一扫

航班取消导致游客损失，该由旅游公司承担吗？

分析： 你觉得旅游公司应当承担游客的损失吗？

4. 包价旅游合同的解除、转让

（1）不能成团与合同解除、转让。旅行社在预定的旅游行程开始前，能否招徕预期人数的旅游者组成旅游团，常常不可确定。为防止旅行社在此情况下的随意转团行为发生，《旅游法》第六十三条规定：1）旅行社招徕旅游者组团旅游，因未达到约定人数不能出团的，组团社可以解除合同。但是境内旅游应当至少提前7日通知旅游者，出境旅游应当至少提前30日通知旅游者。2）因未达到约定人数不能出团的，组团社经征得旅游者书面同意，可以委托其他旅行社履行合同。组团社对旅游者承担责任，受委托的旅行社对组团社承担责任。旅游者不同意的，可以解除合同。3）因未达到约定的成团人数解除合同的，组团社应当向旅游者退还已收取的全部费用。

（2）旅游者替换与合同转让。旅游者在旅游行程开始前的合理期间内，可以决定由第三人替换其参加旅游活动。《旅游法》第六十四条规定：旅游行程开始前，旅游者可以将包价旅游合同中自身的权利义务转让给第三人，旅行社没有正当理由的不得拒绝，因此增加的费用由旅游者和第三人承担。

（3）旅游者的任意解除合同。旅游者在旅游行程结束前，不需要阐述理由，可以行使随时解除包价旅游合同的权利。《旅游法》第六十五条规定：旅游行程结束前，旅游者解除合同的，组团社应当在扣除必要的费用后，将余款退还旅游者。

（4）旅行社的单方解除合同。包价旅游合同中，因旅游者违反法律或者违背协助履行义务的原因导致合同无法履行，则允许旅行社单方面解除合同，免受包价旅游合同的约束。《旅游法》第六十六条规定，旅游者有下列情形之一的，旅行社可以解除合同：1）患有传染病等疾病，可能危害其他旅游者健康和安全的；2）携带危害公共安全的物品且不同意交有关部门处理的；3）从事违法或者违反社会公德的活动的；4）从事严重影响其他旅游者权益的活动，且不听劝阻、不能制止的；5）法律规定的其他情形。因上述规定情形解除合同的，组团社应当在扣除必要的费用后，将余款退还旅游者；给旅行社造成损失的，旅游者应当依法承担赔偿责任。

（5）合同解除后旅行社的协助返程义务。《旅游法》第六十八条规定：旅游行程中解除合同的，旅行社应当协助旅游者返回出发地或者旅游者指定的合理地点。由于旅行社或者履行辅助人的原因导致合同解除的，返程费用由旅行社承担。

引经据典

传统文化中的“经营”

“经”的本义是织布时候的纵线。在金文中“经”作“巠”，是个象形字，下部是织布时撑线用的工具“工”，上部是织布的经线之形“巛”。所以才会说“必先有经而后有纬”，“经正而后纬成”。如果没有“经”，也就谈不上“纬”，所以“经”是主要的。《说文解字》记载：“经，织也。”《玉篇》上说：“经纬，以成缯帛也。”经纬相织，就能变成绢帛，所以“经”也有料理的意思，引申为治理。《周易·屯卦》记载：“君子以经纶。”《史记》说秦始皇“经理宇内”，就是这个意思。“营”的意思本是合围的居所，《说文解字》记载：“营，市居也，从宫。”“市”，也作“匝”“帀”，“帀居”就是围绕而居，类似于“宫”。

从“经”的本义还能引申出（以）经度（量）的意思，从“营”的本义还能引申出修建、整治（居所）的意思。《诗经·灵台》记载“经始灵台，经之营之”，就是这个意思。因此在古文中常常能见到“经营”合说，如《阿房宫赋》中有“韩魏之经营”。在中国传统文化中，是极其看重“天命”，看重自然和客观规律的，但是“经营”“经济”等词汇都带着积极进取的意味，蕴含着积极发挥主观能动性，通过才智和人力以实现更有价值创造的思想。如《诗经·江汉》中“经营四方，告成于王”；《诗经·北山》中“旅力方刚，经营四方”等。

在现代汉语语境中，经营含有筹划、谋划、计划、规划、组织、治理、管理等含义。经营和管理相比，经营侧重动态性谋划发展的内涵，而管理侧重使其正常合理地运转。经营和管理合称经营管理。旅行管家从事旅游经营活动，正是需要通过各种计划、组织、控制等经营管理手段，才能够带动行业发展，带动自身进步，创造出更大的效益。

2.2　旅行管家的安全知识

旅游安全是指旅游活动中各相关主体的一切安全现象的总称。旅游安全是旅游业的生命线，是旅游业发展的基础和保障。旅游安全事故的发生，不仅影响旅游活动的顺利进行，还可能带来巨额经济损失，危及旅游者生命和财产安全，直接影响社会的安定团结，甚至损害国家的旅游声誉。旅行管家在实际工作中都有可能遇到各种各样的安全问题，因此，了解一些旅游安全常识，掌握一些旅游安全事故的处理方法，对旅行管家在实际工作中应急预案的编制和服务工作的开展等，都有重要的价值。

2.2.1　旅游安全管理概述

旅游安全管理是旅游行政管理部门及旅游企事业单位为保障旅游者人身、财物等的安全，对旅游安全工作进行计划、组织、协调、控制的活动。加强旅游安全管理，有利于提高应对旅游突发事件的能力，保障旅游者的人身、财产安全，促进旅游业持续健康发展。1990 年 2 月 20 日，（原）国家旅游局发布了《旅游安全管理暂行办法》，使我国旅游管理工作步入规范化、法制化的轨道。2013 年 10 月 1 日起实施的《旅游法》更是从法律上明确了旅游安全的重要性，明确规定了各级人民政府、旅游经营者及旅游者在旅游安全管理工作中的职责及相关权利和义务。2016年9月7日，（原）国家旅游局审议通过了《旅游安全管理办法》。上述这些法律、管理办法和条例、通知等，构成了一个比较完善的旅游安全法律保障体系，使我国的旅游安全管理逐步走上规范化、法制化的轨道。

安全责任重于泰山，安全事故发生的原因是多方面的，安全管理工作也并不是旅行管家个人可以独立完成的。根据《旅游安全管理办法》的规定，各级旅游主管部门应当在同级人民政府的领导和上级旅游主管部门及有关部门的指导下，在职责范围内，依法对旅游安全工作进行指导、防范、监管、培训、统计分析和应急处理。旅游经营者应当承担旅游安全的主体责任，加强安全管理，建立、健全安全管理制度，关注安全风险预警和提示，妥善应对旅游突发事件。旅游从业人员应当严格遵守本单位的安全管理制度，接受安全生产教育和培训，增强旅游突发事件防范和应急处理能力。旅游主管部门、旅游经营者及其从业人员应当依法履行旅游突发事件报告义务。

2.2.2 旅游安全管理的规定

为保障旅游者的旅游安全，体现旅游立法以人为本的原则，《旅游法》第七十六条至第八十二条对旅游安全问题做了明确的法律规定，确立了我国旅游安全保障制度。作为旅行管家，不仅要掌握旅游经营者在旅游安全管理中的职责，同时也应该了解旅游安全管理机构的职责，以及旅游者在旅游安全管理中的权利及义务。具体内容如下：

1. 旅游安全管理机构及其职责

（1）县级以上人民政府统一负责旅游安全工作。县级以上人民政府有关部门依照法律、法规履行旅游安全监管职责。

（2）国家建立旅游目的地安全风险提示制度。旅游目的地安全风险提示的级别划分和实施程序，由国务院旅游主管部门会同有关部门制定。县级以上人民政府及其有关部门应当将旅游安全作为突发事件监测和评估的重要内容。

（3）县级以上人民政府应当依法将旅游应急管理纳入政府应急管理体系，制定应急预案，建立旅游突发事件应对机制。突发事件发生后，当地人民政府及其有关部门和机构应当采取措施开展救援，并协助旅游者返回出发地或者旅游者指定的合理地点。

2. 旅游经营者在旅游安全管理中的职责

（1）旅游经营者应当严格执行安全生产管理和消防安全管理的法律、法规和国家标准、行业标准，具备相应的安全生产条件，制定旅游者安全保护制度和应急预案。

（2）旅游经营者应当对直接为旅游者提供服务的从业人员开展经常性应急救助技能培训，对提供的产品和服务进行安全检验、监测和评估，采取必要措施防止危害发生。

（3）旅游经营者组织、接待老年人、未成年人、残疾人等旅游者，应当采取相应的安全保障措施。

（4）旅游经营者应当就旅游活动中的下列事项，以明示的方式事先向旅游者做出说明或者警示：1）正确使用相关设施、设备的方法；2）必要的安全防范和应急措施；3）未向旅游者开放的经营、服务场所和设施、设备；4）不适宜参加相关活动的群体；5）可能危及旅游者人身、财产安全的其他情形。

（5）突发事件或者旅游安全事故发生后，旅游经营者应当立即采取必要的救助和处置措施，依法履行报告义务，并对旅游者做出妥善安排。

3. 旅游者在旅游安全管理中的权利及义务

（1）旅游者在人身、财产安全遇有危险时，有权请求旅游经营者、当地政府和相关机构进行及时救助。

（2）中国出境旅游者在境外陷于困境时，有权请求我国驻当地机构在其职责范围内给予协助和保护。

（3）旅游者接受相关组织或者机构的救助后，应当支付应由个人承担的费用。

2.2.3　旅游安全事故分类与风险提示制度

1. 旅游安全事故的分类

旅游安全事故是指在旅游活动中，由自然或人为原因引起的造成旅游者人身或财产损失，并由此导致相关当事人相应法律责任的事件。对旅行管家而言，在旅游安全事故中最为重要的是旅游突发事件的处理。根据《旅游安全管理办法》，旅游突发事件是指突然发生，造成或者可能造成旅游者人身伤亡、财产损失，需要采取应急处置措施予以应对的自然灾害、事故灾难、公共卫生事件和社会安全事件。根据旅游突发事件的性质、危害程度、可控性以及造成或者可能造成的影响，旅游突发事件一般分为特别重大、重大、较大和一般四级。

（1）特别重大旅游突发事件。指下列情形：1）造成或者可能造成人员死亡（含失踪）30 人以上或者重伤 100 人以上；2）旅游者 500 人以上滞留超过 24 小时，并对当地生产生活秩序造成严重影响；3）其他在境内外产生特别重大影响，并对旅游者人身、财产安全造成特别重大威胁的事件。

扫一扫

视频：安全事故分类与风险提示

（2）重大旅游突发事件。指下列情形：1）造成或者可能造成人员死亡（含失踪）10 人以上、30 人以下或者重伤 50 人以上、100 人以下；2）旅游者 200 人以上滞留超过 24 小时，对当地生产生活秩序造成较严重影响；3）其他在境内外产生重大影响，并对旅游者人身、财产安全造成重大威胁的事件。

（3）较大旅游突发事件。指下列情形：1）造成或者可能造成人员死亡（含失踪）3 人以上 10 人以下或者重伤 10 人以上、50 人以下；2）旅游者 50 人以上、200 人以下滞留超过 24 小时，并对当地生产生活秩序造成较大影响；3）其他在境内外产生较大影响，并对旅游者人身、财产安全造成较大威胁的事件。

（4）一般旅游突发事件。指下列情形：1）造成或者可能造成人员死亡（含失踪）3 人以下或者重伤 10 人以下；2）旅游者 50 人以下滞留超过 24 小时，并对当地生产生活秩序造成一定影响；3）其他在境内外产生一定影响，并对旅游者人身、财产安全造成一定威胁的事件。

此外，如果入境旅游者在我国境内发生重大安全事故，可能会有国际救援组织（如国际 SOS 救援中心/International SOS）直接参与救援和善后处理，我国有关方面要为他们提供方便。

知识链接

国际 SOS 救援中心（International SOS Pte Ltd）

国际 SOS 救援中心（International SOS Pte Ltd）的前身是亚洲国际紧急救援中心（AEA），创建于 1985 年。1998 年 7 月，AEA 全面兼并国际 SOS 救助公司（International SOS Assistance），创建了世界上第一家国际医疗风险管理公司——国际 SOS 救援中心。

国际 SOS 救援中心是全球领先的提供医疗援助及安全服务的公司，目前在全球拥有超过 11 000 名员工，能用超过 99 种语言提供服务。中心协助跨国企业、政府机构和组织管理外派员工和商务差旅者面临的医疗和安全风险。中心职责包括：全球差旅人员追踪管理；24 小时日常医疗和安全咨询；极端情况下的医疗转运和安全撤离服务；与国际标准接轨的就诊、健康体检服务；为边远地区的客户提供现场项目的医疗管理服务；企业医疗咨询和培训等。

中心的使命是在世界范围内向客户提供高质量服务和客户关怀。中心在向客户提供真诚的人性化服务的同时，也在世界各地提供最为本土化的知识和经验。全球援助、全心关怀就是中心的哲学观。通过聆听客户的需求，寻求体会他们的要求，从而能够提供更为灵活和创新的解决方案。针对日益增长的客户和个人会员的需求，中心可以创建新的服务，开发新的市场。

资料来源：国际 SOS 救援中心，见 https://baike.baidu.com/item/国际SOS救援中心/3529633?fr=aladdin.

2. 旅游目的地安全风险提示制度

国家建立旅游目的地安全风险（以下简称风险）提示制度。根据可能对旅游者造成的危害程度、紧急程度和发展态势，风险提示级别分为一级（特别严重）、二级（严重）、三级（较重）和四级（一般），分别用红色、橙色、黄色和蓝色标示。

风险提示级别的划分标准，由国家旅游主管部门会同外交、卫生、公安、国土、交通、气象、地震和海洋等有关部门制定或者确定。风险提示信息，应当包括风险类别、提示级别、可能影响的区域、起始时间、注意事项、应采取的措施和发布机关等内容。一级、二级风险的结束时间能够与风险提示信息内容同时发布的，应当同时发布；无法同时发布的，待风险消失后通过原渠道补充发布。三级、四级风险提示可以不发布风险结束时间，待风险消失后自然结束。

风险提示发布后，旅行管家应当根据风险级别采取下列措施：

（1）四级风险的，加强对旅游者的提示；

（2）三级风险的，采取必要的安全防范措施；

（3）二级风险的，停止组团或者带团前往风险区域；已在风险区域的，调整或者中止行程；

（4）一级风险的，停止组团或者带团前往风险区域，组织已在风险区域的旅游者撤离。

其他旅游经营者应当根据风险提示的级别，加强对旅游者的风险提示，采取相应的安全防范措施，妥善安置旅游者，并根据政府或者有关部门的要求，暂停或者关闭易受风险危害的旅游项目或者场所。

风险提示发布后，旅游者应当关注相关风险，加强个人安全防范，并配合国家应对风险暂时限制旅游活动的措施，以及有关部门、机构或者旅游经营者采取的安全防范和应急处置措施。

2.2.4　游客安全告知

旅行安全是旅行活动中的头等大事，做好旅行安全管控是旅游经营企业和全体游客的共同责任。杜绝安全隐患是一次顺利完美旅行活动的根本保障，所以最重要的就是做好游客的旅行安全告知。旅行管家有义务告知游客：在出行前应选择一家信誉良好的旅游企业，签订规范的旅游合同；自助旅行时最好结伴同行，购买一份意外保险，并掌握旅游企业联络人和紧急联络人的电话号码。

在实际工作中，旅行管家常接触或涉及的旅行安全告知内容主要包括交通安全、住宿安全、饮食卫生安全、游览安全、购物及娱乐安全。

1. 交通安全

（1）游客在乘坐飞机时，应遵守民航乘机安全管理规定，特别注意不要携带违禁物品上飞机，不要在飞机上使用手机等电子设备。

（2）游客在车、船停稳后方可上下车、船，并按车站、港口安全管理规定或指示标志通行，要讲究文明礼貌，照顾老人、儿童、妇女，切勿拥挤，以免发生意外。

（3）游客在乘车途中，要系好安全带，不要与司机交谈和催促司机开快车，违章超速和超车行驶；不要将头、手、脚或行李物品伸出窗外，以免发生意外。

（4）游客下车浏览、就餐、购物时，应注意关好车辆门窗，随身携带贵重物品，以免出现被盗。

（5）自驾车出游时，出发前要检查车辆性能，轮胎有无备胎、机油、有无漏油、刹车灵敏度，新手不要租车自驾游。不要疲劳驾驶，系好安全带，儿童要配备安全座椅并尽量坐在后排，不要随意搭乘陌生人车辆，控制车速，注意弯道。

2. 住宿安全

（1）游客入住酒店后，应了解酒店安全须知，熟悉酒店的安全出口、安全楼梯的位置和转移路线。

（2）注意检查房间内的设施设备（卫生间防滑垫）是否齐全，有无破损，如有不全或破损，应立即向酒店前台或旅行管家报备。

（3）贵重物品应存放于酒店前台的保险柜内或自行妥善保管，外出时不要放在房间内。不要携带易燃易爆物品，不要在禁止吸烟的场所吸烟，乱扔烟头。

（4）不要将自己住宿的酒店及房间号随便告诉陌生人，不要让陌生人或自称是酒店维修人员随意进入房间，出入房间要锁好门窗。睡觉前要检查房门窗是否已关好，保险扣是否锁上，物品最好放置于身边，不要放在靠门靠窗的地方。

（5）游客独自外出时，要告诉随团旅行管家，携带酒店房卡，或者在酒店前台拿一张酒店的卡片，卡片上应有酒店地址、电话，如果迷失方向可以按照卡片上的信息询问或搭乘出租车顺利返回酒店。

（6）住店期间如果发生火灾，不要搭乘电梯或随意跳窗，要冷静地判断火情，听从旅行管家和工作人员指挥，有序撤离。主动进行自救，若身上着火可以就地打滚，扑灭火苗；在穿过有浓烟的走廊和通道时，要用浸湿的衣物包裹身体，捂住口鼻，尽量贴近地面匍匐前进；当大火封门无法逃出时，可以用浸湿的毛巾、棉被堵住房门门缝，泼水降温等待救援，或者摇动色彩鲜艳的衣物呼唤救援人员。

3. 饮食卫生安全

（1）在旅游地购买食品需注意商品保质期，若发现食品不卫生或者有异味变质的情况，切勿食用。

（2）不要接受和食用陌生人赠送的香烟、食品和饮品，防止他人暗算和失窃。

（3）旅游期间要合理饮食，不要暴食暴饮和贪食。在海边度假不要随意食用生冷海鲜等食品，不饮用海水淡化处理的淡水。

（4）为防止旅行途中水土不服，游客应自备一些常用药品以备不时之需，切勿随意服用他人提供的药品。

（5）旅行途中不提倡大量饮酒，旅行企业及保险公司对游客因大量饮酒导致的意外不承担赔偿责任。喜欢喝酒的游客在旅途中应控制酒量，最好不要超过平时饮酒量的 1/3，若出现酗酒闹事、扰乱社会秩序、侵害他人权益的行为，以及因此造成的损害，由肇事者承担一切责任。

4. 游览安全

（1）听取旅行管家、当地导游或向导等目的地接待人员有关游览安全的提示和忠告，预防意外事故和突发性疾病的发生。记住乘坐车辆的车牌号、停车位置、集合时间、地点，不要迟到。

（2）经过危险路段（如陡峭、狭窄的山路，潮湿发滑的路面）时不可拥挤；前往险峻处观光时应充分考虑自身的条件是否允许，不要存在侥幸心理。

（3）游客登山或参与活动时，应根据自身身体状况进行，注意适当休息，避免激烈运动以及自身身体无法适应的活动，同时做好防护工作。

（4）参加水上活动时，注意乘船安全，要穿戴好救生衣，不单独前往深水区或危险河道。

（5）乘坐缆车或其他载人观光运载工具时，应服从景区工作人员安排，超载、超员或有异常时千万不要乘坐，以防发生意外。

（6）游览期间不要单独行动，如果迷失方向，原则上原地等候或打电话求助，自由活动时不要走得太远。带未成年人出游，应履行监护责任，不要让未成年人单独行动，并注意安全。

（7）自由活动期间，游客应选择自己能够控制风险的活动项目，并在自己能够控制风险的范围内活动。除了特殊团队以外，一般旅游企业不会安排赛车、滑翔、探险性漂流、滑雪、下海潜水、滑板、跳伞、热气球、蹦极、冲浪等高风险项目，也提醒游客谨慎选择这些自费活动，并自行承担风险。

5. 购物及娱乐安全

（1）不要轻信流动推销人员推荐的商品，无意购买时，不要和商家讨价还价。

（2）细心鉴别商品真伪，不要急于付款，购物时记得向商家索要商品发票。

（3）不要随陌生人到偏僻地方购物或取物，在热闹拥挤的场所购物或娱乐时，注意保管好钱包、提包、证件和贵重物品，不要单独行动，不要前往管理混乱的娱乐场所，防止诈骗、盗窃和抢劫事故的发生。

（4）在选择娱乐项目时，应根据自身条件参与适当的项目，不要参与不健康或涉嫌违法的娱乐项目。

（5）不与当地的商贩发生争执，有问题求助相关执法部门。

经典案例

从出境旅游大巴失窃的责任范围认定及承担看旅游公司的警示告知义务

2015 年 10 月 9 日王某与组团社 A 公司签订《团队出境旅游合同》一份，参加由 A 公司合作地接社 B 公司组织的境外旅游项目。旅游期间，王某在入住酒店时，自行将相机和相机附属物品遗忘在酒店休息区，事后 A 公司和 B 公司的导游和领队协助王某向当地警方报警。王某旅游结束登机前，发现 A 公司提供的大巴车上自己的行李箱丢失。王某回国后要求 A 公司和 B 公司赔偿其损失共计 10 万元：(1) 行李箱中有王某从巴西购买的钻石、红酒等贵重物，价值 1 万美元，折合人民币 7 万元。(2) 国内自带物品，包括丢失的相机和相机附属物品、随身衣物及充电器、剃须刀等，价值人民币 3 万元。

原告王某认为：游客报名参加旅游团，游客乘坐旅游公司提供的大巴中发生财物被盗，旅游公司应该承担赔偿责任，A 公司和 B 公司提供的《参团告知书》等只是针对航空行程中的注意事项，而本人的财物是在旅游大巴上丢失的，在航空和乘坐巴士中，乘客的注意义务是不同的。故 A、B 公司应共同向王某赔偿财物损失，合计 10 万元。

被告 A 公司和 B 公司不同意王某的诉请，认为其已经积极充分履行了对游客法定的警示告知义务，请求法院查明事实、分清责任。

扫一扫

出境旅游大巴失窃的责任范围认定及承担

分析：你觉得 A、B 公司是否应当承担游客行李失窃的责任？为了保障游客的行李安全，应当做好哪些警示告知？

2.2.5　旅游安全事故的一般处理

旅行管家在工作中的重要职责是能够通过安全管理，避免旅游安全事故的发生。但是，旅游安全事故真的发生后，旅行管家应立刻行动起来，与有关人员全力以赴进行救援，采取一系列可能的手段，尽最大的努力减少人员伤亡和财物损失，把事故造成的不利影响降至最低，保护旅游者的基本权益，维护我国旅游业的声誉。

1. 处理原则

在旅游安全事故的善后处理工作中，应恪守保护旅游者的基本权利和利益为第一位的原则，在具体工作中，要遵循下述基本原则：

(1) 迅速处理原则。旅游安全事故发生后，报告单位应立即派人赶赴现场，组织抢救工作，保护事故现场，并及时报告当地公安部门。

(2) 属地处理原则。旅游安全事故发生后，原则上由事故发生地区政府协调有关部门及事故责任方及其主管部门负责，必要时可成立事故处理领导小组。

(3) 妥善处理善后原则。旅游安全事故发生后，要积极处理善后事宜，尽量避免事故造成的损失进一步扩大。

2. 一般程序

(1) 立即报告。旅游安全事故发生后，旅行管家应立即向所属旅行社和当地旅游行政管理部门报告。当地旅游行政管理部门接到一般、重大、特大事故报告后，要及时上报国家旅游行政管理部门。

（2）保护现场。一旦发生旅游安全事故，现场有关人员一定要配合公安机关或其他有关方面，严格保护事故发生地现场。

（3）协同有关部门进行抢救、侦查。当旅游安全事故发生后，地方旅游行政管理部门和有关经营单位和人员要积极配合公安、交通救护等方面，查清事故原因，组织对旅游者进行紧急救援并采取有效措施，妥善处理善后事宜。

（4）有关单位负责人应及时赶赴现场处理。旅游安全事故发生后，有关旅游经营单位和当地旅游行政管理部门的负责人，应及时赶赴现场，组织指挥，并采取适当的处理措施。发生重大旅游安全事故和特大旅游安全事故后，旅行管家必须立即报告，尽力保护事故现场并在领导指导下做力所能及的事。

经典案例

旅游行程中游客突发疾病，旅游公司的责任分析

2016 年 3 月，刘先生及其妻子与 A 旅游公司签订了团队境内旅游合同，参加夕阳红巴蜀旅游，全程十天。旅游团行至第五日凌晨，刘先生身体严重不适，表现为头痛、呕吐。同团旅友即电话告知 A 旅游公司随团导游，导游仅在电话中嘱咐多喝水，问是否需要就医，刘先生表示暂时应该不用。当日 6：50，全团旅友上大客车后，刘先生身体越发严重，几近丧失自主能力，此时导游立即陪同送至医院治疗，入院诊断为小脑出血伴蛛网膜下腔出血，低钾血症，转往省人民医院治疗，次日医院确定刘先生因脑出血死亡。

A 旅游公司认为自己已经尽到妥善的注意义务，刘先生突发疾病时导游多次慰问并积极寻找医生，刘先生事先承诺身体状况良好，疾病完全属于其自身原因，因此无法承担其治疗费用及死亡赔偿金等费用。双方协商未果，遂诉至法院。

扫一扫

旅游行程中游客突发疾病，旅游公司的责任分析

分析：你觉得 A 旅游公司这样的事故处理方式正确吗？其需要承担责任吗？

2.2.6　旅游突发事件的应急处理

（1）交通事故的处理。1）组织抢救；2）立即报案；3）保护现场；4）向保险公司、旅行社报告；5）请医院开诊断证明和医疗证明书，请公安局开具事故证明书；6）向保险公司索赔。

（2）治安事故的处理。1）保证人身和财产安全；2）如果有人受伤，迅速抢救；3）立即报警；4）向保险公司、旅行社报告；5）收集材料向保险公司索赔。

（3）火灾事故的处理。1）立即报火警；2）听从工作人员安排，从安全通道撤离；3）不要搭乘电梯，不要轻易跳楼；4）用湿毛巾捂住口鼻，贴近地面匍匐前行；5）如大火封门则用棉被打湿后堵住门缝，泼水降温等待救援。

（4）食物中毒事故的处理。1）立即催吐；2）多喝水缓解毒性；3）立即去医院抢救；4）请医生开具诊断证明；5）报告旅行社和保险公司；6）追究用餐单位的责任。

（5）地震事故的处理。1）人在室内，应躲在桌、床等结实的家具下，尽量躲在窄小的空间内（如卫生间、厨房或内墙角），尽可能在两次震动之间迅速撤至室外。2）人在室外，切忌乱跑乱挤，不要扎堆，应避开人多的地方；远离高大建筑物、窄小胡同、高压线。3）注意保护头部，防止砸伤。在游览时遇到地震，旅行管家应迅速引导游客撤离建筑物、假山，将游客集中至空旷开阔区域。4）地震时被压在废墟下、神志还清醒的幸存者，应保持冷静，争取创造条件脱离险境或保存体力等待救援。例如，若能挣脱开手脚，应立即捂住口鼻，以隔挡呛人的灰尘，避免窒息；设法保存体力，不要乱喊，听到外面有人时再呼救；若能找到水和食物，要有计划地食用，尽可能维持生命。

扫一扫

什么是导游？
地震来时临危不乱

（6）泥石流事故的处理。泥石流多发生于山区，在我国西南山区尤为严重。泥石流的主要发生原因是暴雨集中、山高、坡陡和植被稀疏等。因此，泥石流发生的时间规律是与集中降雨时间规律相一致的，一般发生于多雨的夏、秋季节，具有明显的季节性。泥石流破坏性极大，当泥石流发生时：1）不能在沟底停留，而应迅速向山坡坚固的高地或连片的石坡撤离，抛掉一切重物，跑得越快越好，爬得越高越好。2）切勿与泥石流同向奔跑，而要向与泥石流流向垂直的方向逃生。3）到了安全地带，游客应集中在一起等待救援。

（7）台风事故的处理。1）旅游中若遇强大风暴，尤其遇到龙卷风时，要采取自我保护措施。2）若在室内，最好躲在地下室、半地下室或坚固房屋的小房间内，避开重物，不能躲在野外小木屋、破旧房屋和帐篷里。3）若被困在普通建筑物内，应立即紧闭临风方向的门窗，打开另一侧的门窗。4）若被飓风困在野外，不要在狂风中奔跑，而应平躺在沟渠或低洼处，但要避免水淹。5）若在旅游车中，司机应立即停车，旅行管家要组织游客尽快撤离，躲到远离汽车的低洼地或紧贴地面平躺，并注意保护头部。

（8）海啸事故的处理。海啸威力巨大，会在瞬间吞噬数十万人的生命。地震海啸发生的最早信号是地面强烈震动，地震波与海啸的到达有一个时间差，有利于人们预防。发生海啸时，要立即离开海岸，快速到高处、安全处避难。海水异常退潮时，不要捡鱼虾、看热闹。海啸来临时，海上航行的船只应驶向深海，一旦落入水中，尽可能寻找用于救生的漂浮物，等待救援。

经典案例

杭州中国旅行社领队蔡玮玮泰国海啸亲历记

回想起 48 小时前目睹的海啸场面，25 岁的女领队蔡玮玮说：“和美国大片《后天》一模一样。”（2004 年 12 月）28 日上午 7 点 50 分，杭州中国旅行社领队蔡玮玮带着旅行团乘坐东航班机从泰国普吉岛回到上海浦东国际机场，26 名游客一人不少。

他们是 24 日出发到达普吉岛的。26 日上午 8 点，旅行团一行 27 人乘船从普吉岛出发，前往附近的皮皮岛。快要到达目的地的时候，当地导游接到邻近岛屿的电话：“发生了地震。”此时，海水已经悄然后退，船只无法靠岸，只能搁浅在滩涂上。旅行团上岸后，海水又开始上涨，一些游客以为是潮起潮落，拿出手机和 DV 拍摄。蔡玮玮连忙提醒大家跑向附近三层楼高的酒店。跑到酒店门口的时候，第一排浪头已经追了上来。慌乱中，旅行团分成两拨跑上酒店主楼二楼，水位迅速上涨。

“你跑到哪里，水就涨到哪里。只听见波浪击碎玻璃的声音和人们的尖叫声、哭喊声。海水把酒店的家具电器卷起来了，互相碰撞，砰砰响。”蔡玮玮回忆说。

众人又连忙撤到三楼，此时已经无路可退。清点人数时才发现少了四个。蔡玮玮以为四个人受了惊吓，躲到三楼的客房里去了，她和另外一名游客找遍三楼客房，也没有客人的踪影。“这个时候我只想赶紧把人找到，也不管海浪还会不会涨上来。好在海水没有继续上涨，过了十多分钟就慢慢退下。”

23个中国人轮番呼喊4名失踪同伴的名字，终于从酒店副楼平台上传来了应答声。两名同伴——同时也是一对夫妻躲到了那里，其中的女游客右手臂血流不止，她是被海浪击碎的玻璃划伤的。“也不知是伤了动脉还是静脉，反正血就是不住地往外喷，用一条脏毛巾捂着。”蔡玮玮说。

趁着第一波海浪退却的空隙，蔡玮玮和一个年轻的男游客赶紧下到酒店大堂，跑到副楼，用桌椅搭成“楼梯”，把受伤的女游客送上副楼楼顶。“当时我们已经没有力气了，房顶上好多外国游客，大家七手八脚把我们拉了上来。”

随后，第二波海浪又卷了过来，等到水位再次下降，已经隔了快3个小时。大家又连忙把伤员送到主楼的三楼，和大部队会合。蔡玮玮到处找懂一点医术的外国游客，帮女游客止了血，用一条被海水染得肮脏不堪的床单缠住右臂。

此时，酒店的工作人员又通知说，楼下瓦斯泄漏，要求游客赶紧撤离。大家把客房的门全部拆下来，伤员躺在门板担架上第一批往外撤。“等我们走下楼，到酒店大堂的时候，不知道是瓦斯还是别的气体，呛得我们都睁不开眼。酒店里吃的用的，只要派得上用处的，大家都拿走了。”

跑到外面，许多人才发现自己光着脚，还有的人则拿酒店的拖鞋充数。为了躲避可能来袭的下一波海浪，当地工作人员组织游客往酒店后的小土山跑，许多人跑到30米高的地方就没力气了。“这时候他们说下一波海浪有30米高，大家只好拼命往山上跑。”蔡玮玮说。跑到土山上，大家砍下树枝生火，把酒店里拿来的毛毯烤干，裹在身上休息，熬过了不眠的一夜。

27日清晨6点半，众人开始下山。蔡玮玮一路上还看到不少遗体，都裹着白布躺在地上。“我相信天亮了肯定会有船来接，所以叫团友集合在码头最前面的泊位上等。在码头等了十多分钟，第一艘船靠岸，25个中国人幸运地上了船首批撤出。但还有两名游客没有消息。”

到了普吉岛，中国驻泰国的使领馆通知蔡玮玮，另外两名游客已经找到了，他们已随其他旅行团先撤回普吉岛。见面后才知道，这两名游客下船后，发现有东西遗失在船上回头去找，两人在船上经历了惊天动地的海啸。他们被解救上岸后，以为前面25个人生还无望，还焦急地去找过大家的遗体。

“大家都到齐了，我才放了心。”蔡玮玮说，她到了普吉岛，看到当地旅行社的员工来迎接，才放声痛哭起来。

这支浙江旅行团几经辗转才联系上我国驻泰国使领馆。蔡玮玮在26日中午11点50分，打电话告诉同事张金蓓：发生了海啸！张金蓓回忆说，自己一点思想准备都没有，现在想起来，“我可能是国内第一个知道海啸消息的人”。

杭州中国旅行社副总经理李慧说，接到蔡玮玮的电话后，旅行社连忙向杭州市旅游委和浙江省旅游局汇报，然后又和外交部、泰国旅游局驻北京办事处取得联系。26名游客中，有19人是中国联合工程公司的员工。海啸发生后，被困员工也打手机向杭州的公司总部求助，公司也立即通过中国外交部请求紧急救援。中国驻泰国大使馆闻讯采取了应急措施，派员赶赴现场抢险。两名失踪游客就是通过中国外交官和大部队恢复联系的。

蔡玮玮和她的旅行团28日下午回到了杭州，此时杭州已是漫天飞雪，在旅行社总部，她接受了多家媒体的采访。在回忆48小时的惊险经历时，蔡玮玮的表情非常平静，只是提到一个人都不少时，脸上才流露出自然的笑容。

资料来源：杭州中国旅行社领队蔡玮玮泰国海啸亲历记，见 http://news.sohu.com/20041228/n223687135.shtml. 2004，有删节.

分析：该事件对你有何启示？

2.2.7　高风险旅游项目的安全管理

随着旅游市场的不断扩大和丰富，各种刺激性更强的个性化专项旅游受到越来越多游客的青睐。旅游经营者安排的旅游行程中，若涉及高空、高速、水上、潜水、探险等高风险旅游项目，应充分评估项目风险，确保经营者具备相关资质和安全保障能力，并就项目风险对游客做出明确提示。游客选择参加高风险旅游项目前，应认真了解项目经营者的资质、安全措施及项目的安全要求，结合自身身体条件、年龄等情况慎重选择。同时，为提高风险抵御能力，应尽量选择购买能够承保所参与项目的个人保险。

目前，我国还没有制定高风险旅游项目目录，《旅游法》首次正式提出高风险旅游项目的概念，并将其概括为5个种类，即高空、高速、水上、潜水、探险。实践中，高空类项目主要包括滑翔伞、热气球、动力伞等空中项目；高速类项目主要包括轮滑、滑雪、卡丁车以及大型游乐设施等速度类项目；水上类主要包括摩托艇、游艇、水上飞伞以及水上游乐设施等水域类项目；潜水类项目主要指旅游者穿戴潜水服、氧气瓶等潜入水下的观光、休闲项目，以及水下游艇等水下旅游项目；探险类项目包括穿越高山/峡谷、暴走以及蹦极、攀岩等项目。

扫一扫

视频：高风险项目的安全管理

《旅游法》第四十七条规定，经营高空、高速、水上、潜水、探险等高风险旅游项目，应当按照国家有关规定取得经营许可。《全民健身条例》规定高危险体育项目属于特许经营项目，国家强制标准《体育场所开放条件与技术要求》（GB19079）对蹦极、攀岩等13个场所进行了规范。高空旅游项目一般依照《民用航空法》的规定，由国务院民用航空主管部门及其设立的地区民用航空管理机构实施许可和监管。高速旅游项目一般是依托游乐设备等特种设备来实施的旅游项目。《安全生产法》《特种设备安全监察条例》对高速旅游项目的经营许可做了相关的规定。水上旅游项目包括水域和海域两种水上空间。《海上交通安全法》《水路运输管理条例》《内河交通安全管理条例》等对快艇等水上高危旅游项目做出了规制。探险旅游一般是依托山地环境所进行的高风险活动。《国内登山管理办法》对攀登高山和极高山活动的开展做了相关的规定。如果旅行管家需要组织安排游客参加高风险活动，应该了解相关的文件和规定，才能在确保安全的前提下，组织好这类活动。

2.3 旅行管家的保险知识

旅游的风险是客观存在的，在旅游市场中也有大量旅游保险，为旅游者的出行风险提供相应的保险服务。旅行管家除了通过必要的安全风险告知和安全防控手段进行安全管理之外，也应当了解一些基本的旅游保险知识，懂得正确运用保险工具，让旅游出行的风险变得更加可控。

2.3.1 旅游保险的概念及其特点

旅游保险是指旅游活动的投保人根据合同的约定，向保险人支付保险费，保险人对于合同约定的在旅游活动中可能发生的事故及其发生所造成的财产损失、人身伤亡承担保险赔偿责任，或者当被保险人在旅游活动中死亡、伤残、疾病时承担赔偿保险金责任的行为。旅游保险与其他保险相比较，具有如下特点：

（1）短期性。旅游保险相对于其他保险而言，保险期限是很短的。如在乘坐各种交通工具时，保险期限是从购票登上交通工具时起，至抵达目的地离开交通工具时止的几个小时或数天。

（2）强制保险与自愿保险相结合。旅游保险种类繁多，如旅行社责任保险对于旅行社而言属于强制保险；旅游意外保险对于旅游者个人来说，是自愿投保的。

（3）财产保险与人身保险相结合。保险根据保险标的的不同，分为财产保险和人身保险，两种保险所依据的原则和具体规定也有所不同，一般而言，投保时要根据具体情况投保财产保险或人身保险。但在旅游保险中，财产保险和人身保险往往紧密联系，因而在有的险种中，旅游投保人可以在一份合同中同时投保财产保险和人身保险。

2.3.2 旅游保险合同

旅游保险合同是投保人与保险人约定在旅游活动中的保险权利和义务关系的协议。旅游保险合同是保险在旅游活动中的具体体现。旅游保险合同必须具备保险合同的主体、客体和内容这三个要素。

1. 旅游保险合同的主体

旅游保险合同的主体，是指旅游保险合同的参加者或当事人，包括保险人和投保人双方以及第三人。

（1）保险人。又称承保人，是指依法成立的，在保险合同成立时，有权收取保险费，并于保险事故发生时承担赔偿责任的人，即经营保险业务的保险公司。在旅游保险合同中，保险人与其他保险合同一样也是各个保险公司，而且法律规定旅行社办理旅游意外保险，必须在我国境内保险公司办理。

（2）投保人。又称要保人，是指对保险标的具有保险利益，向保险人申请订立保险合同并负有支付保险费义务的人。投保人可以是自然人，也可以是法人。根据法律规定，投保人对保险标的应当具有保险利益，否则保险合同无效。保险利益，是指投保人对保险标的具有的法律上承认的利益，即在保险事故发生时，可能遭受的损失或失去的利益。这是保险合同生效的重要条件。在旅游保险中，投保人可以是旅游企业，也可以是旅游者个人或旅游团。如旅行社责任险中的投保人是旅行社，而一般旅游意外保险的投保人则可以是旅游者个人。

（3）第三人。旅游保险合同与其他合同不同，旅游保险合同可以为投保人自己的利益订立，也可以为他人的利益而订立。同时，旅游保险合同规定事故发生后的利益可以归属于投保人，也可以归属于其他人，从而保险合同产生了第三人，即保险合同的关系人，包括被保险人和受益人。

被保险人是指保险事故发生时遭受损害并享有赔偿请求权的人。无论是财产保险合同，还是人身保险合同，投保人与被保险人既可以是同一人，也可以是不同的人。旅游保险中的被保险人一般是旅游者。当然，在不同的旅游保险合同中，被保险人也可以是旅行管家、领队、导游、旅行社或旅游服务机构。

受益人又称保险金受领人，是指由投保人或者被保险人在保险合同中指定的，于保险事故发生时享有赔偿请求权的人。受益人可以是投保人或者被保险人，也可以是其他人。如果投保人或者被保险人没有在保险合同中指明受益人，则为被保险人的法定继承人。

2. 旅游保险合同的客体

旅游保险合同的客体，又称旅游保险标的，是指旅游保险合同双方当事人权利和义务所指的对象。旅游保险标的可分为以下类别：

（1）财产及其有关利益。财产，是指现实存在的并为人们所控制和利用而具有经济价值的生产资料和消费资料，包括动产和不动产。当财产遭受损失时，除了财产本身的经济损失外，还会引起各种利益以及责任和信用等无形物的损失。具体来说，旅游财产保险往往包括财产损失保险、责任保险、信用保险等形式。

（2）人的寿命和身体。旅游人身保险合同的客体是人的寿命和身体。这种保险标的无法用价值来衡量，因而在订立保险合同时，预先由双方当事人约定保险金额。旅游人身保险合同通常以意外伤害保险的形式出现。

因旅游保险合同具有综合性的特点，它不同于一般保险合同依保险标的不同分为两大类（财产保险合同、人身保险合同），往往是把财产与人身结合在一起，例如《旅游意外保险合同》中的保险标的既包括旅客财产，又包括旅游者的人身。

3. 旅游保险合同的内容

旅游保险合同的内容，即旅游保险合同双方当事人的权利和义务。在旅游保险合同成立后，双方当事人的权利和义务就主要体现在这些条款上。根据法律规定，旅游保险合同的主要条款一般应包括：保险人的名称和住所；投保人、被保险人的名称和住所，以及人身保险的受益人的名称和住所；保险标的；保险责任和责任免除；保险期间和保险责任开始时间；保险价值；保险金额；保险费以及支付办法；保险金赔偿或者给付办法；违约责任和争议处理。

另外，订立旅游保险合同，保险人应当向投保人说明合同条款的内容，并可就保险标的或者被保险人的有关情况提出询问，投保人应当如实告知。保险人还可以与投保人共同商定保险合同的具体内容。

经典案例

旅行社为游客代办旅游意外保险为何被查？

某旅行社向旅游主管部门反映，在当地工商部门的例行检查中，认为旅行社在组团服务中，直接向游客收取旅游意外保险金，然后以游客的名义向保险公司支付保险金的行为不妥，因为旅行社没有经营代收保险金的业务，所以旅行社的行为涉嫌超范围经营，应当按照旅行社超范围经营进行处罚。旅行社希望旅游主管部门从中做协调工作，劝说工商部门给予整改的机会，而不要直接给予行政处罚。

分析：这个问题应该怎么回答呢？

扫一扫

旅行社为游客代办旅游意外保险为何被查？

2.3.3 旅游保险合同的订立和终止

1. 旅游保险合同的订立

旅游保险合同必须以书面方式订立。通常的做法是由旅游经营者或者旅游者本人作为投保人向保险人提出投保要求，与保险人签订书面保险协议。旅游保险合同订立的形式有以下三种情况：

（1）由投保人和保险人共同签订保险合同，签章后保险合同成立。

（2）由投保人向保险人提交保险申请书，由保险人签发保险单，保险合同成立。

（3）由运输部门出售的旅客乘坐交通工具的票据，也是保险合同的一种形式。它既是乘车凭证，又是旅客参加旅行保险的凭证。

旅游保险合同签订后，在执行过程中需要增加附加条款的，应由投保人和保险人协商而定，经双方同意后可作为附加条款，附于基本条款之后。根据保险惯例，其有效性为附加条款为先，基本条款为后。

2. 旅游保险合同的终止

旅游保险合同的终止，是指旅游保险合同的当事人依据法律的规定或旅游保险合同本身使生效的保险合同失去效力的行为。已终止的保险合同不再继续履行。导致旅游保险合同终止的情形有：

（1）自然终止。凡保险合同时限届满，保险人的保险责任即告终止。

（2）因合同解除而终止。在签订旅游保险合同时，双方明确自然终止前解除该合同的条件，当规定的解除条件出现时，该保险合同的效力终止。

（3）义务履行完毕终止。根据保险单的规定，保险人承担的赔偿责任履行完毕（支付部分或最高赔偿金）而终止。

（4）被保险人因放弃旅游而终止。

2.3.4 目前主要的旅游保险险种

从 2001 年 9 月 1 日起，（原）国家旅游局不再强制旅行社为游客购买旅游意外保险。为了获得更为完善的保障，旅行社等旅游经营者可建议游客自行联系保险公司或通过旅游经营者与保险公司联系，按各自需要投保旅游保险。目前我国境内的大部分保险公司开办的旅游险种主要有：

1. 旅游救助保险

这是中国人寿、中国太平洋保险公司与国际 SOS 救援中心联手推出的旅游救助险种。它将原先的旅游人身意外保险的服务范围扩大，将传统保险公司的一般事后理赔向前延伸变为事故发生时提供及时有效的救助。

2. 旅游求援保险

旅游求援是指当办理了旅游保险的旅游企业或旅游者在旅游活动中，遇到了规定范围内的各种不便时，由特定的组织（企业）为其提供的旅游保障服务。旅游求援主要是为在旅游活动中遇到不便的旅客提供的，并且主要是通过协调各方面关系来帮助需要帮助的旅游企业或者旅游者。这种保险对于出国旅游十分合适。有了它的保障，旅游者一旦发生意外事故或者由于不谙当地习俗法规引起了法律纠纷，只要拨打电话，就会获得无偿的救助。

3. 旅游意外伤害保险

旅游意外伤害保险，是指在合同期内，在旅行社安排的旅游活动中，遭遇外来的、突发的、非疾病导致的意外保险。保险期限一般是指旅游者踏上旅行社提供的交通工具开始，到行程结束后离开旅行社安排的交通工具止。旅游意外伤害保险是一种短期保险，保障的是游客，不是旅游经营者，是由游客自愿购买的短期补偿性险种。

旅游意外伤害保险的保障范围包括：

（1）人身意外保险：由于意外造成死亡或永久性伤残而给予一笔预先约定的金额。

（2）医疗费用保障：在旅途中因意外而引致的医疗费用开支。万一在外地发生严重事故，受保人可享用国际医疗队伍的服务。大部分的旅游保险都是只保障因意外造成的医疗开支，但是也有少部分的保单可同时保障在旅途中因疾病而带来的医疗支出。

（3）个人财物保障：保障在旅途中，财物因意外损毁或被盗窃所带来的经济损失。

（4）个人法律责任保障：在旅途中受保人因疏忽而导致第三者人身伤亡或财物损失而被追讨索偿的保障。由于不同的保险公司发出的保单条款可能有异，因此保障范围可有不同。

常见的旅游意外伤害保险的范围一般包括医疗费用、人身意外、意外双倍赔偿、紧急医疗运送、运返费用、个人行李、行李延误、取消旅程、旅程延误、缩短旅程、个人钱财及证件等。需要注意的是，一直以来，几乎每个保险公司都有“意外伤害保险产品”，这些产品一般保费相对低廉，保障额度相对较高。不过，在各公司的保险产品中，几乎都将“被保险人因从事潜水、跳伞、滑翔、登山、攀岩、探险、狩猎、蹦极运动、武术比赛、摔跤比赛、搏击、特技表演、赛马、赛车等高风险运动”作为责任免除条款。

扫一扫

视频：旅游保险险种

经典案例

旅游保险服务中旅行社有哪些注意事项?

旅行社组织赵女士等参加团队旅游，由于在旅游行程中发生了意外事故，赵女士等要求旅行社承担医疗费用，由于旅行社购买了责任保险，也提醒过赵女士购买旅游意外保险，被赵女士拒绝。赵女士受伤后不断和旅行社协商，旅行社最后同意启用旅行社责任保险，用于赵女士的医疗费用赔偿。事后，旅行社向保险公司申请，希望保险公司能够承担赵女士的医疗费用，保险公司明确表示不同意，旅行社对此难以理解，经过多次交涉未果，这笔费用只能由旅行社自己承担。

扫一扫

旅游保险服务中旅行社有哪些注意事项?

分析： 你知道旅游保险服务中旅行社有哪些注意事项吗?

2.4　旅行管家的礼仪知识

旅行管家和旅客在旅途前、旅途中和旅途后都会发生直接或间接的接触。因此，旅行管家在从事工作之前，应该熟悉一些常用的待人接物的相关礼仪知识。

2.4.1　仪容仪表礼仪

在旅行管家为旅客提供当面服务时，仪容仪表是构成旅客第一印象的重要组成部分。因此，旅行管家必须重视仪容仪表的整理，把自己最好的面貌呈现在旅客面前，表示对旅客的尊重。《弟子规》曰：“冠必正，纽必结。袜与履，俱紧切。”这些规范对现代人来说，仍是必要的。如果一个人衣冠不整，鞋袜不正，往往会使人产生反感。同时，旅行管家的衣着打扮，必须符合自己的职业、年龄、生理特征、相处的环境和交往对象的生活习俗。旅行管家的仪容仪表应该得体大方，浓妆艳抹、矫揉造作只会适得其反。一般而言，旅行管家在仪容仪表礼仪上需要注意以下几点：

（1）头发干净整齐，长短适中，发型简洁大方。保持面部清洁，男性每天剃须，女性面部淡妆，保持双唇和牙齿干净，消除口腔异味。

（2）入座时应礼貌地请对方先入座，左侧入座。就餐时，男士应为女士拉开椅子，入座时避免发出大的声响。

（3）离座时应向周围人示意，再起身。注意尊卑先后顺序，尊者先离席。左侧离座，站好再走。

（4）避免不雅行为，不要在公共场合剪指甲、掏耳朵、揉眼睛、挠头发、挖鼻孔等，不在公共场合吸烟。

2.4.2　着装礼仪

俗话说，“人靠衣装”，中国文化中的衣冠制度源远流长，中国人以新衣为礼，以精神饱满为礼，表示对对方的尊重。旅行管家在实际工作中也必须分清具体场合，遵守相应的着装礼仪。一般而言，在旅游活动中旅行管家着装以轻便、得体、大方为宜。不穿着奇装异服，不穿着过分暴露的服装，不穿着不便旅行的服装。而在特定的礼仪场合中，旅行管家在着装礼仪上需要注意以下几点。

（1）参加正式会谈或活动时，衣着应庄重、考究，男士一般着西服或中山装，女士着职业装。

（2）穿双排扣西装时，上衣所有衣扣均应扣上，敞开上衣是失礼之举。穿单排扣西装上衣，可以全部扣上衣扣，也可以扣最上面的扣子，也就是扣上不扣下。起身站立时应全部扣上，就座后可以解开。

（3）社交场合，领带应与衬衣同色，或较为鲜艳。在喜庆场合，领带可以为红色或深红色系列，领带打好后其下端应该在皮带扣附近。

2.4.3 介绍礼仪

介绍活动是人与人初次见面时必须经历的过程。一个人在介绍过程中彬彬有礼，得体大方，会给他人留下良好的印象。在旅行管家的实际工作过程中，既有和旅客初次见面时的自我介绍，也有在旅游活动中为旅游者进行的他人介绍。一般而言，旅行管家在介绍礼仪上需要注意以下几点：

（1）自我介绍：先递名片再介绍，内容要全面，包括单位、部门、职务、姓名。

（2）介绍顺序：在普通场合，介绍人应由秘书、陪同人员、接待人员等专业人士或者双方都熟悉的人来担任；在重要场合介绍贵宾时，介绍人必须由在场中间地位最高者担任；介绍他人之前应征得双方的同意，尤其要了解地位较高一方有无此种意图；尊者居后的原则，先介绍其中地位较低的一方，再介绍地位较高的一方。若一方拥有多位人士，最为标准的方式是由地位高者开始，依次进行介绍。

2.4.4 握手礼仪

握手是世界范围内比较通行的一种礼仪方式。相传最早出现在人类狩猎和战争时期，那时人们手上经常拿着石块或棍棒等武器。陌生人相遇时，如果大家都无恶意，就要放下手中的东西，并伸开手掌，让对方抚摸手掌心，表示手中没有藏武器。这种习惯逐渐演变成今天的握手礼节。如今，握手是在相见、离别、恭贺或致谢时相互表示情谊、致意、尊重的一种礼节，双方往往是先打招呼，后握手致意。旅行管家在握手礼仪上需要注意以下几点：

（1）握手顺序：伸手的顺序主要取决于职位、身份。地位高的先伸手，女士先伸手，长辈先伸手，主人先伸手。

（2）握手时间不宜过长过短，一般以 1～3 秒为宜，男士和女士握手时，往往只握女士的手指部分。

（3）握手的禁忌：忌心不在焉、左手相握、戴手套、交叉握手。

2.4.5 座次礼仪

在旅行活动中，就餐、休息、交谈、会议等活动都会涉及落座的礼仪。在较为正规的场合中，遵循座次礼仪是必要的规范，也是尊重的表现。而在日常较为随意的场合中，懂得一些座次礼仪，也能体现出一个人的素质水平。国际惯例是以右为尊，此外还要注意居中为上、前排为上、面门为上、以远（远离房门）为上等。旅行管家在座次礼仪上需要注意以下几点：

（1）会议主席台座次的安排：国际惯例是以右为尊，但需要注意的是，中国国内一般按照左为上、右为下。当领导人数为奇数时，1 号领导居中，2 号领导排在 1 号领导的左边，3 号领导位于 1 号领导的右边，其他依次排列；当领导人数为偶数时，1 号领导和 2 号领导同时居中，1 号领导靠左，2 号领导在右，其他人依次排列。合影排序与主席台排序相同。

（2）宴席座次的安排：宴请客人时，一般主陪在面对房门的位置，副主陪在主陪的对面，1 号客人在主陪的右边，2 号客人在主陪的左边，3 号客人在副主陪的右边，4 号客人在副主陪的左边，其他人可以随意。以上位置是按照普通宴请来安排，如果有特殊因素，应视情况而定。

（3）关于签字仪式的座次安排：签字双方，主人在左边，客人在主人的右边，双方其他人数一般对等，按主客左右排列。

（4）关于乘车的座次安排：小轿车 1 号座位是在司机的右后边，2 号座位是在司机的正后边，3 号座位是司机的旁边（如果后排乘坐 3 人，3 号座位是后排的中间）。中型轿车或面包车，主座是司机后面的第一排，1 号座位是靠窗的位置。

2.4.6 拜访接待礼仪

在旅行管家的工作中常常会遇到拜访、接待和会面的情况，有时候是旅行管家与旅客的会面，有时候是旅行管家引导旅客拜访他人或与他人的会面。因此旅行管家也需要了解一些常规的迎接、接待、引导、送别等礼仪。

（1）提前准备：1）告知公司前台，具体什么时间段会来什么样的客户，让前台提前预知，做好接待工作。2）会议室准备：提前预留并布置好会议室，可以根据来访性质提前布置，让来访人员感受亲切。3）接待人员准备：若需要公司内部其他人员一同接待，需提前告知相关人员并做好接待要求（服装、语言等），建议对于重要客户来访前，相关接待人员需要开会，完善接待流程。

（2）接待三声：来有迎声；问有答声；去有送声。

（3）热情接待五到。1）人到。对于重要客户来访，接待人员应主动下楼接待。2）眼到。接待时，眼睛看着对方的眼睛，不要摇摆不定不看对方。注视对方时要友善，采取平视。3）手到。在接待时，主动伸出手与来访嘉宾握手。保证握手力度适宜，握手时注视对方，不可看其他人或物。4）口到。讲普通话，这是文明程度的体现。5）心到。要把友善、热情表现出来，同时在接待客户时不要想其他未完成的工作，让客户感觉你心不在焉，这样是很不尊重对方的。

（4）引导客户上楼。当引导客户上楼时，应该让客户走在前面，接待人员走后面，若是下楼时，应该接待人员走前面，客户走在后面。上下楼梯时，接待人员应该注意客户的安全。女士引领男宾，女士走在前面；男士引领女宾，男士走在前面；男士引领男宾，上楼客户走在前面，下楼引领者走在前面；若客户不清楚线路，则引领者走前。途中要注意引导和提醒客户，拐弯或有楼梯台阶的地方应使用手势，并提醒客户“这边请”或“注意楼梯”等。

（5）引导客户乘坐电梯。先按电梯让客户进入，若客户不止一人，先进入电梯，一手按“开”，一手按住电梯侧门，并表示“请进”；到达目的地后，一手按“开”，一手做出“请”的手势，并表示“到了，您先请”。遵循先下后上原则。电梯内客户站在右边，因为商务礼仪中通常以右为尊。

（6）主动引领客户参观。被访单位在接到来访人员后，应当主动引领来访人员参观自己的公司，让其了解被访单位的基本情况，这样更有利于友好关系的建立。

（7）送客礼仪。婉言挽留、不要立刻起身相送；安排交通，做好客户交通方面的安排；如果客户来访时带有礼品，那么在送别时也要准备相应的礼品回馈。

2.4.7 电话礼仪

旅行管家与旅客之间、与旅行辅助人之间或与其他人之间的沟通活动，常常会使用电话作为沟通工具。因此，旅行管家也需要了解一些电话礼仪，以便在通话过程中能够更好地传递信息，融洽表达，更好地实现沟通的目标。

（1）电话的开头语直接影响通话方对你的态度、看法。通电话时要注意使用礼貌用词，如“您好”“请”“谢谢”“麻烦您”等。打电话时，姿势要端正，说话态度要和蔼，语言要清晰，既不装腔作势，也不娇声娇气，这样说出的话哪怕只是简单的问候，也会给对方留下好印象。

（2）电话铃响两遍就接，不要拖时间。拿起话筒问“您好”。如果电话铃响过四遍，拿起听筒要向对方说：“对不起，让您久等了”，这是礼貌的表示，可消除对方心情的不快。如果电话内容比较重要，应做好电话记录，记录时间和对方电话号码等。

（3）挂电话前的礼貌也不应忽视。挂电话前，向对方说声“请您多多指教”“抱歉，在百忙中打扰您”等，会给对方留下好印象。

（4）接打电话时，如果对方没有离开，不要和他人谈笑，也不要用手拿着听筒而与他人谈话，如果不得已，要向对方道歉，请其稍候，或者过一会儿再与对方通电话。

（5）打电话时，应礼貌地询问：“现在说话方便吗?”要考虑对方的时间。一般往家中打电话，以晚餐以后或休息日下午为好，往办公室打电话，以上午 10 点左右或下午上班以后为好。

2.4.8 微信礼仪

微信、QQ 等软件是人们比较常用的即时通信工具。旅行管家可以使用这些工具与旅客沟通，也可以用其中的功能来与旅客互动。因此，在使用这些软件或工具的时候，旅行管家也需要了解一些相应的礼仪，让沟通变得更加融洽。下面以微信为例进行说明：

（1）微信个人信息。个人信息是旅行管家被他人认识的重要途径，通常旅行管家工作微信的昵称宜与自己的姓名及工作有关，不宜使用非正式名称。头像宜使用健康、积极的图片，也可用本人职业照，一般不宜用合照做头像，不然对方不知道哪个是你。签名处可写有用信息，如联系电话等。

（2）加微信礼仪。旅行管家扫码添加好友微信时，按照礼仪长幼有序、主客适宜的原则，应该是“晚辈（下属、主人、级别次之、乙方等）”扫“长辈（上司、领导、甲方、客人等）”的微信。不论是晚辈还是长辈提出添加微信请求，晚辈都应该去扫描长辈的微信二维码；加对方微信如果一次没通过，第二次最好说明自己是谁，如果三次都没通过，就不宜再加了；在主动添加好友时，应简单备注介绍及添加理由。谁先加的微信，谁就应该自报家门；加人为好友，第一时间打个招呼，第一时间问候，简单介绍下自己，会给人留下更好的第一印象；无论是主动加人微信还是对方来添加，通过后第一时间应修改备注，防止遗忘。

（3）发微信礼仪。旅行管家通常不宜在半夜、清晨或他人休息时间发消息，以免过度打扰对方；发消息时宜直接说事，通常无须先问“在吗?”，或在问了“在吗?”后，把事情顺便说出来，让对方决定回答“在不在”；旅行管家与对方不熟时，应避免直接打语音或视频电话，或在通话前先问对方是否方便；如发送需编辑的文件信息时，最好以文字的方式发给对方，避免发送截图，如电话号码、快递地址等；如要发文件给对方，应先询问对方想通过微信还是邮件接收。因为若直接发文件到对方的微信上，一则可能占了别人过多手机内存，二是若对方之后还得再把文件转发到电脑，这就给对方增添了麻烦。

旅行管家在工作微信中原则上不发语音，应优先选择文字。因为在很多场合都不适合发出声音，而且语音不能截图，不能转发，要从信息当中找一段内容，还得从头听，非常麻烦；旅行管家发送工作微信时也要注意排版，通常一件事情放在一条信息里，多件事情就多条信息；在工作微信最后应指明要干什么，如发通知时可以加上“收到后请您回复”等；就算朋友闲聊，如果聊得太晚，也应问问别人累不累，是不是该休息了；同时，应尽量少用单个字回复，如“哦”“嗯”等。

（4）收微信礼仪。旅行管家应及时回复对方微信。因为在发微信时，每个人都希望别人能够快速地回复。有时即使不能给出准确的答案，也可以告诉对方需要再想想；如果暂时没空处理，可先回复“我已收到，现在手头有事，晚点回复您”；如果接收到语音类的工作微信，即使不方便接听，也可以回复“我现在不方便接听语音，如有急事，可发送文字”；对于重要的人物可以置顶，这样不容易遗漏重要的信息；收到消息如无暇处理，又怕以后忘了，可以用“提醒”功能；收到文件需要及时保存，防止过期失效。

（5）微信群礼仪。旅行管家建群之前请一定征求对方的意见，如果想邀请某人进群，最好先争得对方同意；旅行管家应针对群的主题设定一个清晰明了的群名称，修改自己的群昵称，以降低沟通成本。作为群主，旅行管家应向群成员介绍群功能，如果人数不多，比如工作群，最好介绍一下群成员。介绍的顺序是把晚辈介绍给长辈，把下级介绍给上级，把男士介绍给女士；旅行管家为项目活动建群时，最好是一群一主题；旅行管家在使用聊天功能时，能私聊的尽量不群聊，群聊时也切记不要连续“表情包轰炸”；旅行管家在群中抢红包时不宜只抢不发或不说话，也不宜强行要求别人发红包，同时，不是所有群的红包都可以抢，抢之前要先看清发红包的原因。

旅行管家在微信群中一般不宜发送下列信息：1）不发个人生活琐碎和烦恼的内容；2）不发涉及国家和工作单位机密的内容；3）不发带有明显政治激进色彩的内容；4）不发过分低级庸俗的内容；5）不发未经他（她）人同意、带有个人隐私性质的内容；6）不发不确定的新闻内容；7）不可强制要求别人转发自己的内容。

（6）朋友圈礼仪。旅行管家不宜在微信群中发送的内容通常也不宜发送在朋友圈里；旅行管家应避免将私人对话截图到朋友圈，或取得别人同意，或去掉对方姓名，以确保不会给对方带来困扰；对方在旅行管家自己朋友圈下的评论应及时回复；旅行管家为对方朋友圈点赞评论前应看清对方发的内容，避免盲目随意点赞；对一直为自己点赞留言的人，旅行管家也宜主动为对方朋友圈中合适的内容点赞。

引经据典

中国传统“礼”文化

中国历来有懂礼、习礼、守礼、重礼的传统，所以被称为“礼仪之邦”。礼仪规范着人的道德和行为，也是文明的象征，是中华优秀的传统之一。礼深含人类对宇宙天地的敬畏，对德性的追寻，对和谐的追求，对人本身的期望和宽容，对美好生活的期待，对审美情趣的重视和培养，以及对社会秩序的协调。《左传》记载：“礼，经国家，定社稷，序民人，利后嗣者也。”又说：“礼，上下之纪，天地之经纬也，民之所以生也。”

在传统文化中，礼不仅是天地法则在人类社会的体现，还成为文明与野蛮的分界线，中国传统以礼分夷、夏（即野蛮与文明），而不以血族分内外。礼既是典章制度，也是日常生活的准则，是人与人交往的方式。《中庸》记载：“礼仪三百，威仪三千。”礼对社会秩序、上下尊卑关系有严格的规范。例如，其对称谓、迎送、仪容、宴饮、书信交往等都有相应的规范。

为何要学礼重礼呢？《礼记·曲礼》记载：“道德仁义，非礼不成，教训正俗，非礼不备。分争辨讼，非礼不决。君臣上下父子兄弟，非礼不定。宦学事师，非礼不亲。班朝治军，莅官行法，非礼威严不行。祷祠祭祀，供给鬼神，非礼不诚不庄……”旅行管家在工作中做到有礼有节，不卑不亢，才能在旅游接待中展现出中国文化的独特魅力。

2.5　旅行管家的常用术语

旅行管家从事旅游接待服务相关工作，除了提供面对游客的服务之外，也常常与工作同事、旅游同业企业、旅游辅助人、旅游部门等旅游行业相关部门或企业发生交往。因此，了解并熟悉一些在旅游行业中常用的专业名词或术语，并在具体的工作中加以应用，对旅行管家而言也是非常重要的一项基础能力。

2.5.1　旅游经营术语

（1）直客：没有经过中间环节，直接与旅行管家联络或直接上门的游客就是直客。

（2）散客：旅行社、酒店、宾馆、旅游餐厅、旅游景点经常用来区别旅游团队的一种叫法，一般是在 10 人以下的来客。

（3）同业：指能够在一起合作，销售同一产品的同行旅行社等旅游经营者。

（4）组团社：游客报名时与游客签约的旅行社，又被叫做“代理商”“零售商”。

（5）地接社：在旅游目的地提供接待服务的旅行社。

（6）批发商：通过组团社收客的旅行社等旅游经营者。批发商事先批量购买机票、酒店房间等旅游接待资源，发布定期的旅游团出发计划，组团社根据批发商的定期旅游团出发计划，向游客销售。

（7）OTA：即 Online Travel Agent，指在线旅行社，是把传统旅行社等旅游经营者销售模式放到网络平台上销售，代表有：携程网、去哪儿网、途牛网、同程网。

（8）专线：旅行社等旅游经营者在某个时期内有可能专门委派某个部门或个人专门运作某个线路，称之为“专线运作”，在做广告时可以出现“××××线路专线”。

（9）切位：旅行社提前向航空公司或地接社采购一定数量的名额用于销售，这类订位不可以退还或取消，有一定的风险。

（10）散拼团：散客拼团，由批发商制定线路，行程线路、出发日期、价格相对固定，由各个门店、旅行社等旅游经营者收客，一旦报名人数达到出团人数，就可以发团。

（11）纯玩团：在旅游行程中没有购物项目的旅行团。

（12）购物团：在旅游行程中包含购物项目和自费项目的旅行团，在行程中要求标注购物店的名称和停留时间，自费项目要求标注价格。

（13）特价团：价格低于正常价格的旅游团队产品。在行程里往往选择廉价的酒店、景点，餐标较低。通过低价来吸引旅游者参团，往往会带来较高的投诉率。

（14）品质团：行程中不安排购物店，不另外增加自费项目，住宿标准、餐标、景点品质的标准相对较高，游客有相对多的可支配时间和自由度的旅行团。这种团对旅行管家或导游的服务和讲解水平相对要求也较高。

（15）会奖旅游：全称为会展和奖励旅游，包括会议接待、奖励旅游、承接展览等业务。

（16）计调：也称线控、操作，英文为 OP（Operator），是指在旅行社等旅游经营者后台负责旅游行程计划调度的人员。按照目的地可分为国内计调、出境计调、专线计调，按客源地分为组团计调、地接计调，按工作内容分为房调、餐调、车调等。

（17）出境游：指中国游客去国外和香港、澳门、台湾等地区的旅游。

（18）零负团费：零团费或负团费。指地接社不仅不向组团社收取接待费用，反而向组团社缴纳人头费“买团”。地接社在这类团队的盈利往往来源于游客在购物店购物时购物店给予的佣金，还有游客参加自费项目后的利润。

（19）自由行：不跟旅游团的旅行。自由行有时也可以借助于旅行社等旅游经营者的帮助，如机票和酒店由旅行社安排，而行程、线路、景点、餐厅由旅行者自己安排。自由行可以是单个游客，也可以是一个或几个家庭及亲朋好友，也可以是临时组织起来的散客旅游团，人数往往少于旅游团队。

（20）自组团：一般是单位或几家亲朋好友独立成团，不与外人拼团，旅行社等旅游经营者可以根据游客要求进行产品设计，往往是一团一价一行程，价格比正常零售价要高一些。

2.5.2 食宿服务术语

（1）核房：在办理入住手续前，提前向酒店核实预订的房间数量。在旅游旺季，酒店的房间供不应求，会出现重复卖房的现象，或者因计调人员的粗心大意，导致预订好的房间无法入住，所以旅行管家应该在游客入住前一天或者提前 12 小时与酒店核对订房信息，确保游客能够顺利入住。

（2）核餐：在前往餐厅之前向餐厅核实预订情况。餐厅在旅游旺季时接待能力有限，会出现没有席位或者接待能力降低的问题。所以旅行管家需要提前 3 小时左右再与餐厅联系，告知准确的用餐时间和要求，或者根据餐厅的接待高峰来调整用餐时间，确保用餐质量。

（3）核对行程：在游客到达旅游目的地后，为了防止行程有出入，旅行管家应该与游客和当地的导游核对行程，以免遗漏合同中标注的景点，造成投诉。

（4）check in：指办理酒店入住登记手续。

（5）check out：指办理酒店退房手续。

（6）含早：房费中包含早餐的简称。通常酒店的房费中都包含游客的早餐，有的是自助餐，有的是按数量规定的叫作桌早。当然有的商务型酒店也有不含早餐的情况，旅行管家需要提前核对，并告知游客。

（7）桌餐、围餐：在酒店安排的用餐有两种情况，一种是自助餐，还有一种是规定了金额和数量的餐食，通常是按 10 人为一桌一起开餐的情况，称为桌餐或围餐。

（8）退餐：向餐厅取消预订餐食的简称。在游客行程中往往安排了中餐和晚餐，由于游客的主观意愿或者一些客观原因，存在取消用餐的可能性。需要旅行管家至少提前 3 小时与餐厅联系及时取消。如果安排的是风味餐，餐厅需要提前准备，取消用餐就可能要收取损失费，也是合理要求。

（9）换餐：对计划用餐的具体餐厅或用餐时间进行调整的简称。通常情况下，行程中安排的用餐最好不要随意更换，如果游客提出更换，旅行管家需要提前与餐厅联系，如果需要支付损失费，也要告知游客。

（10）团餐：旅行社安排的用餐一般都是按照每位游客固定的标准来安排，由餐厅根据标准来配菜，叫作团餐。如果游客需要点菜，也可以与餐厅协商，采取金额上多退少补的方式。

（11）风味餐：有着鲜明当地特色的餐食，被称作风味餐。游客在旅游目的地旅游，往往希望品尝当时的特色或者最具代表性的菜肴，所以旅行管家应该尽量根据游客的要求安排一些当地有特色的餐饮。

（12）签单：旅行社等旅游服务者与供应商之间的交易，除了现金支付的方式，还有按照事先协商好的方式，可以按月、按季度或在一定时间内完成结算。所以在消费之后，工作人员在双方都认可的工作联系单上写明费用发生的项目、时间和消费金额以方便结算，这就是签单，也叫挂账。

（13）单房差：指旅行社等旅游服务者，在组织团队旅游活动时向旅游者收取的费用以个人为单位，而支付酒店的费用以房间为单位。酒店安排住宿通常都是双人标准房，如果在分配住房之后出现奇数游客，也就是出现一张单床时，组团社又是以人数与地接社结算时，需要另付空床费用。

（14）亲子房：通常酒店提供的房型主要是双人房和大床房，有的酒店考虑到假期带孩子的一家三口的住宿需求，会有一些人性化的服务，为这些家庭提供标准房间里增加一张小床或者沙发床的房型，叫作亲子房。

（15）无窗房：酒店向游客提供没有窗户的客房称之为无窗房。酒店因为房型不同价格也不同，有的酒店会因为旅行社的价格偏低而安排游客入住没有窗户的房间，游客的体验感比较差，在实际工作中要与酒店沟通，尽量避免。

（16）准五和挂五的区别：准五，是指按照五星级酒店的标准来建造的酒店，相关规定是酒店在建成一年后才可以申请星级评定，所以往往是刚建造不久还没有取得星级评定的酒店；挂五就是已经获得了专业机构的星级认定，通常价格上会比准五的酒店要高一些。

2.5.3　交通服务术语

（1）代码共享：代码共享（code-sharing）是一家航空公司营销而由另一家航空公司运营的航班。即游客在全程旅行中有一段航程或全程航程在A航空公司购买的机票，实际乘坐的是B航空公司航班，那么A和B的此航班号为代码共享。这对航空公司而言，不仅可以在不投入成本的情况下完善航线网络、扩大市场份额，而且越过了某些相对封闭的航空市场的壁垒。对于游客而言，则可以享受到更加便捷、丰富的服务，如众多的航班和时刻选择、一体化的转机服务、优惠的环球票价、共享的休息厅以及常旅客计划等。

（2）廉价航空：常见的廉价航空公司有西南航空、亚洲航空、春秋航空等。这些航空公司主要经营客流量大的短程航线，多在二级机场起降，有时不提供免费餐点等附加服务，以减少一些不必要的开支。由于经营成本大幅降低，低成本航空公司的票价一般低于主流航空公司，游客称其为“廉价航空公司”。由于现代航空业的激烈竞争，自助成分较强的航空服务和简便快捷的登机手续，使廉价航空公司的航线服务实现了航空交通公交化。

（3）旅游包机：主要针对旅行社团体出行的情况，民航包机的人均价格往往略低于同样人数单独订票的价格，价格的优势是旅行社选择民航包机的主要原因之一。国内大部分航空公司均提供民航包机服务，如国航、东航、南航、春秋航空、吉祥航空等。由于民航包机业务极少，且多发生节假日前后，多数民航公司并无专门的包机部门，也无飞机专门从事包机执飞任务，而多是由普通客服热线转大客户部门进行接待，执飞也多由民航公司空闲飞机进行。优势是价格比正常航班便宜很多，劣势是旅行社要承担收不到游客的风险。

（4）火车旅游专列：通常是由旅行社与铁路部门合作，包下整列火车，前往具有代表性的景点，满足游客想一次出游游览众多景点的愿望。另外，相对普通火车买团体票难的现象，旅游专列却不必担心。旅游专列具有定时、定点、定线等特点，可以发挥“一线多游”的优势，即一条旅游线路可以提供多种旅游选择。

（5）邮轮旅游：邮轮旅游是以轮船作为交通工具去往各个旅游目的地，路途上在轮船上的酒店住宿及用餐，到达景点港口后就可上岸旅游。现在的邮轮旅游都是安排大型豪华邮轮，提供不同价位的房型，在船上的用餐大部分都是免费的。另外还含有赌场、舞厅、剧院、酒吧、游乐场、游泳池、健身房、SPA会所等供游客在航程中使用。一般不同公司的不同船只都有一个相对固定的航行周期和途经港口，游客可以根据自身时间和想去的地方做出选择。现在进入亚洲市场的邮轮公司主要有美国皇家加勒比邮轮、公主邮轮，还有意大利歌诗达邮轮等。

（6）大交通：指行程中连接国家、地区、城市和景点之间的机票、火车票、船票和旅游大巴费，而景点里面的电瓶车票、船票则称为小交通。

（7）车游、外观：不进入景区，只是途经，旅行管家或导游在车上进行介绍的方式，旅行社这样做的目的往往是压缩成本来吸引游客报名参团。

（8）黑车：没有营运资质来承接旅游运输业务的车辆。

（9）机场税：机场税是在购买国际机票时出现的税费，是航空公司代当地国家政府征收的一种税。国际机票的机场税是国外机场收取的税费，要求游客在购票时一起付清。具体的税项及金额打印在机票上作为凭据。

（10）大门票：指景点的首道门票，而有的景点往往有两到三道门票，或者景区里还有船票和电瓶车票，而这些是不包含在内的。

2.5.4　证照服务术语

（1）申根签证：是指根据申根协议而签发的签证。这项协议由于在卢森堡的申根签署而得名，协议规定了成员国的单一签证政策。据此协议，任何一个申根成员国签发的签证，在所有其他成员国也被视作有效，而无须另外申请签证。而实施这项协议的国家便是通常所说的“申根国家”。目前申根国家共有 26 个，包括奥地利、比利时、丹麦、芬兰、法国、德国、冰岛、意大利、希腊、卢森堡、荷兰、挪威、葡萄牙、西班牙、瑞典、匈牙利、捷克、斯洛伐克、斯洛文尼亚、波兰、爱沙尼亚、拉脱维亚、立陶宛、马耳他、瑞士和列支敦士登。

扫一扫

Schengen Visa Information

申根签证信息

（2）落地签证：落地签证是指申请人不直接从所在国家取得前往其他国家的签证，而是持护照和该国有关机关发给的入境许可证明等抵达该国口岸后，再签发签证，通常是单边的出境签证。截至 2019 年 7 月，普通护照中国公民可以享受落地签或免签入境便利待遇的国家和地区达到 71 个。

扫一扫

中国领事服务网主页

（3）另纸签证：另纸签证是签证的一种形式，它和一般签注在护照上的签证具有同样的作用，所不同的是在护照以外单独签注在一张专用纸上，但必须和护照同时使用。另纸签证必须和护照同时使用，才能有效地达到入境、出境的目的。非建交国家一般发另纸签证。

（4）签证有效期：有的国家发给 3 个月有效的入境签证，也有的国家发给 1 个月有效的入境签证。有的国家对签证有效期限制很严，如德国只按申请日期发放签证。过境签证的有效期一般都比较短。一般旅游签是 7 天、14 天、30 天、59 天不等。

（5）免签：从一国经转某国前往第三国时，不必申请过境国签证即可过境，并可在过境国进行短暂停留的政策。中国实施的是 24 小时过境免签制度，不限制口岸的类型。上海则对部分国家游客空港口岸间转机提供 144 小时过境免签政策。

（6）拒签：向某国申请办理签证被拒绝的情况，叫作拒签。拒签的原因主要是担心申请人有移民倾向，或是提供虚假材料，或者未按要求提供材料，或疑是出国打工等情形。一般美国和英国的拒签比较多。

（7）退税：指对境外游客在退税定点商店购买的物品，可以在离境时按规定办理退税的政策。

（8）送关：中国公民以旅游形式出境前往其他国家，旅行社必须派专业领队在中国海关处安排协助游客过关。

（9）过境签：过境签指的是公民取得前往目的国家（地区）的入境签证后，搭乘交通工具时，途经第三国家（地区）的签证。

2.5.5 保险术语

（1）旅行社责任险：是指当投保的旅行社在游览期间出现因失职造成意外事故，保险公司在第一时间对受害游客进行赔偿。该保险的投保人是旅行社，属于强制保险。旅行社责任险的保障范围包括保险事故造成人员伤亡引发的医疗费用、经济损失、交通食宿费用、往返车费、行李丢失等。

（2）旅游意外险：旅游意外险是指被保险人在保险期限内，在旅游的途中因意外事故导致死亡或伤残，或保障范围内其他的保障项目，保险人应承担的保险责任。而这里，意外事故的构成必须具备以下条件：意外发生的，即被保险人未预料到的和非故意的事故；外来原因造成的，即被保险人身体外部原因造成的事故；突然发生的，即事故的原因与伤害的结果之间具有直接的关系，并在瞬间造成伤害，来不及预防。旅游意外险大多时效性较强，一般与出行时间对应。一般情况下，旅游意外险要求旅游者投保，目前也有旅行社以赠送的形式为游客购买意外险的情况。

（3）旅游附加险：旅游意外险可以承担被保险人在旅行期间因遭遇意外事故引起的身故、残疾和医疗费用的保障。但是，这些保障却不够充分，旅行者若要获得更加全面的保障，可以选择相应的附加险种。常见的旅游保险的附加险有：行李物品损失保险是最常见的旅游附加险；购买境外紧急救援保险则非常有必要，一些保险公司则以附加险的形式存在；还有其他一些旅游附加险，如飞机延误险等，人们可以根据实际需要进行选择。

（4）航空险：航空险也叫作航空意外伤害保险，是以航空飞机旅行为保险标的一种航空保险，是财产保险的一种（航空保险本身是财产保险的一类）。当承保的飞机由于自然灾害或意外事故而受损坏，致使第三者或机上游客人身伤亡、财产损失时，由保险公司负责赔偿。

（5）交通意外保险：交通意外保险是以被保险人的身体为保险标的，以被保险人作为乘客在乘坐客运大众交通工具期间因遭受意外伤害事故，导致身故、残疾、医疗费用支出等为给付保险金条件的保险。

内容小结

旅行管家从事旅游活动的经营工作，拥有旅游经营者的相关权利，同时，也必须了解自身应当承担的相应义务，才能在旅游市场中发挥出更大的经济价值。旅行管家应当掌握旅游业务经营的一般规则，才能在合法合理的框架下更好地为游客服务，才能创造更大的经济效益。旅游是一项充满趣味和风险的活动，旅行管家在从事旅游活动经营过程中同时需要掌握安全事故的处理原则和一般处理程序，掌握突发事件应急处理的主要办法，保障旅游活动能够平稳有序地开展。旅行管家是直面游客的旅游服务者，掌握必要的礼仪常识和待人接物知识，能够为旅行管家的工作锦上添花。

实训练习

应知考核

1. 根据旅游安全事故的分类，一次事故造成旅游者轻伤或经济损失在 1 万元至 10 万元（含 10 万元）者称为________。

A. 轻微事故　　B. 一般事故　　C. 重大事故　　D. 特大事故

2. 旅行社不得以不合理的低价组织旅游活动，诱骗旅游者，并通过________或者另行付费旅游项目获取回扣等不正当利益。

3. 请解释下列旅游业常用术语的含义：（1）OTA；（2）OP；（3）Check in；（4）Code-sharing；（5）Schengen Visa。

应会考核

1. 旅行管家针对具体的接待活动制定安全预案时需要注意哪些问题？

2. 旅行管家在接待过程中被游客指出有失礼的表现时应该怎么做？

3. 旅行管家在组织旅游活动中，保险是必须为游客购买的吗？

实践操作

请以小组为单位，排练演习当交通事故、治安事故、火灾事故、食物中毒事故，以及地震、泥石流、台风、海啸等发生时旅行管家正确的应对和处理方式。

第二部分
基础工作篇

第三章　旅行管家的沟通工作
第四章　旅行管家的定制工作
第五章　旅行管家的接待工作
第六章　旅行管家的辅助工作

第三章 旅行管家的沟通工作

内容提纲

1. 知识目标：了解沟通的基本概念和基本分类，掌握旅行管家沟通服务的主要内容，掌握旅行管家的沟通技巧，掌握旅行管家交往心理的主要内容，掌握旅行管家的基本销售技巧

2. 技能目标：能够在沟通中运用好倾听的技巧，能够在沟通中运用好表达的技巧，能够在沟通中运用好发问的技巧，能够在沟通中运用好观察的技巧

3. 素质目标：掌握旅行管家沟通的基本素质要求，掌握旅行管家交往的基本素质要求，掌握旅行管家销售的基本素质要求

知识导入

旅行管家王女士接待了一名想在假期带家人前往欧洲观光游览的游客张先生。张先生向她提出，这趟欧洲之行想去看看欧洲最著名的城市：英国伦敦、法国巴黎、德国柏林、意大利罗马和瑞士日内瓦，希望王女士能为他的家庭定制一个为期一周的旅程，囊括上面的这些旅游目的地。王女士委婉地向他提出，这个行程安排得有一点紧凑，游览天数是否可以宽限一些？或者景点做一些取舍？比如这样的旅程前往伦敦较不顺路，能否替换为卢森堡？张先生回复道，他工作比较繁忙，每年只有7天假期，也挺不容易，组织全家旅游就是为了弥补平时和家人相处少的缺憾。他的父亲已经80多岁了，趁着身体还硬朗，有机会想多去游览一些地方，所以说他计划这趟欧洲之行英国伦敦、法国巴黎都要去。王女士觉得很为难，站在专业的旅行策划师角度，她觉得这样的行程显然不尽合理，但是张先生的想法又如此情真意切，那么，该如何说服张先生接受更为合理的安排呢？

沟通，是旅行管家在从事旅游经营活动，提供旅游服务过程中最为重要的一种技能。对旅行管家而言，沟通可以说无处不在。但是，如何通过有效沟通，推动宾主双方尽快达成一致的意见，与游客建立起共同的旅游目标，促成游客旅游活动的顺利开展。这是旅行管家工作中要解决的最重要问题之一，也决定了旅行管家的工作是否能有效地开展下去。相信通过本章的学习，你会对旅行管家的沟通工作有更深的理解和认识，也能掌握必要的沟通方法和销售方法。

3.1 旅行管家的沟通方式

沟通，是最常见的一种信息交换方式，也是服务业中最普遍的一种交互行为。在旅行管家的实际工作过程中，沟通可以说是无处不在的。与日常人际交往与沟通中宾主双方的角色对等不同，旅行管家应当在沟通活动掌握主动权，积极为游客提供更优质的沟通服务，保证沟通渠道的畅通，推动沟通信息的传递，促进共同意向的达成。同时，在实际旅游接待过程中，旅行管家还需要同众多的旅行辅助人以及相关群体进行沟通，来保证旅游活动的顺利进行和旅游目标的有效达成。因此，从事旅行管家工作，首先必须能够了解并熟练掌握日常沟通的基本方式、方法与技巧，并在实践中有效运用，从而发挥沟通服务的巨大价值。

3.1.1 沟通的基本概念

沟通这个词汇，从字面上看就是通过筑沟开渠，最终实现彼此融通的过程。也就是说沟通的目的是通过有效的交互，让沟通双方在思想、行动等方面能达成共识。达成共识的目的自然是更好地开展后续的工作，所以沟通并不是工作的终极目标，沟通只是为了实现工作目标而采用的一种手段。沟通在旅行管家从事的工作中同样是非常重要的，在旅游接待服务中，只有主客双方达成一致的旅游目标，旅游活动才可能顺利而愉快地开展下去。所以旅行管家在实际工作中需要掌握沟通的主动权，通过积极的沟通服务，来促成共识的达成。那么，要认识沟通服务的具体内容，首先需要明确的是沟通活动的方式和类型。

在现实社会中，沟通的方式多种多样，多样化的沟通方式也造成了多样化的沟通类型。显然，不同的沟通方式和沟通类型在实际工作中也有着不同的价值，并不存在哪一种沟通方式是所谓最优的方式。所以，旅行管家在认识和理解沟通方式的时候，必须了解不同沟通方式所适应的沟通场合、沟通环境和相应的要求，认识到不同沟通方式在具体应用时候的优缺点，这样才能根据具体情况变化，在工作中选择更合适、更有效的沟通方式。常见的沟通方式有以下七类：

1. 正式沟通和非正式沟通

正式沟通是通过企业、团体、组织规定的沟通渠道，进行信息的传递和交换方式。如游客或旅行辅助人通过旅行管家的公共信息平台、电话、传真等官方媒介与旅行管家进行的沟通。非正式沟通则是通过正式沟通渠道以外的渠道进行的信息传递和交换方式。如旅行管家和游客在茶余饭后的私聊、拉家常、问候等。

正式沟通的优点是比较严肃、约束力强、沟通效果好、信息具有法律效力；缺点是沟通速度慢、方式刻板，可能会因传递渠道的影响造成信息失真和扭曲。在旅行管家的实际工作中，正式沟通常用于重要的沟通和决策，如旅游合同的签订、旅游消费的支付等。非正式沟通的优点是形式多样、沟通速度快、畅所欲言、沟通压力小等。在旅游活动中，旅行管家常常需要向游客提供必要的旅行建议，这些建议的提出方式常常采用的是非正式沟通。同时，因为众多旅游活动追求休闲游憩的特性，旅游活动中的严肃性往往较弱，使得旅行管家实际工作中的沟通活动大多数都是非正式沟通。非正式沟通常见的缺点包括难以留下证据、难以控制、信息极易失真，甚至成为谣言等。

随着电子信息和移动互联网技术的普及，手机等电子产品成为旅行管家和游客沟通的重要手段。大量的旅游行程确认或意向达成是通过在微信、QQ等即时通信工具上的非正式沟通完成的。为了保护非正式沟通的法律效应，《最高人民法院关于修改〈关于民事诉讼证据的若干规定〉的决定》在当事人举证中增加了第十四条，电子数据包括下列信息、电子文件：(1) 网页、博客、微博客等网络平台发布的信息；(2) 手机短信、电子邮件、即时通信、通信群组等网络应用服务的通信信息；(3) 用户注册信息、身份认证信息、电子交易记录、通信记录、登录日志等信息；(4) 文档、图片、音频、视频、数字证书、计算机程序等电子文件；(5) 其他以数字化形式存储、处理、传输的能够证明案件事实的信息。这意味着，自2020年5月1日起，微信、微博等聊天记录可正式作为法律证据。这为旅行管家广泛地开展非正式沟通提供了更多的保障。

2. 垂直沟通和水平沟通

垂直沟通分为上行沟通和下行沟通，均属于上下级之间的沟通方式。一般下行沟通的速度要快于上行沟通的速度，因为下行沟通多属于领导布置任务，而上行沟通多属于下属向领导反映问题、申请和汇报工作。旅行管家在散客接待活动中，较少发生直接的垂直沟通，但是旅行管家在服务组织单位甚至部分家庭的时候，垂直沟通是客观存在的。同时，旅行管家在旅行社或旅行服务机构中任职，在企业内部交往过程中，常常也会发生垂直沟通。因此，有必要了解一些垂直沟通的特点。平行沟通又称为水平沟通，是平等组织、企业、部门、团队成员之间的沟通方式，如旅行管家与旅行辅助人之间的沟通。

垂直沟通的优点是沟通速度快，信息传递准确；缺点是如果垂直层次过多，信息传递变慢，也可能会出现越级沟通或隐瞒事实的现象。水平沟通的优点是沟通主体之间彼此平等，沟通顺畅；缺点是容易产生矛盾和冲突，难以控制局势。旅行管家只有清楚了解垂直沟通和水平沟通的特点，才能在具体沟通发生时，有选择地规避沟通中容易发生的障碍；也能在沟通发生问题的时候，抓住问题的本质，有效地予以处理或解决。

3. 单向沟通和双向沟通

单向沟通是在沟通过程中，只有发送者发送信息，接收者接收信息，单一方向的交流。这样的沟通缺乏信息的反馈，往往比较单薄，如旅行管家单方面向游客发布旅游通知、安全注意事项或宣传信息等。双向沟通是在沟通过程中，发送者和接收者经常要互换角色，发送者把信息发送给接收者，接收者接收到信息后，要以发送者的身份反馈信息，直到沟通完成，如旅行管家和游客共同讨论研究旅行计划安排等。

单向沟通的优点是传递速度快、意见统一、时间进度易于控制；缺点是信息没有反馈、观点可能会片面、主客之间气氛不活跃。双向沟通优点是气氛热烈、参与度高，反馈信息能及时完善沟通结果；缺点是有时观点难以统一、沟通效率低下、耗费时间和精力等。旅行管家需要根据实际工作的情况来判断并选择合理沟通的方式。通常涉及主观方面的信息传递，旅行管家常常采用双向沟通，而涉及客观方面的信息传递，单向沟通和双向沟通都会普遍地存在。

4. 语言沟通和非语言沟通

语言沟通就是通过语言、文字、图形、表格、数字等形式进行的信息沟通。语言交流是生活中的主要沟通方式，语言沟通的案例举不胜举，也是旅行管家和游客之间最常用的沟通方式之一。非语言沟通是指通过动作、表情、语调、手势等语音以外的形式进行信息沟通。除特殊环境、特殊原因，一般语言沟通都伴随非语言沟通，而非语言沟通很少伴随语言沟通，有时候非语言沟通也可能起到语言沟通无法达到的效果。

在旅行管家的实际沟通活动中，语言沟通历来受到重视，旅行管家也应该掌握一些语言沟通方面的技巧和方法。同时，因为在语言沟通的同时，伴随一些非语言沟通效果会更佳，所以非语言沟通也越来越被重视。

5. 书面沟通和口头沟通

书面沟通就是用书面形式进行的信息沟通。如旅行管家为游客所制定的旅行计划或实施方案等。口头沟通就是运用口头表达所进行的信息沟通，如谈话、演讲、聊天等。

书面沟通的优点是有证据、可以长期保存、描述周密、逻辑性和条理性比较清晰；缺点是耗费的时间比口头沟通要多很多，而且书面材料需要保管。口头沟通的优点是信息传递快、沟通灵活、约束少、反馈及时；缺点是容易忘记沟通内容、沟通过程和结果没有证据、有时候易于成为谣言等。

旅行管家的实际工作通常是以口头沟通为主，但是在一些正式沟通场合，如与旅客签订旅游合同、为所属公司建立一些资料档案等，会采用书面沟通的方式。与此同时，在口头沟通服务普遍化的时候，有特色的书面沟通服务也会为旅行管家的个性化服务增添别样的色彩。

经典案例

旅行管家和游客的口头约定不一致的损失承担

扫一扫

旅行管家和游客的口头约定不一致的损失承担

有游客向旅游主管部门投诉：前段时间，游客打电话给在某旅游目的地旅行社就职的旅行管家A，要求为其提供地接服务，双方就地接的相关服务项目和收费达成了口头约定。当游客买好车票，准备前往旅游目的地，再次向旅行管家确认时，旅行管家以酒店涨价等原因，要求提高服务收费，游客不得已退掉车票，取消了旅游行程，要求旅行管家所在旅行社承担退票损失。旅游主管部门向旅行社核实情况，旅行管家承认和游客有过联系，但只是达成了接待服务的初步意向，明确收费要根据旅游期间的实际费用收取。双方说法不一致，旅游主管部门感到很为难。

分析：你觉得旅行管家所在的旅行社需要承担这一损失吗？为了避免这类纠纷的发生，旅行管家在与游客约定旅游服务的提供时应注意哪些问题？

6. 对内沟通和对外沟通

对内沟通是组织、企业、部门、团队内部进行的信息沟通，如旅行管家与所属公司内部的沟通。对外沟通就是组织、企业部门、团队与其他平等主体为合作而直接进行的沟通。

对内沟通和对外沟通的界定，要看如何划分内、外的边界。对内沟通和对外沟通是因业务和工作需要开展的沟通，所以各有优缺点。但是，为了保证旅行管家工作能够顺利开展，内外部的沟通都必须通畅。

7. 单独沟通和集体沟通

单独沟通就是平等个体之间的一对一沟通，这里的个体不一定是一个人，也可以是一个团体、组织。如旅行管家与某位游客之间的沟通。集体沟通就是平等主体全部或绝大多数参与交流的一种信息沟通方式，这在旅行管家的实际工作中比较少见。

单独沟通的优点是可以就某一问题深入讨论，不占用他人的时间；缺点是受知识面的影响，可能会片面。集体沟通的优点是群策群力、众志成城、士气高昂；缺点是难统一观点、占用别人的时间等。当旅行管家与团队游客一起商量行程，大家意见各不相同时，如果采取集体沟通的方式，很容易发生七嘴八舌、争执不休、莫衷一是的情况，而有时候旅行管家分别进行单独沟通，反倒可能更快推动共同意见的达成。

扫一扫

视频：旅行管家的沟通工作

在旅行管家的实际工作中，沟通形式是多种多样的，但是沟通宗旨是不会变化的，那就是为了帮助游客顺利完成旅游活动、实现旅游目标，并在此基础上，实现经营中的自身目标。

3.1.2 旅行管家的沟通工作

1. 旅行管家沟通工作的主要内容

旅行管家在日常工作过程中，凡是需要与人打交道的地方都需要有沟通活动。根据沟通范围而言，主要可以分为内部沟通、同业沟通和客户沟通三大类。内部沟通，即旅行管家和其所隶属的旅游公司其他工作同事就工作中产生的各种问题进行的沟通活动。同业沟通，即旅行管家在其日常工作中，因工作的需要和旅游活动的各供给方（旅行辅助人）进行的沟通活动，如旅游景区、餐厅、酒店、车队、目的地接待旅行社等的沟通。客户沟通是旅行管家针对旅游客户进行的沟通活动，在这期间需要向游客提供必要的服务。按照对客服务的阶段来划分，旅行管家的客户沟通服务可以分为事前沟通、事中沟通和事后沟通三个阶段。

（1）内部沟通的主要内容。

企业在经营管理过程中，往往特别重视内部沟通。一个组织的内部沟通效果决定了组织管理效率。如果能做好内部沟通，对企业绩效目标的实现可以起到事半功倍的效果。畅通而有效的内部沟通，有利于信息在组织内部的充分流动和共享，有利于提高组织工作效率，有利于增强民主管理，促进组织决策的科学性与合理性。而有效的企业文化沟通，更利于全员了解组织目标、价值观、管理制度等，统一全员思想和行动，促进企业目标实现，促进组织企业文化的建设，促进员工关系，增强员工的参与度、归属感、荣誉感和责任心。

在旅行管家的实际工作中，内部沟通主要是关于工作上的交流，包括信息反馈、问题提出、特情通报等。通过充分的内部沟通，可以有效实现信息共享，大大便利旅行管家的工作。事实上，按照传统旅游经营模式，旅行管家的工作职责已经大大超越一个普通个人的工作能力范围。而正是在沟通渠道的拓展之下，依赖有效的内外部沟通，并且通过技术的革新进步，才能够让旅行管家拥有更为全面的旅游接待能力。

同时，旅行管家在旅游接待活动当中有“及时告知”的职责和义务，也需要依赖健全的内部沟通机制。如《导游管理办法》第二十四条规定：旅游突发事件发生后，导游应当立即采取必要措施，向本单位负责人报告。《旅游法》第四十一条第二款，《导游人员管理条例》第十三条，《导游管理办法》第二十三条第二项规定：导游在引导旅游者旅行游览过程中，遇有可能危及旅游者人身安全的紧急情形时，经征得多数旅游者的同意，可以调整或者变更接待计划，并立即报告旅行社。

同时，旅行管家作为所属公司中的一名职员，也会成为公司内部沟通链上的一个环节。对旅行社或旅游服务机构等旅游企业而言，日常工作中的内部沟通主要包括：1）工作交流。2）会议（包括各种企业、部门或项目例会、年会、员工沟通会等）。3）报告（包括年、季、月、周的工作计划与总结、各项工作报表、各项工作记录等）。4）调查（包括客户满意度调查、市场调查、员工满意度调查等）。5）培训（包括新员工培训、领导者及管理者培训、专业培训、通用技能培训等）。6）面谈（包括管理者与员工进行的一对一、一对多或多对多的面谈沟通等）。7）书面交流（包括管理流程制度文件发布、公司及部门文档管理、邮件系统、内部网络、刊物、展板、BBS、纸质文件批复、小纸条、内部共享服务器等多种形式）。此外，旅游公司还会通过组织活动等形式，开展一些公司与员工、员工与员工之间的非正式沟通。

引经据典

内部沟通的重要性——颜回攫食

在古代中国，人们很早就认识了内部沟通的重要性，在战国时期的著名子书《吕氏春秋》中，记载了“颜回攫食”的故事。说的是孔子周游列国时，行经陈国和蔡国之间，遇到了一些困顿，到最严重的时候，七天都吃不上主食，连野菜汤也喝不上，只能在白天睡觉，由弟子颜回出去讨米，终于讨回一些米来煮饭。但是，在米饭快熟的时候，孔子突然看见颜回用手抓锅里的米饭吃。不一会儿，饭熟了，颜回请孔子吃饭，孔子假装没看见颜回抓饭吃的事情，起来说：“刚刚梦见我的祖先，这一锅米饭还没动过，先拿来供奉先人吧。”颜回听了，急忙回答道：“不行啊，这锅饭我已经吃过了。刚刚煮饭时，我看到炭灰飘进了锅里，抓出来丢掉的话太糟蹋粮食，于是我就抓来吃了。”孔子听了，不由叹息道：“所信者目也，而目犹不可信；所恃者心也，而心犹不足恃。弟子记之，知人固不易矣。”意思就是说，都说眼见为实，但眼见不一定为实；都说遵从自己的内心，但内心往往也会欺骗自己。弟子们，请记住啊，了解一个人是很不容易的。

《论语》两度记载孔子的话："不患人之不己知，患不知人也。"眼见者可能并不为实，你或许见到了事物表面，而事情本身的发展你也许并不清楚。因此，要真正识别一个人是很不容易的，不要轻易地用自己"亲眼所见"来为一个人下结论。人是这样，事情也是这样。那么，如何才能避免在处理类似这些人事过程中的误会或偏差呢？孔子虽然没有明说，但是他已经用行动表明了他的想法，那就是用各种方式去推动有效沟通。当然，有效的沟通还需要讲究一定的方式与方法，只有沟通的渠道畅通，组织内部才能开诚布公，坦诚相见，只有通过积极有效的沟通，才能推动整个组织上下一心，合力向前。

（2）同业沟通的主要内容。

在旅游市场经济的环境中，旅游同业以各自不同的职能分布，共同构成了完整的旅游生态圈，为旅游产品的生产、销售贡献各自的价值。相对于旅行社等狭义的旅游经营者而言，它们被称为旅行辅助人，广义的旅行辅助人甚至包括负责目的地接待的旅行社。旅行管家与旅行辅助人之所以构成同业，主要是建立在经营旅游产品的基础上，同业之间有更紧密的协作机制，带来信息更充分的交流和传递，这时沟通工作自然是必不可少的。同时，旅行管家的众多工作能力中，最为核心的是管理能力，当然也包括对同业的管理，在管理过程之中，沟通工作也是必不可少的。所以旅行管家在同业沟通中的工作，主要包括经营沟通和管理沟通两个方面。

在旅行管家的经营沟通中，因为旅行辅助人是在自身的专业领域上向旅行管家提供信息和资讯。因此旅行管家在与之沟通的时候，除了要保证渠道的畅通性，还要力求能确定信息的真实性和信息的准确性。渠道的畅通性是旅游活动顺利开展的重要保证。例如，旅行管家与某景区有长期的业务合作协议，因为新型冠状病毒疫情的影响，旅游活动曾终止了一段时间，当旅游复苏时，旅行管家再次推荐游客前往该景区游览时发生价格纠纷，旅行管家通过曾经的销售渠道联系，结果发现该销售员已经离职，渠道中断，最终导致了接待事故的发生。信息的准确性也是旅行管家工作开展的重要保证。旅游产业受外部环境影响较为明显，因此很多旅游信息有明显的时效性，如淡旺季不同的价格等，旅行管家应当仔细甄别，避免发生张冠李戴的失误。信息的真实性对旅行管家工作开展也是极为重要的。旅行管家在实际工作中虽然不能面面俱到，独立完成旅游产品的生产，需要借助众多旅行辅助人的帮助，但是对旅行辅助人所能提供的信息，旅行管家对其真实性要加以甄别，以免出现联系方式是空号、预订却不曾录入等问题，为旅游活动的接待造成影响和困扰。

同时还必须注意的是，旅行管家并不是一切旅游产品最专业的设计者，而旅行辅助人却是在自己主营业务领域相当专业的旅游服务商，所以旅行管家设计的旅游产品，有可能并不符合实际需求或者并非是最好的方案，在这个过程中可以请求旅行辅助人针对具体旅游产品给出一些建设性的意见，这一活动也是需要通过沟通来完成的。

在管理工作中，旅行管家应当根据旅游同业之间沟通渠道和环境的不同、沟通对象和沟通内容的区别，制定出沟通管理的基本制度，保证同业之间沟通渠道的畅通，重要信息的及时及有效更新，也可以在正式沟通之外，通过组织活动等一些非正式沟通手段，促进旅游同业之间的关系更加友好，协作更加紧密。

（3）客户沟通的主要内容。

客户沟通是旅行管家沟通工作中的重点环节，旅行管家通过客户沟通获取游客的真实的意思表达信息，并据此提供相应的专业服务。因此客户沟通不仅是旅行管家对客服务的开始，同时更覆盖了旅行管家旅游服务的全过程，是所有具体活动开展的先决条件，也是所有活动结束之后的反馈通道。可以毫不夸张地说，客户沟通的成功与否，能够决定整个旅游接待活动的成败。

旅行管家客户沟通服务的第一阶段是在游客的旅游活动开始前，在这一阶段，旅行管家主要做的沟通工作有：1）保证所有沟通渠道畅通，旅行管家能及时联系到游客，或游客能及时联系到旅行管家。2）与游客取得联系，聆听并记录下游客的旅游要求，初步判断游客的旅游需求。3）与游客进一步交流，明确游客的真实旅游需求。4）根据游客的真实旅游需求，拟定旅游产品，并与游客讨论产品的具体细节安排。5）与游客就旅游产品的内容和细节达成一致意见。6）与游客达成出游意向，签署旅游合同或电子旅游合同。

旅行管家客户沟通服务的第二阶段是旅游活动由开始到结束的全过程，包括在此期间旅行管家与游客的全部沟通。在这一阶段，旅行管家主要做的沟通工作有：1）与游客核实相关旅游信息。如时间、交通工具的班次、旅游活动的内容等。2）向游客提供告知服务。如旅游目的地城市、景区、餐厅、酒店等的特别规定，旅游活动的相关流程等。3）衔接沟通。这主要是指旅行管家在旅游活动的接待过程中，通过对旅游公司、游客、旅行辅助人等的资源的衔接，将有关信息加以整合，以此与游客进行沟通，以保证旅游行程的顺利开展。4）关怀沟通。这主要是指旅行管家在旅途中主动向游客提供各种关怀服务，了解游客在旅途中的具体感受和实际需求，并相应给出积极的应对办法。5）互动沟通。这主要是指旅行管家通过语言、App、活动、分享等方式在旅途中与游客进行各种形式的互动沟通，增进彼此的了解，为旅客带来旅途的陪伴和愉悦。

旅行管家客户沟通服务的第三阶段是在游客的旅游活动结束以后，在这一阶段旅行管家主要做的沟通工作有：1）反馈沟通。通过交流、问询、调查或其他沟通方式，了解游客对旅游活动的最终满意程度，征求游客对旅游接待工作建设性的意见，可以从中总结出工作的成功之处和缺失之处。2）延伸沟通。旅行管家的延伸服务主要包括旅游衍生品的服务（赠送或售卖）、行程结束后的关怀沟通、常旅客的管理沟通和二次销售中的沟通。

在常规的旅游活动中，导游人员在结束旅程后，与游客的联系可能就会比较少，而对于旅行管家而言，行程结束后的沟通依然是极其重要的工作。一方面，对游客而言这是一种有始有终的负责服务态度；另一方面，通过构建常客生态圈等客户管理方式，能够让游客在行程结束之后也能享受到旅行管家的额外服务，使得更多游客成为旅行管家的忠诚客户。

2. 旅行管家常用的沟通媒介

旅行管家在进行各种沟通活动的时候，既需要根据沟通要求、沟通环境、沟通内容、沟通对象等的不同，选择不同的沟通方式，同时也会选择不同的沟通媒介。旅行管家在提供沟通服务过程中经常使用的沟通媒介有口头联络、备忘录和信件、文件流转、记录和报告、手册、人员沟通、活动、信函、电话、网络、电邮、即时通信工具、广告、公共宣传、包装等。总之，沟通是实现工作目标的一种工具，通过主客双方都便利的方式开展的沟通活动，能够有效促进工作的推进。与此同时，虽然旅行管家与客户沟通的形式多样，为了不断满足各沟通对象的需要，旅行管家同时需要不断地提升自身的产品或者服务的品质。

企业连线

浙江省中国旅行社集团有限公司咨询服务流程

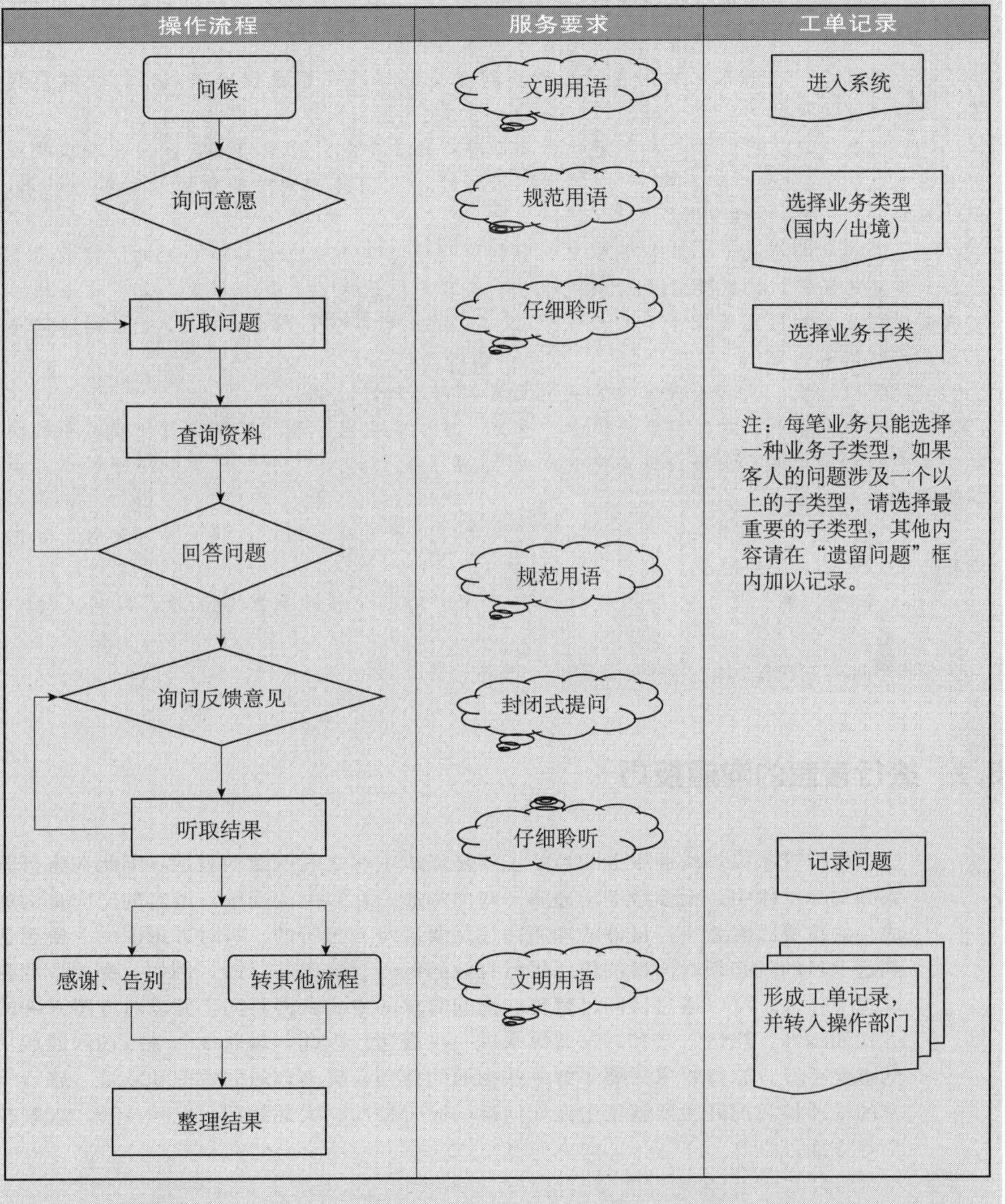

图3-1　浙江省中国旅行社集团有限公司咨询服务流程

操作标准：

（1）问候：对来访或来电的客户第一时间表示问候，问候时采用文明用语。对来访客户起立或目视对方双眼面带微笑问候，并请客户落座。

（2）询问意愿：询问能为客户提供何种帮助，如“请问您希望了解哪条线路的信息?”或“请问需要我为您提供哪些方面的信息?”等，引导客户提出自己的问题或意愿。

（3）听取问题：当客户询问问题时，注视对方，并随时简单记录下问题要点，如哪条线路、哪个时间、什么价位等，要求对客户的提问表示关注。

（4）查询资料：如客户的问题需查询资料才能回答，在客户提问完成后，请客户稍等，然后快速查询相关资料。

（5）回答问题：针对客户的问题，据实回答，语言简练，回答准确，不可出现模糊或者不确定性回答，如“不好说”“有可能”等词语，在回答的同时简单记录回答的结果，如“针对回答”“给出意见”等。

（6）询问反馈意见：当回答完客户的所有提问后，询问客户对其所关心的问题的意愿或自己答复的反馈，询问要求用封闭式语言，给客户做选择或者是非答案，如“这条线路您需要预订 3 天的行程还是 4 天的行程?”或“这样的行程安排您满意吗?”等，同时简单记录自己的询问内容。

（7）听取结果：认真聆听客户的最终反馈意见，做好记录。

（8）感谢、告别：对任何客户提出的意见、建议或观点，表示感谢，并明确感谢的内容，如“感谢您对这条线路行程安排的建议”，最后礼貌地与客户告别，应注视客户直至其视线离开自己为止。

（9）转其他流程：如果客户对询问表示满意，并希望转入预订、议价等环节时，咨询流程结束，并开启相应流程。

（10）整理结果：每个咨询均须将咨询过程中的记录整理成工单记录，以转发操作部门。

资料来源：《浙江省中国旅行社集团有限公司标准化管理（2020 版）》。

3.2 旅行管家的沟通技巧

旅行管家提供沟通服务的目的主要是促成主客之间一致的表达，因此在旅行管家的实际工作中，大多数的沟通属于双向沟通。在双向沟通中，游客的回应是沟通成功的重要因素之一，良好的沟通往往是要说对方想听的、听对方想说的。要想达到这个目的就必须对沟通的信息进行有效的编码、解码与反馈。例如，要弄清楚游客想听什么，可以通过认同、赞美、询问需求的方式获得答案，并以对方感兴趣的方式如幽默、热情、亲和、友善等来进一步表达。因此，沟通技巧是推动沟通成功的重要手段。旅行管家需要了解一些沟通的技巧，提高沟通的效率和效益。旅行管家的沟通技巧提升主要就集中在如何运用倾听技巧、表达技巧、发问技巧、观察技巧等方面。

3.2.1 旅行管家倾听的技巧

听、说、读、写是人们运用的最主要的沟通方式。古希腊哲人苏格拉底说过，自然赋予我们人类一张嘴、两只耳朵，也就是让我们多听少说。在人类社会的交往过程中，倾听始终是沟通活动非常重要的组成部分。对旅行管家而言，懂得倾听的技巧能够帮助他们更好地了解游客的需求，同时更好地帮助他们选择合适的方式去交流和反馈。

1. 倾听的误区

旅行管家要善于倾听，首先应该明白，耳朵听得见说话，并不等于懂得倾听。人们在聆听的时候，往往会带着主观的态度或情感去处理听到的材料。这本是客观存在的现象，但是这会给倾听者造成很多理解上的误区。在三国时期，昭烈帝刘备临终时跟丞相诸葛亮说“马谡言过其实，不可大用”，诸葛亮却并未放在心上，最终招致街亭之败。诸葛亮在挥泪斩马谡时感慨道，“悔不听先帝之言”。才智如诸葛亮之高，都会因倾听不慎遭遇失败。因此，作为旅行管家，应当了解倾听容易产生的误区，这样在实际工作中才能够有效地规避。

具体来说，倾听的误区主要包括：

（1）缺少耐心。聆听是旅行管家从游客处获取信息最重要的渠道之一。耐心聆听，也是对说话者的一种尊敬。曾国藩说过“居官以耐烦为第一要义”。在曾国藩看来，一个人面对千头万绪能否耐烦，是能不能担当大事的重要标准。有耐心也是旅行管家在服务工作中最重要的品质之一。有时候，旅行管家事务繁忙，没有过多时间聆听，有时候游客说话缓慢或者吞吞吐吐，旅行管家没有耐心聆听，这都是要不得的。

（2）急于表白自己。急于表白自己也是缺少耐心的一种表现。旅行管家如果没有听清或者没有听完游客的话，就急于表白自己，既容易错过游客说话的真实意思，也给人一种鲁莽草率、自以为是的感觉。

（3）预设立场。预设立场也是旅行管家在倾听过程中常常容易产生的误区。首先，作为倾听者，在聆听时预设立场，有一个先入为主的概念，这是客观存在的一种习惯。其次，旅行管家必须明白，预设立场会造成倾听者对听到的材料发生曲解。

（4）打断别人的讲话或者急于插话。这是一种非常失礼的表现，有时候旅行管家并非有意要打断别人讲话，但是养成插话习惯，不自觉就会表现出来。

（5）仅仅满足于听懂字面含义。这是指旅行管家能完整地倾听对方的表述，但是较为草率地处理聆听到的材料，没有用心理解或思考。所以有时候只听懂字面含义，对更深层的含义可能没有理解，这也容易造成与游客之间的误会。

所以，在沟通过程中，旅行管家应当用心、眼睛和耳朵认真聆听，要听出对方讲话的表面含义和言下之意、心理状态和变化过程，以及讲话的需求和动机。

2. 倾听的体态

旅行管家在倾听时，能主动规避开一些误区，并不等于就真正懂得倾听了。在倾听时，旅行管家应当去除懒散的精神，融入说话者的话语之中，以心换心，设身处地地理解对方，让聆听成为一种好习惯。具体来说，倾听的体态主要包括：

（1）浅坐，身体前倾。国际标准礼仪中的浅坐是指坐在椅子的前 2/3 处，不可以靠到后背上。如果是钢折椅，为了防止摔倒，可以坐椅子的 1/2 左右，但不可以靠到后背。否则，会给别人懒散、傲慢或一些不好的印象。

（2）微笑的表情。有些服务工作者讲究微笑时要露八颗牙齿，作为旅行管家，在倾听时更重要的是微笑的表情要自然。

（3）点头附和。旅行管家在倾听时，当遇到自己赞同的内容时，有时候可以一边点头一边附和，并进行适当的口头附和。

（4）目光交流。当对方说话时，旅行管家要看看对方，有专家研究认为，目光交流时间以60％～80％为最佳，要把握好分寸。

（5）记录。别人讲话时，如果内容比较重要，旅行管家需要认真做记录。

3. 倾听的基本规则

在倾听过程中，旅行管家注意倾听的体态，能够帮助自己更好地进入倾听状态。在一般的倾听过程中，旅行管家需要注意到的基本规则主要有以下几点：

（1）搞清楚自己的倾听习惯。旅行管家首先要明确的是，倾听的方法并不是一成不变的。每个人都有自己独特的倾听习惯，是在漫长的生活过程中逐渐养成的。良好的倾听方法，仅仅是为旅行管家倾听工作提供更有效的帮助和参考。如果刻意教条化这些倾听方法，与自身的倾听习惯格格不入的话，反倒会影响倾听的效果。例如，自然的目光交流有助于倾听者融入聆听的环境，但是刻意的目光交流，不仅会让说话者感觉奇怪或不适，也会让倾听者注意力集中于此，因而忽略其他倾听信息。

（2）全身心地注意说话者。在倾听时，旅行管家要停止自身的说话，面向说话者，与其保持目光自然接触，停下手中的事情，或以自己的姿势和手势证明自己在倾听，以对说话者表示尊重。同时也可以表现出一些对说话者的话有兴趣的动作，设法让说话者轻松，拉近彼此的感情距离。

（3）把注意力集中在对方所说的话上。在倾听时要主动地去听，听懂对方的信息和真实的含义。旅行管家应当注意到，全神贯注地认真听对方说话并不是最好的倾听，设身处地、移情换位、带着同理心去倾听才是真正的倾听。也就是说，不仅要真正理解对方的含义，而且要努力理解对方的感情。同时，倾听者要及时、迅速并适当地回应对方。

（4）努力表达出对对方的理解和包容。既然是沟通活动，双方自然都有达成一致表示的期望。因此旅行管家在倾听过程中应当本着求同存异的态度，努力表达出对对方的理解与包容。即便有重大意见分歧，也应当尊重对方的表达权利，对对方拥有自己的态度、观点和内容的权利表示尊重。

4. 倾听的步骤

倾听并非单纯、被动地接收信息，而是一个包含信息收集、信息处理和信息转化的复杂活动。因此，倾听活动有一定的步骤，通常被总结为以下13个：（1）选择合适的谈话地点、环境，确保谈话不会被打断。（2）表现出对说话者的兴趣。（3）听对方说完所有的话，最后几句话往往很重要。（4）用各种身体体态语言暗示正在注意倾听，如点头、微笑、注视对方的眼睛等。（5）用反应或动作等表明支持态度。（6）确切核实已经完全明白说话者的意见。（7）必要的时候帮助说话者确切表达意思。（8）进行下一个话题前，先就前一个问题达成一致意见。（9）不要轻易改变自己的观点，向发言人提问，帮助他们进一步完善。（10）从对方的角度思考问题。（11）留心对方忽略的细节，包括手势、嘴角、眉毛和腿脚的抖动等，这些内容可能至关重要。（12）能够接受不同的观点。（13）保持放松状态，能够收到更好的效果。旅行管家在实际的倾听活动中，并不是说要按部就班，机械地按照这13个步骤来做。而是通过这13个步骤来规范自身的倾听习惯，促进自己在工作中实现更有效的倾听。

知识链接

倾听的五个“五”

倾听是一门古老的艺术。在人际交往中最受欢迎的人，往往是懂得倾听的人。懂得倾听，不仅仅是对别人的尊重和理解，也体现出自我的品质和素养。以下是人们在倾听过程中总结出的经验：五个“五”。

1. 倾听的五种境界。(1) 听而不闻，左耳朵听，右耳朵出；(2) 假装在听；(3) 选择性地听；(4) 专注地听；(5) 设身处地地听。旅行管家在具体工作中，应当对这 5 种倾听加以甄别。如果在机场聆听广播通知时，旅行管家通常会选择性地倾听；而当游客有事相求时，旅行管家则需要专注或设身处地地倾听。

2. 倾听的“五要”。倾听的“五要”技巧包括：(1) 要专心致志、集中精力地听；(2) 要通过笔记来集中精力；(3) 要有鉴别地倾听对方发言；(4) 要克服先入为主的倾听做法；(5) 要创造良好的倾听环境。

3. 倾听的“五不要”。倾听的“五不要”包括：(1) 不要急于反驳而放弃听，不要轻视对方而抢话，不要随便打断对方；(2) 不要使自己陷入争论；(3) 不要为了急于判断问题而耽误听；(4) 不要回避难以应付的话题，可以向对方解释，尽可能达成一致；(5) 不要逃避交往的责任，逃避不是最佳的策略。

4. 倾听的“五种技巧”。在不同的场景，需要不同的聆听法则；才能真正听懂对方的含义。一般来说，倾听主要有五种技巧：(1) 反射对方的感受和感觉；(2) 反馈自己的看法和意见；(3) 综合处理对方的意见；(4) 大胆设想对方真正想表达的意思；(5) 针对具体情形做解释。

5. 倾听的“五种障碍”。倾听有很多障碍，主要包括：(1) 判断性的障碍；(2) 精力分散，思路或观点不一致，因而造成漏听、少听；(3) 选择性地听，甚至带有偏见地听；(4) 受到倾听者文化知识、地位、语言和水平等的限制；(5) 因环境干扰而形成听力障碍。

资料来源：沟通的基本方法，见 https://wenku.baidu.com/view/39e8d4a3d1f34693daef3e0a.html.

3.2.2 旅行管家表达的技巧

表达技巧与倾听技巧是旅行管家在沟通中相辅相成的两种技巧。常见的交谈类型通常分为三种：社交性交谈、感性交谈和知性交谈。简单来说，社交性交谈是闲聊，感性交谈是情绪宣泄，知性交谈是信息的传递，这是有所不同的。所以，旅行管家在实际工作过程中也要能够区分交谈的类别，掌握一定的表达技巧，在实际沟通中通过表达的优势，促进沟通目标的实现。

扫一扫

视频：旅行管家的表达技巧

1. 表达的语言基本功

和倾听最大的不同是，表达需要表达者有一定的语言基本功。旅行管家应当理解，在表达过程中，语法、词汇、修辞和语气、语调的作用是各不相同的。具体来说，语法的作用是要把话说对，词汇的作用是能够把话说准，修辞的作用是能够把话说好，但要把话说得既准确又精彩的话，就要运用语音、语气和语调的力量，把情绪表达出来。因此，旅行管家要想掌握良好的表达技巧，首先需要具备语法、词汇、修辞、语音、语气、语调等表达的语言基本功。

2. 表达的技巧

（1）KISS 原则。在表达过程中，同样有非常多的原则和技巧。其中“KISS 原则”是全世界范围内所公认的重要表达原则之一。“KISS 原则”，即 Keep It Short and Simple。Short 的意思是简短，Simple 的意思是简单，就是要既简短又简单，也就是言简意赅。每个人的理解能力是各不相同的，但是如果语言浅显，则大多数人都比较好理解，表达者就不需要为倾听者理解能力而担心了。每个人的时间都是宝贵的，表达者在表达，也就意味着要麻烦倾听者花费他们自己的宝贵时间去倾听。因此越简短、越清晰的表达，越容易被倾听者所接受，这就是 KISS 原则要表达的基本思路。

（2）选择“说”的环境。与倾听活动客观上的被动性不同，表达活动客观上有更大的主动性。因此，旅行管家在表达时，首先要选择好“说”的环境。环境能对表达者的表达效果造成重要的影响。旅行管家在选择表达的环境时要注意：第一，避免在嘈杂环境中“说”。在嘈杂的环境中，旅行管家的表达容易被其他声音所干扰。这既会影响信息准确的传递，也会影响倾听者聆听的效果。如果表达者通过增加音量等方式来盖过嘈杂噪声，也会因为过高的分贝造成倾听者的不适，所以，旅行管家应该尽量避免在嘈杂环境中进行表达活动。第二，避免在环境不利于自己的时候“说”。旅行管家应该懂得表达的限度。如果有第三方在场或形势对旅行管家的表达较为不利，旅行管家应该避免过多的集体表达，选择时机单独沟通有时会有更好的效果。第三，避免在环境不恰当的时候“说”。旅行管家要善于营造最佳环境，包括环境的照明、温度、湿度和气味等。良好的环境能够增强表达的效果，如果可以创造更好的环境，旅行管家应该选择在更好的环境中进行表达。

（3）选择“说”的时机。旅行管家在表达时还要注意选择一个适当的好时机，该说的时候说，不该说的时候不要乱说，并不是说得越多越好，也不是说得越少越好。关于表达时机的选择，常见的要求是：第一，对方心情不好时不要说；第二，对方专注于其他事情时不要说；第三，对方有抗拒、心里不痛快时不要说；第四，要善于捕捉一个良好的时机。

（4）选择“说”的技巧。在说话时，表达的技巧是要先求同存异，先从大家认可的方面开始，慢慢往小处说，说话的时机要把握好。有时候旅行管家与游客之间意见分歧较大，如果直接表达反对意见，容易马上“把天聊死”，这时候，使用这种渐进式的表达技巧，往往能够取得更好的效果。

3. 回答的方式和技巧

回答是一种特殊的表达活动，这是在对方提出问题之后的一种反馈。在旅行管家的实际工作过程中，回答是最为常见的表达过程之一。在回答问题时，同样有一定的技巧性：

要选择好回答时机。首先，并非有问必答。旅行管家需要判断对方的问题是否需要自己回答。当对方真正需要时，再回答对方；对于有些问题，沉默也是一种回答。其次，要充分理解对方问题的真正含义，避免答非所问。最后，先思考成熟再开口回答，三思而后言。没经过大脑酝酿成熟，贸然讲出来的话，可能未必会很妥当，也可能会伤害别人。如果问题较为严肃，或者问题当场无法回答，旅行管家可以先记录下对方的问题，这是一种认真的态度，经过思考后再给出回答。如果问题较多，旅行管家需要将问题归纳汇总，然后有针对性地回答。旅行管家常常是通过口头直接回答问题，但这也并不唯一，必要时也可以用笔作答。如果在实际工作中，旅行管家遇到旅游纠纷等问题，需要帮对方理出头绪，分清楚是要解决问题还是发泄情绪，再给予相应的解决。

同时，在听完陈述之后，根据不同的场合和环境，旅行管家的回答的方式也是多种多样的，通常有六种回答的方式，分别是：

（1）评价式。评价式是建立在客观立场上的一种价值表示。评价式回答是指旅行管家首先要肯定对方的道理，不否定对方的意见，不否定前面人所说的话，然后补充自己的看法，表达自己的意见。在主题讨论很深时，通常可以使用这样的回答方式。

（2）碰撞式。碰撞式是指讲话者可能会语无伦次，或者讲得不到位。这时候，旅行管家可以帮助澄清对方的想法、感情和矛盾点。

（3）转移式。转移式是指旅行管家在回答时，尽量将焦点转移到主题上或者曾经碰到过的相似经历等。

（4）探测式。探测式是指旅行管家在回答时，要求对方进一步澄清所讲的内容和具体详细信息，这样做的目的通常是要把更具体的信息挖掘出来。

（5）重复式。重复式是指旅行管家在回答时重述对方的内容，目的是确认是否能够正确理解意思。

（6）平静式。平静式是指当对方情绪冲动或者失去理智时，旅行管家可以通过给对方递杯水等动作让对方平静下来，降低感情强度和情绪障碍，以使对方安静。

知识链接

不同特征旅游者的购买倾向和旅行管家的推介技巧

1. 不同性别旅游者的购买倾向及推介技巧

● 男性购买者

产品购买倾向：购买理智且具有目的性；比较自信，不喜欢服务人员喋喋不休地介绍；常不主动咨询和寻求帮助；希望迅速完成交易。

产品推介技巧：发现他们对产品的疑惑时，要及时给予推介帮助。推介时要重点突出，言简意赅。

● 女性购买者

产品购买倾向：比较愿意接受门市服务人员的建议；资讯提问比较细致；对产品价格敏感度较高；挑选产品喜欢比较，十分细致；购买行为易受外界因素影响。

产品推介技巧：耐心细致地给予推介介绍，可以提供多个方案，对报价给予必要的解释说明。

2. 不同年龄旅游者的购买倾向及推介技巧

● 老年旅游者

产品购买倾向：更青睐传统旅游线路；希望得到尊重和帮助；对产品行程安排要求宽松；对价格比较敏感。

产品推介技巧：推荐经典、性价比高、体能消耗不大的产品，态度耐心细致，语速要缓。

● 中年旅游者

产品购买倾向：购买理智，讲究经济，对出游有预算；对休闲型产品和知名旅游目的地情有独钟。

产品推介技巧：推介前需了解客人过去的旅游经历，推介时关注客人的表情反应和疑问，推介后要主动询问对产品的意见。

● 青年旅游者

产品购买倾向：对旅游时尚产品反应敏感，喜欢询问新颖的产品；购买动机易受好友、同事介绍的影响；对产品类别不挑剔，但容易受情侣的影响。

产品推介技巧：在问清预算之后，推荐旅游时尚产品，强调产品的突出卖点，介绍时一些传统文化的行程内容可以省略。

3. 不同收入旅游者的购买倾向及推介技巧

● 高收入旅游者

产品购买倾向：注重旅游线路的品质；对行程中的食、住、行、游、购、娱各方面的安排都比较在意；更乐意和自己收入相当的人去旅游；出行时间限定范围较小。

产品推介技巧：推荐高端或豪华游产品，说明产品报名的名额有限，强调旅游六要素安排与众不同的方面，主动提供后续服务。

● 低收入旅游者

产品购买倾向：挑选产品十分慎重，更在意旅游产品的价格；比较愿意接受门市服务人员的建议，但不太敢主动咨询。

产品推介技巧：推介价位相对较低但旅游性价比较高的产品，主动提供咨询推介服务，避免使用旅游专业术语，多提示旅游出行注意事项。

4. 不同家庭情况旅游者的购买倾向及推介技巧

● 年轻单身旅游者

产品购买倾向：几乎没有经济负担；时尚的带头人；浪漫、炫耀、体验、娱乐导向型购买。

产品推介技巧：推介产品能够与其个人旅游偏好相符合，建议其结伴同行，否则会增加旅游费用。

● 丁克夫妻（无子女）旅游者

产品购买倾向：经济条件比较好；购买能力强；热衷休闲浪漫型度假产品。

产品推介技巧：推介豪华型的自由行产品，酒店安排需独具魅力，推介时多关注女士的购买倾向，并适时提及购物方面的行程安排。

● 年轻夫妻＋幼童旅游者

产品购买倾向：行程距离不会太远，交通工具要求舒适，适合儿童的海滨产品是不二之选。

产品推介技巧：推介时强调食、住、行、游方面对携带儿童旅游的便利性，消除父母的顾虑。

● 中年夫妻＋青少年旅游者

产品购买倾向：注重档次较高的产品及旅程能给子女带来的教育意义；对文化、体验、游学等产品感兴趣。

产品推介技巧：推介文化品位高、体验感强的产品，如历史文化名城产品。

● 成年子女带年老父母旅游者

产品购买倾向：较多购买休闲、度假、体力消耗不大的旅游产品；注重行程安排的舒适。

产品推介技巧：推介时详细描述舒适宽松的行程安排，赞赏其对父母的孝心。

资料来源：曹戈．旅游顾问［M］．北京：旅游教育出版社，2015.

3.2.3　旅行管家发问的技巧

发问同样是旅行管家日常沟通工作中常常会使用到的沟通手段，沟通的高手往往也是发问的高手。作为老师，不直接回答学生的问题，而是通过启发式、引导式的问题来引导学生的思考，从而由学生得出结论的做法，叫作苏格拉底式教学法。旅行管家在实际工作过程中，同样可以通过提问，摸清对方的需求和真实想法，掌握对方的心理，并能够适当地表达自己的情感。那么对旅行管家而言，了解一些发问的技巧，懂得应该在何时发问、怎样发问、问什么问题、问题是否正确等，对实际的沟通工作的开展是大有裨益的。

1. 发问的类型

在旅行管家的日常沟通工作中，发问有着独特的作用。通过发问，可以表示对对方的关心、关注，引导对方思考，乃至最终解决问题。在争论场合中，发问也可以缓冲对方的进攻语言，甚至可以用反问来回答问题，进行“反攻”。一般来说，发问主要包括开放式问题和封闭式问题两种类型。

（1）开放式问题。开放式问题，即问题提得比较笼统，圈定的范围很不固定，给回答者以很大的回旋余地。开放式话题包括 5W 和 1H：Who（谁）、What（关于什么）、When（何时）、Where（何地）、Why（什么原因）以及 How（如何做）等。开放式话题可以创造宽松的环境，建立融洽的气氛，打开、拓展主题。例如，英国人见面喜欢讨论天气，中国人见面喜欢讨论吃饭问题，这样一句寒暄、一句共同的话题能够让气氛变得很融洽。要想让谈话继续下去，并且有一定的深度和趣味，就要多提开放式问题。开放式问题就像问答题一样，不是一两个词就可以回答的。这种问题需要解释和说明，同时向对方表示你对他们说的话很感兴趣，还想了解更多的内容。

（2）封闭式问题。又称闭合式问题，即问题提得比较具体，圈定的范围比较固定，要求回答者必须在这个范围内给予明确的回答。在考试中，只有对错选项的判断题或者单选题是封闭式问题。封闭式问题的优点是答案标准化、容易回答、节约时间、一般拒答率低、记录汇总方便、可以进行定量分析；缺点是乏味，调查对象容易随便选择答案而不能反映真实情况，容易圈错答案，也无法获得固定答案以外的信息。优质的封闭式问题可以挖掘内在的问题所在，探测、探索问题的真正根源，锁定核心问题，从而寻找解决途径，用问题来解决问题，以寻找最佳的解决方法。

在实际工作中，除了单独发问之外，旅行管家还可以假设前提条件，通过开放式问题和封闭式问题的结合，引导对方在问题中进行思考或者反思。这样的发问方式也被称为引导式发问。根据具体的工作要求不同，旅行管家可以选择合适的发问方式，来推动沟通的有效达成。

企业连线

浙江省中国旅行社集团有限公司语言规范说明

1. 文明用语集：语气柔和，感情真挚。

“您好，浙江中旅集团！”

“对不起，让您久等了！”

“您先请坐！”

“欢迎您再来，再见！”

“预祝您旅程愉快！”

……

2. 规范用语集：词句简洁，表意清楚。

“请问您是×××先生吗？”

“请问您需要了解哪条线路的行程？”

“山景旅游一般有爬山的行程安排的。”——针对客人“需要爬山吗？”的回复

……

3. 封闭式提问集：给出选项，引导操作。

“请问您需要预订北京四日的游程还是五日的游程？”——针对咨询北京游客人的引导式提问

“请问您是喜欢山地旅游还是喜欢海景旅游呢？”——针对客人要求推荐线路的应答

……

资料来源：《浙江省中国旅行社集团有限公司标准化管理（2020版）》。

2. 发问的时机和顺序

旅行管家在发问过程中，除了需要掌握问题本身的内容和发问的方法之外，也需要注意到发问的时机和顺序。当有问题的时候，并非所有场合或所有时机都是适合立刻提出问题的。一般来说，旅行管家发问主要会选择在以下 4 个时机：第一，对方发言完毕之后发问；第二，在对方发言停顿、间歇时发问；第三，在议程规定的辩论时间发问；第四，在自己发言前后发问。

在旅行管家日常工作中，一般不常见到连续发问的情况。但是如果需要连续发问或若干时间的问题构成一个完整的发问过程的话，也需要注意发问的顺序。发问有一定的顺序，一般是从易到难、从大到小、从开放到封闭，从肯定角度发问、讲究逻辑顺序，可以闲话拉长，通过聊天的方式挖掘对方的信息，通常需要避免咄咄逼人式的连续发问。

知识链接

掌握主动权的 SPIN 模式

在沟通领域，SPIN 模式是一种比较有特色的询问模式，常常应用在销售人员的对客服务中。旅行管家在旅游产品的销售过程中也常常会用到这样的一种方式。SPIN 是情况

(Situation)、难题(Problem)、隐喻(Implication)、需求-代价(Need-Payoff)四个英语词组的首位字母合成词,SPIN模式是指专业地运用实情探询、问题诊断、启发引导和需求认同四大类提问技巧来发掘、明确和引导客户需求与期望,从而不断地推进营销过程,为营销成功创造基础的方法。具体来说,SPIN模式大致如下:

1. 利用情况性问题(Situation Questions)(如先生从事什么职业?)来了解客户的现有状况以建立背景资料库(收入、职业、年龄、家庭状况……),从业人员透过资料的搜集,方能进一步导入正确的需求分析。此外,为避免客户产生厌烦与反感,情况性问题必须适可而止地发问。

2. 从业人员会以难题性问题(Problems Questions)(如你的保障够吗?对产品内容满意吗?)来探索客户隐藏的需求,使客户透露出所面临的问题、困难与不满足,由技巧性的接触来引起准客户的兴趣,进而营造主导权使客户发现明确的需求。

3. 从业人员会转问隐喻性问题(Implication Questions)使客户感受到隐藏性需求的重要与急迫性,由从业人员列出各种线索以维持准客户的兴趣,并刺激其购买欲望。

4. 一旦客户认同需求的严重性与急迫性,且必须立即采取行动时,成功的从业人员便会提出需求-代价的问题(Need-Payoff Questions)让客户产生明确的需求,以鼓励客户将重点放在解决方案上,并明了解决问题的好处与购买利益。

然而,并不是所有销售情况都会遵照SPIN提问法进行发问顺序。例如,当客户立即表达明确的需求时,从业人员可以立即问需求-代价性问题;有时候从业人员在询问隐喻性问题以探索隐藏性需求的同时,需辅以情况性问题来获取客户更多的背景资料。但是大致而言,多数的销售拜访会遵循SPIN模式。

资料来源:SPIN销售法,见https://www.docin.com/p-55271146.html.

3.2.4 旅行管家观察的技巧

虽然语言沟通是旅行管家实际工作中最常见的形式,但是其他形式的沟通也是广泛存在的。同时,即便在语言沟通中,旅行管家在倾听和表达之外,也可以通过观察的技巧获取语言之外的其他信息,帮助自己理解沟通对象的真实想法和意图,从而做出更有效的沟通反馈。所以掌握一定的观察技巧,有助于旅行管家沟通的开展。

1. 体态语言的意义

旅行管家在实际工作中,不仅要注意自己和他人语言方面的词汇、语句,语气、语调,同时还要注意自己和他人的眼神、手势、肢体动作等,这些都被称为"体态语言"。常见的体态语言主要有:情态语言、身势语言、空间语言。

情态语言,是指人脸上各部位动作构成的表情语言。如目光语言、微笑语言等。人的面部表情是人的内心世界的"荧光屏",人的复杂心理活动无不从面部显现出来。通过面部的眉毛、眼睛、嘴巴、鼻子、舌头和面部肌肉的综合运用,也可以向对方传递自己丰富的心理活动。

身势语言,亦称动作语言,是指人们身体的部位做出表现某种具体含义的动作符号,包括手、肩、臂、腰、腹、背、腿、足等动作。在人际交往中,最常用且较为典型的身势语言为手势语和姿态语。手势语是通过手和手指活动来传递信息,包括握手、招手、摇手、挥手和手指动作等。手势语可以表达友好、祝贺、欢迎、惜别、不同意、为难等多种语义。姿态语，是指通过坐、立等姿势的变化表达语言信息的“体语”。姿态语可表达自信、乐观、豁达、庄重、矜持、积极向上、感兴趣、尊敬等语义。人的动作与姿态是人的思想感情和文化教养的外在体现。

空间语言，是指社交场合中人与人身体之间所保持的距离间隔。空间距离是无声的，但它对人际交往具有潜在的影响和作用，有时甚至决定人际交往的成败。人们都是用空间语言来表明对他人的态度和与他人的关系的。多数人都能接受的四个空间，即亲密空间、个人空间、社交空间、公共空间。

每个人都有自己习惯的肢体动作，但大多数体态语言是有一定规律可循的，旅行管家通过观察体态语言，不仅有助于理解别人的意图，而且能够使自己的表达方式更加丰富，表达效果更加直接，进而使人与人之间更和谐。

2. 不同体态的内涵

不同的体态动作蕴含不一样的意思表达。很多时候虽然一个人不说话，但是可以从他的体态语言当中读出他想表达的意思。人们对体态语言的解读由来已久，但是同样的体态语言，在不同场合或不同人身上表现出来，含义还是会有一些不同。所以旅行管家了解一些体态语言的知识，主要是为观察时提供一些参考，真正对体态语言的解读，还需要在实践当中逐步地摸索。同时，古语说“知人知面不知心”，没有人能够通过体态语言100%解读出对方的真实意思，更多时候只是为了帮助观察者实现更接近真实的猜测，为进一步沟通提供重要的信息。

（1）眼睛动作语言及所传达的信息。眼睛的不同表现，常常代表不同的含义。例如，1）某人在倾听时几乎不看对方，可能表明他试图在掩饰什么。2）某人眼睛瞳孔放大，炯炯有神而生辉，可能表明他处于喜欢或兴奋状态。3）某人瞳孔缩小、神情呆滞、目光无神、愁眉紧锁，可能表明他处于消极、戒备或愤怒的状态。4）某人眼睛闪烁不定，这是反常的举动，大多是一种掩饰的手段，或是性格上不诚实的表现。5）某人瞪大眼睛看着对方，可能表明他对对方有很大的兴趣。

知识链接

眼睛动作及其信息

沟通时可以根据目光凝视讲话者时间的长短判断倾听者的心理感受。正常情况下，与人交谈时视线接触对方脸部的时间应占全部谈话时间的30%～60%。超过这一平均值者，可以认为对谈话者本人比对谈话内容更感兴趣。低于这个平均值，则表示对谈话者和谈话内容不怎么感兴趣。

此外，眨眼频率也具有不同的含义。如果每分钟眨眼次数超过5～8次，一方面表示神情活跃，对某事物感兴趣；另一方面表示个性羞涩，因而不敢正眼直视对方。从眨眼时间来看，如果超过1秒钟，一方面表示厌烦、不感兴趣，另一方面表示自己比对方优越，因而对对方不屑一顾。

资料来源：沟通的基本方法，见 https：//wenku. baidu. com/view/39e8d4a3d1f34693daef3e0a. html.

（2）眉毛动作语言及所传达的信息。眉毛传达的信息含义主要有：1）当某人处于惊喜或惊恐状态时，可能眉毛会上耸。2）当某人处于愤怒或气恼状态时，可能会眉角下拉或倒竖。3）当某人眉毛迅速地上下运动，可能是表示亲切、同意或愉快。4）当某人紧皱眉头，可能表示他处于不愉快、不赞同的状态。5）当某人在询问或疑问时，眉毛可能会向上挑起。

（3）嘴的动作语言及所传达的信息。嘴角的动作不同，传达的信息也不同。例如，1）当某人紧紧地抿住嘴，往往表现出意志坚决。2）当某人撅起嘴，可能是不满意和准备攻击对方的表现。3）当遭受失败时，有些人往往咬嘴唇，这是一种自我惩罚的动作，有时也可解释为自我解嘲和内疚的心情。4）当某人嘴角稍稍向后拉或向上拉，通常表示听者是比较注意倾听的。5）当某人嘴角向下拉，可能是不满或固执的表现。

（4）上肢的动作语言及所传达的信息。不同的上肢语言传达了不同的信息。例如，1）当某人拳头紧握，可能是表示向对方挑战或自我紧张的情绪。2）当某人用手指或手中的笔敲打桌面，或在纸上乱涂乱画，可能表示他对对方的话题不感兴趣、不同意或不耐烦。3）当某人两手手指并拢置于胸的上方呈尖塔状，可能表示他充满信心。4）当某人手与手连接放在胸腹部的位置，可能是谦逊、矜持或略带不安的心情的反映。5）当某人双臂交叉于胸前，可能表示保守或防卫；双臂交叉于胸前并握拳，则往往是怀有敌意。6）当某个成年人做出吸手指或指甲这样的动作，可能是他个性或性格不成熟的表现。

（5）下肢的动作语言及所传达的信息。不同的下肢语言传达了不同的信息。例如，1）当某人摇动足部，或用足尖拍打地板，或抖动腿部，都可能表示焦躁不安、无可奈何、不耐烦或欲摆脱某种紧张感。2）当某人双足交叉而坐，对男性来讲，往往表示从心理上压制自己的表面情绪；对女性来讲，如果再将两膝盖并拢起来，则可能表示拒绝对方或一种防御的心理状态。3）当某人张开腿而坐，可能表明此人很自信，并愿意接受对方的挑战。4）如果某人将一条腿架到另一条腿上，一般在无意识中可能表示拒绝对方并保护自己的势力范围，使之不让他人侵犯；如果频繁交换架腿姿势，则可能表示情绪不稳定、焦躁不安或不耐烦。

3. 沟通中体态语言误区

旅行管家在沟通中，不仅要具备读懂对方体态语言的能力，同时也需要懂得修饰自己的体态，养成良好的沟通体态习惯，避免自身的体态语言存在的误区。旅行管家在沟通时体态语言存在的误区主要包括：第一，眼睛乱看，目光游离；第二，坐姿不稳，抱胸晃腿；第三，小动作太多，不理睬对方；第四，表现出压力或抵触的体态；第五，与对方方位不佳；第六，与对方距离不恰当。旅行管家在实际工作中应多加注意这些误区，不断纠正。

引经据典

曾国藩与他的“识人”之术

曾国藩，字伯涵，号涤生，宗圣曾子七十世孙，中国晚清时期政治家、战略家、理学家、文学家、书法家，湘军的创立者和统帅。曾国藩一生奉行“为政以耐烦”，主张凡事要勤俭廉劳，不可为官自傲。他修身律己，以德求官，礼治为先，以忠谋政，在官场上获得了巨大的成功。他平定了太平天国“洪杨之乱”，开拓建设了中国的近代化事业，与李鸿章、左宗棠、张之洞并称“晚清中兴四大名臣”，官至两江总督、直隶总督、武英殿大学士，封一等毅勇侯，谥号“文正”，后世称“曾文正”。

曾国藩素以知人闻名，同僚胡林翼称赞他“曾公素有知人之鉴，所识拔多贤将”。对手石达开说他“虽不以善战名，而能识拔贤将，规划精严，无间可寻，大帅如此，实起事以来所未见也”。《清史稿》更记录了他日常的习性：“国藩为人威重，美须髯，目三角有棱。每对客，注视移时不语，见者悚然，退则记其优劣，无或爽者。”因为识人有术，曾国藩的知交同僚、门生弟子遍布天下，对清王朝的政治、军事、文化、经济等方面都产生了深远的影响。

怎样用人，特别是怎样用准人，学问极深。曾国藩从不盲目选人，糊涂授权，而是睁大自己的一双明亮之眼，遵循“看透人之后再用人”的方法，该避则避、该提则提，显示出到位的领导才智和管理才智。相传他留下了两段“相人的口诀”，至今被人们津津乐道。一段是“端庄厚重是贵相，谦卑含容是贵相。事有归着是富相，心存济物是富相”；另一段是“邪正看眼鼻，真假看嘴唇。功名看气概，富贵看精神。主意看指爪，风波看脚筋。若要看条理，全在语言中”。

《冰鉴》是曾国藩对自己相人识人的总结，记录了他一生用人的学问心得。《冰鉴》通过对一个人外在的神骨、刚柔、容貌、情态、须眉、声音、气色的全面观察总结，进而深层次探秘其内在的思想、信念、意志、行动力、人际、气质、能力、性格特点和处事风格，然后量材而用，人尽其才。堪称中国古代人才战略、人才选拔智慧的大乘经典。

3.3 旅行管家的交往心理

对旅行管家而言，面对游客的沟通和交往本就是其对客服务的一个组成部分。服务是一种人与人之间的活动，宗旨是以人为本。所以，旅行管家沟通工作不单纯是机械的说话做事，在掌握了一定的沟通技巧之后，必须掌握一些服务心理学和沟通心理学的知识，这样不仅能在日常的沟通工作中从容应对，同时也可以更好地与游客开展交往活动。

3.3.1 客我交往的心理状态和形式

1. 客我交往的心理状态

在旅游市场中，由于旅行管家处于服务角色，而游客处于消费者地位，客观上并非是完全平等的。通常在这样类型的交往过程中，客我双方的心理状态主要呈现为三种形态，即家长型、幼儿型和成人型。

（1）家长型。家长型心理状态一般以权威为特点，通常表现为两种行为模式：1）命令式。具体表现为统治、责骂和其他专制作用的行为。例如，“叫他来”“叫他等着”“一定要做完”等。2）慈爱式。具体表现为关怀和怜悯的行为。例如，“请别着急，我们会想办法的”等。

（2）幼儿型。幼儿型心理状态以情感为特征，具体表现为两种行为模式：1）服从式。具体表现为顺从某种意愿的行为。例如，游客要求送一杯茶，旅行管家马上应声回答："请稍等，茶马上就送来。"2）自然式。具体表现为冲动、任性和自然。

（3）成人型。成人型心理状态以思考为特征，也就是说，成人型心理状态的行为大都经过深思熟虑。其行为模式主要有：1）询问式。如："小姐，还有没有朝南的房间?"2）回答式。如："先生，对不起，朝南的房间已经订满。"3）建议式。如："小姐，能不能给我安排一个透风的房间?"4）赞同式。如："好的，我马上给您安排一个透风的房间。"5）反对式。如："不行，我不能给你安排一个透风的房间。"6）道歉式。如："对不起""很抱歉"。7）总结式。如旅行管家在客人点菜后，总结说："四盘小菜、两瓶啤酒……"

2. 客我交往的形式

游客与旅行管家之间的客我交往，主要有平行性交往和交叉性交往两种形式。

（1）平行性交往。平行性交往是一种融洽性交往和顺从性交往。也就是说，当游客发出交往的信息后，旅行管家的反应要符合游客的期待，顺从游客的意愿。这样的交往，客我双方情绪愉快，关系融洽。

平行性交往又可以有以下三种形式：1）成人型对成人型交往。这是平行性交往中常见的一种交往形式。例如，游客对旅行管家说："请帮个忙，发个传真。"旅行管家马上回答："好的，我马上给您发。"这种交往即属于成人型对成人型的平行性交往。2）家长型对幼儿型的交往。例如，游客对旅行管家嚷道："马上给我换临窗的座位。"旅行管家答道："我马上就给您换。"这种交往即属于家长型对幼儿型的顺从性交往。3）幼儿型对家长型的交往。例如，一位游客因为未能购到机票，焦急万分，于是求助旅行管家。旅行管家安慰她道："别着急，我们帮您想想办法。"这种交往即属于幼儿型对家长型的融洽性交往。

（2）交叉性交往。交叉性交往是旅行管家的行为并不符合游客需要的一种交往。这种形式的交往必然导致双方关系紧张，甚至中断。

交叉性交往有以下四种类型：1）成人型与家长型的交叉。例如，游客请求说："请给我倒杯开水。"旅行管家怒气冲冲地说："你自己去倒吧。"这是成人型与家长型的交叉性交往。2）家长型与家长型的交叉。例如，游客大声道："马上给我送开水。"而旅行管家则大声应道："你自己去拿吧。"这是家长型与家长型的交叉性交往。3）成人型与幼儿型的交叉。例如，游客对旅行管家说："请帮个忙，给留个言。"旅行管家则爱理不理地答道："留言可以，但送得到送不到我可不管。"这是成人型与幼儿型的交叉性交往。4）幼儿型与幼儿型的交叉。例如，游客因购不到机票而焦急万分，旅行管家则幸灾乐祸地说："谁叫你没本事，活该。"这是幼儿型与幼儿型的交叉性交往。

在旅行管家与游客出现分歧时，旅行管家用来解决问题的方式是多种多样的，最常见的是采用成人对成人的方式。因为这种方式是最能体现出人与人之间的互相尊重的。在关系很重要、问题也很重要的情况下，也只有采用成人对成人的方式，才能达到既解决问题又搞好关系的目的。

3.3.2　客我交往的影响因素与心理效应

获得客我交往的良好效果，必须提高旅行管家的交往能力和吸引力。作为旅行管家，必须了解影响交往能力和吸引力的相关因素，并时时加以注意。

1. 客我交往的影响因素

客我交往中最重要的因素就是人际吸引力。它是人类的基本心理因素之一，是形成良好人际关系的重要基础。美国心理学家奥尔波特通过研究发现，人际吸引是受很多因素影响而形成的一种动力。如个体内在的涵养、外表、服饰、行为动作的和谐、地位角色等因素。归纳起来，影响人际吸引的因素主要有以下几个方面：

（1）接近接纳。由于人与人之间在活动空间内彼此接近，因而有助于人际关系的建立。这是一种最自然的现象。由空间上的接近而影响人际吸引的现象称为接近性。当然，人与人空间上彼此接近，未必一定彼此吸引。在接近的条件下，要想进一步与游客建立良好的人际关系，彼此互相接纳无疑是另一个重要因素。所谓接纳，是指接纳游客的态度与意见，接纳游客的观念与思想。只有在接近的条件上彼此接纳，才会有助于彼此之间的交往。

（2）相似因素。交往双方相似之处越多，越容易建立起关系。共同的态度、信仰，共同的兴趣爱好，共同的语言、种族、国籍，共同的文化、宗教背景，共同的教育水平年龄，共同的职业、社会阶层，都会不同程度地增加人们的相互吸引。越相似越吸引，越感亲密，尤其是认知态度相似、价值观一致者之间最具有吸引力。因此，在交往过程中，旅行管家要善于发现与游客的相似之处，从而增进交往关系。

（3）互惠互利。根据人际交互论的说法，人与人之间的交往是向着增加酬赏和减弱代价的方向发展的。这种互惠行为既有功利的、经济的和现实的作用，也有精神的、心理的和超现实的意义。一般而言，功利的互惠较为现实，但不能长久；而心理的互惠较能满足基本需求，能持续长久。

（4）人格吸引。旅行管家的性格、气质、能力等人格品质，对客我交往关系的建立与维持会产生持久的影响。所以增强自己的人格魅力是进行良好客我交往的重要因素。个性品质与客我交往关系重大。具有热情、开朗、真诚、自信等性格特征的旅行管家容易被游客接受，而冷漠、封闭、虚伪、自卑的旅行管家则容易被游客疏远。真诚受人欢迎，虚伪令人讨厌。旅行管家要想与游客保持良好的交往，真诚是必须具有的品质。因此，建立良好的客我交往关系，真诚是必不可少的。开朗、热情是打开良好客我关系大门的钥匙，在客我交往中，要与各种各样的游客打交道，一个性格内向、沉默寡言的旅行管家，不容易与游客建立起密切的关系。同时，客我交往也需要宽容的品格，能够虚怀若谷，容纳游客的不同意见，对游客谦恭有礼才能受到游客的欢迎。

（5）外貌吸引。在客我交往中，第一印象十分重要，而外貌又是引发第一印象的窗口。人的外貌可以引起“晕轮效应”，初次交往更是如此。但是，人人都希望拥有良好的外貌，可是长相是天生的，个子高与矮、肤色黑与白、面貌清秀与否几乎是很难改变的。那么在客我交往中如何增强外貌吸引呢？相貌虽然难以改变，但是，人的整个精神风貌、仪表、风度是可以由自己塑造的。旅行管家要想增进人际吸引，就应该做合适的“印象修饰”。从自己的服饰、举止、面部表情、精神状态等做出适合于自身的角色和当时情境需要的行为，产生令人愿意“接近”“接受”的吸引力。

2. 客我交往的心理效应

每一名旅行管家都希望能在与游客交往的过程中展示出自己最好的一面，给游客留下良好的印象，希望在与游客的交往中正确地认识、了解他们。为此，旅行管家非常有必要了解客我交往过程中的各种心理效应，把握好自己的言行、态度、情绪，与游客和谐相处。

（1）第一印象。旅行管家在与游客的初次交往中所留下的第一印象，往往会对旅行管家的整体评价与看法起着决定性的作用。第一印象一旦形成，就不容易再改变。这种印象会一直影响以后的交往过程，即使后来的印象与第一印象之间有差距，游客仍然倾向于服从最初的印象。第一印象的存在提示我们，如果要让游客形成对旅行管家的好印象，那就一定要注意与游客初次交往过程中的表现，旅行管家的仪表、姿态、表情、年龄、服装、谈吐、态度以及周边环境等，都会对游客最初印象与评价的形成产生影响。

（2）晕轮效应。晕轮效应是一把“双刃剑”。如果旅行管家好的品质先被游客认知，所形成的“晕轮”会遮掩旅行管家的某些失误，也使旅行管家有机会对自己的失误加以弥补。如果不良品质先被游客认知，其所形成的“晕轮”则会遮掩旅行管家的优点，而放大旅行管家的微小失误。

（3）否定后肯定效应。客我交往中有一种“否定后肯定效应”，即如果人们先对某人做出否定的评价，而后来的事实证明这种评价是错误的，那么人们会对此人做出更高的评价。这就是说，如果没有原先的否定，还不至于对此人做出如此高的评价。知道了交往中有一种“否定后肯定效应”，旅行管家是不是可以故意先犯一点错误，让别人先对自己做出很低的评价，以便在以后获得更高的评价呢？当然不可以这样做。但是，当旅行管家由于某种原因而出现失误，使别人对其做出较低的评价时，旅行管家就绝不能心灰意冷、一蹶不振了，而要想方设法弥补过失，挽回影响，重新赢得游客的满意。

（4）角色扮演。角色在心理学上的解释是一种职能，一种对每个处在这个地位上的人所期待的符合规范的行为模式。角色有四个要点：其一，充当某种角色，也就意味着在社会生活中处于某种地位。例如，张三担任旅行管家的角色，那就意味着他在旅游服务交往中处于旅行管家的地位，而当张三以游客的角色出游时，那就意味着他在旅游服务交往中处于客人的地位。其二，角色是一种职能、一种权力。例如，张三从事旅行管家的职业，则有旅行管家的职能和权力。其三，每一种角色都有其符合规范的行为模式，旅行管家也要有旅行管家的样子。这个“样子”就是角色所要求其符合规范的行为模式。其四，一个人一旦充当了某种角色，人们就会按照该角色的标准和要求对其寄予相应的期望值。

人与人应该是平等的，但这并不意味着当人们扮演着不同的社会角色来进行交往时，总是可以平起平坐的。从心理学的角度来看，人与人之间的平等是由人与人之间的互相尊重来体现的，而不是由不分场合的平起平坐来体现的。因此，旅行管家对自己的角色应有正确的认识。

3. 客我交往的不良心理表现

旅行管家工作的压力较大，各种突发事件频繁发生。在客我交往中，难免会产生一定的心理压力与负面反应，出现一些不良的心理表现。

（1）自我中心。有些旅行管家在工作中完全从自己的角度考虑，只关心自己的利益和兴趣，忽视游客的利益和处境。在客我交往中表现为目中无人、喜欢装腔作势、盛气凌人、自私自利。不高兴时会不分场合地乱发脾气，高兴时则海阔天空、手舞足蹈地讲个痛快，全然不考虑游客的情绪和态度。这样的客我交往必然会出现问题。

（2）羞怯。羞怯心理是绝大多数人都会有的一种心理。旅行管家具有这种心理，往往在工作中羞于启齿或害怕见人。由于过分的焦虑和不必要的担心，在言语上支支吾吾，行动上手足无措。长此下来，会不利于同游客的正常交往。

（3）孤僻。有的旅行管家不喜欢与人交往，孤芳自赏，自命清高。克服孤僻的关键在于打破自己设置的心理障碍，敞开心扉，用坦荡、真挚的情感去赢得游客的理解和友谊。

（4）干涉。有的旅行管家在与游客交往中，偏偏喜欢询问、打听、传播游客的私事。这种人热衷探听游客的情况，并不一定有什么实际目的，有时是以刺探游客隐私而得到低层次的心理满足而已。

（5）讨好。有的旅行管家往往出于功利性目的，讨好游客，阿谀奉承，曲意逢迎。有时这种行为会引起游客的反感，使正常的交往难以进行。

3.3.3 客我交往的原则与技巧

客我交往的本质特征决定了旅行管家必须把握好客我交往的原则，熟练服务技巧。

1. 客我交往的双赢原则

在交往过程中游客和旅行管家都感到身心愉快、旅途顺利，达到了彼此满意的效果，这叫作双赢。双赢原则是保证彼此双方的心理和利益得到最优化的有效原则。

（1）按双赢原则，处理与游客的关系。在旅行管家与游客的交往中，游客是“消费者”“受服务者”的角色，而旅行管家是“工作者”“供服务者”的角色。当游客得到了优质服务而成为胜利者的时候，旅行管家也因为成功地扮演了自己的角色而成了胜利者。反过来说，如果游客因为没有得到良好的服务而成为失败者，那么旅行管家因为没有扮演好自己的角色也同样是失败者。由此可见，“游客至上”绝不意味着“旅行管家至下”。在为游客服务的时候，旅行管家所要达到的直接目标就是扮演好自己的角色。只要成功地扮演了自己所承担的角色，为这种扮演所付出的代价是会理所当然地得到补偿的。

按照双赢原则去处理客我关系，意味着一定要把“分清是非”和“争输赢”加以区别。如果在客我之间真的出现了大是大非问题，那当然不能含糊而必须弄清楚，但是分清是非绝不意味着是与游客争输赢，绝不意味着要迫使游客向自己认错。所谓“游客总是对的”并不是一个判断，而是一个口号，只要能够通过妥善解决存在的问题，在事实上分清是非，旅行管家完全没有必要去指出游客有什么不对，更不能迫使游客承认“不是你的不对，而是我的不对”。为了保住游客的面子，旅行管家宁可把自己的“对”让给游客。“游客总是对的”绝不意味着“旅行管家总是错的”，因为在保住游客的面子这个意义上，把“对”让给游客是对的。

（2）把游客当成朋友，而不应是上帝。如果游客与旅行管家之间的交往能成为朋友与朋友之间的交往的话，他们之间的产品买卖关系，也会变成最富人情味、最具信任感的买卖关系。游客会感到放心、舒心、称心，而且也不会疑虑重重，更不会对旅行管家呼三喝四。因为朋友之间需要互谅互让，相互尊重，一切都可以商量。同样，因为游客是旅行管家的朋友，所以旅行管家也就不应该对游客态度生硬、三心二意。因为朋友需要的是真诚，是热情。由此看来，以游客为朋友，符合旅游服务服务人际交往客我双方的心理需要，并能营造宽容与被宽容的服务环境。

2. 客我交往的技巧

（1）塑造良好的自身形象。良好的自身形象和大方的仪表是客我交往的基础。可以说，旅行管家的形象如何，将直接影响与游客关系的质量。与游客交往的时候要注意：1）以诚为本，坦诚相待。2）衣着整洁大方，符合自己的身份和气质，可适当修饰或化妆。3）举止得体，谈吐文雅，不言过其实、不言不由衷。4）态度谦和，热情大方。切忌傲慢自大、蛮横无理、目中无人。5）在适当的时候，可以展示自己的才华和特长，但不可自我吹嘘、故意卖弄。6）乐于助人，当游客需要帮助时，给予全力帮助。7）文明礼貌，谦虚谨慎，实事求是。

（2）学会赞美。与游客交流要学会使用赞美性的语言。赞美的实质是对他人的赏识、激励。一个笑容可掬、善于发掘别人优点并给予赞美的人，肯定会受到别人的尊敬和喜爱。现实生活中每个人都希望得到尊重和承认，他人的赞美正是对这种需要的满足。所以恰到好处的赞美能和谐人际关系，给游客带来美好的心境。赞美需要艺术，充分地、善意地看到游客的长处，因人、因时、因场合适当地赞美，不管是直率、朴实，还是含蓄、高雅，都会收到很好的效果。但赞美也不能滥用，赞美是一种诚恳的、自然的情感流露，要真诚，不可虚情假意。人们喜欢得到赞美，但只喜欢合乎事实的赞美，对不真实的赞美则会心生反感。

知识链接

如何赞美客户

赞美对于销售来说实在是太重要了，所以我们专门来谈一谈赞美的艺术。很多人以为赞美就是奉承别人，就是拍马屁。我们谈赞美之前，一定要把赞美和拍马屁进行区分。赞美就是发现优点，即以事实为依据，而拍马屁是制造优点或过度夸大优点。例如，某个人本身相貌平平，你却说她貌若天仙，这无疑是在伤害她，不但得不到她的好感，反而会让她对你心生厌恶。赞美不但要注意“度”的把握，更要看对象。

第一，赞美一定要具体化。赞美最怕什么？就是泛泛的赞美。例如，某个女孩子她本身长得很漂亮，你见面就说她长得很漂亮，她不会有什么感觉，甚至会觉得你是在讨好她，觉得你庸俗，因为已经有很多人说她漂亮了。所以我们的赞美要具体一点，如你可以从长相上捕捉细节。衣服搭配、首饰、五官、身材等都是可以赞美的。例如，有些人的鼻子长得比较大，鼻子大的人有财运；有些人的眉毛长得很浓，这样的人可能未来的运气、财运会比较好；有些人的人中很深，说明他的身体状态很好，是长寿的特征；耳垂很大也是长寿的象征。通过具体的赞美，别人会觉得你的赞美是与众不同的，就会留下很好的印象。有了很好的印象，客户就喜欢你。

第二，运用递进式赞美。所谓递进式赞美，就是用递进的句式，如“不但……而且……更难得的是”。例如，李先生不但为人好，家庭也经营得很成功，更为难得的是乐于助人。

第三，赞美一定要养成习惯。要学会赞美你周围所有的人，而不是刻意地赞美某一个人。不管是老人、小孩，还是年轻人，任何一个人都是渴望被赞美、被赏识的，因为这是从人的内心散发出来的，你赏识我，我才会接受你。所以我们要养成赞美的习惯，学会开始赞美你身边的家人、同事、朋友、同学，他们都是需要被赞美的。

如果你是一个极少赞美别人的人，突然赞美别人，自己都会觉得不习惯。有的人说，我本来不想赞美他，我是强迫自己去赞美的，我心里很难受。那是因为你没有养成习惯，如果你习惯了，你的赞美一定是发自内心的，一定是真诚的，而当你学会赞美的时候，你每天的心情都会很好，业绩也一定会很好。例如，每天早上碰到一个人就要开始赞美：今天你的衣服穿得很整齐，很精神啊！如果你今天赞美了很多人，你今天一定是很开心的，因为别人也会赞美你。保持好心情的秘诀很简单，就是学会赞美你周围所有的人，而不是刻意地赞美某一个人。

第四，赞美一定要区分对象。赞美要用心，你要找到不同的赞美点，如对男人和女人的赞美是不一样的。男人可能更希望你赞美他的事业心、责任感。女性可能希望你赞美她的长相和着装，赞美她有一个和谐的家庭，赞美她的孩子，会使她更有成就感。对于有一些养宠物的客户，你赞美他的宠物，他也会很高兴。

资料来源：曹戈．旅游顾问［M］．北京：旅游教育出版社，2015.

（3）学会尊重。尊重，包括自尊和尊重他人。自尊，是指自重自爱，维护自己的人格；尊重他人，则指重视他人的人格、习惯与价值，承认客我交往双方的平等地位。在客我交往中，只有首先尊重游客，才能得到游客对你的尊重。例如，旅行管家在对客交往中态度谦虚，耐心倾听就是对游客尊重的一种表现。

（4）真诚待客。在旅游服务工作中，旅行管家对待游客要以诚相待，不要过于世故。“诚”是客我交往的根本，交往能做到一个“诚”字，必能赢得真诚的回报。反之，世故圆滑，尔虞我诈，永远也不可能得到对方的真诚相待。

（5）热情有度。热情有度，主要是指旅行管家在为游客热情服务时，务必要重点把握好热情的具体分寸。热情总比冷漠好，主动服务总比被动服务好，这自不待言。然而，什么事情都有一个度，凡事物极必反，如若热情过度，同样达不到预期效果。

3. 客我交往的注意事项

（1）不卑不亢，心态平和。不卑，就是不显得低贱，不亢，就是不显得高傲。就是说在游客面前，旅行管家永远要保持平和的心态。现代的社会生活是丰富多彩的，在不同的时间和空间里，人们所扮演的角色在不断转变，服务与被服务的角色也会因时间与空间的不同而变化。因此，作为旅行管家必须有正确、平和的心态，既不要在为游客服务时感觉低人一等，也不要在别人为你服务时傲慢无礼。

（2）不与游客过分亲密。旅行管家在进行服务时要注意公私有别。在服务工作中，出于礼貌或创造和谐气氛的需要，旅行管家可以和游客进行一些简单的交谈。但是，旅行管家与游客交谈要注意两点：一是不能影响工作，二是不能离题太远。

（3）不过分烦琐，不过分殷勤。对于游客提出的要求、托办的事项，旅行管家了解清楚后，只要轻轻地允诺说声“好的”或“明白了”即可，不要喋喋不休地重复，以免使游客感到厌烦，因为这也是一种失礼的表现。

（4）一视同仁，区别对待。虽然游客们的身份、地位、年龄、健康状况不一样，但旅行管家都应当一视同仁地对待他们。有的旅行管家会以衣帽取人，这是非常不好的。但是，对于某些游客又必须给予适当的特殊照顾。例如，对于老、弱、病、残、孕等游客，上下车船时最好上前搀扶，这样做才能切实体现旅行管家的修养。对于一般游客，则可不必如此。

思政园地

客我交往中的文化互鉴

随着中国旅游市场的不断开放，旅行管家将面对越来越多不同地区、不同国家、不同民族、不同文化圈的文化交流。那么旅行管家应该如何应对这些变化，在交流中不卑不亢，体现出中国服务者的别样风采和气度呢？2019 年 5 月 15 日，中华人民共和国国家主席习近平，在亚洲文明对话大会开幕式上做了题为“深化文明交流互鉴，共建亚洲命运共同体”的主旨演讲，其中对文化交流互鉴的思路与做法提出了 4 点主张，对旅行管家开展跨文化的交流活动有重要的参考和借鉴意义。

女士们、先生们、朋友们：

文明因多样而交流，因交流而互鉴，因互鉴而发展。我们要加强世界上不同国家、不同民族、不同文化的交流互鉴，夯实共建亚洲命运共同体、人类命运共同体的人文基础。为此，我愿提出 4 点主张。

第一，坚持相互尊重、平等相待。每一种文明都扎根于自己的生存土壤，凝聚着一个国家、一个民族的非凡智慧和精神追求，都有自己存在的价值。人类只有肤色语言之别，文明只有姹紫嫣红之别，但绝无高低优劣之分。认为自己的人种和文明高人一等，执意改造甚至取代其他文明，在认识上是愚蠢的，在做法上是灾难性的！如果人类文明变得只有一个色调、一个模式了，那这个世界就太单调了，也太无趣了！我们应该秉持平等和尊重，摒弃傲慢和偏见，加深对自身文明和其他文明差异性的认知，推动不同文明交流对话、和谐共生。

我访问过世界上许多地方，最吸引我的就是韵味不同的文明，如中亚的古城撒马尔罕、埃及的卢克索神庙、新加坡的圣淘沙、泰国的曼谷玉佛寺、希腊的雅典卫城等。中国愿同各国开展亚洲文化遗产保护行动，为更好传承文明提供必要支撑。

第二，坚持美人之美、美美与共。每一种文明都是美的结晶，都彰显着创造之美。一切美好的事物都是相通的。人们对美好事物的向往，是任何力量都无法阻挡的！各种文明本没有冲突，只是要有欣赏所有文明之美的眼睛。我们既要让本国文明充满勃勃生机，又要为他国文明发展创造条件，让世界文明百花园群芳竞艳。

文明之美集中体现在哲学、社会科学等经典著作和文学、音乐、影视剧等文艺作品之中。现在，大量外国优秀文化产品进入中国，许多中国优秀文化产品走向世界。中国愿同有关国家一道，实施亚洲经典著作互译计划和亚洲影视交流合作计划，帮助人们加深对彼此文化的理解和欣赏，为展示和传播文明之美打造交流互鉴平台。

第三，坚持开放包容、互学互鉴。一切生命有机体都需要新陈代谢，否则生命就会停止。文明也是一样，如果长期自我封闭，必将走向衰落。交流互鉴是文明发展的本质要求。只有同其他文明交流互鉴、取长补短，才能保持旺盛生命活力。文明交流互鉴应该是对等的、平等的，应该是多元的、多向的，而不应该是强制的、强迫的，不应该是单一的、单向的。我们应该以海纳百川的宽广胸怀打破文化交往的壁垒，以兼收并蓄的态度汲取其他文明的养分，促进亚洲文明在交流互鉴中共同前进。

人是文明交流互鉴最好的载体。深化人文交流互鉴是消除隔阂和误解、促进民心相知相通的重要途径。这些年来，中国同各国一道，在教育、文化、体育、卫生等领域搭建了众多合作平台，开辟了广泛合作渠道。中国愿同各国加强青少年、民间团体、地方、媒体等各界交流，打造智库交流合作网络，创新合作模式，推动各种形式的合作走深走实，为推动文明交流互鉴创造条件。

第四，坚持与时俱进、创新发展。文明永续发展，既需要薪火相传、代代守护，更需要顺时应势、推陈出新。世界文明历史揭示了一个规律：任何一种文明都要与时偕行，不断吸纳时代精华。我们应该用创新增添文明发展动力、激活文明进步的源头活水，不断创造出跨越时空、富有永恒魅力的文明成果。

激发人们创新创造活力，最直接的方法莫过于走入不同文明，发现别人的优长，启发自己的思维。2018 年，中国国内居民出境超过 1.6 亿人次，入境游客超过 1.4 亿人次，这是促进中外文明交流互鉴的重要力量。中国愿同各国实施亚洲旅游促进计划，为促进亚洲经济发展、增进亚洲人民友谊贡献更大力量。

资料来源：节选自习近平在亚洲文明对话大会开幕式上的主旨演讲（2019 年 5 月 15 日）。

3.4 旅行管家的销售沟通

3.4.1 旅行管家的沟通与销售

良好的沟通对合作双方来说是双赢的，对旅行管家来说，通过加强客户沟通可以建立完善的客户关系管理，从而在经营和销售领域上获得更可观的收获。因此，旅行管家的沟通服务和销售工作是相辅相成的，旅行管家通过有效的沟通能够促进其产品的销售，改善其经营的业绩，为自身带来更为丰厚的收获和回报。

1. 旅行管家的事前沟通与销售

在旅游活动开始之前，旅行管家与游客之间的沟通主要集中在对旅游活动意向的明确，以及对旅游产品设计的确认之上。在这一阶段，通过有效的沟通，旅行管家可以明确游客的真实旅游需求，并且根据这一需求，通过自身的工作经验，整合旅游活动相关要素，组合形成完整的旅游产品，并获得游客的肯定。在这一阶段，旅行管家的销售活动主要发生在以下两个过程中：

（1）在明确游客旅游需求的过程中。在心理学中认为，旅游活动的发生和旅游需求有关。游客的旅游需求产生旅游动机，并且进一步激发旅游行为的产生。然而，对大多数游客而言，旅游并非一项专业活动，旅游需求很难具象和名状。旅行管家往往需要通过有形的旅游目标来明确游客的旅游需求，再通过旅游吸引物、旅游设施、旅游服务等要素的填充，使旅游目标具体化，形成符合游客需要的旅游产品。

但是，对绝大多数游客而言，旅行是陌生的，很难直接将旅游需求对应上旅游目标的。例如，游客有去海边度假的需求，但是选择东海、南海还是国外的海边，可能是茫然的。而旅行管家所做的，就是在与游客沟通的过程中，寻觅出游客真实的旅游需求，帮助游客勾勒出相应的旅游目标。例如，通过沟通，旅行管家发现游客出行的时间有一定的限制，不能够太长，同时对海水质量和沙滩沙质的优劣很重视，可以建议游客选择距离中国较近的、性价比较高的世界著名海滨度假胜地普吉岛或长滩岛。同时，因旅游经验的缺乏，游客所能够总结出的旅游需求往往是不完整的，需要旅行管家加以完善和补充。如游客的需求往往会集中在景区角度，关于住宿和用餐问题未必考虑十分周详，这时候，旅行管家可以向游客推荐当地的特色美食餐饮和晚上的夜晚活动项目，帮助游客勾勒完整的旅游目标。

因此，在旅游目标的制定过程中，旅行管家要做的除了真实地明确游客的旅游需求之外，还需要完善游客并不十分完整的旅游需求，最终帮助其建立完整的旅游目标。在这个过程中，实质上就发生了销售行为。旅行管家通过向游客推荐更符合游客旅游需求的旅游活动，既完成了对游客既定旅游需求的销售行为，也完成了对游客补充旅游需求的销售行为，同时在沟通中还能刺激并促进游客增加新的旅游需求，并用新的旅游活动的销售来满足它们。

（2）在旅游产品的设计中。旅游产品的设计就是旅游目标的具体化过程。旅行管家在与游客共同沟通、设计、讨论并最终确定旅游产品的过程中，游客通常直接所关注的主要是旅游吸引物。而一个完整的旅游产品，同时通常还会包括许多辅助的设施及服务。因此，在旅游目标具体化为旅游产品的过程中，旅行管家同样能够针对这些辅助的设施及服务进行销售。与此同时，在与游客沟通旅游产品的过程中，旅行管家同样也能刺激并促进游客增加新的旅游需求。例如，游客原计划参加普吉岛一地的休闲旅游活动，在整个旅游产品设计完成后，旅行管家发现整体的亮点不足，于是可以建议游客增加一天出海的离岛活动，让游客能够拥有一个难忘的旅程。

最终敲定完成的旅游产品，是旅行管家销售过程中最重要的项目。游客认可旅行管家设计的旅游产品，才会有接下来旅游服务工作的开展，如果游客最终放弃了旅行管家设计的旅游产品，那么后面一切工作就无从谈起。所以旅游产品设计是旅行管家最重要的基本工作能力。在旅游产品设计过程中，旅行管家也应该以客户至上为根本原则，切记不要盲目推销，造成游客的反感情绪，而是要从实际需求出发，真实地满足游客的需求，通过专业化的服务和工作，实现自身工作发展和游客旅途收获的双赢。

2. 旅行管家的事中沟通与销售

在游客的旅游活动开始以后，在旅行管家对游客提供服务过程中，同样主要存在两种销售形式，即旅游产品的延伸销售和非旅游产品的延伸销售。

在旅游活动开始之前，旅行管家针对游客的需求已经制定了相当翔实的旅游活动策划方案。但是，旅途本来就是充满未知和不确定的，旅游也是一种充满着变化的活动。在旅游活动的饮食、住宿、交通、景区游览、购物、娱乐等多方面，都可能产生各种各样的变化。例如，在饮食上游客突然特别不适应，或者在购物上游客突然特别感兴趣，旅行管家在帮助游客纾解旅途上各种疑难和变化的过程中，也会产生延伸销售行为。

对于在旅途中产生的延伸销售行为，首先有其产生的客观性。这来自旅游活动的不确定性，旅行管家和游客都无法在出发前把所有的可能发生情况都预料得万无一失，在旅游活动客观条件发生了变化的情况下，确实会造成延伸销售的产生。其次，旅行管家的服务旨在为游客提供更为合理的旅游活动，因此针对旅途中客观或主观因素所造成的变化，通过延伸销售，可以对这些变化造成的影响加以优化。因此，延伸销售也是一种双赢的行为，即使游客的行程在实际中更加合理，同时也能为旅行管家带来经济上的收益，更体现了旅行管家服务至上的宗旨。

但是同时也存在旅行管家利用旅游行程的特殊属性，主观上进行各种销售推广的行为。这些行为主要分为以下几类：

（1）销售旅游产品。旅游管家在旅游活动过程中主动向游客销售旅游产品在法律法规中并没有严格的限制。只是《旅游法》第四十一条第二款、《导游人员管理条例》第十六条、《导游管理办法》第二十三条第三至六项规定，导游不得诱导欺骗、强迫或变相强迫旅游者购物或参加另行付费的旅游项目。当然，秉着游客至上的前提，旅行管家的销售活动如果对整个旅游活动有正向的好处，显然是可以开展的。但是如果因为旅行管家的销售活动，使得游客对整个旅游活动的印象大打折扣，那就不合适开展了。

（2）销售旅游商品。旅游商品和旅游产品不同，旅游产品是旅行社或旅行管家为旅游者设计并生产的物品，常见的旅游产品有旅游行程、旅游活动等；而旅游商品是指并非由旅行管家生产的物品。常见的旅游商品有纪念物品、旅游土特产等。销售旅游商品这样的行为通常在旅行管家的实际工作中是不被允许的。根据《旅游法》第四十一条第二款、《导游人员管理》条例第十五条，导游人员不得向旅游者兜售物品或者购买旅游者的物品。导游以特定身份向旅游者兜售物品或购买旅游者物品，不属于导游的职责范围，与其导游身份不相称，极易造成交易上的不公平和不公正，从而侵害旅游者的合法权益，损害导游的职业形象，并因此产生纠纷。

但是在实际工作中，随着旅游工作的边界不断模糊，相关的行为与传统兜售活动相比，有了很多新的变化。例如，旅行管家或旅行管家所隶属的相关旅游企业，针对特定的旅游景点或旅游行程，开发具有自主知识产权的旅游商品，或者文创类的物品。既丰富了旅游市场中的商品内容，也能够体现出旅行管家工作的专业化程度，这种商品的销售属于定制旅游产品本身的一个组成部分，既能给游客带来难忘的回忆，也是未来发展的一个趋势。

3. 旅行管家的事后沟通与销售

在旅游活动结束以后，旅行管家和游客之间的沟通却并没有停止，理论上还将保持一个较长的时间段。在这一阶段，旅行管家除了对游客的旅游活动做事后关怀之外，销售活动主要集中在二次旅游产品的销售和协助购物。

在结束了一次难忘的旅程之后，如果旅游目的地的风物特产深深地打动了游客的心，游客很有可能会拜托旅行管家在旅游目的地当地协助购物，这也被称为“带货”。最初，这是旅行管家的个人行为，但是随着旅游市场不断地走向成熟，部分旅游企业以法人的名义也开始从事相关经营活动，甚至创建自己的品牌，并且通过各种媒体进行宣传和推广。

二次旅游产品的销售是旅游公司较为看重的销售内容，也是旅行管家销售工作中较重要的内容之一。维护客户的目的是降低获客成本，通过旅行管家细致的服务，让游客对旅行管家的工作、服务和品牌产生深深的认可，能够让游客成为旅游公司的常客，这对旅行管家旅游业务的可持续发展有着非常重要的意义。

企业连线

浙江省中国旅行社集团有限公司询价议价流程

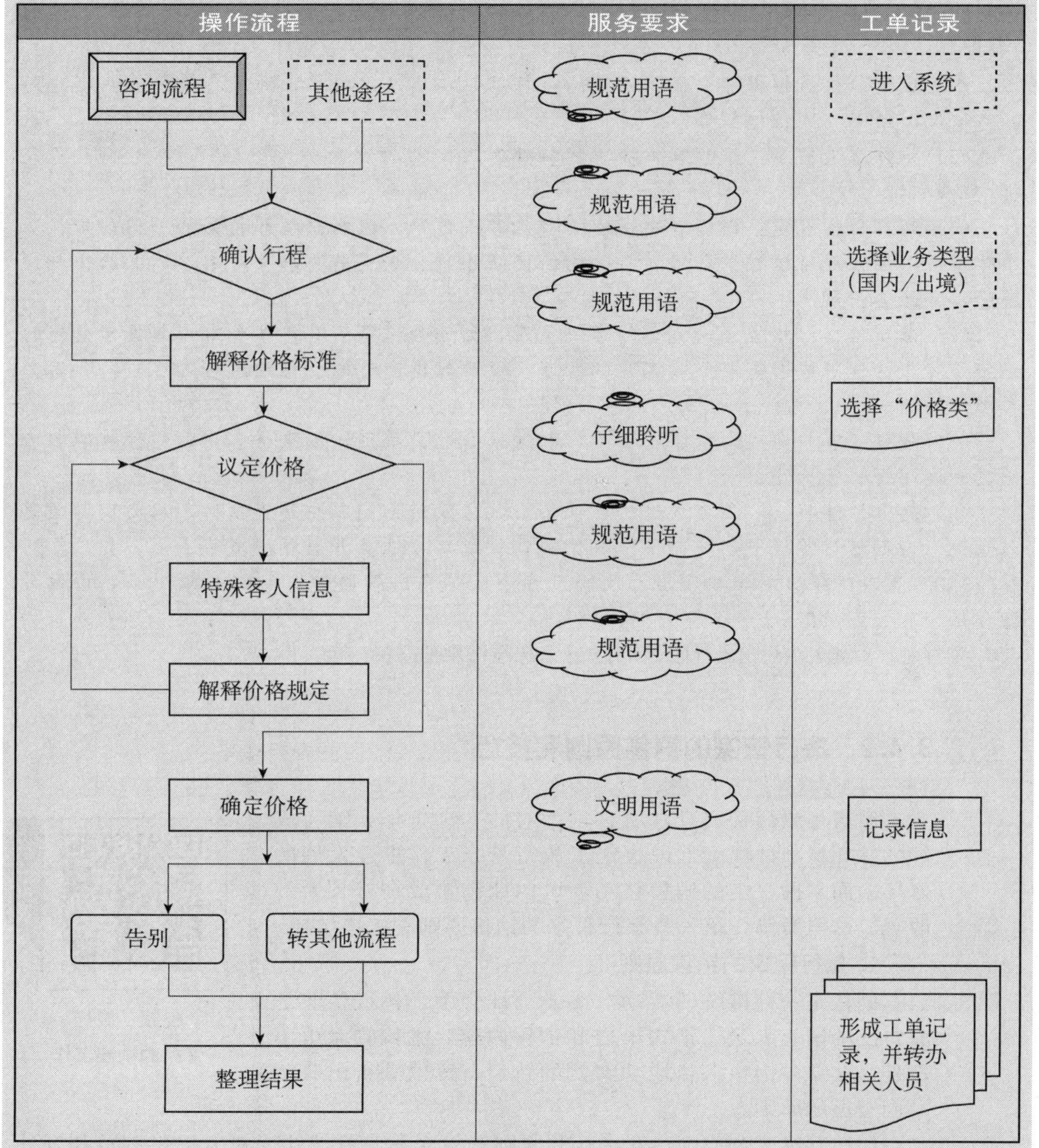

图 3-2　浙江省中国旅行社集团有限公司询价议价流程图

操作标准：

（1）咨询流程转入或直接询价、议价：询价、议价流程可由咨询流程转入或者客户不经过咨询而直接询价、议价。

（2）确认行程：与客户确认需询价的具体行程，并准备好相关价格标准，以备与客户交流。

（3）解释价格标准：根据客户询问的行程，为客户解释不同规格、不同发团时间的该行程的价格标准，注意说明相同行程中不同价格的区别，如纯玩团还是有购物等，以免客户引起误会。

（4）议定价格：根据客户最终确定的行程信息给出最终价格，并准备接受客户提出的特殊情况，给予不同价格解释。

（5）特殊客人信息：了解客户提出的特殊客人信息，如小孩、老人等，并查询相应行程中的规定。

（6）解释价格规定：根据客户提出的特殊客人信息，为客户解释相关的价格规定，如小孩不占床的情况可以减少费用、有购物的团队小孩和老人需要加收费用等，并给出相应解释，免除客户疑虑。

（7）确定价格：根据客人完整的客户信息，如人数、是否有小孩和老人等最后确定可以给予客户的优惠或者需要加收客户的费用，并计算出完整的价格信息告知客户，供客户参考选择。

（8）告别：客户完成询价、议价后，礼貌地与客户告别，如来访客户，应注视客户直至其视线离开自己为止。

（9）转其他流程：客户完成询价、议价后，应及时询问客户是否预订，尽力引导其转入预订、合同签订等环节，此时该流程结束，根据客户选择开启相应流程。

（10）整理结果：对客户询价、议价过程中的信息进行整理，做好工单记录，以转发操作部门相关人员。

资料来源：《浙江省中国旅行社集团有限公司标准化管理（2020版）》。

3.4.2 旅行管家的销售原则和技巧

销售是旅行管家日常所必须面对的一项工作。销售成绩的好坏从某种程度上说决定了旅行管家工作事业发展的好坏。而掌握一定的销售技巧，可以让销售成绩有较大的改观。这里简单介绍一些旅行管家的销售原则和销售技巧。

扫一扫

视频：旅行管家的销售工作

1. 旅行管家的销售原则

销售是一种传统的活动，在经济社会中，各行各业都有自己的销售人员、销售渠道和销售内容，旅行管家也不例外。在众多销售人员成功案例的背后，可以分析出一些共同遵循的原则。

（1）互惠互利原则。互惠互利原则是指交易双方彼此为对方提供利益和好处。这是双方达成交易的基础，也是旅行管家自信心的来源，是良好交易气氛形成的重要条件，也是赢得回头客、获得竞争地位的重要筹码。

（2）使用价值原则。使用价值原则是指旅行管家使游客产生旅游产品有用性的认识，形成正确的使用价值观念。

（3）人际关系原则。人际关系原则是指旅行管家销售旅行产品时，必须建立真诚、坦白、和谐的人际关系，形成互相信任理解，产生信息的良性沟通。

（4）尊重客户原则。尊重客户原则是指旅行管家尊重游客的人格、身份、地位、能力、权利、兴趣、爱好、成就等，重视他们的利益。

2. 把握第一印象

哈佛大学的某项研究表明，在非科学领域中，一个人的成功85%靠人际关系，15%靠专业知识。所以在做好销售之前，首先应当要处理好人际关系。旅行管家想要吸引客户，首先应该给客户留下良好的第一印象，只有这样才能让对方留下深刻的记忆，销售活动才有更大的胜算优势。

第一印象是指在与陌生人交往的过程中，所得到的有关对方的最初印象。第一印象并非总是正确，但却总是最鲜明、最牢固的，并且决定着以后双方交往的过程。在销售中，第一印象非常重要。可以说，它是沟通的开始，在很大程度上影响客户以后的看法及感情，也决定将来能否成交。第一印象包括好的礼仪形象、好的谈吐和良好的职业素养。在很多客户的心目中，企业职员的形象往往代表了其所属公司产品服务的质量和合作的态度，因此，要留下良好的第一印象，旅行管家同样需要注意第一次见面时的谈吐、衣着、气质等。具体包括：

（1）恰当的肢体语言。要建立良好的印象，肢体语言很重要。肢体语言包括握手、目光接触、表情、站姿和坐姿等。例如，合适的握手姿势应是伸出一只手掌，力度要适中；在与客户进行面谈时，目光不要到处游离，闪烁不定。

（2）适度的微笑。在第一次与客户面谈时，如果旅行管家的做法很客套，过于客气，反而会造成紧张气氛，而紧张的气氛往往无助于业务的达成。适度的微笑可以有效地缓解气氛。微笑时应大方得体，不做作，不应用手捂嘴大笑。

（3）良好的仪容。良好的仪容并不是指面容的漂亮，而是指服饰整洁得体，旅行管家在销售洽谈时，穿着应与自己的身份、销售的产品和企业的形象相符。一般而言，在与重要客户面谈时，男士着深色的正装，女士着职业套装是恰当的；而会见普通游客时，休闲的装束更容易拉近彼此之间的距离。

（4）清新的谈吐。在见面过程中，旅行管家还要注意自己的行为谈吐和举止是否得体：一个人的谈吐可以充分体现其魅力及修养。千万不要文不对题地信口开河，以显示自己的才华，其实这是很容易让对方感到轻浮的表现；交谈过程中的节奏不要太快，而要轻松适度，还要注意用词时一定要讲文明，让对方感到精神放松和愉悦；在介绍产品时要诚实诚信，对介绍的产品不要夸大其词，要实事求是，给人留下诚实稳重的印象；最后就是要适当赞美，要善于发现客户的优点和长处，发自内心、恰如其分的赞美是最合适的赞美，一定要适度，如果让人理解成讨好的话就适得其反了，只会让人感到反感。

总之，第一次与客户见面的时候，一切不是要装出来，而是由心而发，把内在美全部展示出来。当旅行管家意识到销售的成功在很大程度上取决于客户对你的第一印象时，便可能设计出最佳形象来。

3. 维护老客户

对于旅行管家来说，拥有客户资源是提升业绩的基础，只有维护好固定的老客户，不断发展新客户，充分挖掘潜在客户，才能让企业的业务发展得越来越好，自己的销售业绩也才会越做越好。在这其中，最重要的就是维护好老客户。

（1）建立客户信息档案。旅行管家在与客户签订旅游合同的时候，都会获取到游客的一些基本信息资料。旅行管家可以合理合法地建立客户信息档案，内容有：姓名、性别、年龄、爱好、性格、出游意向等。

（2）定期派发资料。旅行管家可以定期向老客户派发旅游的宣传信息和宣传资料。老客户不可能一直都是你的客户，他也有可能选择跟其他人合作。所以想要维系好这段关系，旅行管家就需要把自己公司的一些新的产品或者活动信息做成宣传资料的形式发放给客户，如果客户有需求的话，就会选择前来联系，即便没有来，也有再次沟通的余地。

（3）不断保持联系。旅行管家要让客户记住自己，并成为朋友，平时可以微信联系，也可以定期上门拜访。客户是需要旅行管家用心去维护的，希望当客户有出游愿望时，第一个想到的就是你。销售的最高境界就是：让客户习惯依赖于我们的服务。

（4）挖掘客户背后的客户。开发新客户与维护老客户相比，成本要高许多。据统计，旅行管家开发一个新客户的成本等于维护 6 个老客户的成本，一个满意的客户可能会帮你介绍 8～10 个客户，一个不满意的客户可能会告诉 25～30 个客户。所以，旅行管家要把主要精力放在维护老客户上面，俗话说“金杯银杯，不如客人的口碑”，通过服务好老客户，才能通过他接触更多的新客户，进入良性循环，客源就会源源不断。

（5）良好的售后服务。售后服务的好坏直接影响老客户资源的流失或者存留问题。只有做好售后服务，客户才会觉得旅行管家可信，之后他们才愿意选择继续合作或者带来更多的新客户。即使是处理纠纷，每一次满意的处理之后都可以增加客户信任度和情感黏连度。

总之，维护老客户的付出不管是在时间还是精力上都比开发新客户要方便很多。有经验的销售人员都是在稳定的老客户身上实现了大部分的销售额。所以，想提高销售业绩，就应该想尽办法给留住老客户。当旅行管家跟客户之间建立了长久的信任之后，工作将会轻松很多。

4. 开发新客户

开发新客户与维护老客户相比，成本要高许多。但是旅行管家如果不去开发新客户，老客户也有流失的可能。所以需要两条腿走路，在维护好老客户的同时，也要积极去开发新客户。

（1）调动老客户积极性。老客户是一笔无价的财富，因为只要客户满意，不仅可以再次购买产品，还可以给旅行管家带来新的客户。事实上，大量的新客户都是几个主要客户衍生出来的，所以，旅行管家可以建立老客户介绍新客户的奖励机制，那么新客户开发的成功率就会提高。

（2）从身边认识的人开始。这是每个新销售人员常常使用的方法，也是最简单最实用的销售技巧。从身边认识的人开始，因为熟悉，所以不用特别去建立信任。这样，旅行管家可以快速建立自己的人脉资源，建立最初的销售业务圈子，并通过这个圈子逐步扩展自己销售的范围。

（3）利用发达的网络信息。现在网络信息更新的速度越来越快，从网络新闻、微博、朋友圈和一些社交软件中，经常会有一些有用的商业信息，这就需要旅行管家时常关注各种信息，从大量的信息中筛选出有价值的去追踪。加入各种有关的论坛、QQ 群，能让旅行管家迅速结识和接近自己的目标群体，建立自己的博客、微博、公众号、视频号等，在上面宣传自己的产品、解答问题，组成自己的网上圈子。

（4）多结识一些经验丰富的销售人员。对于刚接触销售工作的旅行管家来说，积极吸取专业销售人员的经验会收获颇多，从他们身上学习销售技术、说话技巧及为人处世的方法。这一类人往往是上级、同事或是竞争对手，旅行管家多和他们相处，甚至成为朋友，可以相互学习，取长补短。

5. 挖掘潜在客户

所谓潜在客户，就是指对旅行管家所提供的旅游产品或服务确实存在需求，并具有购买能力的任何个人或组织。潜在客户的挖掘是困难的，但也不是不可能的。旅行管家通过潜在客户的挖掘，可以大大拓展自己的销售渠道和销售面。

（1）留意竞争对手的客户。旅行管家要时刻关注竞争对手，不仅要知道对方的优势和劣势，同时还要留意竞争对手的客户动态，了解近期的需求和关注点，展示优于竞争对手的地方。只有这样，才会有机会挖走对方客户。

（2）根据自身的产品或服务的性质特点寻找。旅行管家应分析客户是否有产品或服务的需求，有需求才有进行下一步洽谈的可能。旅行管家要选择能用得上自己产品或服务的人群，这些目标客户首先要有购买能力，其次要有采购和决策能力。

（3）内部资源梳理。旅行管家可以通过整理分析企业内部提供的客户信息资源，或者通过企业针对客户的一些产品推广活动来获得新客户信息，再通过整理和分析，最终找到潜在客户。

（4）关注被挖走的客户。旅行管家不能忽视那些在竞争中被同行挖走的客户，应当仔细分析是什么原因导致客户选择竞争对手，同时应该持续对客户关注，并保持联系，一旦有机会可以再次合作。

6. 大型客户销售的基本流程

旅行管家的客户并非全是散客，对于大型企业、单位或社会组织而言，同样有寻找旅行管家服务的需求。因此，旅行管家既要根据客户的区别提供差异化的服务，同时在对大型客户销售过程中，也有着不同于普通散客销售的流程。具体说来主要包括以下 8 点。

（1）锁定目标客户。每个旅游产品不可能适合所有客户，一定有针对的目标人群。旅行管家首先就是找出与自己优势产品或特定产品相匹配的目标人群。可以通过多种渠道寻找潜在客户，如可从上游旅游供应商、下游旅游中间商处寻找潜在线索，从潜在客户的行业组织寻找线索，从电话簿中寻找线索，从报纸杂志、广播电视、互联网等媒体中寻找线索等。有了潜在客户以后，旅行管家还须进行筛选，剔除没有价值的线索，发现并锁定有价值的客户。

（2）销售准备。锁定目标客户后，旅行管家需要做的就是销售前的准备工作，主要包括以下 4 点。1）业务准备。旅行管家需要完全了解产品，完全了解客户需求，以及完全了解竞争对手。2）物质准备。旅行管家到客户处拜访时要携带小礼品、个人名片、宣传手册、产品手册、报价单、客户评价、合同、地图、笔、纸、笔记本，也可以展示出专业度和自信心。3）语言准备。旅行管家在与客户交流时，需要用亲切友好的语言迅速拉近距离，学会适度的赞美，让客户对旅行管家产生信任感。4）心理准备。旅行管家首先要树立自信，不怕被拒绝，同时也要换位思考，把客户需求放在销售的首位，主动帮助客户解决困难，赢得客户的认同。

知识链接

旅行管家销售前的准备

1. 销售前要做哪些针对性准备

（1）产品怎样展示才会有最佳的效果？

（2）选择你的产品，会对客户有额外的惊喜吗？

（3）我们产品的主要竞争对手是谁？

（4）我们与竞争对手各自的优劣势是什么？

（5）客户如何购买你的产品？

（6）客户选择产品的依据是什么？

（7）如何证明我们的产品是客户所需要的？

（8）通过什么办法让客户一定选择我们的产品？

（9）社会对本公司产品的认知度如何？

2. 销售前要熟悉自己公司的哪些情况

（1）公司是我们工作和与客户合作的平台，一定要对公司的内部运作与外部表现有清晰的了解。

（2）公司在本地区同业中的地位如何？

（3）公司的目标客户是谁？

（4）公司在目标客户心中的信赖度、忠诚度如何？

（5）公司在本地市场中的优势、劣势、机会和威胁。

（6）公司在本地市场的主要竞争对手的状况。

（7）公司与本地有关部门的关系如何？

资料来源：曹戈．旅游顾问［M］．北京：旅游教育出版社，2015.

（3）访问前的准备。旅行管家在访问客户前要做必要的准备，包括尽可能了解客户的需求特点、性质、所在单位的情况、主要决策人等；还要考虑选择对客户适宜的方法，如电话访问、登门访问等。确定访问时机也很重要，如正赶上客户出差、开会或工作繁忙或心情不佳时，就不宜上门造访。

（4）让客户接受你。旅行管家在接近客户时，为避免吃闭门羹，需要给客户以良好的第一印象，包括得体的着装、适合的开场白、恰如其分的谈话内容，争取"润物细无声"地被客户接纳。

（5）介绍产品。旅游产品基本上是无形产品，旅行管家无法向客户提供现场实物展示，就需依靠讲解和图片等示范来吸引客户。在介绍产品时，要善于用图片资料加强视觉效果。也可以先与客户讨论，判断出客户需求后，有针对性地介绍产品。旅行管家应多倾听客户意见，抓住客户真正需要的关键点和解决客户心存疑虑的主要问题，找到适合不同客户需求的最佳卖点进行推销，还要通过强调本企业所提供的旅游产品质量、品牌、价格、服务等方面的优势来打动客户，通过专门知识说服客户，通过与客户建立良好关系来维系客户，通过适当的服务感动客户，通过建立良好的个人形象来促成签约。

（6）应对异议。旅行管家在向客户推销时，一般情况下客户不管是否有兴趣都会提反对意见，有的客户甚至已做出了购买决定，还会挑旅游产品、服务、价格等方面的毛病，以此要求提供更多的优惠。旅行管家因此要善于应对各种反对意见。第一，对本企业所提供的旅游产品要心中有数、要有信心；第二，把客户反对意见看成“常态”，甚至可把反对意见看成客户对旅游产品感兴趣的另一种折射；第三，不直接反驳，最好列出现象让客户自己得出结论。

（7）达成交易。旅行管家要善于捕捉时机，把客户的购买愿望转化成实际购买行为。一些经验丰富的旅行管家往往能很好地把握“火候”，一旦时机到来，就会用一些诱导肯定的话语来说服客户，促成签约。

（8）客户追踪。旅行管家在授权范围内代表旅游企业与客户签约后，并不等于销售工作的结束。要把有关信息传递给客户并把交易情况通报所在企业，以便各部门齐心协力准备好为客户服务。现代旅游企业特别重视对回头客的争夺，因此一笔交易的达成，还意味着新一笔交易的起点。所以，旅行管家在达成交易后还要追踪客户是否满意，及时反馈客户的意见和建议，提升产品满意度。

7. 同业销售

同业销售，是指旅行管家处在代理人的角度，将其他同行旅行社（组团社）的旅游产品进行打包后，以代理商的身份对产品进行销售或对信息进行传递，确保最后产品能被终端游客选购，进行后续的购买，完成消费。旅行管家的这种同业销售通常以票务产品为主。当然，旅游产品也可以。例如，某旅行社有一款“乌镇一日游”的明星产品。旅行管家在组织游客赴华东地区游览的过程中，就可以在其中乌镇游览的那一天向旅客销售此产品。另一种同业销售，则是旅行管家与大型旅游公司或线上旅游平台合作，由其为旅行管家招徕游客，或通过其平台或渠道招徕游客。

同业销售过程中，旅行管家除了学习和掌握需要销售产品的一切知识外，还应当了解公司财务政策、同业结算方式等，成为旅游线路产品的专家和代言人。同时，需要定期向同业发布产品信息、宣传产品和促销政策等，增加组团社的信任度和好感度。总之，旅行管家应当不断提升熟练业务水平和待人接物的水平，了解其他竞争对手的情况，这样才能知己知彼，有的放矢，更好地巩固客源，服务客户。

内容小结

沟通是旅行管家重要的工作职责之一。通过沟通工作，旅行管家能够高效地促成主客双方在思想、行动等方面的一致性，有效地推动旅游活动的顺利完成。旅行管家的沟通工作主要包括内部沟通、同业沟通和客户沟通。在沟通过程中，旅行管家需要掌握一定的倾听技巧、表达技巧、观察技巧和发问技巧。在旅行管家的工作中，良好的沟通与优质的销售是分不开的。旅行管家需要掌握一定的销售技巧，以便于更好地维护老客户、开发新客户、挖掘潜在客户，提升销售业绩和销售水平。

实训练习

应知考核

1. 旅行管家沟通工作的主要内容包括内部沟通、同业沟通和（　　）。

2. 下列不符合旅行管家倾听合理体态的有（　　）。

A. 目光交流　　B. 点头附和　　C. 身体后仰　　D. 微笑的表情

3. 在旅行管家进行销售工作时，旅行管家和游客双方彼此为对方提供了利益和好处，

这满足销售工作的哪一个原则？（ ）

A. 尊重客户原则 B. 人际关系原则 C. 使用价值原则 D. 互惠互利原则

应会考核

1. 旅行管家在面对游客进行旅游接待服务时，主要有哪些沟通行为？

2. 旅行管家在与游客进行沟通过程中，在倾听时，要注意哪几个要领？

3. 旅行管家与游客就某旅游活动前后沟通了半个月的时间，旅行管家制定了几个不同的方案，但是最终游客还是全部否定了这些产品，请问这个时候旅行管家应该怎样做？

实践操作

1. 请你尝试着联系一名旅行管家，并与他进行相关旅游活动的沟通。

2. 请在你所参与实习的旅行社或旅游服务机构中接触专职的沟通服务人员，与他们交流相关的工作经验，并尝试着在这个岗位实习。

第四章 旅行管家的定制工作

内容提纲

1. 知识目标：了解旅游行程的基本概念，熟悉旅游行程的分类，熟悉旅游行程的构成要素，熟悉旅游行程的设计内容，熟悉旅游活动的设计内容，熟悉旅游产品定制的内容

2. 技能目标：掌握旅游行程的设计方法，掌握旅游活动的设计方法，掌握旅游产品定制的方法，掌握旅游产品包装、定价和宣传的方法

3. 素质目标：掌握旅行管家旅游行程设计的素质要求，掌握旅行管家旅游产品定制的素质要求，掌握旅行管家旅游产品落地的素质要求

知识导入

游客张先生计划带着全家前往欧洲旅行，因为出行时间有限，只有一个星期，因此在旅行管家王女士的建议下，最终确定了法国—瑞士—意大利的线路。但是当行程最终确定下来的时候，张先生突然猛地一拍脑门，大叫道："不对呀，我费了这么大的精力敲定下来的行程，只有三个国家，这和网络上满天飞的旅行社欧洲游广告，岂不是一模一样吗?"旅行管家王女士听到这样的话，不禁莞尔一笑，说道："张先生，您搞错了，我们为您量身定制的产品，除了去的国家和其他旅行社是一样的，其他都不相同。您请仔细看……"

定制服务是旅行管家有别于传统旅行社最大的特点之一。无论游客是一个人或者是一大群人，旅行管家都会为他们提供专属化、个性化的服务，其中最为突出的就是定制服务。对于定制服务，旅行管家需要有一个正确的认识。定制服务最大的价值在于它是针对特定游客量身定制的，所以定制的目的是符合游客的真实需求。旅行管家不能为了定制而

定制，也并不是说定制服务就一定要与众不同。在定制服务中，旅行管家必须明确：只有合适的，才是最好的。

4.1 旅游行程的基本概念

产品策划和设计既是旅行管家工作的重点，也是难点。在旅行管家的整体服务中，高质量的定制工作，不仅有助于接下来旅游服务工作的到位开展，更能以此为契机，让旅行管家成为游客可信任的旅行顾问和朋友。总的来看，传统上的标准旅游产品往往关注产品本身，而旅行管家定制旅游产品更关注的是人。在完善的客户沟通前提下，旅行管家通过行程的规划、活动的设计和旅游活动各要素的整合，能够为游客设计出更符合其个人需要的定制旅游产品，助力游客拥有更加美好的旅程。当然，随着定制旅行市场竞争的加剧，跨行业的专业素质将是旅行管家在定制服务中取胜的关键，这也将为未来旅行管家定制工作的利润提供有力的支撑。

俗话说，“巧妇难为无米之炊”，旅行管家要想拥有较高的旅游产品定制服务能力，胜任多样化的旅行定制工作，首先必须充分了解旅游市场中的旅游资源供给情况，熟悉旅游行程的各种构成要素。在此基础上，通过一定的方法将这些要素组合成合理、可行的旅游行程。再根据旅游者实际的需求，通过对旅游资源、旅游行程和旅游活动的整合，就能策划出符合旅游者需求的旅游产品。旅行管家应能全面认识旅游行程，掌握旅游行程的设计方法。

4.1.1 旅游行程的定义

行程，顾名思义就是旅行的历程。对一个具体的旅游活动而言，行程就是它的时空轨迹。不管旅途中有多少变化，当一个旅游活动结束的时候，它的行程就是完全确定的。然而，在一个旅游活动开始之前，为了保证活动能有序开展，游客或提供旅游服务的旅游经营者也会为此制定相应的行程。行程规划是旅游产品设计的基础，是旅游产品落实在时空中的具象表现形式。行程设计并不是旅行管家的专属工作，有了现代意义上的旅游活动，就有了旅游活动所依赖的行程设计与安排。旅行管家的定制工作同样需要以旅游行程的规划和设计为基础。

旅游行程的表现形式是多种多样的，常见的旅游行程往往以时间为轴，在时间轴上通过空间的定位来标注活动的安排。如第一天去到哪座城市，游览哪些景点，第二天又去到哪座城市，游览哪些景点等。当然也可以以空间为轴或以其他要素为轴来呈现旅游活动的全过程。

在我国旅游业的发展过程中，逐步形成了旅游“六要素”的概念，即开展旅游活动需要向游客提供吃、住、行、游、购、娱六个方面的设施或服务。因此，传统的旅游行程的设计也往往从这六个方面着手，通过各要素的组合，形成符合更广大游客需要的旅游行程。传统的旅行社往往通过包价旅游的方式，用旅游行程单体现旅游行程设计的这一特点。但是，随着旅游市场中需求的多样化，旅游“六要素”并不涵盖整个旅游行程的全部，旅游行程也未必需要全面囊括这“六要素”。因此，在旅行管家的实际工作中，旅游行程的定义也可以归纳为：根据旅游者的需求，将一定区域内的旅游吸引物、旅游设施和旅游服务中的一项或几项按照一定的目的、主题、方式联系起来而形成的综合行程。

引经据典

旅和旅行

旅是一个古老的汉字，《说文解字》记载："军之五百人为旅。"旅在甲骨文中的字形，正是大旗下站着两个人的样子。后来引申为军队的编制，即五百人为一旅。传统中国人安土重迁，唯有军队有出征之行，所以"旅"也可以引申为"在外旅行"和"寄旅"，如《左传》上说：羁旅之臣。逐渐地，旅又可引申为旅居在外的人，就是"旅人""旅客"，这些引申义和今天"旅"字常见的含义相差不大。

旅行是一种古老的活动，中国古人曾经使用六十四卦来指代当时社会上常见的六十四种事物或现象，其中就有"旅"。在《周易》中，旅卦（䷷）的下卦"艮（☶）"是山，上卦"离（☲）"是火，山上烧火是一种自然现象，山不会动，但火势会不停地往前蔓延，就像旅行的人，不停赶路，居无定所，所以称作旅卦。它的卦辞体现了3000年前的人们对这一活动的看法，其中有不少思想在今天看来依然熠熠生光，卦辞说：

"《旅》：小亨。旅贞吉。"大致意思是说旅行这事儿基本上是通顺的，算算看还不错。

"初六，旅琐琐，斯其所取灾。"大致意思是说旅行是琐碎麻烦的事，是旅行者自己所寻取的灾难。都说"在家千日好，出门一日难"，出门在外，未知风险增加，身处异地，未必事事如意。所以，在旅行管家工作中，提倡在出行前为游客精心策划行程，细心准备物料，正是为了做到"有备则无患"。

"六二，旅即次，怀其资，得童仆，贞。"大致意思是说旅行者带着钱，在住处安顿下来，得到了童仆，看起来还不错。对旅行者而言，有住处，有盘缠，有服务，旅程就会比较顺利和舒心。今天，许多游客都有"花钱买服务"的意识，旅行管家应该意识到，很多旅游纠纷不在于游客计较花了钱，而在于花了钱，却买不到应有的服务与体验。

"九三，旅焚其次，丧其童仆，贞厉。"大致意思是说旅行者的住处被烧了，也丧失了他的童仆，算着前程坎坷。旅行中有个"行"字，本身具有移动性，再好的住处也不会长留，再好的服务也不会长久，一旦行程变动了，就不再拥有，但是游客心中的体验却不会忘怀。所以旅行管家应该意识到，尽管对游客而言，每次的旅程各不相同。但是哪怕第一次前往的地方，对于设施和服务的体验，游客依然会和之前的旅程加以比较。

"九四，旅于处，得其资斧，我心不快。"大致意思是说旅行者住于荒野，哪怕盘缠都在身上揣着，心中依然不愉快。原因很简单，因为旅游的本质是体验，没有了好的体验，就算怀里的钱再多，这个旅程也不值得开心。所以，旅行管家向游客提供高质量的服务，其目的也不是为服务而服务，而是努力帮助游客实现他的旅游目标。

"六五，射雉，一矢亡，终以誉命。"大致意思是说旅行者去射野鸡，丢了一箭，但终于因此取得欢乐。所以旅行管家应该意识到，在旅游活动中，好的体验对于旅游者是十分重要的。

"上九，鸟焚其巢，旅人先笑后号咷。丧牛于易，凶。"大致意思是说鸟巢焚烧了，旅行者先笑后大哭；在易国丢失了牛，很不好。对于一个旅游活动而言，开心快乐也好，伤心难过也罢，到结束的那一刻，假如没有收获，游客就会有失落感。所以，旅行管家通过旅游产品的策划、生产和服务，应当让游客拥有收获感，这样游客才会感觉到不虚此行。

4.1.2 旅游行程的分类

在旅游市场中，旅游行程种类繁多、包罗万象。从经济学角度来讲，这是由旅游市场的需求和供给共同作用的结果。传统旅游行程的关注点往往集中在观光旅游上，主要满足游客的观光需求。但是随着现代旅游业的不断发展，旅游需求不断增长，刺激了旅游市场中旅游行程种类的不断丰富。在供给侧，中国政府推出负面清单制度，即除了明确规定不得经营的旅游活动之外，旅游经营者可以经营一切旅游活动。因此，旅游经营者不断创新旅游产品，编制更多个性化、特色化的旅游行程，促使旅游市场更大的繁荣。

因为旅游行程的丰富多样，所以需要通过分类的方式，才能更好地进行研究。同时，也因为旅游行程的多元化，所以目前为止对于其类型并无统一的划分方法，比较常见的分类方式有以下几种：

1. 按照内容和性质分类

按照旅游行程的内容和性质分类，通常可以将旅游行程分为观光益智旅游、休闲娱乐度假旅游、商务会展节事旅游、专项旅游和特殊兴趣旅游五类（吴必虎，2009）。同时，旅游业中一般也将观光益智旅游、休闲娱乐度假旅游归纳为愉悦旅游，把商务会展节事旅游归纳为谋求个人或公司利益的商务旅游，把专项旅游和特殊兴趣旅游归纳为探索旅游。在所有类型产品中，愉悦旅游是最为广泛的，因为愉悦旅游已经不仅是一种产品，也成为许多人生活方式的一部分。

（1）观光益智旅游。观光益智旅游很大程度上依赖于目的地的自然和人文旅游资源。自然观光是观光益智旅游中开发最早、最主要的形式之一，它包括名山大川、峡谷湖泊、喷泉瀑布、森林草原、海滨海岛等的游览活动。自然观光旅游具有良好的环境教育功能，可以为旅游者提供欣赏大自然之美、陶冶个人情操、锻炼人生意志等益处。目前较为流行的文化观光益智产品，主要包括文化遗产旅游、城市旅游等多种形式。对于以观光旅游为核心的愉悦旅游而言，旅游资源具有决定性作用。

（2）休闲娱乐度假旅游。休闲娱乐度假旅游是一个广义的概念，既包括休闲旅游、娱乐旅游，也包括传统意义上在异地滞留较长时间的纯度假活动。较长时间以来，娱乐产品都是作为一般观光旅游产品的辅助品，但现在娱乐产品不仅构成度假生活的有机组成部分，在某些地区甚至成为度假产品的核心组成部分。作为旅游活动形式，休闲旅游与传统的观光旅游存在旅游目的、旅游地、旅游形式方面的较大差别，以环城游憩带为基础的短期近程度假、主题公园旅游、户外运动旅游、野营度假旅游、滨海度假旅游、养生度假旅游、温泉度假旅游、乡村度假旅游等是比较常见的形式。

（3）商务会展节事旅游。商务旅游与一般观光旅游和休闲旅游不同，商务旅游者往往是专业人士、旅程时间较短但频次较多、目的地选择由工作需要或由他人决定、很大程度上限于城镇、旅行费用由公司而非旅游者本人支付。但是商务旅游与愉悦旅游之间始终存在相互的影响和依赖，也存在商务旅游与愉悦旅游结合在一起的产品。节事和会展奖励旅游（MICE），即会议（Meeting）、奖励旅游（Incentive）、大会（Convention）、展览（Exhibition），是全球旅游业中发展最快的产品之一，并逐步成为商务旅游的支柱。

（4）专项旅游和特殊兴趣旅游。专项旅游和特殊兴趣旅游具有明显的个性化和非程序化特征，参与人数较少，主要针对具有特殊兴趣的中众和小众市场。当然，专项旅游产品有可能在将来随着市场需求的变化而扩大为常规旅游产品，常规旅游产品也有可能由于市场萎缩而成为专项旅游产品，当参与者更少时即为特殊兴趣旅游。教育旅游、工业旅游、生态旅游等都是较为常见的专项旅游。科考旅游、探险旅游等为较常见的特殊兴趣旅游。

对旅行管家而言，这些类型的旅游行程都在其经营范围之内。但是具体到在某一家旅游服务机构或旅行社中任职的旅行管家，通常“术业有专攻”，可能只对其中一类或几类旅游行程特别专长。随着市场的不断细分，在某一旅游细分领域拥有独到专长的旅行管家，在实际的旅游市场中，会有更大的竞争力。

2. 按照包含的服务项目分类

按照旅游行程包含的服务项目，通常可以将旅游产品分为全包价旅游行程、半包价旅游行程和小包价旅游行程。包价旅游是指旅行社等旅游服务商预先安排行程，提供或者通过旅行辅助人提供交通、住宿、餐饮、游览、导游或领队等两项以上旅游服务，旅游者以总价支付旅游费用的旅游活动。全包价旅游行程是指旅游者将涉及旅游行程中的所有相关服务项目费用统包起来预付给旅游服务商，由旅游服务商全面落实旅程中的一切相关服务项目。半包价旅游行程是指在全包价旅游的基础上扣除中、晚餐费用等的一种包价形式。半包价旅游的优点是降低了产品的直观价格，提高了产品的竞争力，也更好地满足了旅游者在用餐等方面的不同要求。小包价旅游行程也称可选择性旅游或自助游，由非选择部分和可选择部分构成。非选择部分通常包含长短途交通及住宿，可选择部分通常包括景点项目、娱乐项目、餐饮、购物及导游服务。小包价旅游行程具有经济实惠、手续简便和机动灵活等特点，深受旅游者的欢迎。

可以发现，从全包价旅游行程到小包价旅游行程，旅游行程的构成要素逐步减少，服务要素的构成方式也各不相同。事实上，只要有利于满足消费者要求和提高产品竞争力，任何形态的旅游行程都会大有开发前景。对旅行管家而言，这些类型的旅游行程都在其经营范围之内。

3. 按照供需的时间点分类

按照供需的时间点，通常可将旅游行程划分为预制行程和订制行程。预制行程是指由旅行社等旅游服务商事先设计好，拟定好交通、行程与食宿并确定出发日期，向市场推出的旅游行程。通常在媒体广告上所看到的团队旅游行程均属于预制行程。预制行程一般要通过定期与大量的出团来达成经济规模而获利。预制行程要符合大多数消费者的口味，因此以大众皆宜的旅游景点、一般人均乐于接受的旅游方式为佳。但也有一些旅行社会针对特定的客源市场，设计并推出一些高单价、高利润、少团量的预制行程。

订制行程是指旅行社等旅游服务商为特定消费者量身订制的旅游行程。一般来说，订制行程时间固定在某个时段，比较没有弹性，有特别的要求，一般在媒体上很少看到订制行程的广告。公司员工旅游、企业奖励旅游、公司机关拓展训练活动等都属于订制行程。订制行程的设计很考验旅游行程设计者的专业能力，旅游行程设计者必须在短时间内设计好行程并且完成报价，又需要顾及风险与成本。但旅行社如果能够制作成功的订制行程，就会具有较强的市场竞争力。对旅行管家的工作而言，经营预制行程和定制行程的情况都存在。不过旅行管家工作比较强调个性化服务，所以，一部分旅行管家会在预制行程中推广个性化服务，而另一些旅行管家会把定制行程当作个性化服务的一部分。

4. 其他分类方式

除了上述三种比较常见的分类方式之外，还可以按照旅游者的组织形式将旅游行程分为团队旅游行程和散客旅游行程；按照产品的档次将旅游行程分为豪华旅游行程、标准旅游行程、经济旅游行程；按照产品消费使用范围将旅游行程分为国内旅游行程、国际旅游行程；按照旅游行程的天数将旅游行程分为一日游、二日游、多日游等。

在旅行管家的实际工作中，应当根据游客需求的不同，制定或提供不同的旅游行程，同时根据旅游行程的不同特点，提供相对应的服务。当然，因为旅游产品和旅游行程类型的多种多样，对具体的旅行管家而言，不一定能够面面俱到，因此旅行管家实际的工作也将根据其所专长的旅游服务类型，向着专业化的方向发展。

4.1.3 旅游行程的构成要素

旅行管家要想掌握设计行程的技能，首先必须充分熟悉旅游行程的构成要素，掌握这些要素的构成，以及它们在旅游行程中所扮演的角色和所拥有的价值。对传统的旅游活动而言，吃、住、行、游、购、娱是构成旅游行程最主要的要素，但随着旅游业不断深化发展，更多的要素参与了旅游产品的生产，融合在旅游行程之中。目前常见的旅游行程主要包括观光与度假吸引物、商务会展与节事活动、旅游目的地与旅游城市、移动性与旅游交通、旅游中介、旅游接待行业、旅游支持行业等基本要素。

1. 观光与度假吸引物

在现代旅游业中，以愉悦为主要旅游目的的观光旅游、度假旅游和休闲旅游是最主要的旅游形式，它们大多数都是依托相应的旅游吸引物而开展的。旅游吸引物是吸引旅游者前往一个旅游目的地进行旅游活动的诱发因素，根据吸引力范围、吸引力资源属性和产权属性以及吸引物空间边界，可以对旅游吸引物进行不同分类。按照吸引力的范围，可以将吸引物分为国际、国内、区域、地方等不同级别；按照资源属性，可以将其分为自然型、历史型、商业型和街市型等；按照产权性质，可以将其分为公共吸引物和商业吸引物等；按照吸引物的空间边界，可以将其分为封闭型和开放型两类；按照产品特征，可以将其分为观光型和度假型两类。

当然，旅游吸引物大多数不是原生的，而是由自然、人文等旅游资源经过相应的整合、转化、开发而成的。将旅游资源转化为真正有效的旅游吸引物，是旅行管家在旅游行程设计中非常重要的能力之一。而旅游吸引物也需要与相应的设施、服务相组合，最终才能形成旅游产品，吸引游客消费，产生旅游行为。因为旅游吸引物往往是旅游行程或旅游产品中的主干，是旅客产生旅游动机的重要源泉，因此有关吸引物的具体相关信息是旅行管家在行程设计产品策划之前说必须充分熟知的。

旅游吸引物最典型的产品化范例是旅游景区。旅游景区是中国特有的概念，是指基于各类自然和历史文化资源发展演化而成的，具有明确空间范围，并按照一定法律或制度规定纳入某种系统的资源管理、经营管理和游客管理的地区。主要包括风景区、文博馆院、寺庙观堂、旅游度假区、自然保护区、主题公园、森林公园、地质公园、游乐园、动物园、植物园，以及工业、农业、经贸、科技、军事、体育、文化、艺术等各类旅游景区。不同旅游景区的管理权限是不同的，但其面向旅游业的服务质量标准是基本相同的。在参照国内外旅游行业相关标准基础上，1999 年（原）国家旅游局颁布实施了《旅游区（点）质量等级的划分与评定》国家标准（2003 修订），逐步发展成由 A 至 AAAAA 的等级体系。随着文化旅游投资的兴起，中国旅游景区已从数量增长型发展阶段步入求精、求美、求特的质量发展时代。

扫一扫

旅游区（点）质量等级的划分与评定

2. 商务会展与节事活动

商务会展与节事活动可以视作商务旅游中的旅游吸引物。商务旅游主要包括个人商务旅行、会议展览、奖励旅游、商务接待培训、跨区域的产品发布会、政府雇员的公务旅行、学术交流、大型的体育比赛以及纪念或庆祝活动等。与可以按照同一标准大批量复制生产的传统团体观光旅游产品不同，对商务旅游而言，消费者通常只有一些最基本的需要是相同的，其他大量的事务活动则存在差异。同时，产品往往要求照顾到个性化、差异化的需求，因而几乎每一项产品都是定制的，也是难以复制的。

传统上以经营观光旅游产品为主的旅游企业，即使接待商务旅游者也主要承接散客的委托代办服务，如机票、酒店的预订，基本上没有针对会议、展览、奖励等新兴商务旅游的产品，不能适应商务旅游的发展。而旅行管家只有从专业化和服务化的角度出发，才能够在商务旅游服务中锤炼出其核心竞争力。同时，也正是由于传统观光旅游产品和商务旅游产品之间存在显著的差异，也造成了服务者利润来源上的区别。对于前者，旅游企业的利润来源主要在于批零差价；而对于后者，则利润来源不仅包括批零差价，还包括专业化的服务。

3. 旅游目的地与旅游城市

旅游目的地一般以城市或相对独立的大规模景区或接待区的形式出现，即通常分为城市型目的地和景区型目的地两种类型。

城市和城镇在旅游业中占有重要的地位，它不仅是主要的旅游客源地，也可以作为重要的旅游目的地。它集中了各种资源、设施和服务，区位条件良好，因而城市本身也是旅游吸引物的重要类型之一。城市为人们提供的广泛的社会文化和经济活动，在此过程中，旅游、休闲和娱乐形成了主要的服务行业。城市环境还是最集中的会议场所、主要的游客中转门户以及为访客提供各种服务的中心地。在中国，历史文化名城是城市型旅游目的地中的代表。

景区型目的地通常是指距离大中型城市或人口密集地区较远，但仍然能够独立吸引海内外客源的旅游地。主要包括在保护地基础上形成的国家公园和在自然条件优越地区建设的商业化度假综合体等。国家公园系统最早出现在美国，而中国的风景名胜区系统与之类似但不全相同。除风景区之外，中国还有其他多种景区称号分属多个管理部门，如地质公园、森林公园、水利风景区、文化保护单位等。度假区主要包括海滨型、温泉型、山地型、乡村型、城市型等几种类型。

4. 移动性与旅游交通

旅游移动性是指旅游者通过某种旅行方式和通道实现从一个地点到达另外一个地点的空间转移过程，它既包括旅游者在旅游客源地与目的地之间的空间移动，也包括游客在目的地内部的空间移动。

按照旅游移动涉及的地理范围和旅游过程，可以将旅游移动分为三种空间尺度，即OD对接移动、旅游目的地内移动以及旅游吸引物（景区）内移动。三者分属于大空间尺度的外部交通、中小空间尺度的交通以及旅游区内部的交通。1）OD对接移动是指旅游者从客源地到达旅游目的地所依托的中心城市之间的交通，一般而言其空间尺度是跨国、跨区域或者跨省市的。其交通方式主要是航空、铁路和高速公路。2）旅游目的地内移动是指旅游者到达旅游目的地所在或所依托的中心城市后，搭乘当地交通工具所进行的中小尺度移动。其交通方式主要是公路交通、城市公交系统、地铁交通和水上交通。3）旅游吸引物（景区）内移动是指旅游者到达旅游景区之后，在不同景点内或景点间进行的空间转移。具体方式有景点内的步行区交通、索道、各种游览车船、飞行器等。旅游者的移动性大小、移动速度、对移动方式和交通工具的选择受许多因素的影响，概括起来主要有经济因素（收入与支付意愿）、距离因素、时间因素（可支配的时间与时间成本）、个人偏好因素（旅游者的性别、年龄、兴趣爱好、职业、文化程度、社会地位、家庭结构）等。旅行管家通常通过对这些因素的综合研判，为游客选择最合适的旅游交通工具。

旅行管家对交通工具的选择除了依据上述旅游交通外部因素以外，也需要了解旅游交通方式自身的特点。现代大众旅行方式主要包括航空交通、陆上交通和水上交通三大类，这些交通方式各自有不同的优缺点。

（1）航空交通。航空旅行的优点有：航线直飞，两地之间的飞行距离最短；运行速度快，节约时间；能跨越地面各种自然障碍，能航行于相距遥远的各地之间，是国与国之间的重要交通工具；飞行灵活性大，可以根据季节的需要增减班次。但航空旅行也存在一定的不足，如运输成本高，只能提供点到点的交通服务，不能从面上展开，不能独立提供完整的旅游交通服务，必须与其他交通运输方式配合等。另外，航空旅行受到气候条件的制约较多，不时有班机延误、取消等情况发生，影响旅游者的行程安排。

（2）陆上交通。陆上交通包括铁路、长途公共汽车、城市公共汽车与其他公路交通（如私家车、租赁汽车），以及其他陆上交通方式等。

铁路旅行具有运输量大、运费低、行驶速度快、连续性强、受季节和气候等自然条件的制约较小等优点。一般情况下，始发、到达都比较准点，安全可靠。但铁路旅行也有自身的缺陷：灵活性较飞机和汽车差，受地理条件的限制比较大等。

公路旅行是旅游交通中最普遍的中短途旅行方式，其优势在于灵活性较大、速度较快，能深入旅游景区和景点，实现门到门的运送，对自然条件适应性强，一般道路都可行驶，可直抵偏远地区、农村、牧场、山地、海滨等旅游区，能随时停留，把旅游活动从点扩大到面，在中短途旅行中非常方便；但是，公路旅行也有其不足之处，如运输承载能力较小，运费较高，长途旅游时，速度不如火车、飞机，受气候变化影响较大等，因此只适用于中短途旅游活动。

（3）水上交通。水上交通一般包括船运航线和轮渡、邮轮及其他水上交通服务，它们具有运量大、成本低等特点，但也有速度慢、受自然条件影响较大等弱点，准时性、连续性和灵活性都不如其他运输方式。在水路旅行方式中，邮轮旅游的发展引人注目。

同时，旅行管家对不同旅行方式进行合理组合，可以提高交通的全程性、简便性、通用性。而如果利用起由交通搭乘工具、旅行通道、集散站场等共同构成的旅游交通系统，将其与人性化的技术与服务体系相结合，则能够为游客的旅游交通提供更大的方便。

5. 旅游中介

早期的旅游活动中，人们都是直接向酒店、航空公司、车船公司等生产企业购买所需的产品和服务，这些企业可以统称为旅游供应商。因为人们所需的产品和服务各不相同，旅游供应商又大多位于异地，为了分别满足需求者和供给者的需要，逐渐出现了提供旅游中介服务的旅游中间商。旅游中间商又分为旅游经营商和旅游代理商。为观光、休闲等愉悦旅游者服务的中间商主要是普通旅行社，传统上旅行社主要经营团队包价旅游产品以获取批零差价。而对商务旅游中间商而言，商务散客服务、公司差旅管理和奖励旅游是常见的服务内容。旅行管家也是旅游中介的一种。与此同时，旅行管家在为游客设计旅游行程时，也可能和其他旅游中介发生关系。

6. 旅游接待行业

接待业是旅游业的重要组成部分，主要承担旅游活动中的住宿接待功能以及住宿过程相配套的餐饮、娱乐、商务、支持等功能。其中，住宿功能是接待业最基本的功能，餐饮功能是与之密切相关的基本服务，通常是借助不同风味和档次的餐厅与酒吧来实现的。现代旅游接待业一般也具有交通服务的功能，主要包括提供市内交通或场站接送服务等。对于多数酒店而言，休闲娱乐功能的地位不断增强，而对于商务酒店而言，会议功能也是酒店的主要功能之一。

对酒店进行分等定级往往是基于标准化营销、消费者保护、增加收益和质量控制等目的。目前世界上最为通用的等级标准是星级制。一般而言，酒店的星级越高，向顾客提供的住宿设施设备越豪华，服务水平越高。1988 年，我国开始制定发布旅游酒店星级评定制度。按照建筑设备、规模、服务质量、管理水平等将酒店分为一星到五星五个等级，2011 年起实施最新版本的《旅游饭店星级的划分与评定（GB/T 14308—2010）》标准。作为旅行管家需要了解并熟悉这套标准，同时还应该对酒店的级别有具象解释能力，这样不仅能够在实际工作过程中自主比较和评判，同时也能在行程设计与产品策划中更好地与游客进行沟通。

扫一扫

旅游饭店星级的划分与评定

事实上星级评定只划分了部分酒店的级别，随着接待业市场越来越庞大，接待设施的类型也越来越多样化，因此旅行管家需要用更广阔的眼光来认识这个市场。一般来说，根据接待设施及其提供服务的覆盖面，接待设施可分为无限服务型酒店、有限服务型酒店和辅助接待设施三大类别。无限服务型酒店一般设施齐全，提供的服务和范围较为广泛，也是传统酒店业中类型较为丰富的一大类；有限服务型酒店通常以服务商务客人为主，虽然提供的服务有限，但旅行者特别需要的服务反倒更多强化。除了通常所说的酒店，还有一些辅助的旅游接待企业也承担了旅游接待功能，如露宿营地、产权酒店、农家乐住宿、活动预制住宅等。应该说，任何一种住宿接待设施都有其自身的特点，也都能和周边环境相互影响。因此，旅行管家只有充分把握住其特色，才能将其有效地融入旅游行程中，设计出更加合理的旅游产品。

7. 旅游支持行业

现代旅游活动对旅游产品提供商、吸引物、目的地、旅行交通服务、旅游中介服务、酒店接待服务等行业的依赖程度比较高；而对于餐饮业、娱乐业、购物业、信息业、金融保险业、房地产业、装备制造业等行业而言，旅游市场只是其众多分支市场之一，但它们同样是旅游活动不可或缺的相关行业，通常称其为旅游支持行业。

（1）餐饮业。餐饮业是指在一定场所对食物进行现场烹饪、调制，出售给顾客并主要供现场消费的服务活动，包括正餐服务、快餐服务、饮料及冷饮服务、其他餐饮服务等形式。从餐饮服务的组织来看，现代餐饮业包括各类专业餐馆、各种住宿接待设施中的餐饮设施、交通工具上和场站中的餐饮设施、旅游景点等休闲娱乐设施中的餐饮设施、企业学校的食堂、公共服务机构提供的餐饮设施等。随着互联网时代的兴起，众多“网红餐馆”不断涌现，成为不少游客旅行中的重要目标体验点，也是旅行管家行程设计内容中重要的组成部分。

（2）零售业。零售业是指向最终消费者提供所需商品及服务的行业。传统零售业可分为百货店、超市、大型超市、专业店、专卖店、购物中心、便利店、折扣店、仓储会员店等 17 种形式，而旅游者的购物行为将零售业和旅游业联系到了一起。实际上，购物已经成为目前游客出游的主要目的之一，少数地区甚至将购物吸引物和购物服务强化为主要旅游产品。对旅游者而言，购物是旅游收获最具象的一种表现形式。对旅行管家而言，购物活动是给予游客收获感最重要的途径之一。因此在旅游行程设计过程中，根据游客的需求和实际的旅游资源供给情况，合理安排购物环节是相当有必要的。

（3）娱乐业。娱乐经济是后工业社会的重要成果，娱乐因素将成为产品与服务竞争的关键，消费者不管购买什么，都会在其中寻求娱乐的成分。传统娱乐行为可以分为文化娱乐、体育娱乐和休闲娱乐三种类型，但随着信息化浪潮的冲击，附媒娱乐（电影、电视、音乐、广播、有线媒体、网络游戏、出版、玩具与游戏等）和动态娱乐（赌场与博彩、运动、表演艺术与文化、游艺公园与主题公园等）成为娱乐业中最重要的两大类别。

旅游与动态娱乐天然结合紧密，产品类型丰富，包括主题公园与娱乐公园、博物馆与文化教育娱乐、可移动性娱乐产品、数字娱乐与新闻娱乐，以及非主流的性旅游与博彩旅游等。在这其中，可移动性娱乐产品发展较为迅猛，包括巡回演艺、现代展会、体育赛事、专业会议论坛、可移动文化遗产等形式。此外，在观光旅游、主题公园旅游、城市旅游、民族文化旅游发展过程中，特别是在晚间产品开发方面，面向外来旅游者的文化、艺术、舞蹈、音乐等类型的大型主题娱乐演出已经成为娱乐旅游的主要产品之一。随着移动互联技术的日益发展，“自媒体”不断繁荣，与附媒娱乐结合的旅游产品也渐渐兴起，成为越来越多年轻游客旅游活动的重要组成部分，这一点同样值得旅行管家在行程设计中引起注意。

（4）信息业。信息产业包括两大部分：信息技术和设备制造业、信息服务业，它们都与旅游活动开展有密切的联系。信息化、旅行预订系统和游客自媒体的革命性变化深刻地改变了人类旅游活动的广度、深度和频度。而旅游信息网站、旅游电子商务、智慧旅游与在线旅游集散中心的建设，是旅游信息供给方面最大的变化。因此，旅行管家更应该拥抱信息化社会，积极推动旅游产品的信息化创新。同时，也需要利用高效的信息处理技术和专业的旅游信息服务，使旅游行程变得更加丰富多彩。

4.2　旅行管家的行程规划

4.2.1　旅游行程的设计

旅游行程和旅游产品的概念是相辅相成的。从旅游产品构成的角度看，旅游行程是其最基础、最核心的组成部分。而从旅游行程构成的角度看，它也有可能是由更多微小的旅游产品所组合而成的。旅游行程是旅游产品的外在表现形式，旅游产品是旅游行程的价值体现。所以从某种意义上说，旅游行程就可以看作旅游产品。因此，掌握旅游行程设计的工作内容、原则、流程，是旅行管家旅游产品策划与设计最重要的技能。

1. 旅游行程设计的工作内容

旅游行程设计是指旅行管家依托旅游资源和旅游设施，充分考虑旅游者的需求等相关因素，配置旅游餐饮、住宿、游览、交通等要素，融入旅游服务，并以一定的主题、内容、形式和价格表示出来的过程。现实中，因为受到金钱、时间、个人旅游经验、旅游能力等因素的制约，游客通常会在旅游活动开始前委托旅行社等专业旅游服务机构为其设计或安排旅游行程。旅行管家同样看重前期的旅游行程设计工作，一个好的旅游行程可以放大旅游资源的价值，为游客创造更大的旅游收获。不过，随着游客出游自主性的提高，旅游行程的弹性越来越大，旅游行程的设计有时候会伴随旅游产品的生产同步进行，这就对旅行管家的设计工作提出了更高的要求。

在传统的观光益智旅游活动中，因为受旅游预算和闲暇时间的限制，旅游者总是希望游览更多的景点，感知更丰富的信息，获得更大的收益，但又不能太过紧张疲劳。因此，通过科学合理的设计，实现包括景区众多、内容丰富、安排有序、劳逸结合、质量稳定、价格合理、收获丰富的旅游行程，就成了市场所需。这样的旅游行程一旦获得市场肯定，就会成为经典旅游产品，被大批量复制在旅游活动中。但是，通过这样一款或几款经典旅游产品就能一劳永逸的时代已经不复返。在多元化的旅游需求下，旅游行程创制的速度被大大加快了。专属化、定制化的旅游行程设计服务已成为今天旅行管家主要深耕的领域。对旅游行程的设计而言，经典型可以为创制型积累宝贵的设计经验，而创制型能够为经典型提供更多创新思路。但是不管哪一种行程的设计，旅行管家都要明确设计的基本内容，主要包括：

（1）相关信息调研。旅行管家对旅游行程的设计不是闭门造车，如何才能充分体现出定制化和专属化的特色呢？当然就需要旅行管家对旅游资源和旅游行程各个要素了如指掌，对旅客的需求充分理解，同时对旅游产品所处的外部环境也能有深刻的认识。《孙子兵法》上说，“知己知彼，百战不殆”。所以旅行管家设计旅游行程，第一步就是对市场信息进行调研。具体来说，旅行管家需要对旅客的需求信息、市场的供给信息、竞争对手信息和市场环境信息做充分的调查和研究。

从管理的视角来看，这样的做法就是为了给旅游行程的设计以清晰的定位。通过分析游客的需求信息，可以得出的结论是：“游客需要旅行管家做什么？”除此以外的内容就是游客不需要旅行管家去做的，就可以排除掉了。通过分析旅游资源和旅游行程中各要素的供给情况，可以得出的结论是："旅行管家能做什么?"除此以外的内容就是旅行管家没有能力做的，也可以排除掉了。通过分析外部环境可以得出的结论是："客观条件允许旅行管家做什么?"除此以外的内容就是旅行管家不可以做的。那么这三者的交集，就是既需要旅行管家做、旅行管家又能够做、客观条件允许旅行管家去做的部分。通过这样的分析，旅行管家行程设计的定位就比较清楚了。

根据这样的思想，我们拟定了表 4－1：市场信息调研表。主要通过需求信息、供给信息、竞争者信息、市场环境信息 4 个部分的信息收集和汇总，达到为旅游行程设计清晰定位的目的。需要说明的是，旅行管家既可以为散客旅游者设计行程，也可以为旅游团队定制产品。针对不同的顾客群体，这张表格既可以反映个体信息，同样也可以反映整体情况。同时，该表格主要希望提供一种信息调研的思路，至于表格中的子项目，在这里选取的是比较有代表性的一些标题，在实际应用过程中，旅行管家可以根据具体的情况，对这些子项目进行取舍。

表 4－1　市场信息调研表

调研项目	具体内容		
需求信息	人口统计学特征	人数	
		年龄	
		性别	
		家庭	
		职业	
		受教育程度	
	需求推动因素	收入水平	
		闲暇时间	
		旅行目的	
		出行动机	
	需求拉动因素	旅行距离	
		价格策略	
		文化特征	
供给信息	资源和吸引物信息	观光与度假吸引物	
		商务会展资源	
		节事活动资源	
		目的地与城市资源	
		旅游接待行业资源	
		旅游交通资源	
		餐饮业资源	
		零售业资源	
		娱乐业资源	
		信息业资源	
		其他资源	
	可进入性	社会环境	
		交通条件	
		通信条件	
		进入手续	
		目的地承载力	

续前表

调研项目	具体内容		
供给信息	可进入性	公共卫生条件	
		气候环境条件	
		其他条件	
	设施	基础设施	
		专业设施	
		其他设施	
	服务	自我接待服务	
		目的地接待服务	
		交通服务	
		餐饮服务	
		住宿服务	
		其他服务	
竞争者信息	竞争者	数量	
		规模	
	产品	质量	
		价格	
		特征	
		营销策略	
		竞争实力	
市场环境信息	政治环境	政治制度	
		政治形势	
		国家法律法规	
	经济环境	经济制度	
		经济结构	
		物资资源状况	
		居民消费水平	
		价格水准	
	社会环境	风俗习惯	
		道德与法律	
		人口状况	
		文化教育水平	
		生活方式与态度	
	技术环境	产业结构	
		技术政策	
		科研潜力	
		技术水平	
		信息设施	

旅行管家对需求信息的调研主要包括人口统计学特征、需求的推动因素和拉动因素。无论个人还是团体，都可以通过人口统计学特征当中的年龄、性别、家庭、职业、受教育程度等方面判断游客的消费观念、出游能力和活动偏好等。当然，除了人口统计学因素以外，影响游客需求的因素还有很多，一般可以归纳为对需求起“推动”作用的市场内部因素和对需求起“拉动”作用的外部因素。其中，收入水

平和闲暇时间一般和出游动机成正相关关系，也就是对旅游者而言，“有钱”又“有闲”的人，往往出游需求就会比较明显。旅行管家对旅游者的旅行目的和出行动机是特别要关注的。但是通常在直接调研过程中，也就是旅行管家和游客直接的沟通过程中获得的信息未必会十分完整，需要旅行管家通过其他方面的信息加以汇总来补充，或者通过后续的沟通完善这部分的信息。旅行距离、时间距离、价格等因素通常和游客的旅游需求负相关。但是无论正相关还是负相关，只要是与游客的需求相关的部分，旅行管家都有必要了解。当然，客源地与目的地的文化也会对旅游需求产生较大的影响，文化的差异对旅游者的需求可能产生促进作用，也可能产生抑制作用。

旅行管家对供给的信息调研主要包括资源和吸引物信息、设施信息、服务信息和可进入性 4 个部分。正如旅行目的和动机是游客需求部分的核心一样，资源和吸引物信息则是旅游目的地供给侧的核心。因为这些内容在上一部分已经仔细分析过，在这里就不加以赘述了。当然旅游产品的供给光有吸引物是不够的，还需要有必要的设施和服务，才能够让旅游产品的供给成为可能。所以，旅行管家必须了解旅游设施信息。旅游设施主要包括专业设施（如餐饮、住宿、娱乐、游览设施等）和基础设施（如道路、桥梁、供电、供热、供水排污、消防、通信、照明、路标、停车场等）两大类。对旅游服务信息的调研，旅行管家需要有人力资源管理的思路，传统意义上旅游人力资源供给以“胜任”为标准，而越来越多的旅游者对服务的评价往往以“满意”为标准，这也需要旅行管家有能力预判接待和服务的水平能否符合游客真实的需求。旅游可进入性是指旅游者进入旅游目的地的难易程度和时效性，是旅游行程实现其价值的前提条件，具体内容通常包括社会环境、交通条件、通信条件、进入手续、目的地承载力、公共卫生条件、气候环境条件等部分。

竞争者信息也是旅行管家需要提前了解的必要信息之一。旅行管家除了要清楚自己线路的优缺点之外，还有必要进一步了解市场中竞争者及竞争者产品的优势与劣势。如果旅行管家着手设计的旅游行程本就属于竞争对手的优势项目，旅行管家应当错位发展，避其锋芒；反之，旅行管家应当以己之长，攻彼之短，强调自身产品设计的优势所在。所以旅行管家需要通过调研，了解竞争对手的数量、规模，竞争对手产品的质量、价格、特征、营销策略、竞争实力等方面的信息。市场环境信息也是旅行管家必须了解的基本信息。旅游市场不可能脱离外部的政治环境、经济环境、社会环境和科技环境而存在。对于可以批量生产和复制的经典型旅游行程，在长期的经营过程中，必然能够有效地适应这些外部环境。然而旅行管家更多时候需要面临即时设计旅游行程的工作，这时其设计的旅游行程更是必须符合这些外部环境的要求，才可能让产品真正有效落地，发挥价值。

（2）旅游行程组合。通过相关信息的调研，明确了旅游行程的定位和边界，旅行管家就可以将旅游行程各个要素经过一定方式的排列组合，设计出一条完整的旅游行程来。

当然，此时旅行管家手中的要素也许未必是齐全完整的。有时可能经过反复调研，旅游行程框定的边界还是比较宽泛，需要对这一部分要素进行再次筛选。这个时候旅行管家可以通过与游客进一步沟通，将旅游行程各组成要素清晰化，也可以通过初步的行程设计，筛选出更合理的组合方案。有时候经过与游客反复沟通，旅行管家手中的要素依然比较匮乏，这时就需要旅行管家对接外部资源、跨界资源，或进行产品创新，才能设计出更完整的旅游行程来。

在旅游行程的组合过程中，旅行管家需要重视的，除了要素组合外还有时间组合、空间组合、成本组合和旅游服务组合等。旅行管家在设计行程时需要有一个时空一体化的思路。也就是说，在旅游活动中时间长度可以用空间跨度来转化，计算空间跨度也需要同时考虑空间移动时所需要耗费的时间长度。那么就使得旅行管家在行程设计过程中，对这些要素的组合既要考虑空间上的经济，不走回头路；也要考虑时间上的衔接，快慢有序，节奏适宜。

在旅游行程设计中，旅行管家需要兼顾的还有成本组合。旅游产品的生产是需要为旅游经营者创造收益的。如果通过旅行管家通过行程设计，最终形成的旅游产品在销售过程中是要亏本的，卖的越多亏的越多，是不可能在市场中存在下去的。因此，成本合理是行程设计必须考虑的环节之一。无论是整条旅游行程的成本，还是其中各组成要素的成本，都不是一成不变的。它们会受到供求关系、市场竞争状况、汇率变化和通货膨胀等外部因素的影响，因此在行程设计的时候，旅行管家应该考虑到这些因素。

同时，旅行管家还应该明确：服务和时间也是一种成本。在产业经济时代，消费者为产品付钱；在服务经济时代，消费者为服务付钱；在体验经济时代，消费者为体验的时间而付钱。在旅游行程中，当有限的时间当中有更多盈利可能时，时间的成本相对就较低；反之，时间成本就高，利润就低。当服务的替代性较强、含金量较低时，服务相对时间的成本就比较高，而当服务的不可替代性较强、含金量较高时，服务相对时间的成本就比较低。因此，旅行管家不仅在行程设计中既要考虑到各种组合的情况，避免出现设计失误的情况。而且应该提高服务的含金量，在满足游客需求的前提下，设计出更有价值的旅游行程。

2. 旅游行程设计的原则

（1）需求原则。前面已经分析过，从宏观上看，随着社会经济的发展，旅游市场的总需求在不断地变化。从微观上看，因为旅游者地区、年龄、文化、职业的不同，对旅游产品的需求也是不一样的，因此旅行管家在进行旅游线路设计时，必须首先对产品市场和旅客的具体需求进行充分的调研，以需求为导向，分析研判旅游者的旅游动机，并根据实际需求设计旅游行程，再通过不断地进行加工、完善、升级，开发出更合理的旅游线路。这样才能最大限度地满足游客的需求，对旅游者保有持续的吸引力。

（2）不重复原则。无论对旅行管家还是游客而言，时间都是成本，所以将有限的旅程时间花在重复或往返的行程上，容易让双方都降低对行程设计的认可。因此，在设计旅游线路时，应慎重选择构成旅游线路的各个旅游点，避免往返旅途的重复。不重复原则的另一种思路是尽可能丰富，因为旅游空间和旅游时间一样，都是有限。在有限的时间里，不重复的尽可能安排更丰富的旅游行程，能够在体现不重复原则的基础上，体现出行程设计者的专业程度。

（3）多样化原则。多样化原则是针对游客的旅游满意度呈现边际效益递减规律时提出的解决办法。例如，游客在某次旅程中，每顿用餐都是相同或者类似的，那么哪怕餐食非常有特色，他在用第 2 顿餐的时候满意度必定不如第 1 顿，而如果这样的重复过多，甚至会引起游客对餐食安排的意见。既然市场中有丰富的资源，因此旅行管家完全可以通过多样化的要素组合，为游客呈现更加丰富多彩的旅游行程。当然，多样化原则并不等于混乱安排，如果设计 3 天的行程，第 1 天住五星级酒店，第 2 天住一星级酒店，第 3 天住四星级酒店，这样的安排就不是多样化，而是混乱了。

（4）合理性原则。旅行管家在旅游行程设计过程中，其竞争力主要来源于创新和创意。但是无论怎样的创意，都必须满足合理性原则。与此同时，在行程的安排、时间的衔接等方面，也都应该遵循合理性原则，该吃饭的时候吃饭，该休息的时候休息，游客会认为这是一个成熟的旅游安排。反之，如果为了满足某一部分需求，将生理习惯和旅游习惯反复颠倒或过分颠倒，那么这样的设计既增加了旅途劳累，也容易被游客否定。

（5）主题化原则。尽管旅游要素琳琅满目，但是通过特定的排列组合成为旅游行程后就是独立且唯一的。所以，旅游行程并不只是要素简单的叠加，而是应当拥有鲜明的主题。同时，主题鲜明可使旅游线路充满魅力，展现出强大的生命力和竞争力。尤其是个性化的旅游行程设计，更应该通过主题的强调，凸显它的特色。

（6）灵活性原则。旅行管家需要明确，因为旅游活动牵涉面广，即使做了充分的准备，有时也难以避免意外情况的发生，如遇到不可抗力只能变更或部分变更旅行计划。因此，旅行管家在设计旅游行程时，日程安排不宜过于紧张，应留有一定回旋余地，执行过程中也必须灵活掌握，允许局部变通。

（7）安全性原则。安全是游客最基本的需要之一。旅行管家在设计旅游行程时应高度关注旅游者的安全。选择旅游目的地应避免政局不稳、发生战争、疫病流行、治安不佳的国家或地区，避免采用交通条件不良或安全设施不足的景区。

（8）效益性原则。旅游效益是旅游者、旅游企业和全社会共同追求的。旅游者在一次旅游行程中，希望以最少的时间、最省的精力、最小的费用获得最大的旅游满足。对旅行管家而言，在一次旅游行程中能够实现可持续经营和利润最大化的目标，是最大的旅游效益。对社会而言，旅游效益兼具了经济性和公益性的双重属性。因为各方对旅游效益的认识各不相同，所以，旅游行程的设计应当做到的是兼顾各方效益，而不是以牺牲某一方效益为前提，去满足另一方的效益。

3. 旅游行程设计的流程

旅游行程构成要素复杂，影响因素众多，所以旅游行程的设计也是一件极为复杂而烦琐的工作。即使是经验丰富的旅游行程设计人员，如果仅凭经验和直觉操作，也有可能会忽略一些重点，从而导致旅游行程在后续发生各种问题。事实上，旅游行程设计是有一定步骤可以遵循的，如图 4-1 所示的就是旅行管家设计旅游行程直到产品落地的一种步骤。因为行程设计缺陷造成的旅游事故，行程设计者将负有不可推卸的责任。因此，旅行管家应该高度重视旅游行程设计的作业流程，并在实际工作中养成按照流程工作的良好习惯。

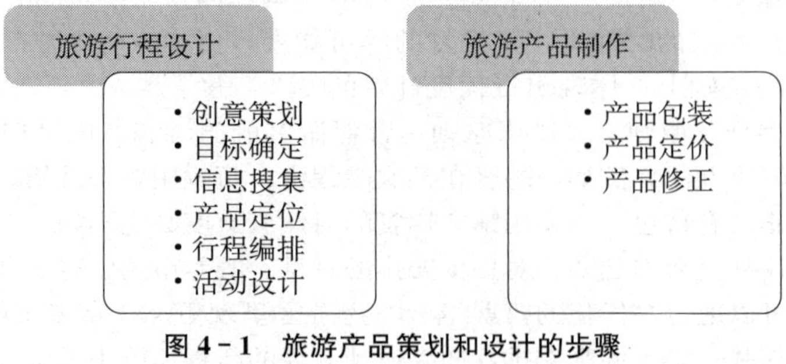

图 4-1　旅游产品策划和设计的步骤

（1）创意策划。创意是旅游行程的亮点，也是旅游产品的生命力所在。在旅游市场发展的初级阶段，旅游行程各要素类型比较单一的时候，旅游行程的主题类型是有限的，而同一主题的旅游行程，在各种设计方案得到不断应用和修正后，都会呈现出逐渐趋同的现状。因此彼时旅游行程的创意是不足的，但旅游产品会越来越成熟，市场的竞争主要体现在销售环节。随着旅游总供给的不断增加，市场由卖方向买方转移，竞争逐渐转移到产品之上，旅游行程的设计创新就显得尤为重要了。

作为旅行管家，用管理的思路来看待旅游行程的创意设计，必须明确：创意只是提升产品价值的一种方式，创意要从实际出发，在满足供求的客观要求前提之下，创造出别开生面的效果。不能为了创意而创意，过于生硬的创意有的时候反倒会适得其反。

扫一扫

视频：旅游行程设计中一定要有创意策划吗？

为什么要把策划创意放在第 1 步呢？其实创意贯穿在旅游行程设计的始终，但若是旅行管家要开发一款新的旅游产品，一定是因为有了创意才会产生开发的动机。如果没有创意的话，只需要“拿来主义”，直接从市场当中的旅游行程中寻觅和复制就可以。所以在这种情况下就首先需要将创意清晰化，然后通过对创意的策划推动旅游行程的设计。此外，当游客的出游需求传递给旅行管家的时候，旅行管家也需要优先考虑：针对特定的需求，如何才能让产品有更大的创意，有更好的吸引力？

旅游行程设计的创意可以来自灵感，也可以来自旅行管家对市场状况、市场需求、旅游者心理、旅游行程本身等内容分析研判后的结论。而对创意的策划，主要可以通过主题创意、内容创意和形式创意等方面来实现，表 4－2 概括了部分创意的来源。

表 4－2　旅游行程设计创意的来源

来源渠道	具体内容		
外部信息	目的地信息	人文地理	
		接待设施	
		服务特色	
	口碑信息	社会口碑	
		熟人口碑	
		亲历信息	
	中立信息	文化资讯	
		新闻热点	
	广告信息	政府推介	
		企业广告	
行业信息	关联行业信息	餐饮信息	
		酒店信息	
		交通信息	
		消费信息	
		娱乐信息	
		其他信息	
	旅游管理部门信息	政策信息	
		活动信息	
	媒体信息	大众媒体信息	
		旅游媒体信息	

续前表

来源渠道	具体内容		
内部资讯	企业信息	经营信息	
		投诉信息	
		自我信息	
	相关者信息	中间商信息	
		代理商信息	
		竞争者信息	

当创意形成之后，旅行管家需要通过可行性分析和筛选等工作，进一步将创意内容清晰明朗化，也需要通过对创意的描述，明确将设计的旅游行程核心利益之所在。当然，与创意相对应的做法是借鉴。“他山之石，可以攻玉”，市场中同类旅游行程当中的优秀创意也能够成为旅行管家行程设计的重要参考。旅行管家可以通过实际的需求和供给能力，将优秀的创意重新包装，融入自己的行程设计过程中，取长补短，让自己设计的旅游行程具有更大的吸引力。

不过值得注意的是，在行程设计过程中无论是创新型设计还是借鉴型设计，都存在设计风险。对创新型旅游行程设计而言，整体行程或部分环节没有经历过实践的检验，从设计理念的转化到行程设计的安全性都会存在不同程度的风险。对于借鉴型旅游行程设计而言，旅行管家因为无法了解或全部了解原创旅游行程最初编创的原因，可能无法体现原创旅游行程全部的特色或受到原创旅游形成的局限和束缚。

思政园地

旅游行程设计的创新之路在哪里?

2014 年 9 月，在夏季达沃斯论坛上，李克强总理提出了“大众创业，万众创新”的政策，在祖国大地上形成了“人人创新”的新势态。创新不只是一句口号，更是未来奋斗的方向，不只是在旅游领域，各行各业都在创新浪潮下蓬勃发展。党的十八大以来，国家主席习近平同志把创新摆在国家发展全局的核心位置，他认为“创新是引领发展的第一动力”。2015 年 11 月 15 日，二十国集团领导人第十次峰会在土耳其安塔利亚举行，习近平同志出席并发表题为“创新增长路径，共享发展成果”的重要讲话。他提出：

“世界经济长远发展的动力源自创新。总结历史经验，我们会发现，体制机制变革释放出的活力和创造力，科技进步造就的新产业和新产品，是历次重大危机后世界经济走出困境、实现复苏的根本。

无论是在国内同中国企业家交流，还是访问不同国家，我都有一个强烈感受，那就是新一轮科技和产业革命正在创造历史性机遇，催生互联网＋、分享经济、3D 打印、智能制造等新理念、新业态，其中蕴含着巨大商机，正在创造巨大需求，用新技术改造传统产业的潜力也是巨大的。我们应该抓住机遇，把推动创新驱动和打造新增长源作为二十国集团新的合作重点，重视供给端和需求端协同发力，加快新旧增长动力转换，共同创造新的有效和可持续的全球需求，引领世界经济发展方向。”

长期以来，旅游业的创新是较为乏力的。一方面因为旅游行程设计没有知识产权，一条花去很大代价开发出来的新线路，如果成为“爆款”，同行之间免费就可以复制。另一方面旅游初级市场非常庞大，哪怕不去创新，传统的旅游线路照样可以人满为患。

思考：旅游行程设计有必要创新吗？如果有，应该如何更好地推进它的创新呢？

资料来源：中共中央文献研究室．习近平关于科技创新论述摘编［M］．北京：中央文献出版社，2016.

（2）目标确定。确定目标也是旅行管家旅游行程设计中管理思路的重要体现。正如赛跑要先确定意图和终点一样，旅行管家要想有效地为游客提供旅游服务，首先必须明确其价值取向和目标。对旅游行程设计而言，目标不是抽象的概念，而是一种行动承诺，它必须清晰、具体、可操作、可实现、可检验。

在旅行管家行程设计中，目标可能并非是单一或唯一的，常常会呈现多元化的特征，包括经济目标、战略目标、管控目标、个人目标等。经济目标是衡量旅游行程设计的基本目标，如销售收入、利润等，通常反映了旅行管家对产出和效率的要求。战略目标通常针对旅行管家未来发展而制定，如品牌建设、客户管理等，不一定是定量的描述。管控目标确立了旅行管家旅游经营中的底线，主要针对行程中可能出现的重大问题设立风险管控要求，如无重大安全事故、无重大财务风险等。个人目标主要是指有关个人的目标，如报酬等。旅行管家并不是一个专门从事旅游服务工作的机器人，他自己也是活生生的人，在工作中也需要并且有必要考虑到个人目标。

正因为目标有多元化的特征，所以旅行管家的目标确定工作，并不是将目标罗列出来就可以，同时也需要通过分级分层，梳理优化，将众多的目标统一起来。在这其中需要注意充分考虑到目标的差异性和时间性，同时要将概念性的目标变成具体的行动目标，也需要将工作目标和个人目标统一起来，才能够更好地开展工作。

（3）信息搜集。信息搜集同样是贯穿旅行管家行程设计全过程的一种活动。但是在完成了创意策划和目标确定之后，旅行管家需要更有针对性地去搜集和旅游行程设计相关的信息。具体包括需求信息、供给信息、竞争者信息和市场环境信息等。关于这些信息的具体内容，在前文已经详述，这里就不再重复。关于搜集信息的方式和方法，其实也有很多种类，最主要的包括与旅行者的沟通实现对需求信息的搜集、通过各种书面资料、网络信息等对供给信息的搜集等。当然，针对不同的信息，旅行管家采用的搜集方法也各不相同。例如，可以通过各类交易会、展示会，搜集同业方面的信息；通过实地调研，搜集目的地方面的信息；通过市场调研，搜集市场方面的信息等。

（4）产品定位。定位工作也蕴含重要的管理思想。产品定位是指旅行管家需要明确应该对应什么样的产品来满足目标客户或目标市场的需求。这是旅行管家在完成了信息搜集工作后，目标市场和目标客户已经确定的前提下进行的下一步工作。在实际工作中，旅行管家的旅游行程设计工作大多数时候都是一对一进行的，此时目标客户是明确的。如果旅行管家需要面对旅游市场开发大众化的旅游产品，那么，在产品定位之前还需要对市场进行定位，即确定目标消费市场和目标消费者群体。

在前面的信息调研工作中，已经介绍过产品定位的基本做法。即通过对游客需求分析、市场供给分析、旅行管家内部实力分析、外部环境分析等，拟定切实可行的定位方案。成熟的产品定位还需要在定位方案确定之后进行限制因素分析、综合效益分析和潜在问题分析，进一步明确自身的优势和劣势，然后确定产品的最终定位。

所谓“纲举目张”，旅行管家的定位工作主要包括主题定位、目标定位和功能定位等方面。旅游行程一般都需要主题，如果有了清晰独特、引人入胜的主题，且按照主题进行整合打造，旅游吸引力就会得到极大提升。因此主题定位十分重要，而目标定位则是要求旅行管家设计出达到目标可行的运作路径。功能定位是指围绕旅游各要素进行细分展开，结合游憩方式，系统性地构建要素的功能结构。

（5）行程编排和活动设计。当旅行管家已经完成创意策划、目标确定、信息搜集和产品定位之后，旅游行程设计就已经目标清晰，材料充分，这时候就可以正式动手对行程进行编排了。行程编排是整个行程设计的核心部分，也是最能体现旅行管家设计能力的地方。通过行程编排和必要的活动设计，一个旅游行程就可以被完整地设计出来。

4.2.2 旅游行程的编排

行程编排是旅游行程设计中最重要的环节。同样的要素经过不同的编排组合，可以制作出不同的旅游行程，不同的旅游行程编排，自然也能带来游客不同的旅游体验，在前面也已经介绍了旅游行程设计的原则和旅游行程组合的具体做法。在具体行程编排的过程中，旅行管家最主要的技能体现在对空间节点的规划和对旅游时间的编排上。这集中体现了旅行管家设计能力和定制能力，旅行管家需要通过深入理论学习和大量实践工作，才能有效地掌握。

1. 空间节点的规划

旅游行程的节点是旅游过程中一系列满足旅游者旅游需求（吃、住、行、游、购、娱）的停留点，主要包括目的地或城市节点、景区节点、餐饮节点、住宿节点、交通节点、临时节点等类型。节点是不同性质旅游线段的连接之处，是旅游者旅游方式的切换点，是不同旅游者群体的游线分岔点，旅游行程节点的规划决定了旅游行程的空间结构和时间结构。节点规划要本着时间最省、路径最短、性价比最高、游览内容最丰富，进得去、散得开、出得来的原则，注意旅行顺序和旅行节奏的安排。

扫一扫

视频：旅游行程空间节点的规划，有先后顺序吗？

（1）目的地和城市节点的规划。在空间节点的规划中，通常旅行管家首先需要完成的是旅游目的地或旅游城市节点的规划。不仅因为目的地或城市节点构成了整个旅游行程的主干，同时这也是游客对旅游行程关注的重点。一般来讲，目的地分为城市型目的地和景区型目的地。世界旅游组织认为，旅游目的地是指人们在一次旅程中到访过的重要地方，它既可以定义为离家最远的造访地点（距离目的地），也可以指一次旅程中停留时间最长的地方（主要目的地），还可以指访客自己认为他们到访的地方中最重要的地方（动机目的地）（World Tourism Organization，1995）。但是在通常情况下，目的地主要是指以城市或独立大型景区或其他接待地为基础形成的一次旅程的终止地区。通俗地来说，因为目的地或城市常常是为游客提供主要旅游活动或住宿服务的地方，因此是旅行管家需要首先规划和编排的节点。

要对目的地和城市节点进行规划，首先要了解的是旅游线路的空间模式和旅游目的地的功能分类。旅游线路的空间模式通常分为单目的地旅行模式和多目的地旅行模式，其基本定义和路径特点如表 4－3 所示。

表 4－3　旅游线路的空间模式

<table>
<tr><th colspan="2">空间模式</th><th>基本定义</th><th>路径特点</th></tr>
<tr><td colspan="2">单目的地旅行模式</td><td>旅游线路中只有一个旅游目的地，旅游者从客源地直接到达目的地后停留一段时间，再由原路返回客源地的模式。</td><td>旅游者进出路径完全重合。</td></tr>
<tr><td rowspan="4">多目的地旅行模式</td><td>往返模式</td><td>旅游者由客源地出发到达第一个旅游目的地，沿着交通线路依次游玩几个旅游目的地后，再由原路返回第一个旅游目的地（旅游者在返回途中也可以选择旅游目的地停留），游玩结束后，循原路返回客源地的模式。</td><td>旅游者进出路径重合，并由一条重复使用的游憩路径将所有目的地节点连接起来。</td></tr>
<tr><td>中心集散模式</td><td>旅游者从客源地出发，到达第一个旅游目的地后，以该目的地为中心集散地向不同方向旅行（同一方向游玩结束后返回中心集散地，再向另一方向旅行），在游玩结束后旅游者回到中心集散地，再由这里沿原路返回客源地的模式。</td><td>旅游者进出路径和游憩路径都会重复使用，但通常第一个目的地节点都会连接两条以上的游憩路径。</td></tr>
<tr><td>完全环游模式</td><td>旅游者首先到达和最后离开的旅游目的地不同，到达第一个旅游目的地后，以此目的地为起点，在目的地区域内依次游玩多个旅游目的地，最后返回客源地的模式。</td><td>旅游者进出路径不重合，所有目的地节点由一条不重复使用的游憩路径连接起来的模式。</td></tr>
<tr><td>区域内环游模式</td><td>旅游者到达第一个旅游目的地后，以此目的地为起点，在目的地区域内依次游玩多个旅游目的地，最后再次到达该旅游目的地，再由此沿原路返回客源地的模式。</td><td>旅游者进出路径重合，但是游憩路径不重复使用。</td></tr>
</table>

从编排和规划节点的角度来看，旅游目的地通常可以分为单一型目的地、门户型目的地、出口型目的地、途经型目的地、枢纽型目的地等，其基本定义与特点如表 4－4 所示。

表 4－4　旅游目的地的功能分类

类型	基本定义	特点	节点
单一型目的地	单目的地旅行模式中的目的地。	特色鲜明、级别高、知名度高、可达性好、服务接待设施完善、旅游吸引物多种多样、娱乐活动丰富。	门户节点 离境节点
门户型目的地	多目的地旅行模式中，游客最先到达的旅游目的地。	与客源地、区域内各目的地都有便利的交通联系，拥有完善的旅游接待服务设施。	门户节点
出口型目的地	多目的地旅行模式中，游客最后到达的目的地或游客在返回客源地之前最终到达的目的地。	与客源地有便利的交通联系。	离境节点

续前表

类型	基本定义	特点	节点
途经型目的地	多目的地旅行模式中，游客不能直接到达或返回，而是途经的目的地。	对可达性要求相对不高。	中途节点 中枢节点
枢纽型目的地	身兼门户型目的地和出口型目的地功能的旅游目的地。	与客源地及其他目的地之间保持良好的交通可达性，完备的旅游接待服务设施，能够满足游客将其作为旅游枢纽的需要。	门户节点 离境节点 中枢节点

在实际工作过程中，旅行管家应当要充分考虑目的地或旅游城市的交通可达性、旅游资源吸引力、社会资源丰富程度、社会治安状况、公共设施及旅游服务设施的完备程度，确定好目的地或城市的功能类型，以此确定节点的类型。具体来说，在一个旅游行程中，最先进入的目的地是门户节点，通常要求和旅游者出发的客源地之间交通便捷。同时门户节点应当拥有较丰富的旅游资源，以便为游客留下美好的第一印象，激发游兴。旅游者结束旅游的最后的目的地称为离境节点，通常要求与客源地之间的交通可达性良好，旅游资源丰富，能够给旅游者的旅行体验画上圆满的句号。通常，旅游者在中途节点的停留时间通常较短，因此只要交通便捷通畅，拥有有吸引力的景区和必要的服务设施的目的地即可成为中途节点，而旅游发展好、基础设施完善、区位条件好的中途节点会成为中枢节点，在“中心集散模式”中的枢纽型目的地也有可能成为中枢节点。

确定好节点之后，就需要通过各种交通服务的安排，将这一系列节点衔接组成完整的旅游行程。在串联节点的过程中，旅行管家需要注意的主要是两方面。首先，是空间模式的选择。如果旅行管家设计的是多目的地的旅游行程，需要根据空间节点的分布和旅游行程实际情况选择合适的空间模式。需要说明的是，上面介绍的多目的地旅行模式中的 4 种空间模式是抽象化的理论模型，在实际设计工作中既可以单独使用，也可以互相结合或转化，组成较为复杂的空间模式。

与此同时，旅行管家还需要注意交通工具的选择。大多数情况下，对节点之间的交通安排往往选择的是汽车，其优点是速度较快、灵活性较强、能随时停留、对自然条件适应性较强、一般道路都可以行驶、能深入景区和景点、实现“门到门”的运送。但如果需要选择其他交通工具或特殊交通工具，旅行管家应当在安排时注意到不同交通工具使用时的局限条件。同时，因为旅游者对大交通的体验需要往往较弱，因此在旅游行程设计中往往会放在最后阶段安排。但是大交通和目的地节点的关系较为紧密，如果某旅游行程的大交通的限制条件较多，或在行程中的重要性较强，也应该与目的地节点同时规划。

（2）景区节点的规划。旅行管家在完成目的地和城市节点规划之后，下一步需要完成的就是住宿、餐饮与景区节点的规划。在传统的观光旅游活动中，景区观光是整个旅游活动最重要的组成部分。游客在旅游活动中之所以愿意为餐饮、住宿和交通而花费，主要目的就是更好地实现在景区的观光活动。因此，旅行管家在行程中应该先规划好景区节点。但是随着旅游业的发展，社会旅游总需求也在发生结构性的转变，景区观光不再是旅游者唯一的旅游目的。越来越多的游客在旅游活动中强调餐饮、住宿或者其他活动的偏好，所以旅行管家在行程设计过程中，也可以相应地先规划其他节点。

和目的地节点规划类似，旅行管家在景区节点规划过程中主要做的也是两件事：一是景区节点的选择，二是景区节点的布局。通常来说，在旅游目的地中，景区景点的数量和类型是众多的，在一个旅游活动中也不可能面面俱到。所以旅行管家在对景区节点进行选择时，需要与前面“信息搜集”“产品定位”等工作挂钩。在通过产品定位工作完成信息筛选后，景区节点选择的范围就比较有限了，这时候再根据一些工作经验并结合行程设计的实际情况，就可以对景区节点做出较好的选择了。

总的来说，旅行管家在景区节点选择时，要站在旅游从业者和旅游者双重角度来思考问题。例如，既要考虑到突出旅游行程的主题，也要考虑到丰富旅游行程的内容。既要考虑到景区节点分布的地域集中性，以减少交通成本；也要考虑到同一区域内景区节点的差异化选择，以增加游客体验度。既要考虑到景区的等级与知名度，选择有代表性的景区；也要考虑到景区门票价格、开放度等因素，选择更合理的组合。既要考虑到选择景区最佳游览季节，让游客获得最佳体验感；也要考虑到景区的最大承载量，错开游览高峰。既要考虑到旅游行程内容要充实；也要考虑到游客的身心规律，避免让旅游者疲于奔波。

对景区节点的布局方式类似于目的地节点的布局方式，但是景区节点数量更多，距离更近，对旅行管家合理布局的工作要求也更高。因此，旅行管家必须做到对旅游行程涉及的景区节点充分熟悉，才能对布局的方式做出专业判断。如果对景区节点不太熟悉，旅行管家需要进行充分的调研，表 4－5 就是旅行管家对景区节点调研时的参考表格。而表 4－6 则是当旅行管家对旅游景区节点并不十分熟悉的情况下，对景区节点布局的主要步骤。

表 4－5 旅游景区考察调研表

具体内容	备注
1. 景区名称（全称、地址、电话、销售联系人……）	
2. 景区级别（AAAAA、AAAA、AAA……）	
3. 景区区位（与中心城市和重要节点的距离、交通是否便利……）	
4. 景区规模（游览空间、游览时间……）	
5. 景区价格（大门票、小门票、景区交通、特殊游客差价、批零差价、季节差价……）	
6. 景区内容（主题是否和行程一致、参观内容和行程一致、是否有接待讲解……）	
7. 景区游览（参观路线、不同游览方式及时间……）	
8. 景区活动（不同活动类型、内容、器材、费用及时间……）	
9. 开放时间（每日开放时间、开放日……）	
10. 景区游季（淡旺季时间、合适或不合适游览的气候……）	
11. 景区反馈（社会评价、游客反馈……）	
12. 地区同级别景区及其区别	
……	

表 4－6 景区节点布局的主要步骤

步骤	内容	说明
第一步	了解旅游者需求，做出专业判断	根据前期调研获得的信息，做出景区节点之间的衔接、景区内部游览线路安排、景区游览顺序安排等专业判断
第二步	确认主要停留的节点	确认旅游行程的主要餐饮、住宿节点，以及可能停留的临时节点

续前表

步骤	内容	说明
第三步	利用地图规划景区节点的布局	可以先选用涉及旅游行程最大区域的景区分布图，再选用主要景区目的地的内部游览图
第四步	确定景区节点游览的顺序	确定旅游行程中每天要前往的景区，接着排定各景区的顺序

在实际工作中，旅行管家在排定节点顺序时，要和交通工具的选择结合起来。第一，旅行管家应仔细参照地图，确认每个景区节点的地理位置，确保行程路线的顺畅，并根据实际情况选择合适的交通工具，核算游览时间无误。第二，旅行管家还要考虑景区的营业时间与休假日期、景区内的重要表演时间、特色景观的特殊时段、气温与气候情况、景区人流高峰等因素。在此基础上，需要核算每一个景区节点的游览时间和时刻，以及景区节点之间的交通时间，并且将其与整体旅游行程的时间统一起来。如果时间较紧，要考虑变更路线或变更顺序。第三，在传统景区节点的规划中，道路只是景区节点之间的连接线，通常只需要考虑交通方式和时间成本，但是随着全域旅游建设的不断推进，一些道路也成了荟萃景观重要的场所。有时候在旅游行程设计中，也可以将其以景区视之，这时对道路交通的规划也需要按照景区节点的方式来进行规划。

（3）食宿节点的规划。旅行管家在完成了景区节点的规划之后，紧接着就需要规划食宿节点。如果将餐饮节点或住宿节点单独规划，其工作要求和景区节点是一样的，即通过充分的调研，选择合适的节点，再完成节点的布局。表 4－7、表 4－8 就是旅行管家对餐饮节点和住宿节点调研时的参考表格。

表 4－7　旅游餐饮考察调研表

具体内容	备注
1. 餐厅名称（全称、地址、联系方式、销售联系人……）	
2. 餐厅类型（中餐厅、西餐厅、风味餐厅、清真餐厅、素食餐厅、快餐厅……）	
3. 餐厅类别（奢华餐厅、社会餐厅、团队餐厅、农家乐……）	
4. 餐厅位置（行程中是否顺路、是否便于停车、是否提供司机餐……）	
5. 餐厅环境（内部环境、外部环境、卫生情况……）	
6. 餐厅标准（餐厅容量、餐厅桌数、接待标准、人均消费……）	
7. 餐厅菜品（菜色、品质、分量……）	
8. 餐厅特色（著名菜品、重要人物事迹……）	
9. 餐厅反馈（社会评价、游客反馈……）	
10. 地区同级别餐厅及其区别	
……	

表 4－8　旅游住宿考察调研表

具体内容	备注
1. 酒店名称（全称、地址、联系方式、销售联系人……）	
2. 酒店类型（商务酒店、度假酒店、快捷酒店、民宿、特殊住宿……）	
3. 酒店级别（奢华/五星级、普通/三星级、低端/低星级……）	
4. 酒店位置（行程中是否顺路、是否便于停车、是否提供司机住宿……）	
5. 酒店环境（内部环境、外部环境、卫生情况……）	
6. 酒店规模（房型、房间数量、房间设施……）	

续前表

具体内容	备注
7. 酒店设施（房间设施、配套设施……）	
8. 酒店价格（客房价格、早餐价格、正餐价格、会议价格、服务价格……）	
9. 酒店特色（重要人物、重要事迹……）	
10. 酒店政策（进房退房时间、免费服务内容、房卡数量、早餐时间、健身房/游泳池等开放时间……）	
11. 酒店反馈（社会评价、游客反馈……）	
12. 地区同级别酒店及其区别	
……	

事实上，在行程编制中规划单一的旅游节点，如住宿节点或餐饮节点，因为每个节点在时间轴上不相重合，因此选择和安排较为容易。但随着行程中节点种类的增加，尽管单独来看，每个节点的选择都是合理的，但当不同类型的“合理”节点并存的时候，可能就会发生冲突。例如，在景区游玩到 11：30 是正常的，在市区 12：00 用中餐也是正常的，但是如果景区和市区有两小时车程，景区游览到 11：30，结束之后到市区用中餐就明显不合适了。

所以，旅行管家需要兼顾不同节点之间的要求，考虑节点的相容度。例如，设计一个观光旅游行程时，旅行管家需要首先规划好景区节点，此后在安排食宿节点时，为考虑行程的顺畅，应临近景区节点或者尽量顺路。而当旅游者的需求偏好中对住宿或餐饮要高过景区的时候，旅行管家就应该先规划好住宿或餐饮节点，再去规划景区节点，并且做到尽可能地彼此协调和兼顾。

另一种方式是将景区节点和食宿节点同步规划，如上午安排什么景区、中午安排什么餐厅、下午安排什么景区、晚上安排什么酒店。前一种规划方式大多适用于旅行管家已经完成节点选择之后的安排，后一种方式大多适用于一边选择节点一边安排的时候。在实际工作中，可能部分景点是必须指定的，有部分节点是可以随选随换的，因此旅行管家也可以根据实际情况，将这两种方式结合起来使用。

对大多数旅游行程而言，完成了目的地节点、景区节点、食宿节点的规划后，行程主干就已经可以显现。此后根据行程实际需求，旅行管家可以相应添加消费活动、娱乐活动、体验活动等其他特色活动和项目，对其节点进行规划。而对于创新型的旅游行程而言，往往更多的创新点在于旅游“六要素”以外的其他部分，因此旅行管家对其他节点的规划也必须重视和认真对待，不能“见缝插针”，应付了事。最后，当所有节点规划都已完成的时候，旅行管家还需要重新审视整体行程的要素节点分布情况，使整体行程张弛有度，行程中各要素比例妥当，各要素之间搭配和谐。

（4）大交通的规划。大交通的规划在旅游行程编制中非常重要，因为草率规划交通路线不仅容易造成旅行时间的浪费，也徒增旅游者的劳累，而且可能增加旅游成本。大交通的规划主要包括交通工具的选择和交通路线的安排。交通工具的选择通常要考虑两地之间的直线距离。一般情况下，直线距离在 500 千米以内的短途旅游，汽车是主要的交通手段；直线距离在 1 000 千米以上的远距离旅游，飞机是主要的交通方式；对于 500 千米～1 000 千米中长距离的出游，火车为主要交通方式，汽车、飞机为辅助；一些沿海、沿江的旅游目的地还开辟有轮船交通。不过同时还要明确，正如餐厅有固定的餐位数，景区有游客的接待上限，交通工具的班次和时间不仅是固定的，而且是有限的。因此，旅行管家在选择大交通时，也需要了解抵达目的地车、船、飞机等交通工具的班次和时间。正因为大交通的客位是有限的，所以还需要确定搭乘大交通的票证是否充足并方便采购。

大交通的规划还需要考虑安全因素、时间因素和经济因素等。从安全的角度考虑，飞机优于火车，火车优于旅游客车。旅游者的出行时间如果充裕的话，可选择火车、汽车、轮船等交通工具，而不必选择飞机。由于不同交通工具之间的价格差异较大，因此旅行管家也需要考虑到游客的费用预算。一般而言，飞机、汽车较贵，火车与船较便宜。如果是长途旅行，也可以互相搭配，交替使用不同交通工具，可以体验不同的出行乐趣。而目的地特色交通工具虽然通常价格不菲，却能给游客带来难忘的体验，也是大交通有益的补充。

长期以来，为了增加对游客的吸引力，旅游行程往往采用“拉长天数”的做法，即在行程首尾大交通往返的阶段不安排具体行程。例如，一个往返 6 天的行程，除去首尾大交通，实际在目的地活动时间只有 3 天到 4 天。这样的做法无疑降低了旅游者的日均消费成本，但也相应降低了日均旅游活动的价值。随着旅游行程定制化程度的加深，这样的做法也在发生差别化的变更。

2. 旅游时间的编排

在旅游行程编排中，与节点规划同等重要的是时间的编排。这是由旅游活动异地性和旅游时间的稀缺性所决定的。旅游时间和旅游活动是深度捆绑的，旅游产品所具有的产销同时性和不可替代性等重要特性，都与旅游时间的边界有关，旅行管家只有对旅游时间有全面而充分的认识，才能更好地完成时间的编排。

（1）编排行程总时间。对旅游者而言，旅游时间越长，旅游经历越丰富，旅游收获也就越大。同时其旅游消费也会随着旅游时间的增加而增加，这是旅游经营者和旅游目的地所喜闻乐见的。不过一个地区的旅游资源是有限的，一个旅游者的精力和体力是有限的，他的消费能力和闲暇时间也是有限的。假如旅游时间过长，就会出现无处可游、无钱可游、无欲可游的现象。同时，因为旅游需求符合边际效益递减的规律，所以对旅游经营者和旅游目的地而言，如果一个游客游览时间过长，尽管旅游总收入是增长的，但其单位时间的旅游收入无形之中就会下降。如果旅游时间过短，同样不利于旅游者的旅游体验的深入，也不利于旅游经营者和旅游目的地的旅游收入增长。

所以对一个旅游行程而言，无论是旅游者参与、旅游经营者供给，还是旅游目的地接纳，所需要的时间长度都应该处于一个合理的区间内。旅行管家在旅游行程设计中的时间编排，首先就是要确定一个合理区间。决定旅游者旅游行程总时长的因素主要包括经济因素、距离因素、时间成本、个体偏好等。除公务旅游者等特殊群体外，一般旅游者在选择旅游行程时，首先考虑的是经济因素。经济因素主要有两层含义：一是旅游者的经济收入，二是旅游者愿意支付的费用。同时，旅行者选择出游时间长度还受到距离的影响。这里的距离不仅指空间的远近，还包括交通便利程度引起旅行时间的长短，当然交通方式越快，经济成本也就越高。由于旅游者性别、年龄、兴趣、爱好、职业、文化程度、社会地位、家庭结构等个人属性差异，对旅游行程总时长的需求也各有不同。最后，旅游者的可支配时间和时间成本无疑是旅游行程时间长度的决定因素。

通常旅游者会为旅游过程中的交通、住宿和其他行为支付较高费用，因此，旅游者的时间成本一般要高于日常时期。在旅游可支配时间一定的情况下，要想增加游览时间，就意味着缩短旅途时间。旅游者花费在大交通上的旅行时间与目的地旅游时间的比值被称为“行游比”，是旅行管家衡量时间距离一个有用的指标。单程旅行时间与停留时间的比值称为“单程行游比”，往返旅游时间与停留时间的比值称为“双程行游比”。比值越小说明该旅游行程安排的时间效率越高，旅游空间结构越合理，旅游者的满意度也就越高。实践表明，只有当行游比小于某一临界值时，游客才会做出出行决策。针对不同的旅游者，在不同类型的旅游活动中，合适的行游比各不相同。对传统观光旅游而言，经验数值表明，双程行游比应当小于1.5。

（2）编排各节点时间。同样，每一天的旅游安排、每一项的旅游活动、每一地的旅游停留，都应该有合适的时间长度，这也需要通过时间编排来实现。旅游者在不同要素节点中停留的时间自然是不同的，对同样的要素节点，在不同的旅游需求下，停留的时间也是不同的。因此，对大多数要素节点而言，停留时间有比较大的弹性，需要旅行管家根据实际情况加以确定。

以景区节点为例，通常停留时间受以下因素影响：一是资源的丰富性。资源较丰富、价值较高的景区，一般安排的停留时间可以较长。二是游览线路与方式。有固定游线的景区，游线的长短决定了停留时间的长短。其中最短的游线决定了最短的游览时间。三是产品服务的层次性。景区内有独立小景点或有额外活动可供参与的，如果需要体验，可以安排增加停留时间。四是旅游者的偏好。定制旅游产品尤其看中旅游者的偏好。旅行管家通过沟通了解到旅游者的偏好，可以据此安排更符合旅游者需求的时间长度。

节点时间的编排通常会适当留有余地，因为在实际旅游接待和服务过程中，意外事件的发生、游客需求的变更等原因，都可能会造成节点停留时间发生改变。如果时间编排较为宽裕，则某个节点中停留时间变化后，对后续节点的时间安排不会造成太大影响，否则就容易“牵一发而动全身”。与之相对应的，各节点之间衔接交通的时间则刚性较强。只要节点之间的距离确定、交通方式确定，则交通时间基本是可以确定的，而且在实际旅游活动中一般变化不会很大。当然，如果节点之间的交通衔接有多种方案，那么旅行管家也应该做出合适的编排选择，并做好可能变更的准备。

（3）编排时刻点。旅行管家在时间编排工作中还需要掌握时刻的概念。旅游者在旅游行程中每个节点的停留，不仅有相对的时间长度，同时也将被固定在特定的时间刻度上开始或结束。因为旅游活动的时间是与时刻有关的，所以在具体的时间编排工作中，旅行管家除了需要编排时间长短之外，还需要编排时间顺序，指定具体的时刻点。

在时刻点的指定过程中，有些旅游活动是要求分秒不差的，如指定时间开始的演出活动、指定时间的交通工具等，而有些旅游活动对时间要求会相对宽松一些。所以，旅行管家在行程编排中还必须明确精准和模糊的辩证关系。如果一个旅游行程的每项活动时间都定得严丝合缝、分秒不差，这未必是一个极好的旅游行程，有些旅行者可能会觉得安排过于死板，有些旅游服务人员可能会觉得工作过于僵硬。反之，如果一个旅游行程的各项活动时间全部是模棱两可的，也容易造成行程的无序和混乱。

同时，旅游活动中常常有意外发生，如果旅游行程时间编制过于紧凑，将很难有足够时间应对突发的意外情况。因此，旅行管家在时间编排过程中不仅需要处理好精准和模糊之间的关系，同时也需要明确行程编排只是时间编排工作的一部分，在面对游客的接待服务过程中，需要对时间编排进一步完善。

4.2.3 旅游活动的设计

旅游活动是旅游产品的重要组成部分。从整体上看，旅游产品的全过程体验是一次旅游活动，而一个完整的旅游产品也可以视作吃、住、行、游、购、娱等单一旅游活动的集合体。随着旅游业的发展，旅游活动的价值越发受到游客的重视，成为吸引游客产生旅游动机的重要因素之一，也成为游客评价旅游产品的重要指标。依托旅游行程或旅游资源设计出有创意的活动，或对现有活动进行优化升级，是旅行管家设计服务工作的重要组成部分。在旅游市场中，活动越来越成为旅游产品竞争力的体现，定制化的旅游产品也更为看重活动设计的价值。对活动的设计重在体验感的塑造，这与旅游行程编排环节中通过对各要素进行顺序拼接工作体现出的设计能力不同。在本节中，主要介绍的是单项活动的设计。

1. 旅游活动设计的内容

旅行管家要开展单项的活动设计工作，首先需要知道什么是活动，了解活动的基本内容。在旅游活动中，用餐是活动、看演出是活动，这些是成熟的活动形式，也是旅行管家可以直接在旅游要素市场中采购到的服务产品。而如果在用餐过程中，恰逢旅客过生日，旅行管家特别利用这个就餐场合安排一个生日宴会和烛光晚餐，就是对原有活动的升级，体现出活动设计的价值。又如，游客参观茶园、拍照游憩也属于常规的游览活动。但如果在参观茶园后，旅行管家带领游客来到一片草坪上坐下，拿出随身带的茶具，现场为游客做茶艺表演，为每个游客奉上现烹的清茶，这就是旅行管家依托现有的草坪资源而创造设计出的特色旅游活动。

旅游活动内容丰富，种类多样，形式各异，可以有多种多样的呈现方式，也可以蕴含无限的创意。虽然活动是一个完整的整体，但是旅行管家要认识活动的内容，就需要对活动进行分解。通常对一个旅游活动的设计，其基本内容主要包括以下几点。

（1）活动的背景。任何活动都有背景，背景就是一个活动产生的缘起、组织活动的具体原因。明确了一个活动的背景，也就可以明确组织这个活动的目的和意义（经济效益、社会利益、媒体效应等）。所以旅行管家对活动的设计，要从明确活动背景开始。具体来说主要包括活动开展原因、组织部门、主要执行对象、近期状况、社会影响、相关目的动机以及环境特征等信息。如相关背景信息不明，则应通过调查研究等方式加以补充。

（2）活动的主题。活动应该有明确的主题。这是旅游者认识活动的重要因素和参与活动的重要原因。明确了活动的主题，就可以相应制定活动的目标。旅行管家在对活动的设计中，应该用简洁的语言将活动的主题和目标表述清楚。在此基础上，还可以对活动的目标进行具体化，体现出活动的重要性、可行性、时效性等，进而可以据此完成活动基本形式的勾勒。因此，在背景和主题都明确了之后，旅行管家应该可以完成旅游活动的基本情况简介。

（3）活动的资源。活动要切实有效地开展起来，需要必要的资源和物料的供给。旅行管家在对活动的设计中，应当根据旅游活动的主题、背景、目的、意义和目标列出所需人力资源、物力资源等。为了能够更好地管理活动资源，在实际工作中，资源或物料可能会比较庞杂，旅行管家可以将资源分为已有资源和需要资源两部分，对资源的来源和使用的地方也应详细列出。

（4）活动的开展。活动的开展就是活动的具体表现形式，是活动主题的生动体现，是活动资源的呈现方式，也是旅行管家活动设计的主要部分。活动的开展是一项体验性和安全性并重的事情。因此，哪怕是对于操作简单、便捷的活动，旅行管家同样需要细心策划，确保其价值的实现。而对于较复杂的活动，更需要通过详尽的策划方案，保证活动实施的顺利圆满。

作为策划案，旅行管家对活动开展的表现方式要简洁明了，使人容易理解，但表述方面要力求详尽，写出每一点能设想到的东西，避免发生遗漏。对策划的各工作项目，应按照时间的先后顺序排列，绘制实施时间表，有助于方案核查。对人员的组织配置、活动对象、时间地点、执行的应变程序及相应权责等信息也应加以说明。

（5）活动的预算。从经济角度来看，所有活动都是有成本的，包括人力成本、经济成本等方面。对餐饮活动、住宿活动等已经商品化的活动，其成本主要体现在采购价格上。对需要特别设计的活动而言，旅行管家同样需要了解并控制活动的预算。根据实际情况进行具体、周密的计算后，应用清晰明了的形式列出活动的各项费用。

（6）活动的参与者。活动的参与者既包括活动组织者、工作人员，也包括游客等体验活动的参与者。旅行管家在活动设计过程中，应明确旅游活动具体的组织者、参与者姓名、嘉宾、单位等。明确参与者的另一个原因就是活动的设计是有针对性的，为特定的参与群体专门设计的活动，才能体现出旅游产品定制的价值。

（7）活动的注意事项。活动都有预知的细节。旅行管家可以据此编制活动的注意事项。同时，在活动实际的开展过程中，内外环境的变化难免会给活动方案的执行带来一些不确定性因素，因此，旅行管家在注意事项中也应对环境变化时的应急措施等加以说明。

经典案例

新年伊始“一出好戏”游周庄

1. 活动背景：岁末伊始，去陈迎新，杭州众泰旅行社特别推出“旅游＋戏曲＋地方民俗文化展示”的新模式，为广大游客带来华东地区及水乡特色文化的新展示窗口。粤式文化与江南民俗文化的交流互动、展示、促进文化繁荣是我们举办此次活动的主要目的。

此次活动将以旅游的悠闲心态为主打线、特别安排游客游览华东五市，在周庄特别安排穿插广东地区粤剧、潮剧的地方戏曲精华与江南代表水乡周庄“开庄大典”的激情碰撞。将邀请粤剧、潮剧地方戏曲名角前往江南水乡周庄、选择知名曲目、为游客搭建舞台、选定时间进行表演，展现粤式戏曲文化的精华。2019 年 1 月 1 日更是安排游客前往周庄景区内参加周庄新年伊始“开庄大典”，锣鼓声声，鞭炮齐鸣，周庄传奇人物“沈万三”在丫鬟、家丁的簇拥下，于贞丰泽国牌楼供上供品，点蜡烛、焚香炉，祈求一年国泰民安、风调雨顺。随后，“沈万三”将邀海内外宾客入庄巡游，沿途向宾客贺新年并发放“金币”等礼物。更有舞龙、舞狮、挑花篮、打连厢、荡湖船等表演项目助兴。此次活动的举办旨在为更多游客创造多样性、参与性强、体验度高的旅游新体验模式。游戏人生的豁然态度与旅游心理需求不谋而合，期望为各位游客留下江南旅游的新印象。

2. 活动主题：“一出好戏”游周庄

3. 目标人数：××人
4. 活动时间：2018 年 12 月 31 日—2019 年 1 月 1 日
5. 活动亮点：
(1) 邀请粤剧、潮剧知名演员专场表演
(2) 受邀前排 VIP 区域参观周庄“开庄大典”
(3)“旅游十戏曲十地方民俗文化展示”新模式的跟团游
6. 活动内容：
(1) 粤剧、潮剧表演
时间：2018 年 12 月 31 日 15:00—17:00
场地：周庄景区外大戏台
具体节目流程：开场（5 分钟）→粤剧选段表演（35 分钟）→潮剧选段表演（35 分钟）→周庄特邀民俗节目表演（15 分钟）→观众互动环节（15 分钟）→闭幕、合影留念→晚餐→放花灯→灯光秀→入住酒店→烟花秀
(2) 周庄“开庄大典”
时间：2019 年 1 月 1 日 09:30—11:00
场地：周庄景区
具体流程：开场（09:58）→舞龙、舞狮、挑花篮、打连厢、荡湖船表演（1 小时）
资料来源：杭州众泰旅行社有限公司。

2. 旅游活动设计的流程

活动设计是指旅行管家对所要组织的活动制定出工作方案和计划。在设计方案中通常包括活动目的、活动对象、活动主题、活动方式、时间及地点等内容。在设计过程中，旅行管家不应只关注现场活动的呈现内容和现场效果，同时也应该特别注意到前期准备工作及后续收尾工作。旅行管家在活动设计工作过程中，同样需要遵循市场和消费者需求原则、合理性原则、多样性原则、主题性原则、创新性原则，以及最重要的安全第一原则。

(1) 明确活动对象和目的。对于一个活动而言，开展的背景是客观存在的，旅行管家设计的活动不能与其客观背景相违背。在此基础上，完成一项活动的设计，首先要从明确活动的对象与目的开始。不同的游客有不一样的旅游目的，明确游客参加旅游活动的目的，才能明确旅行管家组织活动的目的，才能有的放矢，最终体现活动设计的价值。传统上，游客在旅游过程中参与的活动，其目的往往是追求愉悦、商务或其他需要。但是随着旅游业的发展，游客的需求越来越多样化，远远超过旅游“六要素”的范畴和边界。旅行管家可以通过充分的沟通，明确活动的参与对象及其目的，整合相关资源，设计并制定出标准化或个性化的旅游活动。

(2) 拟定活动主题。旅行管家根据活动参与的对象和目的，结合可以运用的资源和要素，可以拟定活动的主题。活动的主题应当体现活动最核心的内容，是活动最鲜明的标签，也应该力求创新，体现活动的吸引力、震撼力和排他性。

(3) 确定活动方式。活动方式就是为了实现活动的目标，对活动主题的具体化演绎。旅行管家围绕活动的主题，通常可以提出多种活动方式，需要通过比对和筛选，确定最合适的活动方式。同时根据活动具体安排上的要求，确定好活动开展的时间和地点。

(4) 设计活动方案。当一个活动主题清晰、方式明确之后，第一阶段的活动轮

廓设计就已完成。接下来，旅行管家需要判断该活动是可以通过要素市场采购，还是需要自己着手设计。如果相关的活动设计和运营服务可以采购得到，旅行管家只需要在购买要素的基础上对活动执行进行有效的沟通、衔接、管理、控制就可以。如果需要自己着手设计，通常设计方案需要包括前期的准备、中期的操作和后期的延续。

前期准备的设计一般分为人员安排、物资准备、试验方案三部分。在人员安排方面的设计要求是“人人有事做，事事有人管”，无空白点，也无交叉点。也就是说，旅行管家需要将活动的各个环节都考虑清楚，与实际工作人员的工作职责一一对应，否则极容易发生临阵失误、顾此失彼的现象。在物资准备方面的设计要求是“事无巨细”。大到车辆，小到螺丝钉，都需要罗列清单，在实际活动工作中也要按单清点，确保万无一失。尤为重要的是，如果创新设计出一项活动，旅行管家需要制定试验方案，以确定资源选择是否正确、刺激程度是否合适、现有途径是否合理、可行性是否具备等问题。常见的试验方式包括询问游客、填调查表或预演方案等。

中期操作设计内容主要包括工作配合和现场控制。工作的协调与配合是活动方案得到完美执行的先决条件，旅行管家在设计中应把各个环节安排清楚，对参与活动各方人员做出细致的工作规定，在活动开展过程中积极做好协调配合工作。现场控制主要是对活动的范围、强度、额度和重点进行调整，保持对活动方案的控制。活动后期设计则包括对游客必要的辅助服务和后续服务，以及对人员物料的后续安排等。

（5）设计费用预算。对于旅行管家在要素市场采购的活动，采购价格即活动的主要成本。而对于旅行管家自行设计的活动而言，旅行管家在设计活动的时候需要对其成本进行预估，保证旅游活动在合理可行的前提下有效开展，最终实现旅客旅游需要的满足和旅行管家旅游经营的利益收获。

（6）设计意外防范。不同的活动过程可能带来不一样的安全隐患，因此旅行管家需要特别针对具体的活动，编制注意事项。同时活动的开展不可避免发生意外，如政府的干预、消费者的投诉、天气突变导致活动终止等。除了在活动开展前做好告知提醒工作外，旅行管家还需要在活动设计时做好必要的应急预案，针对可能出现的意外事件做必要的人力、物力、财力方面的准备。

此外，在活动开展之前，旅行管家应对活动的效果进行预测，以便在活动结束后与实际情况进行比较。同时，在旅游活动结束后，旅行管家需要总结本次活动的成功和失败之处，以便于及时做出弥补和反馈，对下次活动的开展做出积极的改进。当然以上只是旅游活动方案设计的一个大致流程，在操作时还需根据实际情况加以充实和完善。

3. 旅游活动设计的方法

一个活动设计得精彩独到、特色鲜明，能够为游客带来极致的体验和难忘的回忆。而一个平庸的活动或许会让游客兴致索然，甚至觉得多此一举。因此，旅行管家在活动设计过程中需要注重一定的方式和方法。借势法、点睛法和差异法是活动设计比较常见的三种方法。

借势法是旅游活动设计常用的方法之一。在旅游活动中，旅游者能接触到大量优秀的自然与人文旅游资源，在游览过程中，游客容易触景生情，在活动设计过程中，也可以借得其势，提升活动的价值、关注度和影响力。表 4－9 是借势法常用的资源。

表 4-9 借势法常用的资源

资源	举例
借助重大事件	世博会、世园会、奥运会等
借助重大决策	乡村振兴、红色旅游等
借助重要时间	元宵节赏灯、端午节龙舟赛等
借助重要人物	曲阜孔子文化、金庸华山论剑等
借助重要山水	泰山观日出、钱塘江观潮等
借助重要特产	吐鲁番葡萄、贵州茅台酒等
借助重要民俗	云南泼水节、内蒙古那达慕等
借助宗教活动	妈祖祭拜文化活动

点睛法是指找出活动中的一个亮点，并以该亮点为突破口带动整个活动的设计方法。通常可以通过口号、项目、标识或标志等体现。

差异法是指旅行管家通过活动之间的差异比对，寻找出活动的特色所在，通过强调活动的差异和个性，推出活动的设计方法。通常，差异可以通过定名（如“五岳独尊”）、形式（如“印象丽江”）、内容（如“青岛啤酒节”）等体现。

经典案例

2018《一路“游”你·怀旧金曲》群星演唱会策划方案

秋季是杭州最适合旅游的季节，2018 年的秋季，杭州众泰旅行社在杭州组织了一次演唱会，邀请了姜育恒等 10 余位歌星到场献歌，让上千名参加该社旅游团游览杭州的游客体验到了一个与众不同的杭州旅程。以下就是该活动的策划方案。

1. 背景分析

（1）从当前的旅游市场分析。市场常规很难打破，但循规蹈矩又使得旅游产品呆板、老套，我们需要新元素去开创一个新的格局，打响公司的品牌文化。常规的旅游产品无非是从景点、住宿、餐食各个方面来展现路线的特色。选择出行不仅仅是为了玩乐，更多的时候是发现这个世界的不同，所以我们游玩的是当地人文风情，消费的是文化景观的价值存在。

（2）从亲子孝顺角度分析。为何要在旅游路线上举办一场千人演唱会？要想使旅游产品更加有生命力，就需要加强产品的人文情怀。中国有很多传统节日，是民族文化的传承。当代社会，更需要传承。11 月是感恩月，这个源自西方的节日为何在中国盛行？中华民族是一个重情义的大民族，我们讲究仁义礼智信。对于父母，我们重孝道。但由于中国人骨子里内敛、含蓄，很难将自己对父母的爱大胆表白出来。或许亲人之间的情感彼此互通，但直接的表达更会拉近子女与父母的距离，加深感情。

中国有句老话：“树欲静而风不止，子欲养而亲不在。”很多年轻人都觉得自己的父母健在，还有很多机会可以尽孝道。或者仅仅将孝道表达在逢年过节给父母买的大量进口保健品上。我们都需要机会去表达自己内心对父母的情感，感恩月的来临是一个好时机。公司为此特别筹划了感恩系列旅游产品。让年轻的子女为父母献上双重大礼：一次说走就走的旅程和一场不见不散的演唱会！

秋季是一个适合出行旅游的季节，来华东地区旅游的亮点有很多，年轻人可以牵着父母的双手领略传承千年的西湖风情，欣赏潋滟水光，三潭印月是亲情的见证；年轻人可以带自己的父母游览中山陵的风光，看清父母的世界；苏州园林的构造巧夺天工，年轻人可以告诉父母，在这个世界上，亲情也如园林构造般独具匠心；年轻人可以表白父母，父母的一生对我们来说璀璨如星光，好似上海那十年如一梦的外滩光景，只会愈发璀璨；年轻人可以带父母欣赏江南水乡秋日里的风光，因为父母的爱是悠悠水乡里的常青藤，在水墨江南的风景里焕发生机，父母的爱只深不浅。为了让游客有更多的选择，我们筹划了各具特色的路线。希望所有的父母都能有一个愉快的旅程。父母是这个世界上以爱和青春的名义一路守护我们成长的超人，我们也应该用爱的方式陪他们慢慢变老。感恩月，表白季。我们用爱发声！

(3) 从父母的时代记忆角度分析。对于带父母旅行的表白方式，很多人表示理解，但却不明白为何要让父母去听一场演唱会。每一代人都有属于自己独一无二的记忆。而每个时代的音乐都承载一个时代的回忆。中央电视台《同一首歌》以其独特的视角展示着歌坛永具魅力的经典老歌，它的足迹遍及了祖国的山山水水，唱遍了祖国的大江南北。它穿透了时间的年轮，总能唤起我们对以往的种种回忆！因为同一首歌，有同样的欢乐、同样的梦想、同样的感受！所以我们想要通过一场千人演唱会凝聚同一个时代的情感，送给父母特别的回忆！

对于受邀嘉宾，我们公司也是经过一番问卷调查后确定了最终名单。“忧郁王子”姜育恒以一首《再回首》红遍中国，耳熟能详的曲调总是让人心生共鸣。今年中秋节，姜育恒受央视特邀，现场献唱经典曲目《再回首》就受到了观众的喜爱，隔着屏幕都感受到了现场温暖的氛围。我们很荣幸能邀请到姜育恒来杭州献唱，让我们的父母在回首往事的同时创造更美好的回忆！

(4) 从旅游产品角度分析。首先是价格优势。1 000 多元对于现代人来说，可能就是亲朋好友的一次聚餐花费。我们能带给客人的是五晚六天的精彩江南旅行，还加看一场群星演唱会。其次，市场上很多低价的旅行线路的行程很单调，而且有些会安排没有名气的地方。而我们这次安排的都是知名度高、辨识度强的旅游胜地。如中山陵、秦淮河、西湖、外滩等，都是大家耳熟能详、心之向往的地方。最后，住宿方面，我们特意为大家升级一晚精品豪华酒店，提升住宿品质。

2. 2018《一路“游”你·怀旧金曲》群星演唱会流程说明

(1) 演出时间：2018 年 11 月 3 日 19:00—21:00

(2) 演出地点：浙江省杭州市

(3) 演出活动流程：

【18:00—18:30】进场：观众入场

【18:30—19:00】暖场：暖场音乐播放

【19:00—19:15】开场：主持人开场

【19:15—21:00】正式演出：演员上场表演

【21:00—21:10】演出结束，集体谢幕，演员合影留念

(4) 演出歌单：略

(5) 活动主办方：杭州众泰旅行社有限公司

(6) 活动承办方：略

3. 微信软文

感恩爸妈：一路“游”你·幸福圆梦曲

小序：如果爱，请用心表白！在父母还未老去的年华中，精心雕刻记忆的年轮。小时

候，旅程是父母宽厚温暖的双手，音乐是父母轻声哼唱的小调。长大后，成长是一次次的远行，老去是一次次的送别。我想要在特别的岁月里糅杂进他们最美的青春，在他们的世界里追逐灿烂的光景。

■ 感恩爸妈，送什么礼物？

礼物是我们表达心意的外化符号，尤其是要送给对自己特别重要的人，而挑选礼物又让人费尽心思。对于父母，我们是送上一份精心定制的生日蛋糕，还是一条温暖防寒的围巾，抑或是应季的新鲜水果？传统的表达方式千篇一律，不足以表达我们对父母深厚的感情。感恩月来临，11 月我们送给父母双重惊喜——一次说走就走的旅程，一场不见不散的演唱会！

■ 一次说走就走的旅程

小时候，我喜欢你们带我去看戏。其实，我喜欢的是那种热闹的氛围，喜欢的是有好多好吃的，有冰糖葫芦、糙米棍、棒棒糖、果丹皮……在一旁看着你们时而皱眉时而叫好，年幼的我没有听明白大部分的故事和情感，但是长大之后我却常常回忆那时的情景，觉得是那么温暖，是那样的美好。年轻的我们平时为家庭和事业奔波，我们只记得往前看，往前追赶，却忘了身后已逐渐走不快、走不动的父母；我们只想着带着孩子好好看世界，开阔眼界，却忘记了父母也同样需要我们放慢脚步，牵着他们重拾往日对外界的好奇心与欣赏力。带他们去看看外面的世界吧！不管是吹吹风，还是唱唱歌，抑或赏赏景，走走绿道，就像他们年轻时陪着年幼的你那样。来华东旅游，为父母筑梦旅程，感受水墨江南秀景！

■ 一场不见不散的演唱会

让我们的父母看今生的第一场演唱会！时值感恩季，不少儿女又开始为送父母什么礼物而绞尽脑汁了，可是往往送出的礼物却不是父母所需，父母扔了觉得可惜，留着又实在没用，浪费了很多财力物力。其实，子女常常忽略父母最缺乏的是精神文化生活方面的充实。作为当代社会中坚力量的父母，大多都没有在现场观看演唱会的经历，在他们能够大胆接受新鲜事物的年纪，演唱会还没有作为一种商业演出形式在国内出现，现在他们的年纪大了，也没有想过演唱会这种新鲜事物会和自己有什么关系。他们更不能理解，一场演唱会让他们的孩子激动不已的真正原因到底在哪里。来华东旅游，圆爸妈一场演唱会的梦！11 月 3 日，我们独家举办《一路“游”你，怀旧金曲》群星演唱会，千人现场共享盛欢，欢度金秋佳季！

（4）《一路“游”你，怀旧金曲》嘉宾阵容（略）

4. 海报推广语

■ 嗨版推广语

○ 星夜传奇璀璨上映，音乐盛典热力燃烧。一场金秋视听盛宴狂热来袭，11 月 3 日独家举办《一路“游”你·怀旧金曲》群星演唱会，等你嗨爆金秋！

○ 金秋夜宴，千人乐典。11 月 3 日《一路“游”你·怀旧金曲》群星演唱会耀出精彩，实力圈粉。我们要玩得不同，耀得精彩！

■ 怀旧版推广语

○ 星动之夜，邂逅往事不再是梦！怀旧金曲风火热来约，千人盛会只为“音”迷！11 月 3 日《一路“游”你·怀旧金曲》群星演唱会，我们在杭州等你！

○ 怀旧曲风，经典上映。11 月 3 日《一路“游”你·怀旧金曲》群星演唱会邀你再回首青春。回得去的青春，追得回的往事，在金曲中共度金秋盛典！

■ 华东旅游版推广语

○ 华东要搞大事情！当江南千古的墨香与怀旧群星演唱会碰撞在一起，掀起华东旅游新热浪，火花四溅。惊艳四座，震撼来袭！

○ 年轻时，一直向往江南如画的美景，才子佳人的才情。年轻时，《再回首》《梅花三弄》《别让我一个人醉》《片片枫叶情》这一首首耳熟能详的歌曲是那时永不磨灭的时代烙印。如今，有钱有闲，子女成材，家庭美满，就想选择一款有新意的江南游。既能游华东，尽情感受江南的风土人情；又能赶潮流，近距离看明星现场演绎视听盛宴。有人陪同，安排妥帖，像孩子们一样来场说走就走的华东之旅。

扫一扫

一路“游”你

怀旧金曲包列

○ 走过江南金秋盛景，谁说旅游不能玩出新花样？豪气冲天，我包场请你来看演唱会！11 月 3 日大型专场《一路“游”你·怀旧金曲》群星演唱会，让我们不见不散！

资料来源：杭州众泰旅行社有限公司。

4.3　旅行管家的产品定制

4.3.1　旅游产品的概念、层次、特征及质量

旅行管家按照一定要求设计出的旅游行程，可以成为旅游者前往某地旅游的方针指南。作为旅游经营者，希望通过旅游产品定制和销售，通过专业的接待和服务，光靠行程的设计是不够的。因此，旅行管家在完成旅游行程设计之后，需要将旅游行程与相关要素组合成旅游产品，才能投放旅游市场，创造价值和收益。在旅游市场中，尽管关于旅游产品的定义纷繁芜杂，但旅行管家只要牢牢抓住产品的观点，就能够超越行程设计的藩篱，在产品的高度架构理念，为旅游活动创造更多优质的需求。因此，旅行管家需要对旅游产品的概念、层次、特征、质量等内容有所了解。

1. 旅游产品的概念

什么是产品呢？传统上，人们认识到的产品主要指物质产品，但如今无形的服务也被纳入产品的范畴之中。被誉为“现代营销之父”的美国学者菲利普·科特勒提出，产品是指任何可以供给某个市场以满足其欲求或需要的事物。可在市场销售的产品，包括有形物品、服务、体验、节事、地方、地产、组织、信息和创意等。人们实现一次旅游活动，需要多种相关吸引物、设施和服务提供支持。如出行前的信息服务，出行过程中的交通、住宿、餐饮、参观、游览服务及相关产品，以及出行以后的一些追踪服务等，这样的一些产品和服务的总和可以称之为旅游产品。

2. 旅游产品的层次

菲利普·科特勒不仅提出产品理论，同时将产品分为 5 个层次。产品最重要的是它的核心利益，这也是消费者购买到最基本的服务或利益，对于旅游产品而言，其核心利益通常就是通过目的地的旅游活动获得的体验和乐趣。在核心利益外围依次是基础产品、期望产品、附加产品、潜在产品。基础产品是产品的基本形式，对于旅游产品而言，也就是由旅游吸引物、旅行交通和相关服务等构成的旅游行程。

期望产品是指游客购买产品时通常希望和默认的一种属性和条件，如游客期望参加寓教于乐的旅游活动，让其在快乐中收获体验和知识等。附加产品是指增加的服务和利益，如旅行管家在旅游途中向游客提供的特色纪念品、在旅游结束以后向游客提供后续的跟进服务等。潜在产品是该产品最终可能会实现的全部附加部分和将来会转化的部分，如消费者通过旅行管家组织，参加了一次赴某市的旅游活动后，不久在该地购置了房产等。

无论是旅游景区、酒店、餐馆等单项旅游产品，还是以旅游行程为主体的综合旅游产品，都可以通过这个产品理论分层研究。通过产品层次的观点，可以较好地解释竞争问题。菲利普·科特勒指出，今天产品的竞争通常发生在附加价值层次上，但是在发展中国家，产品的竞争也有可能发生在期望产品方面。事实上，不同的旅游产品在每个层级都会面临各不相同的竞争压力。与附加层次和期望层次相比，常常容易被旅行管家所忽略的恰恰是旅游产品最核心的基础层次。正所谓“皮之不存，毛将焉附”？旅游产业是比较典型的体验产业，与其他旅游需要相比，美好体验和精神乐趣是旅游活动的根本诉求，是旅游产品提供给消费者的最终价值，也是旅行管家站在产品高度策划旅游活动的根本追求。

从心理学角度讲，体验是当一个人达到情绪、智力、体力甚至精神的某一特定水平时，其意识中所产生的深度感觉，或者说是个体对某些刺激产生回应的个别化感受。有学者将体验分为娱乐体验、教育体验、审美体验和逃避现实体验 4 类，指出让人类感觉最丰富的体验是处于这 4 个部分交叉位置的“甜蜜地带”。在旅游活动中，体验的典型特征就是值得记忆，丰富的旅途收获和愉快的旅行体验都值得游客记忆，能够给予游客一种美好而独特的感受。不过，旅游产品也难以用体验的范围来全部涵盖，部分旅游活动最主要的目的更是完成特定事务。所以，旅行管家关注旅游产品，正是要从认清旅游产品开始，在此基础上将旅游行程通过产品制作、包装、定价、宣传等工作，真正完成产品落地，有效投放旅游市场。

3. 旅游产品的特征

根据旅游产品的体验理论，产品提供给消费者的最终价值主要是一种精神体验，这决定了旅游经营者对旅游产品的策划、建设、营销和管理与普通工业产品有较大区别。因此，旅行管家必须对旅游产品特征有充分的了解和认识。

首先，旅游产品的形成或组织涉及非常广泛的业务部门，即旅游产品具有综合性。旅行管家无法独立完成产品的生产活动，必须依托众多的旅游资源要素和旅行辅助人。其次，旅游产品主要不是以物质形态表现出来的有形产品，而是以多种服务表现出来的无形产品。这种无形性又可以派生出体验性和不可移动性。旅行管家事先与旅游者进行的沟通，只能向他提供旅游产品的必要信息，旅客需要通过旅游活动的完成，才能真正感受旅游产品的使用价值，并做出评价。同时旅游产品受环境的影响显著，很多旅游产品的销售存在明显淡旺季变化。因此，具有不可储存性，旺季再供不应求的旅游产品，也不能储存到淡季销售。当然旅游产品也具有不可替代性，不同的产品之间不可替代，对同样的产品，参与体验的消费者也是不可相互替代的。

4. 旅游产品的质量

对于产品质量的问题，在不同时代、不同行业中，解读是不同的。在工业化生产阶段，工业产品质量标准主要是指没有缺陷，对其质量的评价可以依赖自身技术标准。但是，对旅游产品等服务产品而言，质量往往只能说是产品或服务满足旅客需要的一种程度。因此对质量的评价体系要复杂得多，如星级酒店或A级景区这样量化考核的标准很难普遍适用于综合化的旅游产品。考虑到旅游产品与旅客体验有必然联系，因此也可以通过旅客对旅游产品的评价确定其质量。旅客对旅游产品的评价实际上来自其消费旅游产品、体验旅游活动过程中实际感觉与心理预期的比较。如果感觉物超所值，则旅游产品的感知质量就较好，反之则感知质量就较差。因此旅行管家在产品定制过程中，需要考虑到旅客实际的感知体验因素。通常旅客对旅游产品的感知体验因素主要包括可靠性、响应性、安全性、移情性、有形性等。

经典案例

旅游产品广告宣称提供豪华游服务合适吗?

某旅行社组团到某著名景点旅游，旅游产品广告宣称旅游者将乘坐豪华飞机出行，组团标准有豪华A等、豪华B等旅游团及普通旅游团，每人的价格分别是4 080元、2 860元和1 480元。旅游者尹女士根据自己的需要，选择了豪华B等旅游团，并交纳了旅游团款。旅游合同约定，旅游目的地全程由豪华空调大巴接送，住三星级酒店。但在实际履行合同中，旅游者得到的住宿服务是：一个晚上住的酒店没有星级，另一个晚上住的酒店虽为三星级，但客房没有窗户；在景点旅游期间，尹女士乘坐的车辆均为当地景点提供的普通中巴车，并且没有座位。旅游者认为旅游产品中提供的服务不仅不豪华，而且连普通的服务尚未达到，在协商未果的情况下，旅游者向人民法院提起民事诉讼，要求退还全额旅游团款。

扫一扫

旅游产品广告宣称提供豪华游服务合适吗?

分析：你觉得旅游产品广告宣称提供豪华游服务合适吗?

4.3.2 旅游产品的定制服务

前面用较多的篇幅对旅行管家在定制服务中的重要工作技能做了相关介绍。但是对旅行管家而言，技能和服务并不是同一回事。对旅游者而言，通过定制旅游产品的购买本质上需要获取的是定制服务，而不是旅行管家的服务技能。虽然旅行管家需要胜任旅游产品定制服务的工作，需要具备相关的工作技能。但是具备了必要的工作技能，不等于就能胜任旅游产品的定制服务。因此，旅行管家在实际工作过程中不仅要分清工作技能与定制服务的辩证关系，同时也需要真正了解旅游产品定制服务的内容。

扫一扫

视频：旅行管家的定制服务

1. 旅游产品定制服务的概念

旅游产品定制服务，就是旅行管家通过沟通、问询等手段明确了旅游者的旅游需求，据此整合相关旅游吸引物、设施、服务等要素，构成独立可行的旅游方案，并以一定价格与旅游者达成交易的过程。所以，旅游产品定制服务和沟通服务是紧密相连的。沟通服务不只为了旅游产品的定制，但是旅游产品定制却少不了沟通服务。同时，大多数旅游产品的核心是旅游行程，但是并不是所有旅游产品都是通过行程的方式表现出来的。一些单项旅游方案或非行程旅游方案也是旅游产品的组成部分，当旅客需要提供这方面旅游产品定制时，旅行管家同样需要提供相应服务。

此外，定制服务不仅需要旅行管家依据游客的需求进行相应旅游产品的设计和制作，同时还包含“确定”的含义。也就是说，旅行管家并不是按照要求将旅游产品设计好就算完成了定制工作，更需要通过沟通等服务进一步与旅客交换意见，推动设计方案最终的确定与达成。广义的定制服务还包括旅游产品的生产过程，即行程中的接待服务和突发情况处理服务，以及行程结束后的后续服务、投诉处理等。

课证融通

旅游定制类旅行管家的要求

中国旅行社协会于2021年发布了《旅行管家分类、要求与认定》（T/CATS001—2021），对旅游定制类旅行管家的要求做了如下规定：应符合《旅游定制师等级划分与评定》（T/CATS001—2020）团体标准规定的“初级旅游定制师”条件。具体如下：

1. 资格要求（应具备以下一项或多项条件）

（1）具有大学专科及以上学历（或同等学力）；

（2）全日制大学专科及以上学历的在校生；

（3）高中毕业并从事旅游定制师相关业务2年以上的相关企事业单位的现职中高级管理人员或业务骨干。

2. 知识要求

（1）熟悉旅游定制师业务流程和标准；

（2）具有旅游接待咨询基本知识；

（3）具有消费者心理学基本知识；

（4）具有旅游市场营销、品牌推广的意识；

（5）了解旅游目的地资源开发相关知识；

（6）了解目的地地理、历史、文化、风俗民情和当地法律法规等基本常识；

（7）了解旅游产品定价方法及旅游产品价格构成；

（8）熟悉旅游安全和应急处理等相关知识和程序。

3. 技能要求

（1）具有较强的创新能力、组织能力、应变与适应能力、学习能力；

（2）具有基本的客户沟通协调能力，能够捕捉客户的核心需求；

（3）具有基本的定制旅游产品相关资源、服务、组织以及供应链体系的适度匹配能力；

（4）具有基本的旅游定制产品成本控制与报价能力；

（5）具有基础的文字、图片、视频处理能力，掌握新媒体应用和传播技巧；

（6）具有捕捉市场信息，了解旅游消费市场变化趋势的能力；

（7）具有熟练应用旅游基础知识和专业知识的能力；

（8）具有独立完成个性化旅游定制产品设计与服务业务流程所需的其他技能；

（9）具有履行安全告知义务的能力，并具有向客户普及事故预防、突发事故处理等措施的能力。

2. 旅游产品定制服务的要求

具有较强的沟通、组织、协调、应变能力，可以进行客户需求分析并进行需求期望管理，能设计贴合客户需求的定制旅行产品。具有较好的语言、文字表达能力，可以独立完成文案写作。可熟练运用办公自动化常用软件（Word、Excel、PowerPoint等）、制图软件、媒体营销工具，具有较好的外语听、说、读、写能力。

经典案例

某旅行社产品定制服务中列出的违背及时性和可靠性的行为

表 4－10　产品定制服务中违背及时性的行为

发生问题	具体行为
未及时联系	1. 客人指定联系时间，未按客人要求联系。 2. 客人无指定联系时间，派单后超过首呼时限联系。 首呼时限要求： (1) 接单当天为工作日，则接单后 1 工作小时内联系（例外：法定休假前一个工作日 17—24 点，接单后 3 工作小时内联系）； (2) 接单当天为节假日，则接单后 3 工作小时内联系（例外：法定休假前最后一个节假日 16—24 点，接单后下一个工作日早上 10 点前联系）。
未及时发送方案	1. 在首次成功联系上客人后，开始计算方案发送时间。联系成功后超过及时性时限发送方案。 2. 如果联系不上客人，但客人填写了出发地、目的地、出行日期和人数信息，在接单后超过 8 工作小时＋及时性时限内发送方案。 及时性时限：国内 3 个工作小时，海外短线 6 个工作小时，海外长线 10 个工作小时。
未及时建群	订单出行日期前一个工作日的中午 12 点前（出行前一个工作日中午 12 点后成交订单，客人确认合同当天建群）未邀请客人及其他成员进群。
抱怨未及时回复	客人发出的抱怨，未在工作时间的 5 分钟内回复。 工作时间界定：非法定节假日的北京时间 9:00—18:00。
抱怨未及时处理	客人发出抱怨后，紧急场景（不区分是否工作时间内）未在 15 分钟内提供处理方案；非紧急场景未在工作时间内的 60 分钟内提供处理方案。

表 4－11　产品定制服务中违背可靠性的行为

发生问题	具体行为
威胁恐吓	包括但不限于频繁通过各种沟通渠道骚扰或辱骂客人，或是以阻碍客人正常出行、限制人身自由、威胁客人人身财产安全等行为，强制或迫使客人做出违背其自身意愿、有损其自身利益的事情。
服务歧视	服务过程中，在无客观合理原因或非客人要求的情况下因人种、宗教、地域等因素区别对待客人。
成交后终止服务	包括但不限于订单成交后拒绝提供售后服务，定制师失联（如电话加入黑名单等）。
收款扣款操作错误	退款金额错误、未按约定或未在规定时限内退款。
发票操作错误	发票内容开具错误，重复开票，或未在返程后的 3 个工作日内为客人开具并邮寄/发送发票（客人返程后要求提供的，未在客人提出后的 3 个工作日内开票并邮寄/发送）。
资源信息操作错误	资源使用凭证/资源变更信息同步错误。
抱怨未处理	未在客人发出抱怨后的 8 工作小时内提供处理方案。

续前表

发生问题	具体行为
行程报价与需求不符	包含但不仅限：客人提出的需求方案报价中遗漏或安排有误；定制师未按承诺设计线路、安排资源等。
方案内容不合规	提供的方案违反公司规则要求。
未发方案	1. 订单在首次成功联系上客人后，开始计算方案发送时间。联系成功后超过 2 个工作日发送方案视为缺陷。 如果联系不上客人，但客人填写了出发地、目的地、出行日期和人数信息，接单后未在 3 工作日内发送方案视为缺陷。
未建群	1.（1）出行当天仍未建群；（2）群内缺少应有成员角色；（3）引导客人避开公司监控；（4）直至行程结束，群内无与客人的对话内容；以上场景均视为缺陷。 2. 群名称设置与规范不符，视为缺陷。
联系不规范	1. 电话打出去后响一声挂断。 2. 除了被叫空号、手机停机情况外，首呼失败后未按联系频率及振铃时长要求再次联系。
私自取消需求单	1. 未与客人协商一致，私自取消订单。 2. 未成功联系上客人且联系不规范的情况下，直接取消订单。 3. 客人意向模糊，未明确表示不出行的情况下，直接取消订单。
投诉抱怨处理不规范	公司已受理的客诉，定制师处置方案未经公司认可，直接联系客人协商。

资料来源：杭州远景国际旅行社有限公司，有删节。

3. 旅游产品定制服务的内容

（1）完成定制方案。定制方案是旅游产品的文本呈现方式或信息呈现方式。因为旅游产品具有不可移动性和产销同时性，游客在旅游活动前无法接触到产品，只能通过定制方案来了解产品信息，并据此完成旅游产品的选择和购买。因此旅行管家的产品定制服务，首先就需要向游客提供完整的定制方案。定制方案用信息和文本的方式反映了旅游产品的价值。旅游产品定制是一件非常费时费力的事情，如果旅行管家花费大量时间精力完成的定制方案不被游客采纳，理论上这个定制方案就没有价值。旅行管家必须重视定制方案完成的质量。因此，定制方案不仅是旅游行程的文字如实表述形式，更需要通过对图片、文字、排版等方面的视觉设计和整体的内容优化，共同构成一个有吸引力的方案。

（2）完成方案定价。价格是旅游产品价值的市场体现，实际销售价格和成本的差额就是旅游产品的利润。对旅游产品的定价需要合理化，价格过高会让游客望而却步，价格太低又会让服务贬值，而一个合理的价格更能够让定制方案备受瞩目，促使旅游者诺成旅游合同。

（3）确定定制方案。旅行管家将定制方案提供给游客的同时，需要同时积极和游客沟通，尽快促成定制方案的确定。只有方案确定，游客成行，旅游产品才能开始生产，创造价值。与此同时，旅行管家也要按照相关规定与游客签订旅游合同，确保双方的权利和义务，保证旅游活动的顺利开展。

（4）方案落地跟进。在定制方案落地、游客成行出游之后，旅行管家需要积极跟进，了解定制方案的执行情况，并根据实际的情况做好旅游活动中的接待、管理服务和应变工作。当最终旅游活动全部完成之后，旅行管家也需要根据定制方案和旅游活动实际开展情况，有针对性地为游客提供后续服务。

4.3.3　完成定制方案

1. 行程单的制作

行程单是定制方案的具象表现形式。当旅游行程设计完成之后，旅行管家就可以将旅游线路和具体活动内容通过行程单的形式体现出来。但是作为旅游产品定制方案，一个完整的行程单可以将旅游产品的所有信息全部包括在其中。旅行管家在制作行程单的时候要注意到，行程单的文字、内容、格式等都应该符合相应的要求。

（1）行程单的制作总体要求。旅行管家在行程单制作过程中，首先需要确保信息内容丰富详尽，能够充分展现旅游产品的全貌。同时，也要注意突出特色和重点，以彰显定制的优势，最大限度地满足游客的需要。其次，要遵循美观和实用的价值取向，排版有序，层次分明，美观整齐，为游客的阅读创造享受和美感。再次，对报价的呈现要清晰直观，既让阅读者一目了然，也要符合法律法规的相关规定。最后，对行程单的整体设计要求通常是大方简洁，也可以根据游客实际需求做精细化设计。

（2）行程单制作的内容要求。旅游产品信息庞杂，旅游行程内容众多，如何才能够将其大方简洁地体现在行程单上呢？通常这就需要旅行管家将内容分类归并、系统整理。

在一个完整的旅游产品策划方案当中，行程单中的内容通常包括旅游产品名称、旅游产品概要、旅游产品特色、服务标准、行程安排、费用信息、相关手续、产品说明、注意事项等。产品名称是旅游者认识产品的开端，因此不宜过长或过短，其表述方式通常是旅游目的地、旅游特色、旅游时间和其他相关信息的汇总。旅游产品概要是对产品必要信息的总括，通常包括出发的具体时间地点、大交通信息、人数、联系方式等。旅游产品特色是产品的核心竞争力，通常包括各资源要素的特色和产品设计本身的特色。服务标准是旅行管家对服务质量定性或定量的承诺，也是游客判断服务质量的重要依据。行程安排通常需要清晰标注行程的顺序、开展各项活动的地点、时间和活动时长、相应的标准，必要时候还可以提供活动的延伸信息。费用信息除了说明产品价格包含项目和自理费用以外，通常也需要考虑特殊旅游者的费用变更。对产品说明和注意事项的编制往往是策划方案容易忽略的地方。

旅行管家不仅要根据产品自身的特性，编制预订须知、特别约定和温馨提示等，还需要根据旅游活动本身的要求和目的地旅游的特殊要求编制相关注意事项。同时，如果旅游活动需要游客提前做好相关材料的准备工作，旅行管家也需要告知其流程内容和准备的时间。表 4－12 罗列了旅游产品策划方案中的一些明细项目。当然，旅游产品的内容各有不同，旅行管家也不能墨守成规，而是要根据具体产品的要求，对行程单中的内容进行增减和调整。

表 4－12 旅游产品策划方案明细项目表

明细项目		举例
旅游产品名称		日本箱根＋东京 6 日 5 晚私家定制团
旅游产品概要	出发时间地点	2019 年 1 月 1 日上午 8:00 杭州萧山国际机场集合出发
	往返时间	2019 年 1 月 1 日—2019 年 1 月 6 日
	往返大交通	2019 年 1 月 1 日 CA×××（10:00 杭州—12:30 东京）
	团队人数	5 人
	旅行管家/联系方式	小 A：18888888888
	当地导游/联系方式	小 B：08012345678
	紧急联系人	C 经理：16666666666
	投诉电话	0571－88888888
旅游产品特色	线路特色	双古都＋双温泉
	特色景点	新仓山浅间公园（被评为“摄影师有生之年必去的 21 个地方”之一）
	特色美食	叙叙苑和牛餐
	特色住宿	东京帝国大酒店
	特色体验	网红列车“江之电”
服务标准	设施设备	全程 10 座丰田海狮商务车
	服务承诺	全程旅行管家服务、中文司机导游，协助拍照服务等
	特色服务	儿童精美小礼物
	服务保障	一站式旅游保险服务
行程安排	行程时间	早 9:00—10:00
	行程地点	新仓山浅间公园（车程约为 30 分钟）
	行程内容	新仓山浅间公园位于新仓山的中部，是一处以美丽的富士山远景而闻名的公园，同时也是一个赏樱胜地。每到春季，公园开满了染井吉野樱花。园内矗立的五重塔、富士山与满园怒放的樱花，可谓典型的日本美景，世界各国的摄影师和游客为了观赏这幅景致纷至沓来
	延伸信息	除了春天，这里秋天的红叶景致和冬天的雪景也非常漂亮
费用信息	包含项目	大交通、住宿、餐食、门票、在地活动项目、随行服务人员……
	自理费用	出入境个人物品海关征税、超重行李的托运费、单房差……
	特殊旅游者费用	儿童、学生、老人、残疾人……
证照手续（以签证为例）	签证材料	在职材料、自由职业材料、在校学生材料……
	办理流程	提交材料→审核送签→使领馆办理（生物采样）→签证结果返回→销签规定
	相关提醒	若您自备签证，请自行确保护照和签证的有效性和信息的准确性

续前表

明细项目		举例
产品说明	预订须知	请您在预订时务必提供准确、完整的信息（姓名、性别、证件号码、国籍、联系方式等），以免产生预订错误，影响出行
	特别约定	如因意外事件及不可抗力，包括但不限于航空公司运力调配、机场临时关闭、天气原因、航空管制等导致航班取消或延期的，旅行社将尽最大努力协助您办理变更事宜，如产生差价，多退少补
	成团说明	本产品一单一团，最少成团人数 1 人
	温馨提示	若您乘坐的是春秋、亚洲航空等廉价航班，关于行李托运及相关收费标准，请参考相关规定
注意事项	出行指南	日本汽车靠左行驶，与中国相反，过马路时请注意安全。除大阪外，其余地区的自动扶梯都是左立右行……
	禁忌提示	请尊重当地的饮食习惯、宗教礼仪……
	安全提示	游泳、漂流、潜水、滑雪、冲浪、热气球等活动项目，均存在危险。参与前请根据自身条件，并充分参考当地相关部门及其他专业机构的相关公告和建议后量力而行……
	法律、规定	《国际航班手提行李规定》《民航局关于旅客行李中携带“锂电池、充电宝”乘机规定的公告》《中华人民共和国禁止携带、邮寄进境的动植物及其产品名录》……
违约条款	旅行社违约	在行程结束前解除合同的，必要的违约金标准
	旅游者违约	在行程结束前解除合同的，必要的费用扣除标准

（3）行程单制作的文字要求。大多数行程单都是由文字和部分图片构成的。所以除了内容以外，行程单的制作对文字表述也有一定的要求。一般包括规范化原则、透明化原则、有形化原则、差异化原则等。规范化原则是指行程单的文字表述必须符合法律法规的相关要求，也需要载入《旅游法》第五十八条所规定的内容。透明化原则是指行程单的文字表述需要清晰明了，利于游客对旅游产品的理解。有形化原则是指文字的描述能够形象生动，让游客有具象化的感受，甚至通过栩栩如生的描述引人入胜，吸引游客产生购买产品的需要。但是同样要注意避免夸大其词，让游客产生言过其实的感觉。差异化原则是指文字表述应当强调旅游产品的差异性与独特性，凸显旅游产品的价值。

具体说来，旅行管家需要在行程单中通过文字表述，首先需要向游客表明设计理念，告诉游客如此安排行程的具体原因和特色所在。其次需要详细描述细节，确保时间上的连续性、数据上的清晰性和价格上的明确性，满足游客的知情需要。同时还需要突出对游客的特别需求的满足，体现出定制的价值所在。

经典案例

一个标点符号引发的旅行社服务纠纷

某旅行社在当地媒体发布旅游广告，准备组织游客参加境内旅游。旅行社对于交通工具的考虑是，如果报名游客多，就自己安排旅游大巴往返，如果报名游客少，旅行社就安排高铁往返。市民来报名时，旅行社希望给出的往返旅游交通为“高铁或旅游大巴”，但由于业务员的疏忽，将交通工具打印成“高铁、旅游大巴”。由于参团游客人数多，最后旅行社租赁了旅游大巴前往旅游目的地。在旅游期间，有游客就提出要乘坐高铁返回，因为游客认为合同约定的高铁排在旅游大巴前面，而旅行社则认为是笔误，真实的意思是二选一，选择的主动权在旅行社。

扫一扫

一个标点符号引发的旅行社服务纠纷

分析：你觉得在这一纠纷中，哪一方说得有理呢？

知识链接

旅游行程单的行文格式规范

旅游行程单的编制应严谨，文字信息提示清晰简明，可参考以下行文格式规范：

1. 如何标明时间

中文行程统一使用 24 小时制。时间格式包括起止时间应当易于识别，如 00:00，00:00—00:00 或 00:00/00:00；在标明航班时间等场合可以用 00:00 格式表示时间，但应当防止与其他数字符号混淆。

2. 如何标明日期

中文日期可以用年月日或者 0000/00/00 表示，如“2019 年 1 月 3 日”以“2019/01/03”表示。行程中天数的表示：中文行程中可以用大写字母 D 后加阿拉伯数字表示。

3. 关于地点

重要地点，如集合地点等应当突出标明的位置，或用下划线等方式表示。

4. 旅游行程单线路名称的构成

旅行社产品线路的名称应当包含以下内容：旅游目的地或者目的地简称（如“三亚”“昆大丽”等）；标明旅游行程天数的文字（如“六日游”“五晚六天游”等）；标明交通工具的文字，包括首道交通工具或往返交通工具的文字（如“双飞”“双卧”）等。旅游行程名称中不得使用不确定性用语，如标明五星却并非全程挂牌五星酒店；不得使用他人已经取得注册商标的名称用语。

5. 旅游行程单中内容表述的规范要求

（1）旅游行程单必须包含以下内容：

1）旅游行程的出发地、途经地和目的地；2）旅游行程中交通、住宿、餐饮服务安排及其标准；3）旅行社统一安排的游览、娱乐项目的具体内容及时间；4）旅游者自由活动的时间和次数。

（2）旅游行程单中禁止下列违规用语：

1）服务标准上使用不确定性用语，如“准×星级”“相当于”“×星未挂牌”“豪华”“优秀导游（领队）服务”“参考值×星级”“当地×星”“预备×星”和对照非星级酒店的“与××同级”的用语等。2）服务内容上使用不确定性用语，如“以××为准”“仅供参考”“全包价”“半包价”“送保险”“含（赠送）旅游意外险”“含（赠送）旅行社责任险”以及将“机场建设费”和“燃油附加费”简称为“税”等。

6. 关于服务标准的规定

旅游行程单除日程安排外还应当向旅游者说明服务标准，“服务标准”栏应当说明包含项目和不包含项目。

（1）包含项目：

1）赠送：赠送内容可以包含旅游用品、矿泉水、照片等纪念品以及游览娱乐项目等，还可以标明赠送的附加服务。2）住宿：住宿天数、标准及费用、单房差标准以及是否含早餐等。3）餐饮：旅行社统一安排的团餐数量、标准，不足10人是否需要另议。4）交通：大小交通工具的名称、汽车车型、是否空调车；机票是否含机场建设费和航空燃油附加费；机票开出后不得退票/更改/签转的必须说明；还须说明如遇航空公司航班调整、延误或临时取消旅行社定位时的处理原则等。5）门票：包含景区首道门票。6）导游服务，说明导游服务收费标准。

（2）不包含项目：

主要说明和包含项目有关联，容易产生误解和纠纷的项目：1）航空保险、航空燃油附加费、机场建设费、景点小门票、景区电瓶车等（名称、价格、游览时间）。2）第三方原因产生的费用及由旅游者自身原因产生的费用。3）建议自行购买旅游意外险。4）酒店各项收费服务及境外小费等。5）儿童：2～12周岁儿童收费标准、包含项目及儿童安排，包含机票款、旅游汽车费、餐费及其标准（不占床早餐自理）等。

（3）以下不含项目应当特别说明：

1）住宿不含早餐的，有用餐时间却没有安排用餐的。2）机票不含航空险和机场建设费及航空燃油附加费的。3）门票不含小门票及景区内电瓶车索道等费用的。

7. 旅游行程单中应当标明注意事项

旅游行程单中应当标明注意事项，就证件、住房、退费、门票优惠、保险及安全告知等事项做出简要说明提示。以上注意事项，连同行程单中对旅游者发放的安全告知，应当从文字上完整地履行旅行社为保证旅行安全顺利而应尽的告知义务。

资料来源：黄宝辉．旅游线路设计实务［M］．长春：东北师范大学出版社，2019.

2. 定制方案的内容优化

定制方案的确定过程包括旅行管家和游客之间交换意见的沟通行为，也包括旅行管家对定制方案内容的优化行为。似乎最简单的优化方式就是根据游客实际需要相应调整方案。但是，由非专业的游客来左右专业的旅行管家对旅游产品的策划与设计，显然是双方都不甚认可的模式。因此，旅行管家更应该站在专业的角度，根据游客的实际需求对旅游产品做尽可能合理的调整和优化，并通过进一步的沟通，期许与游客达成一致意见。

在大多数时候，旅客的意见也是不充分的，往往无法抓住产品设计的真正缺陷，仅通过沟通表达对策划方案的不认可。在这种情况下，旅行管家可以通过产品层次化的角度来确定产品的不足和优化的方向。如一个设计完成的旅游行程，根据旅游产品的相关理论，至少包含核心和基础产品价值，即旅游过程和体验乐趣。如果产品在这两层有设计的缺陷或不足，这时旅行管家应当着重针对游憩方式和要素布局进行优化。游憩方式设计主要解决三个问题：如何解决产品的主题和核心吸引力不足；如何将旅游资源转化成一种玩的方式，即解决“玩法”；如何解决游客需求的全面满足。通过要素配置与布局，完善游程安排，解决上述问题，自然能够提升产品价值，满足游客需要。

如果是旅游产品的丰富性和完整性不够，在期望价值、附加价值和潜在价值角度有较明显的缺陷，那么为了能完善旅游产品的期望价值，旅行管家应当确定并修正旅游产品与旅游者需要的一致性。即仔细审视旅游产品与游客需要的匹配程度，并评估游客对旅游行程的重视程度、旅行管家对相关资源的掌控能力，并以此为基础，对旅游产品中关键细节进行筛选与落实。为了能完善旅游产品的附加价值，旅行管家应当超前把握旅游者的需求，向游客提供意想不到的精彩服务。为了能完善旅游产品的潜在价值，旅行管家需要构建以旅游产品为核心的产品体系和生态圈，让游客在接受旅游服务、享受旅游过程的同时，接触到更丰富的旅游生态和文化。也可以将旅游产品与自身的 IP 推广战略结合在一起，通过延伸的产品和服务塑造独特的产品形象与服务形象。

当然，旅游产品的层次只是为了方便对旅游产品的研究而设计的模型，旅游产品毕竟是一个完整的整体，是不可以任意割裂的。旅行管家更需要站在整体的角度上，合理地对旅游产品各要素进行组织和安排，规避旅游产品生产中的风险和不确定因素，筛选出供给稳定的产品和服务，以可行性原则为下限，以惊喜服务为上限，平衡产品中各要素的尺度，推出设计内容完整的、在市场中具有一定竞争力的旅游产品。

旅行管家在产品设计中拥有信息、资源、渠道等方面的优势，因此，对旅游产品的优化也可以从这些领域获得支持。例如，向旅游企业、旅游同业、供应商或旅行辅助人等征求对方案优化的意见。旅行管家还可以采用 SWOT 分析方法对设计的产品做出分析，找到优化的方向。此外，还有一些方案的优化需求来自价格，则需要通过一系列价格策略的运用，实现产品的价格回归。如果条件允许，甚至可以将部分旅游产品在小范围内进行试验性推广，以对各项指标进行更准确的判断。

同时，优化工作本身也能够提升旅游产品的生产质量和旅行管家的工作能力，因此，旅行管家的优化工作不仅要开展在出行前，即便在实际旅游活动中和旅游活动结束以后，旅行管家都需要根据反馈的信息，对产品进行进一步的优化。

旅游产品的设计有一定的规则和标准，随着经验不断积累，标准不断完善，按照相关标准所设计完成的旅游产品，瑕疵将越来越少。接受过更多游客所检验的旅游产品，成熟度将越来越高。但是，在旅游经济活动中，高成熟度和低瑕疵未必是旅游产品的核心竞争力。根据边际效益递减规律，游客对某旅游景点的重游率，是随着该游客重游次数增加而下降的。与之同步下降的，是对和该景点同类景点的游览次数。同理，重复而雷同的旅游产品也将面临边际需求递减的情况。因此，对旅行管家而言，有着巨大的创新压力。在激烈的市场竞争环境下，创新创意成了旅游产品打败对手、获得更大发展的重要手段，也是旅游产品开发中的核心竞争力，是旅行管家在旅游产品设计和开发中必须掌握的一种基本能力。

3. 定制方案的视听优化

（1）视听优化的概念。对定制旅游方案而言，视听优化是非常有必要的。原因很简单，产生旅游经济行为本身就是专业化的分工和交换，也就是说作为游客对旅游天然是不专业的，所以才要花钱买服务。所以，游客对旅游产品的认识一定不是全面理性的，会融入更多感性的成分。再加上旅游本身是一种体验活动，和体验密不可分的是感觉和知觉。从心理学上讲，人的外部感觉主要分为视觉、听觉、嗅觉、味觉、触觉等。技术发展到目前的阶段，设计方案可以通过多媒体技术实现对人视觉和听觉等方面的刺激，来达到改变游客感觉、知觉，乃至想象和思维的目的，让游客对方案背后的整个旅游产品拥有更好的认识。

因此，对定制旅游方案的视听优化主要就是针对旅游者的特定需求，结合相关技术，对方案与信息中相关的文字、图形、影音、色彩、声音等视觉和听觉元素进行设计，形成多种形态的媒体信息，并通过一定介质传达给需求方的过程。这里的相关技术主要指电子信息化技术，对象则是特定的旅游者。因此，视听优化工作需要旅行管家具备的能力，除了审美能力和创造能力之外，还需要拥有一定的识人能力和工具掌控能力。从目前来看，在定制方案的视听优化中最主要的工作是视觉优化。所以，旅行管家应当能够了解并掌握图片处理等静态平面设计工具、影音剪辑等动态交互设计工具和公众号等新媒体编辑排版工具的基本使用能力。

（2）视听优化的元素。视听优化的元素主要指构成视觉对象的文字、图片、色彩、影视，以及构成听觉对象的声音等。其中文字是最直接、最准确信息的表达方式，也是构成视觉设计的最基本元素。信息传达是文字的首要功能，因此文字的撰写尤为重要。同时，对文字的字体、字号、颜色、间距等格式处理，也是关乎文字可读性的重要因素。图片可以通过点、线、面等不同角度，传递更丰富和直观的信息。色彩元素的功能体现主要在主色调的选择和配色方案上，不同的旅行主题显然适用不同的色彩方案。随着多媒体技术的普及化，影视和声音元素逐渐成为新媒体传播的主力军。影音元素的制作虽然对技术要求比较高，但能全方位调动起人们的视听器官，传播效果更为显著。

1）文字优化的主要内容。旅行管家对定制方案的文字优化首先需要满足规范性要求。避免错别字或序号、标点符号使用差错，正确使用敬语和谦辞，避免文字禁忌等，同时也应该照顾到游客的文化差异，有针对性地使用民族文字、外来文字或繁体字，总之，通过规范性的要求，使阅读者更准确了解文字的内容。其次，需要满足文字审美性的要求，通过美感的传递，使阅读者在更舒适的状态下接受所传达的信息。在这方面需要做到文字的条理清楚、修辞得当、故事生动、词句优美、数据准确、格式美观，强化文字的逻辑性、趣味性、可读性，使文字具有更大的吸引力、说服力和视觉冲击力。

扫一扫

百度百科：禁用词

2）图片优化的主要内容。图片拥有比文字更为丰富的信息量，对人的视觉也会产生更大吸引力。在策划方案中，图片具有信息传达、补充佐证、引导读者、视觉美化等功能，通常会使用到的图片形式包括照片、信息图、指示图、装饰图、动态图片等。旅行管家需要掌握一定的图片处理技术，如懂得简单使用 Adobe Photoshop 等图片处理软件。由于在方案中图片使用的范围较广、用量较大，旅行管家通过一己之力通常难以满足需求，因此除了自行制作以外，旅行管家还可以通过他人供图、网络下载和购买版权等方式获得图片。但是在视觉设计的图片使用中，需要注意在内容上避免涉及信息虚假、政治违背或血腥暴力的图片，在结构上注意避免选择破损模糊或元素失衡的图片，同时也需要注意版权问题。

3）排版优化的主要内容。所有的定制方案都需要将完整的信息呈现在有限的版面之中，因此，旅行管家需要在方案制作中对版面编排进行优化。通常优秀的排版，能够实现信息层次分明、元素搭配协调、版面风格恰当、文字阅读轻松、设计感突出等特点。因此，旅行管家在版面设计和优化过程中，通常需要注意遵循一致性、近似性、秩序性、对比性等原则。

一致性原则要求版面设计各部分、各类元素之间的风格协调一致，形成统一的整体。这就要求在设计时考虑到版面的每一个元素，也可以通过已有的视觉形象识别系统满足游客的个性化特征。近似性原则是指在优化设计中将相关或相近元素组合在一起，形成相对集中的视觉单元。通常可以通过规范设置各类标题，恰当使用符号划分和改变字体颜色等文字属性变化等方式实现。秩序性原则是指利用视觉引导的方法，使板面结构平衡协调，让阅读更为舒适方便。通常可以通过合理使用各类对齐格式、使用引导或阻止视线的元素、创造视线流等方式实现。对比性原则是指在优化设计中通过视觉元素的对比手法，强化视觉效果，缓解视觉疲劳。常见的对比手法包括文字格式的对比、图片排列的对比、图文交互的对比等。

4）新媒体优化的主要内容。随着移动互联网和相关技术的不断普及，越来越多的定制方案通过新媒体的方式向旅游者呈现。与传统方式相比，新媒体赋予定制方案更多的维度，也带来了更大的变化。如呈现方式从平面到动态，传达方式从单向到互动，打开方式从横屏到竖屏等，从而使图文影音等元素在其中得到更全面和综合的应用。

旅行管家在新媒体的方案设计优化中，首先应当了解客户使用新媒体的情况。不同文化背景、年龄层次和生活习惯的游客，对新媒体的接受程度是不同的，有必要时可以与纸质方案同步推出。其次要了解新媒体平台的情况，不同的平台对影音元素的要求也是不同的。不少平台提供了专业的模板格式，大大方便了优化工作，也可以通过二维码等方式，形成多种分享和传播的途径。同时，尽管新媒体元素丰富、传播简便，但要保证信息的充分、完整，不能舍本逐末，只追求效果。

4.3.4 旅游产品的定价

1. 旅游产品的价格

旅游产品是商品，因此要通过交换而表现出自身的价值。传统上旅游者根据其需求购买的旅游产品，可以是整体的，也可以是单项的，因此旅游产品价格也有包价和单价之分。同时旅行管家或旅游企业出于扩大客源、刺激消费等原因，往往还会推出活动差价、优惠价等特殊价格方式，如地区差价、季节差价、质量差价、机会差价、批零差价或对象优惠价、常客优惠价、支付优惠价、购买量优惠价等。

扫一扫

视频：旅行管家的定价工作

2. 旅游产品的定价目标

因为旅游市场供求关系的变化波动较大，旅游产品的需求弹性较强，所以旅行管家对旅游产品的定价需要考虑的因素除了产品的成本之外，通常还包括旅游企业发展战略、企业营销目标和营销组合、旅游产品的特点、非价格竞争因素、旅游者的需求、竞争者产品、汇率变动、通货膨胀等。

因此，旅行管家在为旅游产品定价之前必须首先明确定价的目标。理性管家既可以制定获取理想利润的目标，即通过制定较高的价格，迅速获得最大利润。也可以制定取得适当投资利润的目标，也就是通过定价在一定时间使产品价格有利于企业的投资。抑或是制定维护或提高市场占有率的目标，通过低价策略等方式实现。为了避免不必要的价格竞争，旅行管家还可以制定稳定市场价格的目标控制市场价格，或通过服从竞争需要制定应付防止竞争的目标。

3. 旅游产品的定价步骤

传统旅行社对大宗批发旅游产品的定价通常需要市场评估、估测产品成本、市场环境调研、确定定价目标、选择定价方法 5 个步骤实现。相比而言，旅行管家为定制化旅游产品定价的步骤基本是类似的，但是针对性会更强一些。首先同样需要评估旅游者的购买力及倾向，评估旅游产品的成本及结构，其次根据旅游市场环境及变化确定定价的目标，最终选择合理的定价方法和策略。

4. 旅游产品的定价方法

根据定价侧重考虑的因素不同，旅行管家对旅游产品的定价方法通常包括成本导向定价、需求导向定价和竞争导向定价等方法。一般而言，无论采用何种定价方法，旅行管家都必须分析市场需求、产品成本和竞争状况。

（1）成本导向定价法。成本导向定价法是指以旅游产品成本为主要依据，综合考虑其他因素而制定价格，成本导向定价又可分为以下几种具体形式：

1）总成本加成定价法。这是在单位产品成本的基础上，加上预期的利润额，作为产品的销售价格，售价与成本之间的差额即为利润。这种方法简便易行，应用历史悠久。对旅行管家而言，大量的定制产品都是无法复制的，此时预期产品的产量为 1，单位产品成本即为总成本。用公式表示为：

单位产品价格＝（总成本＋预期总利润）/预期产品产量

＝单位产品成本＋单位产品预期利润

2）变动成本加成定价法。这一方法又称为边际贡献定价法。就是在定价时只计算变动成本，而不计算固定成本，在变动成本基础上加上预期的边际贡献。所谓边际贡献，就是销售收入减去补偿固定成本后的收益。预期边际贡献也就是补偿固定成本费用后企业的盈利。由于边际贡献会小于、等于或大于变动成本，企业就会出现盈利、保本或亏损三种情况。这种定价方法一般在竞争十分激烈时采用较为合适。尤其是产品需降价出售时，对定价有着重要的指导意义。因为只要产品销售价格不低于变动成本，说明生产可以维持，如果产品出售价格低于变动成本，这表明生产越多，旅行社亏损越大。这种定价方法用公式表示为：

单位产品价格＝（变动总成本＋预期边际贡献预期）/产品产量

＝单位产品变动成本＋单位成本边际贡献

3）投资回收定价法。这是指为确保投资按期收回，并获得预期利润，根据投资生产产品的成本费用及预期生产产品的数量，确定能实现营销目标价格的定价方法。

4）目标效益定价法。这是根据总成本和估计的总销售量，确定一个目标收益率，作为定价标准，这种定价方法用公式表示为：

单位成品价格＝（固定成本总额＋变动成本总额＋目标利润）/产品数量

（2）需求导向定价法。需求导向定价法是指以旅行产品的市场需求状态为主要依据，综合考虑营销成本和市场竞争状态而制定或调整产品和服务的营销价格的方法。由于市场需求相联系的因素较多，并且从旅行管家角度对这些因素的重视程度不一，具体的定价方法就多种多样。

1）习惯定价法。这是旅行管家依照长期被消费者接受和承认的已成为习惯的价格来定价的方法。在构成旅游产品的众多环节中，有些组成部分是游客在长期的购买使用中习惯上已经接受的价格水平，因而在新的产品中只要这部分产品的基本功能和用途没有发生变化，旅游者往往就只意愿按照以往的价格购买。旅行管家也不能轻易改变价格，涨价会影响产品的销售，而有时降价也会引起旅游者怀疑产品的质量。

2）理解价值定价法。这是旅行管家根据旅游者对旅游产品价值的感觉和理解而定价的方法。其实质是旅行管家利用市场营销因素组合中的非价格变数和产品的质量、广告宣传、额外利益等来影响、诱导消费者，使他们对产品的功能质量档次有一个大致的定位，然后确定价格。采取这一定价方法，旅行管家必须正确估算出旅游者的理解价格，并对所定价格能带来的销量、成本以及利润进行核算。若此价格能适应市场需要，又能获取预期的理想利润，则确定的价格就是合理的，反之则需要重新检验和评估。

3）可销价格倒推法。可销价格是指旅游者习惯接受和理解的价格。可销价格倒推法就是旅行管家根据旅游者可接受的价格确定其销售价格的定价法。旅行管家往往为了满足与类似产品竞争的需要，而设计出在价格方面能参与竞争的旅游产品，或者在新产品推出时，先通过市场调查确定出旅游者可以接受的价格，然后反向推算出产品的销售价格。

（3）竞争导向定价法。竞争导向定价法是指旅行管家以同类旅游产品的市场竞争状态为依据，以竞争对手的价格为基础的定价方法。由于对研学旅行市场竞争有不同的判断，这种定价方法大致可以分为率先定价法和追随核心定价法。

1）率先定价法。率先定价法是一种主动竞争的定价方法，旅行管家将市场上竞争产品价格与自我估算价格进行比较，确定产品价格，并跟踪竞争产品的价格变化，相应调整本企业产品的价格。这种方法通常能在激烈的市场环境中获得较大主动权。

2）追随核心定价法。这是旅行管家根据市场中同类产品的平均价格水平或以竞争对手的价格为基础的定价方法。在少数实力雄厚的旅游经营商控制市场的情况下，大多数中小旅游企业市场竞争力有限，可以跟随大型旅行社同类产品的价格从而制定大致相仿的价格，并随其价格变化而相应地调整本企业的价格。

5. 旅游产品价格策略

旅行管家的定价工作不仅需要以科学的理论和方法为指导，还必须有高明的定价策略和技巧。定价策略就是旅行管家根据市场的具体情况，从定价目标出发，灵活运用价格手段，使其适应市场的不同情况，实现产品的市场目标。

（1）新产品价格策略。旅行管家为旅游者提供的定制旅游产品，绝大多数都是新产品。针对新产品的价格策略，在旅游市场中常见的有撇脂价格策略、渗透价格策略、满意价格策略等。其中撇脂价格策略是一种高价策略，指新产品上市初期把价格定得很高，目的是在短期内获得较高利润，类似于从牛奶上层中撇取奶油。而渗透价格策略则是一种低价策略，指新产品投入市场时，以较低价格吸引消费者，从而很快打开市场，就像导入泥土的水一样，很快渗透进去。满意价格策略则是一种折中策略，采用适中价格，既保证拥有一定利润，又容易为旅游者接受。

（2）心理定价策略。心理定价策略是指部分旅游者对旅游产品或服务的认可往往是通过价格因素来判断的，因此旅行管家可以在定价中利用旅游者对价格的心理反应，刺激其购买行为。常见的心理价格策略包括尾数价格策略、整数价格策略、分等级价格策略、声望价格策略等。尾数价格策略即旅行管家给旅游产品定一个零头数结尾的价格。因为消费者一般认为整数定价是概括性价格，而尾数定价容易让消费者产生价格是经过精心计算出的心理。同时在利用尾数价格策略时，还需要考虑价格范围，如 999 元和 1 000 元尽管只相差 1 元，但有部分消费者心理会认为属于两个不同档次。整数价格策略是指旅行管家在定价时采用合零凑数方法制定整数价格，通常整数价格会提高产品的身价，使消费者产生"一分钱一分货"的购买意识。分等级价格策略是指旅行管家将旅游产品分为不同档次分别定价的策略。例如，根据住宿的标准分为普通型、精致型、豪华型三种不同价格体现。通过差别定价可将消费者的选择行为留在自己的产品体系中。但是通常分级不宜过多，差别也不宜过大或过小，并且要在分级中体现出明显的区别。声望价格策略是旅行管家针对消费者"价高质必优"的心理，为品质和信誉较高的旅游产品制定较高价格甚至最高价格的办法。当然，这种价格策略对一般旅行产品是不适用的。

（3）折扣价格策略。折扣价格策略是指旅行管家保持旅游产品的基本标价不变，而通过对实际价格的调整，鼓励旅游者积极或大量购买自己的产品或服务，促使旅游者改变购买时间或鼓励旅游者及时付款的价格策略。通常包括现金折扣、数量折扣、季节折扣、同业折扣和佣金等形式。现金折扣鼓励旅游者按期付款或提前付款，以加速旅行管家的资金周转。数量折扣鼓励旅游者的大量购买，通常包括针对单次消费的总额数量折扣和针对会员的累计数量折扣等。季节折扣鼓励旅游者的错峰出行，以应对旅游资源、设施、服务等淡季闲置的情况。同业折扣和佣金是指旅行管家根据各类中间商在营销中所担负的不同职责给予不同的价格折扣，这种做法客观上能够促进旅游产品的销售，但是客观上会导致产品价格的下降。

（4）区分需求价格策略。区分需求价格策略是指旅行管家将相同旅游产品以不同的价格出售的策略，通常能起到打开特定市场的效果。常见的区分需求价格策略主要包括地理差价策略、时间差价策略、对象差价策略、产品差价策略和混合搭售等。例如，地理差价策略就是旅行管家以不同的价格在不同地区销售同一类旅游产品的做法。随着互联网的兴起，旅行管家的业务范围从地区到全国，甚至是全球，因此地理差价策略将在实际定价工作中越来越普遍。而混合搭售本是餐饮服务业中常使用的方法，如肯德基餐厅既单卖汉堡包、炸薯条和饮料，也提供包括汉堡包、炸薯条和饮料的套餐。旅行管家既向消费者提供单项旅游产品，也提供包价旅游产品，这无疑可以带来旅游产品价格的多样化。

经典案例

旅行社组织旅游者价格是否必须统一？

徐先生在旅游途中发现，同一个团队中他交纳的旅游团款最高，有些旅游者比他的价格低了 900 元，徐先生在整个旅游期间特别郁闷，在行程中就要求当地导游退还差价。当地导游要他返回后和组团社交涉，因为收费的是组团社，和地接社没有关系。行程结束后徐先生立即找到组团社，组团社的旅行管家认真倾听了他的要求，但礼貌地拒绝了他的要求。

分析： 旅行社是否有权拒绝旅游者退还差价的要求？

扫一扫

旅行社组织旅游者价格是否必须统一？

知识链接

关于价格的沟通和处理技巧

1. 别人家的便宜，你家的产品贵，为什么？

答A：确实以前也有一些老客人提出类似的问题，不过后来他们才知道，其实泰国旅游也分很多种。就像我们这条线吧，除了……的优点之外，还增加了……的优点。

答B：如果团购的话，价格确实不会这么高。只是我们的产品跟一般的产品不同，因为……所以有……的优点，特别……您亲身感受一番就知道了。

答C：如果不看内容或是主题的话，确实有些客人会有这样的感觉。请问您想走便宜的线路还是品质高一些、价格稍微高一些的线路呢？（从客人回答中找需求，寻找适合客人的产品并加以推荐）

答D：您真是个细心的客人，其实价格差异最主要的还是表现在吃、住、行、游、购、娱的设计上以及售后服务上，我们的酒店选用的是……我们的航班采用的是……我们的服务保证是……如果客人出去玩，结果因为质量或是服务不好，造成一大堆麻烦，不但会没有旅游的快乐心情，而且也是更大的浪费，您说是吗？

2. 客人非常看好这个产品，但认为没有必要买这么贵的产品，怎么办？

（1）引导客人正确看待价格差别。当同类竞争产品之间存在价格差别时，就应从自己产品的优势上（如质量、信誉、服务等方面）引导客人正确看待价格差别，强调说明自己产品的价格差别与产品所具有的优势可以是客观的、有形的、直观的；也可以是无形的、不直观的。必须明确指明客人购买产品后所得到的利益远远大于其所支付的。

（2）不轻易降价。遇到客人认为没有必要购买贵的产品时，有时为了成交生意会马上采取降价措施，希望能够留住客人。其实这种策略往往会让客人对产品的价格产生怀疑。他们会认为，既然能轻易降价，就有继续降价的空间，有可能客人继续要求降价，一旦满足不了客人的降价要求，生意就有可能做不成。为了避免出现这种情况，千万不要轻易降价。

可以这么说："您说的这个问题以前也有客人说过。当看到这个价钱的时候，确实给人一种很贵的感觉。但是，您也知道，旅游是个开心的事，所以品质非常重要。一分价钱一分货，您买一个质量好的，多省心啊！"

3. 客人购买数量多，一再要求降价，怎么办？

客人常常因为购买产品数量多而一再要求降价，而且他们往往有充分的理由，这样常常令人很为难。其实，客人在很多时候不是在乎给他降了多少，只是在寻求一种心理平衡，他们希望向别人表明，自己是以较低的价格购买到了产品，或者自己花了较少的钱买到了更多的产品。旅行管家要在明白客人心理的基础上应对客人的降价请求。

（1）不要随意接受客人的降价要求。一些旅行管家为了成交，往往会非常痛快地接受客人要求。但是，没想到的是客人一旦看到降价很顺利，就会提出更进一步的降价要求。没有经验的旅行管家往往会陷入客人的陷阱中，最后收益甚微，得不偿失。

（2）让客人看到旅行管家的行动。如果对客人要求降价的请求不理不睬，或者消极对待，客人自然就不愿意成交。所以，旅行管家要积极应对，让客人看到成交的希望。旅行管家应该从客人的角度出发，让客人感觉的确是想为他们降价，但是由于种种原因无法实现，在这种情况下，客人不仅不会责怪旅行管家，反而觉得旅行管家是一个真诚的、为客人考虑的人，从而不再为价格问题而过分为难。

（3）变相为客人降价。旅行管家应该在实事求是、真诚中肯的基础上，做到语言委婉，话不说绝。面对客人的降价请求，不要坚决表态降价不可商量。虽然有的时候旅行管家确实没有权利做出降价承诺，但却有一些解决降价问题的其他方式，如客人如果按原价成交，则可获得优惠券或小礼品等，这种方式主要是让客人感到虽然价格没有降低，但是得到了补偿，心理上得到了平衡。

可以这么说："实在很抱歉，价格上我们确实没有办法了，真的是不能再降了。不过我们可以赠送您一份价值××元的精美礼品，礼品中有很多小物品都是您平时就能用到的，很值的，您觉得怎么样？"

4. 旅行管家同意降价了，客人仍然犹豫不决怎么办？

当决定为客人降价，而客人仍然不购买的时候，应该通过询问了解客人真实的顾虑，是什么导致他们不愿购买，知道了这个原因，旅行管家可以据此采取相应的打消客人顾虑的对策。

（1）提供选择。这是一种典型的引导方法，通常称为"二选一法"，当客人犹豫不决时，向其提供两种不同的选择，将客人的思路引导到两者选择其一的思路中来，使其不可能做出第三种选择：什么也不买就离开。这种选择方法可以是相同线路的不同标准，也可以是同一标准的不同线路，提供选择的目的就是将客人在产品价格上的注意力吸引到其他方面，打破僵局。

（2）给客人提出具有建设性的建议。旅行管家可以站在客人的立场上，为客人分析产品优势、购买该产品可以为客人带来的好处，给予客人具体的帮助。因为这个时候的价格可能是导致客人迟迟不能做出购买决定的原因。但客人一般都已对产品产生了兴趣和购买欲望，所以为客人弱化价格影响因素，强化产品优势，让客人感到价格不再是影响购买的主要因素，那么这笔生意就容易做成

（3）不要掉进客人的"价格陷阱"。在实际推销中，客人经常以产品有瑕疵而要求降价，在旅游顾问同意降价后，又以价格高或其他原因拒绝购买，继而要求旅行管家再次降价。其实这就是客人的一种"价格陷阱"，他们希望通过这种方式让旅行管家能按照客人的期望卖给他们更低价的产品。

如果旅行管家不能意识到这一点，为了得到微薄的利润而跟随客人的意愿，那最后常常是得不偿失。所以，旅行管家要保持足够的警惕，在推销中掌握主导权，能够游刃有余地与客人周旋，做一个聪明的旅行管家。

资料来源：曹戈．旅游顾问［M］．北京：旅游教育出版社，2015.

内容小结

本章介绍旅行管家最重要的工作之一——定制服务。旅行管家要想胜任定制旅行的工作，首先必须充分了解旅游市场中的旅游资源供给情况，熟悉旅游行程的各种构成要素。在此基础上，旅行管家要懂得通过一定的方法将这些要素组合成合理、可行的旅游行程。同时旅行管家要懂得旅游活动的设计方法，会根据旅游者实际的需求，通过对旅游资源、旅游行程和旅游活动的整合，策划出符合旅游者需求的旅游产品。同时也需要懂得旅游产品的落地方法，即旅游产品的包装、定价和宣传的方法。

实训练习

应知考核

1. 旅游产品定制过程按顺序应为：行程设计、（　　）、产品修正。

A. 产品定位　　B. 产品定价　　C. 创意策划　　D. 目标确定

2. 旅行管家小王为某市3日游的行程设计的每顿正餐的用餐地点各不相同，菜品也不重样，这体现了旅行管家行程设计中的（　　）。

A. 安全性原则　　B. 多样化原则　　C. 合理性原则　　D. 灵活性原则

3. 下列哪个行业不是常规的旅游支持行业？（　　）

A. 餐饮业　　B. 零售业　　C. 娱乐业　　D. 观光业

应会考核

1. 你觉得旅行管家的旅游产品设计流程能否简化？

2. 你觉得作为旅行管家，对旅游产品中的活动项目是亲自操刀设计好，还是通过要素市场采购第三方产品好？

3. 你对本章中提供的旅游餐饮考察调研表、旅游住宿考察调研表当中的项目，还有什么补充？

实践操作

1. 请你针对某位同学或亲友的旅游需求进行一次调研，根据调研的结果，完成调研表。

2. 请你根据调研的结果，结合所学知识，为被调研者设计一条符合其需求的旅游线路。

第五章 旅行管家的接待工作

内容提纲

1. 知识目标：了解旅行管家的基本接待服务概念，了解旅行管家的特色接待服务概念，掌握旅行管家住宿接待服务、餐饮接待服务、交通接待服务、讲解和游览接待服务、商务旅游和会务旅游接待服务、休闲旅游和度假旅游接待服务、康体旅游和养生旅游接待服务、研学旅行和教育旅游接待服务、户外旅游和体育旅游接待服务、情感旅游接待服务的基本要求，了解网红旅游接待服务的基本要求

2. 技能目标：能对旅游行程进行任务分解，能根据旅游行程制定接待计划，能完成接待服务的准备工作，能完成出行前后的组织工作，能完成出行前后的客户关怀，能按要求提供住宿接待服务，能按要求提供餐饮接待服务，能按要求提供交通接待服务，能按要求提供讲解和游览接待服务

3. 素质目标：形成旅行管家接待服务工作中的计划思维，形成旅行管家接待服务工作中的组织思维，形成旅行管家接待服务工作中的管理和控制思维

知识导入

在欧洲旅游期间，旅行管家王女士专业的行程安排和细致入微的服务让张先生全家赞不绝口。在法国巴黎游览时，王女士带领大家游览了塞纳河，和埃菲尔铁塔合了影，还参观了巴黎圣母院。从巴黎圣母院参观结束出来的时候，张先生的父亲特别感慨，他对王女士说："我从小就读过雨果的名著《巴黎圣母院》，到今年 80 多岁了，终于见到了真正的教堂，真的谢谢你。但是我还看过一本书叫《双城记》，说巴黎有个非常有名的地方叫作巴士底狱，不知道这一次我们能见到吗？"王女士听了，马上对张先生的父亲说："是的，

这是一个很有名的地方，但是我们这次行程本来没有安排。不过我可以帮您想想办法，尽量让您不虚此行，我们先上车去用餐吧。”

王女士确实没有去过这个地方，在去餐厅的路上，王女士首先查询到了巴士底广场的具体位置，发现距离巴黎圣母院很近，她又查询了一些相关的背景资料。在中午用餐时，她向同事询问了那里大概的游览情况，同事跟她说那儿就是一个广场，游览很快的。于是她便和司机协商，能否在下午的行程中绕道去看一下。司机爽快地答应了，并且跟她说那边上就是雨果的故居，有兴趣也可以去看一看。

在中餐结束之后，张先生一家登上游览车继续接下来的行程，王女士沿途向大家介绍巴黎城市风光，慢慢地就介绍起巴士底狱的故事，她告诉大家，攻克巴士底狱是法国历史上最重要的事件，那一天就是今天的法国国庆日。不过象征封建统治的巴士底狱已经被拆除，成为人人都可以前往的广场。雨果在《悲惨世界》中也写过这个地方。那么这个地方究竟在哪里呢？突然，车速慢下来了，王女士顿了一顿，指着窗外对大家说，各位请看，这就是巴士底广场，当年的巴士底狱就在这个地方。今天虽然已经没有了当年的建筑，但是我们可以看到一根巨大的铜柱，这就是对那次重要历史事件的纪念。接下来王女士又对大家说，今天我们的行程比较宽裕，如果你们想下来看看，我们可以为大家在这里安排30分钟的游览时间，大文豪雨果的故居就在它的边上，也是免费提供参观的，大家是否愿意下来看看呢？张先生全家都表示同意，于是王女士带领大家参观了巴士底广场，又在雨果之家为他们安排了参观讲解。30分钟后游览结束，王女士得到了大家的一致赞许。

旅行管家不仅是游客的生活管家，也是游客的行程管家。如何能更好地管理旅游行程，针对游客的个性化需求提供高质量的服务，是旅行管家接待服务工作的重点和难点。很多旅游接待从业人员把目光集中在具体的服务手段上，但是旅行管家在提供接待服务时更应重视管理思想在其中的应用。通过本章的学习，相信你能对旅行管家的接待工作和服务管理思想有更深的了解。

旅行管家的接待工作有广义与狭义之分。广义上说，自与游客开始信息接触时，旅行管家即开始对其提供接待服务，包括从信息沟通、产品定制、旅游过程中和行程结束后的全部接待服务工作。狭义上说，接待工作是指从旅游者完成定制方案的确认、旅游合同的签订后，旅行管家作为服务游客的第一人，开启的对旅游活动的正式接待工作。用产品的思路来看，旅游合同的签订标志着旅游产品开始正式进入生产环节，旅行管家在旅游产品生产过程中的服务，就是旅行管家的接待工作。本章主要述及的是狭义的接待工作。

旅行管家在实际旅游活动中对旅游者的接待工作，既是服务工作，也是管理工作。从管理学的视角看，其工作主要包括计划、组织、引导、控制等板块。具体说来，旅行管家需要为旅游活动制定明确的接待计划，进行有效的接待组织工作，在实际活动过程中执行具体有效的接待和引导服务，对旅游活动和接待服务本身进行必要的控制和反馈等。不难看出，旅行管家的接待工作是环环相扣、有条不紊的，也是一个闭环的思路，体现出鲜明的管理思想。所以，旅行管家向旅游者提供的接待服务核心是专业、高效的旅游管理。

5.1　旅行管家的接待计划

旅行管家对旅游活动的管理是全方位的，既是定制旅游产品的设计者，也是产品生产者和服务执行者。因此，旅游合同签订之后，旅行管家除了向游客提供具体的定制方案和旅游活动行程单之外，还需要做好执行接待工作的相关准备工作。一切接待准备工作的起点就是计划工作。

计划既是名词，又是动词，既指旅行管家针对实际工作的计划过程，也指反映计划工作成果的具体计划文本。考虑到旅行管家实际接待工作十分繁杂，因此在计划工作完成之后，有必要形成具体文本以便于查漏补缺。旅行管家的计划工作通常可以分为两个部分：一是制定面向旅游者的旅游活动接待计划，二是制定面向旅行管家的实际工作落实计划。前者是以旅游行程计划单为蓝本，根据旅游行程为游客做好旅游计划，这是对既定旅游行程安排的细化，也就是要做好旅游行程的分解工作。后者是以该接待计划为蓝本，根据接待计划的要求，制定的各项工作具体安排落实计划。制定旅游活动的接待计划，不只是旅行管家的工作要求，旅行社的导游员等其他旅游接待者有时也需要做，不过旅行管家要做的事情远远多于普通导游员，因此只有做好充分的计划，才能保证百密没有一疏。

需要注意的是，在旅游活动中游客如果需要额外增加活动项目，需要旅行管家进行新的旅游活动设计，不是计划工作的范畴，而是旅行管家产品设计、辅助服务、延伸服务等方面的工作，这些工作互相融合，将在接待服务中得到综合体现。

5.1.1　旅游者的接待计划

旅游行程单是旅游活动的文本表现形式，是旅游产品的内容呈现，也是旅游策划的意思体现。旅游者不仅可以通过旅游合同和旅游行程单了解旅游活动的内容，还能据此评判旅游活动的质量。旅行管家对旅游者的接待服务也是根据旅游合同要求，围绕旅游行程展开的。因此，旅行管家需要对旅游行程进行任务分解，再进一步有针对性地制定接待计划。

1. 旅游行程的任务分解

虽然旅游行程是由众多旅游活动和项目所构成的，但是在设计过程中往往强调其作为独立的旅游产品，本身是一个不可分割的整体，从而使得对旅游行程的接待服务成为一项复杂而繁重的任务。从管理思想来看，解决复杂而繁重工作的办法通常是任务分解与协作。因此，旅行管家在计划工作中可以对复杂旅游行程进行分解，分成若干简单易操作的板块。需要注意的是，这并不是分割旅游产品，而是分解接待任务。因为旅游产品不可分割，所有的活动项目只有融合在同一个旅游产品之中，才能使其拥有产品的综合价值。但正是因为工作任务可以分割，使得旅行管家可以通过简单工作的累积，胜任复杂的接待工作。

对一个常规的旅游行程，旅行管家的接待服务工作主要包括出发服务、场站服务、住宿服务、就餐服务、游览服务、交通服务、特色活动服务、接送服务、其他服务等。表 5－1“江南别裁——别出心裁游江南”是一个典型的定制旅游产品的行程单。以此为例，可以了解旅行管家的工作任务分解的基本步骤。

表 5-1　旅行管家提供给游客的行程单

江南别裁——别出心裁游江南（杭州、苏州、上海、乌镇 4 日游）	
日期	行程
8月1日	D1 广州—上海—苏州：山塘漫品“苏式评弹”，耦园品茶消磨时光 贵宾在广州白云机场集合，乘机飞往上海，抵达后接机，乘车前往苏州（车程约 1.5 小时），中餐后游【耦园】，我们在【双照楼】里为您备下一席好茶，放下世间纷扰，品一杯好茶，尝试一次园林主人的消遣方式，看看光景消磨时光。后前往被称为“吴文化缩影”的【山塘老街】，走进“绿水人家画里看，苏州风情梦中遇”的【真趣园·寻梦山塘】小剧场，坐下来品茗听戏，感受真正沉浸式·实景化·园林式的【苏州评弹艺术】演出。后漫步七里山塘，欣赏姑苏美景，品尝特色美食与小吃（晚餐自理）。约定时间集合，后入住酒店休息。 ◆ 住宿：苏州日航大酒店 ◆ 用餐：早餐、苏州中餐【苏州大课堂】 参考菜单：白灼基围虾、椒香黑鱼片、菠香咕咾肉、野笋干红烧肉、土豆地锅鸡、川味毛血旺、双菇肉片、什锦炒素、清蒸太湖白鱼、江南脆三蔬、绿叶菜、银鱼莼菜羹、点心、水果
8月2日	D2 苏州—乌镇：苏博看尽吴苏美，乌镇夜宿水乡情 酒店早餐后前往古刹【西园寺】，西园寺是戒幢律寺和西花园放生池的总称，走进传统中国寺院，感受一份清晨的安逸，在园子里散散步，在放生池边闲坐感受宁静，还可以走进书房，拿起一笔一纸临摹抄经，让心沉浸下来；后参观闻名遐迩的【苏州博物馆】（如逢闭馆，行程与耦园对调），苏州博物馆是一座集现代化馆舍建筑、古建筑与创新山水园林三位一体的综合性博物馆，苏州文化尽在其中，同时这也著名建筑大师贝聿铭最杰出的博物馆建筑设计之一；【太平天国忠王府】是中国保存完整的一组太平天国历史建筑物，留存的建筑和彩绘、壁画，也是一大亮点。自理中餐后乘车前往乌镇（车程约 1 小时），游览【乌镇西栅景区】。乌镇是最具文学气质的江南水乡。晚上入住包含园林元素的酒店，记得不要错过了乌镇的夜色。 ◆ 住宿：乌镇通安客栈贵宾楼 ◆ 用餐：早餐、乌镇晚餐【昭明餐厅】 参考菜单：明堂精品风味碟、砂锅贡笋老鸭汤、豉油深海大明虾、清蒸野生白水鱼、乌酒香芋干蒸鸡、杭式尖椒爆牛柳、昭明瓦罐煨三宝、深海银鱼土鸡蛋、田间荷塘脆小炒、清炒有机甜豆仁、乌村有机时令蔬、精美点心一道、四季时令水果
8月3日	D3 苏州—上海：秀美西子湖畔，两番传奇人生 今天建议早起，清晨漫步在水乡，格外的清净爽朗而富有生活气息。后乘车前往杭州（车程约 1.5 小时），参观晚清第一红顶商人【胡雪岩故居】，感受清末中国巨商第一宅的雄浑大气！后自理中餐，游览【西湖风景区】，漫步苏堤、花港观鱼，乘坐画舫船体验【西湖游船】，近看三潭印月，后特别安排去看一眼【中国印学博物馆】（如逢闭馆，则只是外观），此为杜月笙旧居，听一听杜月笙黑白难分的传奇故事。（温馨提示：涉及黄金周、节假日、周末；西湖风风景区大巴车禁止进入，客人需要换乘景区公交车，自理单趟 2 元/人，往返 4 元/人，如需包车 200 元/趟，最多限乘 50 人，具体当天以景区安排为准，敬请谅解！）后乘车前往上海（车程约 3 小时），黄昏时分登【上海环球金融中心 94 层】，极目远眺夕阳下的上海国际大都会华灯升起，赏壮美夜景。抵达后入住酒店休息。 ◆ 住宿：上海智微世纪酒店 ◆ 用餐：早餐

续前表

江南别裁——别出心裁游江南（杭州、苏州、上海、乌镇4日游）	
日期	行程
8月4日	D4 上海—广州：回望上海发展史，今此一别盼再来 酒店早餐后，游览素有“万国建筑博物馆”之称的【外滩】，随后到【上海历史博物馆】参观（如逢闭馆，则前往新天地，漫步老上海风情步行街），以非常精致的展览策划与陈设，让人饱览从远古时期到中国解放的大上海发展史，逛小吃的王国【城隍庙】，游“奇秀甲江南”的【豫园】。后根据航班时间送机，结束愉快的行程，返回温馨的家。 ◆ 住宿：温馨的家 ◆ 用餐：早餐、上海中餐【和记餐厅】 参考菜单：吊烧BB鸭、蜜汁叉烧肉、马桥香干小炒肉、糟溜鱼片、腊味葱油芋头丝、XO酱有机花菜、清水炖蛋、土豆焗鸡丁、白灼秋葵、清炒绿叶蔬、鱼头粉皮豆腐汤
费用已含	1. 成人收费：12周岁（含12周岁）以上，往返机票及机场税、交通费、住宿费、餐费（不含酒水）、景点的第一道门票费。 2. 婴儿收费：2周岁以下（不含2周岁），收取全价机票10%费用，此收费不提供机位、车位、餐位、床位及景点费用。 3. 儿童收费：儿童（2岁至11周岁），含早餐（早餐与成人同价）、含正餐半价、含车位费、往返大交通、往返机票及机场税、交通费，不含床位、不含门票，如超请自理。
费用不含	个人投保的旅游保险费、航空保险费、合同未约定由旅行社支付的费用（包括行程以外非合同约定活动项目所需的费用、自由活动期间发生的费用等），行程中发生的客人个人费用（包括交通工具上的非免费餐饮费、行李超重费、住宿期间的洗衣、电话、酒水饮料费、个人伤病医疗费等）及小费等；建议客人自愿购买航空保险和旅游意外保险，并保管好自己的财物，如有财物丢失，旅行社不承担赔偿责任。
行程标准	【住宿】：入住苏州/上海超豪华高级标间（按当地五星标准建造未挂牌酒店），一晚乌镇特色民宿（若遇满房，则调整为其他酒店），成人每人每天一个床位，不提供自然单间。团队中若出现单男或单女，请自补房差；若客人补房差，房差680元；若退单房差，房差300元。 【用餐】：行程中含3早3正，酒店含自助早餐，正餐50元/人，十人一桌八菜一汤。人数增减时，菜量相应增减，维持餐标不变，不含酒水。餐不用不退。 【机票】：往返飞机经济舱机票。 【交通】：旅游目的地用车（4～55座，按团队实际人数提供，保证每人一个座位）。 【门票】：行程中景点首道门票，客人因个人原因自愿放弃景点参观，将不退还门票费用。 【导服】：持有全国导游资格证及IC卡上岗，中文导游服务。
温馨提示	1. 根据机票实名制的有关规定，请游客携带有效的身份证件原件出游。 2. 建议出发时贵重物品、常用药品、御寒衣物等随身携带，尽量不要托运。行李延误或遗失属于不可抗力因素，我社将全力协助客人跟进后续工作，但我社对此不承担任何责任。 3. 华东气温早晚相差较大，请带足保暖衣服、常用药品。 4. 酒店：华东个别酒店会提供一次性用品提供、有24小时热水供应、24小时供暖。较多酒店洗手间都是使用浴缸，长者及儿童在酒店洗澡时请注意防滑！ 5. 华东地区的饮食口味偏甜，在旅游过程中，注意饮食卫生，旅游途中游客自行加菜或自己点菜，必先了解清楚价格和口味是否合适，如发生不愉快事情，我社将不再承担由此而引发的相关责任，敬请谅解！ 6. 我社使用的是团体机票，必须按顺序使用。往返机票出票后，如去程机票没有使用或退票，则回程机票无法使用。机票费用无法退回。

资料来源：杭州众泰旅行社有限公司。

通过这份行程单可以看出，在 4 天的旅程当中，旅行管家向游客提供的服务主要包括旅游活动出发和返回时的接送服务、4 次场站服务、6 次交通服务、7 次餐饮服务、3 次住宿服务、10 次游览服务、5 次特色活动服务等。每一种类别的服务都有区别于其他服务的独特属性和要求，在同一类服务中，每一次的服务也各有其特色。但是这些服务项目不是单独割裂开的，它们是统一在整个旅游活动之中，其内容、顺序、要求等都是由整个旅游活动的主题所决定的。因此，旅行管家对行程单进行任务分解，必须在这些细分任务之上加上时间维度，同时明确任务的内容和要求，才是比较完整的任务分解。表 5－2 就是对上述行程单所做的一种简单任务分解。

表 5－2　旅游行程单旅行管家任务分解表

任务类别	具体任务	任务要求
第一日		
出发服务 1	广州出发服务	正常出发服务要求
场站服务 1	白云机场出发服务	正常机场出发服务要求
交通服务 1	广州—上海交通服务	正常交通服务要求
场站服务 2	浦东机场到达服务	正常机场到达要求
交通服务 2	上海—苏州交通服务	正常交通服务要求
餐饮服务 1	苏州大课堂中餐服务	正常餐饮服务要求，第一餐
游览服务 1	苏州耦园游览服务	正常游览服务要求
特色活动服务 1	耦园双照楼品茶服务	体验园林主人式的消遣方式
游览服务 2	山塘老街游览服务	正常游览服务要求
特色活动服务 2	苏州评弹体验服务	小剧场品茗听戏
餐饮服务 2	山塘老街自理晚餐服务	七里山塘美食小吃
住宿服务 1	苏州日航大酒店住宿服务	五星/超豪华高级标间
第二日		
住宿（餐饮）服务 1	苏州酒店早餐、退房服务	正常服务要求
特色活动服务 3	西园寺晨游服务	早起、散步闲坐、临摹抄经
游览服务 3	苏州博物馆、忠王府游览服务	闭馆和耦园互换
餐饮服务 3	苏州博物馆自理中餐服务	正常自理餐服务要求
交通服务 3	苏州—乌镇交通服务	正常交通服务要求
游览服务 4	乌镇西栅游览服务	正常游览服务要求
餐饮服务 4	乌镇昭明餐厅晚餐服务	正常餐饮服务要求、有菜单
住宿服务 2	乌镇通安客栈住宿服务	特色民宿、园林主题、夜景
第三日		
住宿（餐饮）服务 2	乌镇酒店早餐、退房服务	正常服务要求
特色活动服务 4	漫步水乡	清晨早起
交通服务 4	乌镇—杭州交通服务	正常交通服务要求
游览服务 5	胡雪岩故居游览服务	正常游览服务要求
餐饮服务 5	杭州自理中餐服务	正常自理餐服务要求
游览服务 6	西湖游览服务	苏堤、花港、游船、周末限行
特色活动服务 5	杜月笙传奇讲解服务	闭馆则外观
交通服务 5	杭州—上海交通服务	正常交通服务要求
游览服务 7	上海环球金融中心游览服务	正常游览服务要求
餐饮服务 6	上海自理晚餐服务	正常自理餐服务要求
住宿服务 3	上海智微世纪酒店住宿服务	五星/超豪华高级标间

续前表

任务类别	具体任务	任务要求
第四日		
住宿（餐饮）服务 3	上海酒店早餐、退房服务	正常服务要求
游览服务 8	上海外滩游览服务	正常游览服务要求
游览服务 9	上海历史博物馆游览服务	闭馆换新天地
游览服务 10	城隍庙、豫园游览服务	正常游览服务要求
餐饮服务 7	上海和记餐厅中餐服务	正常餐饮服务要求、最后餐
场站服务 3	浦东机场出发服务	正常机场出发服务要求
交通服务 6	上海—广州交通服务	正常交通服务要求
场站服务 4	白云机场到达服务	正常机场到达要求
送客服务 1	广州送客服务	正常送客要求
其他服务 1	必要衔接服务	正常衔接服务要求

2. 接待计划的设定

对于简单且标准化的旅游活动，接待者通过任务的分解，明确了各项任务的内容、目标和要求，就可以直接向游客提供接待服务。但是旅游行程单毕竟只是旅游活动的精炼概括，承载的信息量虽然关键，不过十分有限。所以对于复杂的旅游行程，旅行管家在旅游产品设计过程中，除了编制旅游行程单，也需要设定好具体的接待计划。同时，客观上也存在旅行管家的接待服务和产品设计分离的情况，即部分旅行管家单纯根据旅游产品的要求从事接待服务工作。在这种情况下，旅行管家需要对旅游产品做深度分析，了解旅游产品设计的依据和价值所在，同时需要在完成旅游行程任务分解之后，据此制定具体的接待计划。

旅行管家制定接待计划，既是对具体任务要求的细化，也是对整体活动的深入把控。当旅游产品已经成型并获得游客认可后，也就成了游客对旅游活动质量评判的重要标准。因此，旅行管家接待计划的制定通常需要站在游客的角度，对分解后的任务要求进行具体化展开。表 5－3 就是旅行管家根据上述旅游行程中第 1 天的任务要求而设定的简单接待计划。

表 5－3　旅行管家的接待计划

具体任务	任务要求	接待计划
广州出发服务	正常出发服务要求	1. 提前联系游客：联系方式、内容
		2. 确认必要信息：出发时间、地点
		3. 事项告知提醒：携带证件、物品
		4. 提前到点迎接：告知车辆、司机
		5. 热情欢迎表示：致欢迎词、礼品
		6. 提供必要服务：行李搬运、安放
白云机场出发服务	正常机场出发服务要求	1. 乘机规定告知：乘机流程、禁忌
		2. 协助办理值机：引导值机、托运
		3. 机场内部服务：设施指引、协助
		4. 必要信息提醒：登机时间、位置
广州—上海交通服务	正常交通服务要求	1. 航班引导服务：登机路线、手续
		2. 航班关怀服务：安全提醒、关怀
		3. 航班秩序管理：上下飞机、落座

续前表

具体任务	任务要求	接待计划
浦东机场到达服务	正常机场到达要求	1. 到达引导服务：到达流程、路线
		2. 到达衔接服务：接待人员、司机
		3. 到达秩序管理：集合游客、行李
上海—苏州交通服务	正常交通服务要求	1. 交通衔接服务：衔接游客、行李
		2. 旅游组织服务：注意事项、安排
		3. 沿途介绍讲解：介绍上海、苏州
苏州大课堂中餐服务	正常餐饮服务要求 用好第一餐	1. 信息联络服务：用餐时间、需求
		2. 餐厅餐食介绍：餐食特色、文化
		3. 餐时用餐服务：入席服务、巡餐
		4. 餐后提醒服务：带齐物品、解手
苏州耦园游览服务	正常游览服务要求	1. 耦园背景介绍：行程安排、特色
		2. 协助入园服务：入园组织、购票
		3. 参观导览服务：介绍景点、文化
		4. 交流体验服务：游览交流、分享
耦园双照楼品茶服务	体验园林主人式的消遣方式	1. 活动背景介绍：品茶文化、习俗
		2. 活动流程介绍：活动流程、方式
		3. 安排活动体验：组织体验、分享
山塘老街游览服务	正常游览服务要求	1. 老街背景介绍：老街文化、历史
		2. 参观导览服务：介绍景点、文化
		3. 交流体验服务：游览交流、分享
苏州评弹体验服务	小剧场品茗听戏	1. 活动背景介绍：评弹历史、文化
		2. 活动流程介绍：听戏流程、安排
		3. 安排活动体验：组织体验、分享
山塘老街自理晚餐服务	七里山塘美食小吃	1. 晚餐安排介绍：自理原因、安排
		2. 美食特色介绍：特色美食、小吃
		3. 协助用餐服务：协助交流、沟通
苏州日航大酒店住宿服务	五星/超豪华高级标间	1. 信息联络服务：入住时间、需求
		2. 酒店信息介绍：酒店设施、规定
		3. 协助办理入住：协助登记、进房
		4. 后续安排落实：安排内容、流程

同时，一份完整的接待计划通常还需包括和行程单相对应的费用支付表。行程单是可以给游客看的，而支付表是为了方便旅行管家工作中支付房、餐、车等费用时作为价格参考的凭证，旅行管家不仅要能读得懂费用支付表当中的内容，同时也要注意，费用支付表往往涉及行业机密，旅行管家需要有保密意识，不得外传。表 5-4 就是“江南别裁——别出心裁游江南”这个旅游产品的费用支付表。

表 5-4　旅行管家费用支付表

【8.1—8.4“江南别裁——别出心裁游江南”费用支付表】

1. 住宿安排

日期	酒店	房价	备注
01/08	苏州日航大酒店 Tel：0512-62918888 Add：苏州市虎丘区长江路368号，近金山东路。	［双标］¥400 × 9 间 ［含早］［自助早］财务付款	发票按照 8 免半、16 免一操作，本地司陪回家住
02/08	乌镇通安客栈贵宾楼 Tel：0573-88731088-3 Add：西栅景区内	［双标］400 × 9 间 ［含早］［自助早］财务付款	陪同住西栅青年旅舍高低铺付 60 元/人，同性住外面 100 元/间，提早联系 186＊＊＊＊9965 订房
03/08	上海智微世纪酒店 Tel：021-20937777 Add：上海浦东新区宣秋路699号，近南六公路	［双标］¥350 × 9 间 ［含早］［自助早］［综费］［现付］¥2610	发票按照 8 免半、16 免一操作，司陪外住，报销 150 元（含打车、早餐）

2. 用车安排（挂账）

日期	车辆信息	车价	备注
01/08—04/08	车型：18 座空调旅游车 车号：浙 A·＊＊＊＊＊ 司机：138＊＊＊＊8888	公司挂账	车队：＊＊车队 联系人：王队长 136＊＊＊＊6666

3. 景点安排

日期	景点	价格＼票数	费用	付款	备注
01/08	耦园	［成人］¥20×16	¥320	现付	必须提前 3 天预约，手机微信预约再输入名单
01/08	真趣园【寻梦山塘】评弹欣赏	［成人］¥95×16	¥1 520	现付	
02/08	苏州博物馆	［成人］¥0	¥100	现付	讲解员费用
02/08	西园寺	［成人］¥5×16	¥80	现付	
02/08	乌镇西栅	［成人］¥60×16	¥960	现付	住景区内 60 元，不住 100 元
03/08	西湖外事游船不上岛（签单）	［成人］16 人	—	签单	末班船时间为 16:30
03/08	胡雪岩故居	［成人］¥16×16	¥256	现付	
03/08	上海环球金融中心 94 层（签单）	［成人］¥33×16	¥528	签单	
04/08	城隍庙	［成人］¥10×16	¥160	现付	
04/08	豫园	［成人］¥40×16	¥640	现付	

4. 餐厅安排

日期	餐点	时间	人数×价格	费用	付款	备注
01/08	苏州大课堂	中	［成人］¥16×50	¥800	现付	
02/08	昭明餐厅	晚	［成人］¥16×50	¥800	现付	
04/08	和记餐厅	中	［成人］¥16×50	¥800	现付	

续前表

5. 其他安排							
日期	其他	人数	方式	价格	费用	付款	备注
01/08	服务津贴	14	总价	￥2 000	￥2 000	现付	一价全含
01/08	水费	14	总价	￥78	￥78	现付	每人每天赠饮一瓶矿泉水
01/08	餐补	14	总价	￥160	￥160	现付	餐补20/餐×2×4
01/08	保险	14+3	总价	￥170	￥170	财务	公司垫付
6. 注意事项							
取票信息	领签单：领公司签单10张，西湖外事游船1张，环球金融中心94层签单1张						
备注	1. 用餐：每餐必须巡餐，吩咐餐厅热菜热饭；要求酒店准备公筷。广东人要提前让餐厅提前每桌准备一壶水让客人刷碗。 2. 用车：安排空调旅游车，每人一正座，司机态度好。 3. 服务：安排公司专职旅行管家/金牌导游，多讲解，有耐心。 4. 赠送：每人每天赠饮一瓶矿泉水。 ● 请拿到计划时必须查询核实准确的接送站点，避免错接漏接客人。 ● 请接团前一天晚上务必联系一下客人（不管是打电话还是发信息，一定要确保联系上客人）。 ● 送机的时候一定要把客人送入安检之后才能离开!! ● 若有未产生的门票请联系线控落实具体退款明细，现退客人并签名确认！ ●【安心包】：额温枪（每天三次测量）、一次性医用口罩（每天每人一只）、酒精喷雾（车上一瓶）、75%消毒湿巾（每人一包）、药箱：（创可贴、医用纱布、碘伏、消毒液、医用棉球、棉签、医用一次性手套、压敏胶带）。 ●【安心档案】：日常测量表（游客异常体温记录）、防疫小贴士、防疫工作台账（每日打扫/每日消毒记录）、防暑小诀窍、6天×24小时投诉保障卡。 ● 记得让每位拿到的客人签名确认并拍照回传给线控，外联备份。						

注：景区结算价仅供参考。

资料来源：杭州众泰旅行社有限公司。

5.1.2 旅行管家的接待工作

1. 旅行管家工作计划的制定

旅行管家根据旅游产品的要求和旅游行程单的内容，将旅游接待工作任务有机分解，具体化展开，最终设定完成的接待计划，是其计划工作的主要内容。然而通过这种方式制定的接待计划，主要涉及的是旅行管家的当面对客服务。事实上，要想胜任接待工作，除了直面游客的服务之外，还需要大量的背后工作。因此，旅行管家需要将接待计划进一步深化，编制自己的工作计划。

除了当面对客服务的任务要求之外，旅行管家的接待工作计划通常还包括旅游活动各个环节中各种信息的获取、整理、汇总、确认和更新，资源的协调、组织和分配，费用的确认和结算，及时有效的沟通，超额的服务等。表5-5是旅行管家根据前面旅游行程第1天的接待计划编制的简单工作计划。

表 5-5　旅行管家的工作计划

接待计划		工作计划	
广州出发服务	1. 提前联系游客	1. 确认行程信息	□整理 □确认 行程安排信息：出发时间、地点、航班等
			□整理 □确认 行程中资源信息：酒店、餐厅、景点等
			□熟悉 行程安排信息、行程中资源信息等
		2. 整理游客信息	□整理 游客个人信息：证件信息、联系方式等
			□整理 游客安排信息：票务信息、房间安排等
			□熟悉 游客个人信息、安排信息等
		3. 明确联系内容	1. 要确认行程安排信息：出发时间、地点、路线安排等
			2. 要确认游客个人信息：证件信息、联系方式等
			3. 要确认重要告知事项：必备/禁忌物品、旅行流程规定等
			4. 要确认旅行辅助人信息：交通车辆、司机信息等
		4. 联系游客	□确认 全体游客都已联系完成
			□管理 所有游客建群管理
	2. 确认必要信息	1. 游客确认	□确认 必要信息悉数确认：游客个人信息、游客安排信息等
			□确认 个性化服务确认：特殊需求确认、提前值机选座等
		2. 交流服务	□交流 了解游客需求，解释游客疑问
		3. 旅行辅助人确认	□确认 旅行辅助人信息：交通车辆、司机信息等
	3. 事项告知提醒	1. 游客告知	□确认 必要信息悉数告知：旅行管家信息、旅行辅助人信息、行程安排信息、行程重要告知事项等
		2. 交流服务	□交流 了解游客需求，解释游客疑问等
		3. 旅行辅助人告知	□确认 必要信息悉数告知：旅行管家信息、游客信息、行程安排信息、其他告知事项等
	4. 提前到点迎接	1. 迎接准备	□确认 完成物料准备：活动物料、旅游用品、纪念赠品等
			□确认 完成个人物质准备：票证、结算单、行程表、证件等
			□确认 完成服务知识准备：目的地知识、游客服务知识等
			□确认 完成自身形象准备：仪容仪表、礼仪规范等
			□确认 完成心理准备等
			□确认 完成对出发地点位置、交通等信息了解
		2. 到点迎接	□服务 提前到达出发地点迎接
			□管理 维护出发秩序与安全
	5. 热情欢迎表示	1. 致欢迎词	□介绍 自我介绍、整团需致欢迎词
			□介绍 自我介绍、散客需表示欢迎
		2. 物品分发	□服务 分发旅游用品、纪念赠品等
			□管理 维持物品分发秩序等
		3. 内容介绍	□介绍 行程内容介绍、沿途内容介绍、特色内容介绍等
	6. 提供必要服务	1. 组织管理	□管理 协调组织活动：上下车、上下行李、交通衔接等
			□确认 确认实际人数、确认行程、确认需求数量等
		2. 预订确认	□确认 确认有关预订、确认特殊需求等
			□告知 目的地接待人、旅行辅助人等
		3. 提醒服务	□告知 针对出发活动涉及的注意事项，再做必要提醒告知
		4. 交流服务	□交流 了解游客需求，解释游客疑问等

续前表

接待计划			工作计划
白云机场出发服务	1. 乘机规定告知	1. 游客告知	□告知 流程告知：行程流程告知、乘机流程告知等
			□告知 规定告知：行李规定告知、乘机规定告知等
		2. 交流服务	□交流 了解游客需求，解释游客疑问等
	2. 协助办理值机	1. 服务协助	□服务值机协助：协助现场值机、协助儿童办票等
			□服务 托运协助：协助托运行李等
		2. 事故处理	机票出错处理、证件遗失处理、行李违规处理、游客迟到处理、航班延误/取消处理等
	3. 机场内部服务	1. 服务协助	□服务 组织服务、引导服务、设施指引、个别服务等
		2. 事故处理	票证遗失处理、登机口行李违规处理、游客迟到处理、航班延误/取消处理等
	4. 必要信息提醒	1. 游客告知	□告知 流程告知：乘机流程提醒、行程安排提醒等
			□告知 登机告知：登机时间提醒、登机口提醒等
		2. 交流服务	□交流 了解游客需求，解释游客疑问等
广州—上海交通服务	1. 航班引导服务		□服务 登机路线引导等
			□服务 登机手续办理指导等
	2. 航班关怀服务	1. 游客告知	□告知 安全提醒：机上安全提醒、机上有关规则提醒等
		2. 服务协助	□服务 机上设备使用指导等
		3. 交流服务	□交流 游客乘机体验关怀、长途旅程个别交流等
	3. 航班秩序管理	1. 秩序管理	□管理 上下机秩序管理、落座秩序管理、换座秩序管理、航程中秩序管理等
		2. 事故处理	乘机纠纷处理、物品遗失处理、航班延误/取消处理等
浦东机场到达服务	1. 到达引导服务		□服务 到达路线引导等
			□服务 到达手续办理指导等
	2. 到达衔接服务	1. 接站确认	□确认 到达时间确认、到达航站楼确认、接站人确认、司机确认、车辆确认等
		2. 游客确认	□确认 游客数量确认、行李数量确认、行李安全确认等
	3. 到达秩序管理	1. 秩序管理	□管理 到达集合管理、衔接秩序管理等
		2. 事故处理	行李票遗失处理、行李遗失/损坏处理、游客失踪处理、意外伤害处理、航班延误/取消处理（证明开具）等
上海—苏州交通服务	1. 交通组织服务	1. 交通引导	□服务 到达路线引导等
		2. 衔接服务	□服务 游客乘车衔接：乘车人数确认、乘车秩序管理等
			□服务 车辆行李衔接：行李数目确认、协助行李搬运等
	2. 旅游组织服务	1. 组织管理	□管理 组织目的地旅游活动的开启
			□介绍 认识目的地，认识目的地接待人，认识目的地旅游行程等
		2. 预订确认	□确认 确认当日餐食、住宿等预订信息
		3. 提醒服务	□告知 针对目的地活动涉及的注意事项、旅游纪律等，再做必要提醒告知等
		4. 交流服务	□交流 了解游客需求，解释游客疑问等
	3. 沿途讲解介绍	1. 讲解介绍	□介绍 在地介绍：上海/苏州风土人情介绍等
			□介绍 沿途讲解：沿途风光讲解等
		2. 交流服务	□交流 游客感兴趣话题交流、互动等

续前表

接待计划			工作计划
苏州大课堂中餐服务	1. 信息联络服务	1. 联络餐厅	□确认 预订信息再次确认，到达时间确认（提前 30 分钟）
			□确认 游客特殊要求再次确认，餐厅特别规定确认等
		2. 游客交流	□告知 告知餐厅特别规定，告知餐厅对游客特殊要求反馈等
	2. 餐厅餐食介绍	1. 讲解介绍	□介绍 餐厅介绍：餐厅历史、餐厅文化、餐厅特色等
			□介绍 餐食介绍：苏州饮食文化介绍、中餐餐食介绍等
		2. 交流服务	□交流 游客感兴趣话题交流、互动等
	3. 餐时用餐服务	1. 入席服务	□服务 引导服务：入席引导、设施介绍、协助点菜等
			□服务 开席服务：协助提供斟茶、铺餐巾等服务
			□服务 安排司机、陪同人员等用餐
		2. 餐中服务	□服务 和游客同桌就餐，提供菜品介绍、餐事管理等服务
			□服务 和游客不同桌就餐，提供巡餐等服务，关注用餐质量
		3. 事故处理	□服务 上错菜处理、上菜过慢处理、菜品质量或口味不佳处理等
	4. 餐后提醒服务	1. 结算服务	□确认 确认实际用餐内容和费用
			□结算 结算餐费、开具发票等
		2. 提醒服务	□告知 个人物品遗漏提醒等
		3. 事故处理	□服务 用餐质量不佳处理、物品遗留在餐厅处理、餐后食物中毒处理等
苏州耦园游览服务	1. 耦园背景介绍	1. 讲解介绍	□介绍 耦园介绍：历史文化介绍、背景介绍、特色介绍等
			□介绍 沿途讲解：沿途风光讲解等
		2. 交流服务	□交流 游客感兴趣话题交流、互动等
	2. 协助入园服务	1. 信息确认	□确认 景点地址、停车位置、购票流程、结算价格等
		2. 购票服务	□确认 购票人数确认（成人、老人、儿童、特殊群体等）
			□结算 购票结算、开具发票等
		3. 入园组织	□服务 入园秩序组织、游览路线说明、游玩时间说明等
	3. 参观导览服务	1. 参观设计	□设计 讲解内容设计、路线设计、活动设计等
		2. 参观安排	□服务 讲解服务预约、饮茶服务预约等
		3. 景点介绍	□介绍 具体景点内容介绍、文化介绍等
	4. 交流体验服务		□交流 互动服务：主题讨论互动、摄影互动、游戏互动等
			□交流 分享服务：摄影分享、活动分享等
			□交流 游客感兴趣话题交流、互动等
耦园双照楼品茶服务	1. 活动背景介绍	1. 讲解介绍	□介绍 背景介绍：饮茶活动背景介绍等
			□介绍 文化介绍：园林生活介绍、茶文化介绍等
		2. 交流服务	□交流 游客感兴趣话题交流、互动等
	2. 活动流程介绍		□介绍 场地介绍：饮茶活动场地介绍等
			□介绍 活动介绍：活动流程、活动要求等
	3. 安排活动体验	1. 活动组织	□服务 组织安排、落实活动等
		2. 活动体验	□服务 和游客同步体验，关注体验效果，提供必要体验服务
		3. 交流服务	□交流 互动服务：主题讨论互动、摄影互动、游戏互动等
			□交流 分享服务：摄影分享、活动分享等
			□交流 游客感兴趣话题交流、互动等
		4. 结算服务	□确认 确认实际消费内容和费用等
			□结算 购票结算、开具发票等
		5. 提醒服务	□告知 个人物品遗漏提醒等

续前表

接待计划			工作计划
山塘老街游览服务	1. 老街背景介绍	1. 讲解介绍	□介绍 山塘老街介绍：历史文化、建设背景、特色介绍等
			□介绍 沿途讲解：沿途风光讲解等
		2. 交流服务	□交流 游客感兴趣话题交流、互动等
	2. 参观导览服务	1. 参观设计	□设计 讲解内容设计、路线设计、活动设计等
		2. 参观安排	□服务 讲解服务预约、评弹服务预约等
		3. 景点介绍	□介绍 具体景点内容介绍、文化介绍等
	3. 交流体验服务		□交流 互动服务：主题讨论互动、摄影互动、游戏互动等
			□交流 分享服务：摄影分享、活动分享等
			□交流 游客感兴趣话题交流、互动等
苏州评弹体验服务	1. 活动背景介绍	1. 讲解介绍	□介绍 背景介绍：评弹活动背景介绍等
			□介绍 文化介绍：苏州生活介绍、评弹文化介绍等
		2. 交流服务	□交流 游客感兴趣话题交流、互动等
	2. 活动流程介绍		□介绍 场地介绍：评弹活动场地介绍等
			□介绍 活动介绍：活动流程、活动要求等
	3. 安排活动体验	1. 活动组织	□服务 组织安排、落实活动等
		2. 活动体验	□服务 和游客同步体验，关注体验效果，提供必要体验服务
		3. 交流服务	□交流 互动服务：主题讨论互动、摄影互动、游戏互动等
			□交流 分享服务：摄影分享、活动分享等
			□交流 游客感兴趣话题交流、互动等
		4. 结算服务	□确认 确认实际消费内容和费用等
			□结算 购票结算、开具发票等
		5. 提醒服务	□告知 个人物品遗漏提醒等
山塘老街自理晚餐服务	1. 晚餐安排介绍	1. 告知服务	□告知 安排自理餐原因说明等
			□告知 自理餐活动安排说明等
		2. 提醒服务	□告知 自理餐活动安全注意提醒等
	2. 美食特色介绍		□介绍 场地介绍：七里山塘美食分布及周边配套环境介绍等
			□介绍 美食介绍：七里山塘特色美食介绍等
			□交流 攻略分享：七里山塘消费攻略分享等
	3. 协助用餐服务	1. 用餐服务	□服务 自理餐引导服务：设施介绍、方向引导等
			□服务 自理餐协助服务：协助购买、协助讨价还价等
			□服务 安排司机、陪同人员等用餐
		2. 交流服务	□交流 分享服务：摄影分享、活动分享等
			□交流 游客感兴趣话题交流、互动等
苏州日航大酒店住宿服务	1. 信息联络服务	1. 联络酒店	□确认 预订信息再次确认，到达时间确认（提前30分钟）
			□确认 游客特殊要求再次确认，酒店特别规定确认等
		2. 游客交流	□告知 告知酒店特别规定，告知酒店对游客特殊要求反馈等
	2. 酒店信息介绍	1. 讲解介绍	□介绍 酒店介绍：酒店历史、酒店文化、酒店特色等
			□介绍 酒店入住流程介绍、设施介绍、服务介绍等
			□服务 将酒店设施服务信息、规定文字汇总发送给游客
		2. 交流服务	□交流 游客感兴趣话题交流、互动等
		3. 入住准备	□确认 入住相关手续准备
	3. 协助办理入住	1. 到达服务	□管理 酒店服务衔接、进店秩序管理、酒店服务协助等
			□服务 引导服务：停车引导、进门引导、行李引导等

表 5-7　旅行管家物品准备表

项目		内容
工作物品	钱	人民币、目的地国家货币、零钱（纸币或硬币）
	单据	旅游行程单、游客名单表、信息汇总表、费用结算单、签单等
	票证	游客护照、游客签证、游客火车票、船票、门票等
	个人用品	手机、话筒、导游旗、导游图、导游证、工作证、笔、纸等
	其他物料	活动物料、旅游用品、防疫用品、纪念赠品等
旅行物品	旅行衣物	冲锋衣、旅游鞋、替换衣物、泳衣、泳帽等
	旅行电器	转换插头、充电器、充电宝、充电线、手电筒、随身 WiFi 等
	旅行药品	创可贴、止泻药、感冒药、清凉油、体温计等
	其他物品	旅行箱包、雨伞、火柴、登山杖、太阳镜、洗漱品、洗涤品等
生活物品	食品、化妆品、娱乐物品等	

（4）做好知识准备。旅行管家向游客提供的各种接待服务，本质上是一种知识的变现。因此，在从事接待服务之前，旅行管家首先需要做好充足的语言和知识准备。不仅需要根据旅游活动涉及的游览项目和活动内容做好全面的准备，同时也需要根据游客的不同需要做好针对性的准备。如果是涉外旅游，还需做好相关专业知识和词汇的准备。当然，旅行管家的知识价值并不全都体现在准备过程中。只有通过日常工作的不断积累，旅行管家才能将各种知识与自己独特的服务相融合，做到厚积而薄发；在面对不同的游客和不同的需求时，才能在服务中从容不迫，体现出游刃有余的境界。

（5）做好形象准备。与此同时，旅行管家还需要做好自身形象的准备，在第二章中提到了旅行管家在旅游服务中的一些礼仪规范。在接待工作中，无论是旅行管家的仪容仪表还是举止动作，既能体现出他的工作素质和个人教养，也体现出了服务价值。总的来说，旅行管家在形象方面应当着装简洁大方，整齐自然，方便工作，符合身份。有时略做修饰，也可以体现出个人的细心和对工作的尊重，为游客创造良好的第一印象。

（6）做好心理准备。旅行管家需要做好面临艰苦复杂工作的心理准备。旅游涉及众多行业门类，旅游活动本身就是一件烦琐的事情。旅游服务的形式可以复杂，也可以简单，但是从工作过程上看无疑都是复杂的。标准化的旅游服务尚且如此，个性化的旅游服务对旅行管家心理和身体的素质将有更大的考验。同时，旅行管家还必须时刻保持清醒的思维和敏锐的触觉，一旦在旅游活动中发现问题或发生事故，旅行管家需要迅速反应，正确应对和处理好相关事宜。当然，有时候虽然旅行管家已经竭尽心力，热情周到地为游客服务，但仍不能避免部分游客的挑剔、抱怨、指责甚至投诉，旅行管家对此也应有充分的心理准备，能够泰然面对，微笑处之。

5.2　旅行管家的组织工作

旅行管家计划工作的目的是明确目标，制定切实可行的工作方案。但是计划大多数是停留在纸面上的内容，所以需要通过组织工作才能够落到实处。和计划一样，组织这个词既是名词，也是动词。它既可以是旅行管家对人、事、物等旅游活动资源要素进行协调安排的一个活动，也可以是为保证旅游活动顺利开展而组成的各种团队。在这里主要讨论的是组织活动的内容。

旅行管家组织工作的内容是多方面的，研究的角度也各有不同。对旅游活动而言，旅行管家既要对整个活动进行合理的组织和安排，也需要针对活动中的各项具体事务进行特定的组织工作；既涉及人员的组织，也涉及事务的组织；既涉及对旅游者的组织，也涉及对旅行辅助人的组织；既涉及在旅游者出行前的相关组织工作，也涉及旅游者成行后的组织工作等。因为旅游者是旅游活动的主体，所以在这里主要从旅游者的角度出发，对旅行管家在旅游者出行前和成行后的组织工作做简单介绍。

5.2.1 出行前的组织工作

1. 出行前的组织工作内容

无论是对个人还是对团队游客而言，他们通过旅行管家的组织和安排，就能真实参与到旅游活动当中来。所以，旅行管家的组织工作在游客成行前就已经开展起来。通常，在游客出行前旅行管家的组织工作主要包括提前联系游客、确认必要信息和相关事项的告知与提醒等。

（1）提前联系游客。组织反映的是人与人之间的关系。在旅游接待服务中，旅行管家从正式联系游客开始就开启了组织工作。对个体的游客而言，旅行管家在出行前的联系工作，是为了更好地为他组织这个旅游活动。而对整个旅游团队而言，在出行前的联系能够让旅行管家全面了解团队的情况，从而整体把控团队的旅游活动。当然，旅行管家不会轻率联系游客，通常需要在计划准备工作告一段落，或计划准备工作完成时，才开始联系游客。

除了在产品设计、行程确定等环节中的沟通外，大多数游客和旅行管家在此前并未发生直接联系。因此，在出行前与游客取得联系，既是一种礼貌式的预告，也是彼此之间的初次认识，对游客而言更标志着整个活动的正式开启。所以，旅行管家对提前联系游客的工作不能单纯以流程视之，而是要以管理的视角，将其看作整个旅游活动组织工作的第一环。部分旅行管家在联系游客过程中，通过经验的积累能形成一些独特的话术，也为接受服务的游客带来更好的体验。

（2）确认必要信息。旅行管家提前联系游客的目的并不只是为了寒暄，更重要的是需要提前与游客进行必要信息的确认。所谓的必要信息主要包括与旅游活动有关的游客个人信息、安排信息以及特殊需求等。表 5－8 就是旅行管家工作中常见的游客信息确认表。

表 5－8 游客信息确认表

项目	内容					
个人信息	姓名		联系方式		特殊条件	
安排信息	同房安排		用餐禁忌		是否吸烟	
	同行人数		活动安排		特殊要求	

对具体的游客而言，个人信息涉及的范围是比较广的，如个人证件号码和证件的有效期等。这些信息在旅行管家为游客预订机票、办理签证等服务的过程中确实需要特别了解，但在出行前与游客的联系过程中，旅行管家往往只以确认姓名和联系方式为主。不过这一阶段需要确认游客在具体旅游活动中的安排信息和特殊要求，这是旅游行程顺利开展的重要保证。通过这样的交流，既抓住了重点，也不会

占用游客过多的个人时间。

（3）相关事项的告知与提醒。作为旅游经营者，旅行管家应当履行警示告知义务。即在组织旅游活动过程中，应当以恰当的方式告知旅游者可能危及人身财产安全的旅游风险以及可能对旅游者产生不利影响的法律风险，使其保持警惕。《旅游法》第六十二条、《旅行社条例》第三十九条等都对告知义务做了明确的规定。其中，《旅游法》第六十二条规定告知内容需要包括：1）旅游者不适合参加旅游活动的情形；2）旅游活动中的安全注意事项；3）旅行社依法可以减免责任的信息；4）旅游者应当注意的旅游目的地相关法律、法规和风俗习惯、宗教禁忌，依照中国法律不宜参加的活动等。

在旅游活动中，有很多客观因素是旅行管家主观上无法解决和改变的，在行程开始前就有关事项对旅游者进行告知和提醒，能让旅游者提前准备，有备无患，是非常有必要的。同时，告知和提醒工作也需要采用恰当的方式。从免责角度来说，如果旅游活动中发生的事故是旅行管家提前已实施必要告知的，事故发生后旅行管家又在第一时间履行了必要救助义务，其事故责任通常是可以减轻或免除的。因此旅行管家如本着免责的目的，可以尽可能多地收集各种提醒事项一并告知游客。但这样的做法虽然大大增加了意外事故被提前告知到的概率，却无疑会加重旅游者的理解压力。游客的时间、精力和理解能力都是有限的，无足轻重或无关事项过度告知的意义不大。有时候尽管旅行管家提前尽了充分告知的义务，但是游客不能完全理解，或者听过很快就忘记，最终也可能事倍功半。

所以在事项告知过程中，旅行管家需要针对具体的旅游活动编制注意事项告知书，去粗取精，去伪存真，形成文字，便于游客识认，也便于游客反复阅读。同时在出发前与游客联系的过程中，可就其中特别重要的几个问题着重强调，并提醒游客完成对注意事项告知书的仔细阅读和理解。如果游客在了解这些事项的过程中产生疑问，旅行管家也可以借此与游客进行进一步的沟通和交流。表 5-9 是旅行管家注意事项告知书的主要内容和来源。

表 5-9　注意事项告知书的主要内容和来源

项目	来源	内容
禁忌提示	目的地社会	目的地饮食习惯、习俗禁忌、宗教礼仪等
	目的地政府	目的地法律、法规等
官方提醒	外交部	安全提醒
	文化和旅游部	出行提示
运输安全	民航局	《国际航班手提行李规定》《民航局关于旅客行李中携带“锂电池、充电宝”乘机规定的公告》等
	铁路局	《铁路旅客运输规程》等
	公路局	《道路运输条例》等
	水运局	《国内水路运输管理条例》《国内水路运输管理规定》等
行李运输	航空公司	各航空公司行李规定
出入境公民旅客携带物品	海关总署	《海关总署公告 2010 年第 54 号》《财政部 商务部 海关总署 国家税务总局 国家旅游局联合公告 2016 年第 19 号》《海关总署公告 2016 年第 25 号》等
	目的地/途经地国家海关	烟、酒、货币、商品等

续前表

<table>
<tr><th>项目</th><th>来源</th><th>内容</th></tr>
<tr><td rowspan="2">出入境检验检疫</td><td>农业部、国家质量监督检验总局</td><td>《中华人民共和国禁止携带、邮寄进境的动植物及其产品名录》</td></tr>
<tr><td>目的地/途经地国家卫生、健康、检疫等部门</td><td>当地检验检疫规定</td></tr>
<tr><td>文明提醒</td><td>中央文明办、文化和旅游部</td><td>《中国公民国内旅游文明行为公约》《中国公民出国（境）旅游文明行为指南》</td></tr>
<tr><td rowspan="5">安全提醒</td><td rowspan="5">旅行管家自拟</td><td>常规景区注意事项：温泉、码头、博物馆、治安事故、食物中毒等</td></tr>
<tr><td>特殊旅游项目：与动物相关活动、冲沙、高原游、登山、索道、游乐场高刺激机动游戏、体验竞技性体育项目等</td></tr>
<tr><td>高风险旅游项目：高空、高速、水上、潜水、探险等</td></tr>
<tr><td>公共安全事件：灾害性天气、境外政治暴力事件、传染病、地震等</td></tr>
<tr><td>特殊人群：老人、儿童、残疾人等</td></tr>
</table>

不难看出，旅行管家的告知提醒内容多数来自旅游活动牵涉的相关部门统一的制度和规范。通常需旅行管家自己拟定的安全提醒内容，大多数也来自《旅游法》等相关法律规定的要求。根据旅游行程的实际情况，旅行管家可以通过筛选和归纳，整理特定的注意事项告知书。

虽然旅行管家花了心思去整理内容，但是由各种规范叠加而成的告知书，难免会带给游客压抑感。如果旅行管家照本宣科式地对游客宣告，既容易造成游客索然无味，也容易造成游客对其中部分内容的忽略。因此，旅行管家还要注意告知和提醒的呈现方式，常见的呈现方式有攻略式文本呈现、聊天式语言呈现等。当然，不管如何的呈现，目的还是希望游客能够真正收到并确认充分了解这些信息。

2. 出行前的客户关怀

客户关怀是指“有温度”的服务。服务业之所以无法被机器所替代，最主要的特点在于服务可以是人性化的，可以是“有温度”的。旅行管家需要关怀的不仅是游客的旅游消费活动、旅游现场体验、游客的生活，游客本人都可以成为旅行管家关怀的对象。在出行前旅行管家的客户关怀工作主要包括游客信息维护、预订进度同步、联系群组建立等。

（1）游客信息维护。游客信息维护是互联网旅游机构惯常采用的客户关怀方式。从单次旅游来看，尽管不同的游客参加的旅游活动是相同的，但是被采集到的信息、被捕捉到的需要是各不相同的。根据游客的不同需求，采用不同的交流内容和服务方式，让游客拥有被特别服务的感受，无疑可以增加其体验的好评度。如果游客参加过旅游活动，就会留下客户档案。此后每一次的参加，就是对档案信息的丰富，这也是信息维护的一种形式。通过信息技术使用大数据“画像”，旅行管家能够更精准把握住游客的需求。

在旅行管家的服务工作中，如果针对每个游客都量身定制服务，靠个人的力量几乎是无法实现的。因此，旅行管家惯常的做法是模块式服务，也就是将对客服务划分为一般的大众服务和独特的个性服务。事实上绝大多数的旅游活动自有一定的范式，也就是说在旅游活动中有相当一部分的服务是共性服务，而个性服务通常来自游客信息体现出的差别。旅行管家如果能够区分共性服务和个性服务的界限，那么有针对性的个性服务就会变得非常容易了，这也是游客信息维护工作中极重要的应用。

（2）预订进度同步。预订进度同步是定制化旅游产品生产中非常重要的客户关怀工作。旅游产品的设计可以通过旅行管家与游客协商完成，但是旅游产品的生产工作却是由旅行管家和众多旅行辅助人共同完成的。因此，一个协商完成旅行产品的策划方案未必可能100%在旅游活动中实现。部分旅游资源因为时间、价格、竞争或其他因素，在特定的旅游活动中无法获得的情况，在定制旅游产品中是时有发生的。

所以，当旅行管家和游客就旅游产品设计方案达成意思一致，双方签订完成旅游合同后，旅行管家就应尽快完成各项资源的预订工作，并且第一时间将各项旅游资源、要素、活动等的预订进展情况反馈给游客。例如，告知游客："××先生/女士，我正在为您预订××资源，预订成功后我会在××日内发确认给您，请您耐心等待，谢谢!"

旅行管家预订工作是非常烦琐且辛劳的，但是游客无法切身感受这部分工作的过程，容易在预订失败的时候产生不利情绪。因此，旅行管家及时把进度同步给游客，一方面是信息服务的效率体现，另一方面也能让游客体会到旅行管家的工作积极性。如果预订确实无法完成，旅行管家同样需要及时向游客同步信息，并积极为游客做资源协调，努力将变动的影响降到最低程度。

（3）联系群组建立。游客在日常生活中常常会使用到微信、QQ等即时通信工具，这些软件基本都拥有群组聊天的功能。旅行管家也可以通过对这些功能的使用来更好地服务游客。无论是旅游活动出行前的信息告知、出行时的随时联系，还是出行后的反馈沟通，都可以通过"群"这样的平台来实现。

关于旅行管家的群服务，首先要确定建群的时间。建群时间通常应选择在出行之前，这样不仅可以通过互动交流增进彼此的了解，拉近双方的距离，也可以利用群的平台传递必要的行前信息。有时候为了旅游活动的开展，在游客、旅行管家和其他旅行辅助人之间可能会建多个群。但是在旅游活动开始之前，应该建起特定的旅游活动群，并保证该群的唯一性。这样既可以使信息交流更加顺畅，同时也能尽可能完整地保留整个旅游活动的相关信息。

需要注意的是，在邀请游客进群之前，旅行管家需要向游客介绍建立这个群的目的，同时征求游客进群的意向。例如，"××先生/女士，您好！为了提供优质的沟通服务，稍后会邀请您进入有我及目的地导游/司机的群。行程中您如有任何问题，都可以在此群中与我们沟通。"切不可直截了当将游客拉入群中，这是非常失礼的表现。

进入群内后，旅行管家需要及时修改群内昵称、群名称。在邀请成员全部进群之后，旅行管家应在群内自我介绍并提供紧急联系电话。随着科技的进步，部分旅游企业能够在群中植入机器人，提供答疑、监督等功能，未来的旅行管家需要广泛拥抱技术，实现更高效和高质量的服务。

5.2.2　成行后的组织工作

1. 成行后的组织工作内容

在旅游行程开始以后，旅行管家将在旅游活动中从事讲解、服务、组织、管理等多项工作。平常人们常说“组织活动”，说的就是在活动过程中能够通过各种管理手段的运用，有效控制活动的进展，促进活动目标的达成。总的说来，在旅游活动成行后，旅行管家的组织工作主要包括活动组织、衔接组织、秩序协调等方面。

（1）活动组织。活动组织是指旅行管家在旅游活动中为了实现有效的目标，确定组织成员、任务以及各项活动之间的关系，对各项资源进行合理配置的过程。整个旅游活动是一个大活动，需要旅行管家有力的协调和组织，在这个活动中，又有无数个小活动彼此组合衔接，每个小活动也需要组织得好，才能体现出它们的价值。旅行管家的活动组织通常包括组织设计、人员组织、组织运行等多个环节。

组织设计是活动组织工作的开端。旅行管家对一个具体活动的组织，首先要确定涉及哪些人。例如，在一个“游园品茶”活动中，旅行管家、园林讲解员和茶室服务人员就构成了这个活动的服务组织。在旅行管家的组织下，他们通力合作，可以让游客经历一场难忘的体验活动。在这里的组织设计不是活动设计。在组织活动之前确实都会经过必要的设计过程，那是在产品定制和行程规划阶段要完成的工作。但在活动开始前，旅行管家还需要提前做好活动的安排工作，也就是人员组织工作。例如，在上述服务组织中，在旅行管家的安排下，园林讲解员负责介绍引导，茶室服务人员负责摆位沏茶，旅行管家负责维持秩序，不同的人员从事不同的工作，再通过集体的协作，共同促成活动目的的实现。在安排工作完成之后，最终通过在现场的组织运行，就能使得活动顺利圆满。

在旅游活动中，不同的小活动涉及旅行管家和不同的旅行辅助人之间的协作，因此旅行管家活动组织的形式和内容是多种多样的，对旅行管家工作和技能的要求也是比较高的。

（2）衔接组织。衔接组织是另一种组织形式，是指旅行管家在活动与活动之间的组织工作。正是因为有效的衔接组织，旅行管家才能将各种小活动融合在一起，为游客组织起整一个完整的旅游行程。

旅行管家要把衔接组织工作做好，首先需要对整个旅游活动有充分的认识。一个旅游活动的开展是有“起承转合”的，不可能所有活动都同样精彩或同样平淡，因此旅行管家需要控制好整个旅游活动进展的节奏。衔接组织工作类似于活动和活动之间的润滑剂，但是活动和活动之间的逻辑是各不相同的，有时候需要转折，有时候需要递进，有时候需要缓和。所以衔接工作的逻辑也有多种不同类型，这是旅行管家首先从全局上需要准确把握的。

其次，衔接组织工作需要旅行管家对每个小活动有充分的了解，并且能妥善组织安排活动的顺序，这样活动之间的衔接工作就会比较容易开展。

最后，衔接工作需要提前落实。一场活动不是旅行管家一个人就能组织起来，通常上一场活动还在进行中，旅行管家就与后一场活动的联系人进行必要联络，随时根据活动进展确定下一场活动的具体安排。因此，衔接组织工作对旅行管家的沟通能力和系统协调能力有较高的要求，通过有效的衔接也能保证旅游活动达到预期的设计效果。

（3）秩序协调。秩序协调也是旅行管家组织工作中经常遇到的内容。一个旅游活动要顺利开展，需要对旅游活动中各小活动的秩序进行有序协调。一个旅游团队的集体活动要顺利开展，需要对团队中游客们的秩序进行有序协调。因为不同要素之间天然存在各种间隙，不同游客之间的想法更是不可能事事合一，但是旅游行程是一个整体，旅游团队也是一个整体，所以秩序协调在旅游活动中是非常有必要的。

2. 成行后的客户关怀

（1）迎送关怀。在旅游活动的组织工作中，较容易被旅行管家所控制的是迎送环节。一方面，因为迎送活动的事务涉及其他旅行辅助人不多，由旅行管家直接提供的对客服务占较大比重；另一方面，出发时游客满怀期待，临别时游客思绪万千，所以在送往迎来的阶段，较容易调动起旅游者的情感。因此做好迎送服务，是旅行管家组织工作的重要内容。旅行管家应该在送往迎来的服务工作中，给予游客更多人性化的关怀。

在迎送关怀中较常见的形式是礼品馈赠，见面有礼传递的是一种惊喜和热情，而配合旅游行程而特别选择的见面礼品，使关怀在旅游过程中也能时时被记起。临别赠礼可以铭记更多收获与感动，旅行管家通过个性化的礼品呈现方式，可以体现出细致用心与款款别意。虽然迎送活动的关怀形式是多样的，但是关怀是建立在标准服务的基础上。旅行管家只有按照任务要求做好基本的迎送工作，然后附加必要的关怀服务，才能够锦上添花。

（2）沟通关怀。在行程中，旅行管家对游客的关怀主要通过沟通的方式实现。沟通关怀的形式是多样的，包括语言关怀、文字关怀、行动关怀等，沟通关怀的方式也是多样的，既可以伴随沟通过程直接致以关怀，也可以在沟通之后间接关怀。沟通过程不仅可以传递关怀信息，更重要的是可以传递关怀的情感。对游客而言，被关怀的内容、被关怀的过程和被关怀的感知是同等重要的。

沟通关怀可以是面向全体游客的，也可以是面对个别游客的。在行程中旅行管家面对游客的各种通知和汇报、信息准确，时间及时，就体现了最基本的沟通关怀服务。旅行管家在“旅游群”中每日一早一晚的信息播报，在方便游客对旅行认知的同时，也能体现对旅游活动组织的负责态度。同时，集体沟通关怀还能够传递旅行管家和游客共同建设旅游活动的态度，所以在旅游活动当中是被旅行管家广泛使用的。当然，旅行管家个性化服务更体现在个别的沟通关怀上。还应注意的是，沟通关怀主要的途径是沟通，但是主要的目的是关怀。沟通中信息交流的目的，为的是关怀更具有效果。如果沟通之后没有关怀服务和反馈随后衔接，则这样的沟通是单薄的。

（3）细节关怀。俗话说“细节决定成败”“小中见大”“细微之处见真情”，在旅游活动中，旅行管家的细节关怀服务也是相当重要的。旅游是一项个性化较强的活动，不同的游客拥有不同的价值观和旅游态度，所以对“细节”的定义并不等同于惯常，而是来自游客自己的态度。因此，旅行管家在实际工作中需要观察入微，反应敏捷，捕捉到旅游行程中的细节，及时施以相应的关怀和服务。当游客自己认为无足轻重的细节却得到了旅行管家的重视与关怀时，细节关怀的服务价值才能够充分体现。当然，这不是说旅行管家不需要重视基础服务了，相反的，正是在基础服务到位的前提下，通过人性化的细节服务，才能够获得游客更大的认可。

5.3 旅行管家基本接待服务

旅行管家向旅游者提供的是旅游活动“全流程”服务。当然，这是要求旅行管家全流程管理，而不是要求旅行管家时时刻刻出现在游客的眼前。在旅游活动中，很多活动项目是由旅行辅助人提供的，旅行管家在技术服务上可以不必事事亲力亲为，事实上也不能事事胜任。但旅行管家需要对旅行辅助人的服务做出精准的筛选和采购，同时需要事事跟进，也就是说在旅游活动的管理上是无死角的。

因此，除了要掌握基本的旅游管理知识之外，旅行管家还必须具备一定的接待服务技能。一可以直接服务于游客；二可以判断游客接受服务的质量水平，并在接受服务的质量水平不足的时候进行及时的调整和补救。在实际工作中，旅行管家的服务形式是多种多样的，既包括直接涉及旅游“六要素”的住宿接待服务、餐饮接待服务、交通接待服务、讲解和游览接待服务等基本接待服务，也包括对商务旅游、会务旅行、休闲旅游、度假旅游、康体旅游、养生旅游、研学旅行、教育旅游、户外旅游、体育旅游、情感旅游以及网红旅游等旅游市场中特色主题旅游活动的接待服务。在不同的接待服务类型中，体现出的服务技能是各不相同的，本节主要对旅行管家的基本接待服务形式做简单介绍。

5.3.1 住宿接待服务

“过夜”是旅游活动非常重要的一个指标，在旅游业中根据旅游活动是否过夜，可以将旅游活动划分为一日游旅游和投宿旅游两大类。为了满足旅游者的投宿需求，旅行管家需要依托必要的接待设施，向旅游者提供相应的住宿服务。

1. 住宿接待设施的功能、分类及标准

接待设施是指任何为旅行者长期或短期提供投宿接待服务的设施。作为住宿接待服务，不仅包括旅行管家个人的服务，同时还必须依托必要的接待设施。因此，旅行管家需要了解住宿接待设施的功能、分类及标准。

（1）住宿接待设施的功能。传统的住宿接待设施是以承担旅游活动中住宿接待为主要功能的。虽然一些住宿接待场所会提供餐饮、娱乐等支持功能，但是住宿功能无疑是接待设施最基本的功能。餐饮功能是住宿接待设施中与住宿密切相关的基本服务功能。它既可以满足旅游者各不相同的饮食需求，也可以通过美食让旅游者流连忘返。大多数住宿接待设施也具备交通接送功能，提供固定或不固定线路的交通服务。由于生活水平的提高，旅游者对文化、娱乐、康体、休闲的要求越来越高，现代酒店为了营造更加完美的住宿体验，一般都会配备休闲、娱乐设施供游客使用，也会成立不同规模的购物中心，提供一些特色纪念品或中高档商品的售卖。

同时，不同的住宿接待设施在功能上各有差异。对于度假型酒店而言，其娱乐功能特别突出；对于商务酒店而言，其商务服务功能特别突出；对于会议酒店而言，其会议聚会功能特别突出。随着住宿接待行业的发展，其功能也在不断地延伸。如1929年源自法国巴黎的“金钥匙”服务，能够提供各种使游客感到满意或惊喜的服务，其服务模式已经被世界众多国家的优质酒店所采纳。旅行管家要提供专业的住宿接待服务，必须依托专业的接待服务设施。所以，旅行管家需要根据住宿接待设施的服务功能，精准选择，合理使用，以满足游客的相应需求。

（2）住宿接待设施的分类。在接待业中，根据接待设施和服务的覆盖面，通常可以将其分为无限服务型酒店、有限服务型酒店和辅助接待设施等。旅行管家不仅要了解住宿业的分类方式，也需要了解具体住宿设施中各项具体设施设备的功能和分类。无限服务型酒店一般指设施齐全，提供服务范围广泛的住宿接待设施。以此为例，旅行管家需要对酒店各部门及其所拥有的设施设备和提供的服务有所了解。

表 5－10 对酒店常见部门的设施设备做了简要整理。

表 5－10　住宿酒店设施设备表

部门		具体设施设备
前厅接待设施	接待大厅	迎宾台、休息区
	总服务台	接待处、问询处、收银处
	行李房	行李、贵重物品寄存处
	大堂副理	大堂副理接待处
客房接待设施	客房	单人间、标准间、商务房、豪华套房、总统套房
	客用设施	床上用品、客房布草、客房窗帘、保险箱、电熨斗、熨衣板、音响配套、电视转盘、客房冰箱、电热水壶、客房电话、衣架、衣夹、钥匙手牌、美容镜、垃圾桶、防滑垫、标示牌
餐饮接待设施	餐厅	中餐厅、西餐厅
	水吧	大堂吧、酒吧
娱乐服务设施	休闲中心	桑拿浴、按摩室
	康体中心	网球场、保龄球场
		游泳池、健身室
	娱乐中心	歌舞厅、KTV
		游艺室、桌球室
会议服务设施	会议中心	会场、会议餐厅
商务服务设施	商务中心	票务处、文印处、委托代办处
	行政酒廊	行政餐厅、行政吧台
经营保障设施	工程保障设施	变电配电设施、空调冷冻设施、备用发电设施、供水排水设施、热水供应设施、洗衣房及其所需设备设施
	安全保障设施	对讲通信设施、事故广播设施、消防指挥设施、消防监控设施、各种灭火器材
	内部保障设施	员工食堂、员工宿舍、员工俱乐部、员工更衣室、员工通道

不同酒店的设施与服务各不相同。传统上，无论游客自行下榻酒店还是旅行社安排游客入住时，对除客房、餐饮外的设施设备及相关服务功能重视程度都不高。但随着信息透明化程度的不断升高，游客对住宿信息的获取越来越容易，对住宿功能要求也不断增强。因此，旅行管家更需要通过多种渠道对酒店的服务设备和功能充分了解，才能在住宿接待服务过程中充分发挥设施的优势，体现出服务的价值。

知识链接

查询酒店房间设施和相关服务

目前，互联网中涌现出一大批在线住宿预订平台，通过全面、及时、便捷的资讯以及到位的预订服务，成为很多游客出行必备的工具，例如，通过携程旅行网就能很容易查询如表 5－11 所示的上海和平饭店九国特色江景套房中拥有的设施，正因为游客更容易获取酒店的相关信息，旅行管家在信息获取方面的及时性和全面性才会更为重要。

表 5-11 九国特色江景套房设施表

项目	设施					
基本信息	178 平方米	大床	5～7 楼	有窗	WiFi 免费	停车免费
室外景观	江/河景	城景	地标景	享有风景		
浴室	24 小时热水	独立淋浴间	独立卫生间	洗浴间电视	洗浴间电话	化妆放大镜
	浴缸	洗浴用品	浴衣	吹风机	电热水器	拖鞋
洗浴用品	牙刷	牙膏	沐浴露	洗发水	护发素	
	浴帽	香皂	梳子	剃须刀		
便利设施	空调	沙发	暖气	遮光窗帘	手动窗帘	地毯
	衣架	衣柜/衣橱	熨衣设备	书桌	餐桌	开夜床
	床具：毯子或被子	备用床具	房内保险箱	电子秤	闹钟	针线包
	客房 WiFi	房间内高速上网	多种规格电源插座	110V 电压插座	220V 电压插座	雨伞
媒体科技	电视机	电话	语音留言	国内长途电话	国际长途电话	iPod 音乐基座
	有线频道	卫星频道	音响			
食品饮品	用餐区	速食品	小食	水果	电热水壶	冰箱
	咖啡机	咖啡壶/茶壶	茶包	软饮	酒精饮料	瓶装水（免费）
其他	钥匙进门	欢迎礼品	报纸			

资料来源：携程旅行网，见 https://www.ctrip.com.

传统旅行社对住宿的选择通常根据其主营团队类型的不同，有不大的选择区间，大多数都是传统的无限或有限服务型酒店。但旅行管家接触到的住宿需求是个性丰富、各不相同的，所以对住宿的分类需要有更深的认识。世界旅游组织对住宿接待设施的划分是以接待数量为依据，分为集体接待设施和私人接待设施，具体如表 5-12 所示。

表 5-12 世界旅游组织接待设施分类

主要类型	次级类型	单位组群	设施举例
集体接待设施	酒店及类似设施	酒店	宾馆、汽车旅馆、路边客栈、海滩宾馆、公寓酒店等
		类似酒店设施	与酒店类似的接待设施，如提供房间和餐饮服务的住宅、游客住所等
	专门接待设施	保健接待设施	水疗度假村、地热度假村、山地休养地、康复屋、健康农场
		假期训练营地	农业、考古、生态工作营地、儿童夏令营、童子军营地、骑术与航海术学校、运动中心等
		旅客运输工具	游轮客舱、火车卧铺、长途汽车卧铺等
		会议中心	只为会议参加者提供食宿服务

续前表

主要类型	次级类型	单位组群	设施举例
集体接待设施	其他集体接待设施	度假住宅	为游客提供娱乐中心、小卖部、信息服务的公寓、单体住宅、联排住宅型建筑物
		游客营地	为帐篷、拖车、房车提供集体设施，如娱乐中心、餐馆和咨询中心
		其他集体住宿	社会旅游接待设施，如青年旅舍、旅游者宿舍、团体接待设施、老年人度假屋、工人度假村、游港航海者寄宿设施
私人接待设施	私人租赁接待设施	家庭内租赁房间	家庭自用房屋内腾出空房提供给旅游者
		私人或专业机构外租的住宅	产权属于个人或组织但可单独出租的公寓、度假屋、独栋住宅、山地农舍
	私人非租赁接待设施	自有住宅	游客拥有的第二住宅、公寓、联排住宅、独栋住宅、别墅
		亲友提供的免费接待设施	游客被允许免费使用其亲友拥有的住宅或其他类型的接待设施
		其他私人旅游接待设施	非官方的住宿单元，如未对外开放或出租的拖车、营地等

资料来源：World Tourism Organization，1995.

上表较全面地概括了目前接待行业中主流或非主流住宿接待模式。不同的住宿接待模式内，有不一样的设施设备，也有不一样的服务模式。随着行业的发展和科技的进步，住宿业也不断有创新模式涌现。所以，旅行管家既要全面了解行业，提供精准、到位的服务，也要不断学习，积极与时俱进。

（3）住宿接待设施的标准。旅行管家对住宿接待设施的质量要有一定的判断能力，这就涉及住宿接待设施的标准。在第四章中，已经提到过我国的旅游饭店星级划分与评定标准。在世界各国，不同机构和部门对住宿接待业也有着不同的评定标准体系。较著名的如法国米其林指南、美国汽车旅行指南、美国汽车协会等。其评定标准通常包括建筑结构、家具装修、日常维护、客房管理、综合服务、餐饮服务等。除此之外，旅行管家尤其需要具有判断具体的服务质量和设施设备细节质量的能力。

2. 住宿接待服务的流程

旅行管家住宿服务接待的内容主要包括入住服务、住宿服务和离店服务三部分。需要注意的是，目前在不少中高端酒店和特色住宿设施中，也能提供类似住宿贴身管家的服务，方便游客的住宿体验。旅行管家应该能够了解他们的工作内容并辨别其中的区别。通常而言，酒店的贴身管家主要站在酒店方的角度，为游客提供专业的住宿服务和必要的延伸服务，而旅行管家站在旅游行程管理的角度，服务和管理是两端并重的。所以，旅行管家需要懂得将自己的服务和酒店的贴身管家或其他服务工作者结合起来，给游客更好的住宿体验，而不是要抢着去做酒店服务工作者的服务。但是当酒店服务工作不到位的时候，旅行管家也能够及时跟进，通过自己的服务来有效弥补。

扫一扫

视频：旅行管家如何提供优质的住宿服务

知识链接

酒店贴身管家的主要服务内容

旅行管家有必要了解酒店贴身管家的主要服务内容，并在实际工作中与自身服务工作相配合，为游客提供更全面和专业的住宿服务。酒店贴身管家的主要服务工作通常包括抵店前、住宿期间、离店前和离店后4部分。

1. 抵店前

（1）了解预订、保留房间、检查客史记录、了解客人喜好；

（2）与相关部门沟通，及时跟进客人喜好安排；

（3）抵店前两小时检查房间、餐室状况和赠品的摆放：1）房间的布置符合客人的喜爱和生活起居习惯、爱好及赠品的喜好；2）注意客人安全，隐私保密；3）及时与相关部门沟通确保客人喜好得到尊重和安排。

2. 住宿期间

（1）提前十分钟到大厅迎候客人，客到后做简单介绍，引领客人至房间，介绍宾馆设施及房间情况；

（2）客人进房后送欢迎茶及免费水果；

（3）与各前台部门密切配合安排客人的房间清洁、整理、夜床服务，检查餐室准备，点单并做好餐中服务；

（4）根据客人需求每日为客人提供房内用餐服务、洗衣服务、叫醒服务、商务秘书服务、用车、日程安排、当日报纸、天气预报、会务商务会谈、休闲等服务；

（5）做好客人喜好的观察和收集，妥善处理好客人的意见和建议；

（6）做好酒店各部门的沟通和跟进，满足客人与超越客人的愿望；

（7）24小时为住店客人提供细致、周到的服务。

3. 离店前

（1）掌握客人离开的时间；

（2）为客人安排车辆、叫醒服务和行李服务；

（3）了解客人对酒店的满意度，确保客人满意离开。

4. 离店后

（1）做好客人档案管理；

（2）做好客人遗留物品的处理。

资料来源：贴身管家服务，见 https://baike.baidu.com/item/贴身管家服务/9384135?fr=aladdin.

（1）入住服务。入住服务通常包括预订信息确认、住宿情况介绍、办理入店手续、住宿设施介绍、照顾行李进房、后续事宜落实等。对特定的住宿活动，既有可能是旅行管家为游客策划安排的，也有可能是游客自行预订的，但是旅行管家在入住前都必须完成预订信息的确认，包括确认入住的时间、房型、房间数量、特殊要求等。如果住宿是游客自行预订的，旅行管家要认识到这也是整个旅程的组成部分，同样应主动征求游客意见，是否需要代为向酒店确认预订信息，而不是轻率通知游客自行确认。这虽然是一种服务姿态，却能掌握对整个旅游活动的主动权。在与住宿酒店确认预订信息时，旅行管家需要和工作人员核实酒店入住流程、各项设施设备和注意事项的相关情况。如游客在住宿时有特殊需求或旅行管家有特别的安排，也应在这一阶段落实到位。表 5－13 就是旅行管家通常需要提前确认的住宿相关信息。

表 5－13　住宿信息确认表

项目	内容
预订信息	入住日期、退房日期、入住时间、预订房型、房间数量
特殊要求	住客要求、管家要求、住宿楼层、房间号码、钥匙数量
入住手续	酒店位置、停车安排、前台位置、入住要求、办理手续、行李安排
住宿设施	前台电话、乘梯手续、WiFi 密码、房间电话、免费物品、注意事项
早餐信息	早餐数量、早餐时间、早餐地点、早餐手续
其他设施	服务内容、设施条件、开放时间、费用情况

不同的酒店有不同的入住条件，有不同的入住规范，也有不同的文化和背景。因此在入住酒店之前，旅行管家可以对住宿的情况做简要介绍，并及时告知有关注意事项。当提前问清入店流程之后，到店就能快速有效地办妥相关手续。如果在办理手续过程中发生争议，旅行管家也应在一旁积极协调解决。办妥入住手续后，有必要的话还可以向游客简单介绍住宿的一些设施设备及其使用方式或规则。如游客行李较多或携带困难，旅行管家还需额外安排行李服务，并注意行李的每个交接细节。当入住活动完成后，旅行管家需要找合理时间和游客确定好后续的活动安排和具体内容。

经典案例

旅行管家是否可以向游客收取单房差的费用

单位同事 5 人参加了旅行社组织的旅游团，加上其他 15 名参团游客，该旅游团共计 20 人。由于当时报名人数仅为 5 人，旅行社的旅行管家告知游客，如果最后成团时有人需要住单人间，住单人间的游客就必须在总团款的基础上多支付房费 300 元，这就是所谓的单房差的由来。5 人中一人出团前临时退团，旅行管家向退团游客收取单房差，被该游客明确拒绝。旅行管家转而向住单人间的游客收取单房差，该游客也拒绝，理由是，并不是他本人愿意住单人间，旅行社可以继续安排同团游客一块住。旅行管家顿时感到无所适从。

扫一扫

旅行管家是否可以向游客收取单房差的费用

分析：你觉得在这一问题上，旅行管家应该如何解决呢？

（2）住宿服务。住宿服务通常包括住宿事务处理、生活事务处理、行程事务处理、住宿纠纷处理等。在住宿相关事务上，通常由酒店提供直面游客的专业服务，旅行管家通过合理沟通和协调，一般能够妥善处理。在酒店服务之外的生活事务处理上，在部分酒店中可以委托“金钥匙”工作人员协助处理，而大多数情况下则需要旅行管家积极跟进，调动其他社会资源，才能有效解决。同时，在旅游中住宿的目的是更好地开展旅游活动，因此，旅行管家需要有效平衡行程和住宿时间的关系，让游客在旅游行程中既能纵享住宿的愉悦，也能更好地体验旅途的欢乐。当发生住宿纠纷时，无论是何种原因造成，都会影响整个旅游行程。因此，旅行管家责无旁贷需要积极介入，通过充分沟通，努力解决。

（3）离店服务。离店服务通常包括离店计划确认、离店行李安排、离店事项提醒、办理退房手续、后续事宜落实等。在离店计划确认阶段，旅行管家不仅要和游客确认好具体的离店时间，还需要掌握住宿酒店的离店规定以及后续的行程安排等。大多数酒店都有最迟退房时间的规定，旅行管家需要提前了解清楚，如果确实需要超过最迟退房时间再离店，需要了解相关费用变化政策。如果离店时行李需要安排交运，也需要提前与行李房沟通落实。在离店之前需要对游客做必要提醒，如检查容易遗忘的物品、注意特别需要随身携带的物品等。

在办理退房手续时，旅行管家需要与住宿酒店结算相关账目，如有内容或金额的变化，也需要与游客和酒店方面沟通确认。离店标志着一次住宿活动的结束，但并不是旅游活动的终止。所以，旅行管家需要继续落实后续事宜，做好组织、安排和衔接工作。在离店之后，可能还会因为行李遗忘或其他事宜和酒店发生联系，因此，需要保证和酒店的沟通渠道畅通。最后在提醒游客勿忘行李的同时，旅行管家也必须保管好自己的物品。旅行管家携带的物品往往对旅游活动的完成关系密切，更不能遗忘在住宿酒店中。

5.3.2 餐饮接待服务

旅游活动与餐饮服务密不可分，游客一日三餐离不开餐饮服务，一般情况下需要完全依赖社会化餐饮服务体系来满足旅游者基本餐饮需要。餐饮接待服务也是旅行管家的基本接待工作之一。对游客而言，餐饮既是维持其生理活动的基本要素，也是其感受目的地特色的重要途径。对旅游产品而言，餐饮既是旅游活动的组成部分，也可以是旅游活动的核心主题。因此，旅行管家在旅游活动中不仅可以向游客提供舒适的旅游餐饮服务或特色的旅游美食服务，也可以围绕美食主题创造出别具一格的美食旅游产品。

1. 餐饮服务的种类

根据《餐饮服务许可管理办法》规定，餐饮服务，指通过即时制作加工、商业销售和服务性劳动等，向消费者提供食品和消费场所及设施的服务活动。餐饮服务经营场所，指与食品加工经营直接或者间接相关的场所，包括食品加工处理和就餐场所。餐饮服务提供者的业态，指各种餐饮服务经营形态，包括餐馆、快餐店、小吃店、饮品店、食堂等。

具体来说，餐馆（含酒家、酒楼、酒店、饭庄等）是指以饭菜（包括中餐、西餐、日餐、韩餐等）为主要经营项目的单位，包括火锅店、烧烤店等。快餐店是指以集中加工配送、当场分餐食用并快速提供就餐服务为主要加工供应形式的单位。小吃店是指以点心、小吃为主要经营项目的单位。饮品店是指以供应酒类、咖啡、茶水或者饮料为主的单位。食堂是指设于机关、学校、企事业单位、工地等地点（场所），供内部职工、学生等就餐的单位。

同时，餐馆按经营场所使用面积或餐位数等的不同，可以分为特大型餐馆、大型餐馆、中型餐馆、小型餐馆等；按不同的服务方式，可以分为餐桌服务型、柜台服务型、自助型、企业单位型等。如果要按种类、菜式、风味分就更多了。表 5-14 是常见的餐饮服务分类表。

表 5-14　常见的餐饮服务分类表

餐食分类		举例
中餐	传统正餐	酒楼、饭庄、宾馆餐厅、自助餐厅等
	快餐小吃	快餐店、小吃店、面馆、饺子馆、面包房等
	休闲餐饮	茶餐厅、茶馆、烧烤店、奶茶店、小酒馆等
	其他餐饮	团队餐厅、外卖餐饮、交通工具和场站内的餐饮等
西餐	正餐	各国餐厅（美、意、法、俄、日、韩等）
	快餐	比萨店、汉堡店、炸鸡店、面包房等
	休闲餐饮	咖啡馆、酒吧、冷饮店、甜品店等
	其他餐饮	团队餐厅、外卖餐饮、交通工具和场站内的餐饮等

2. 旅行管家的旅游餐饮服务

餐饮是人类生活的基本需求之一，与普通餐饮相比，旅游者往往对旅游餐饮会有更高、更复杂的体验需求。同时，目的地餐饮的形式与内容通常与旅游者惯常不尽相同。部分旅游者对餐饮有求新求异的需求，乐于体验差异化餐饮，而部分旅游者却难以接受差异化过大的餐饮形式。因此，旅行管家既要对目的地餐饮特色有一定的了解，也要充分认识到游客的实际需求，才能通过对餐饮的妥善安排和到位服务，取得游客的认可和赞许。

旅行管家的餐饮服务主要包括餐饮的安排、就餐服务和餐后服务三部分。

（1）餐饮的安排。餐饮的安排主要包括对就餐地点和具体餐食的选择与安排。在旅游活动中，可以由游客自行安排，也可以由旅行管家提前安排或现场安排。在餐饮的安排过程中，旅行管家首先需要明确自己对目的地餐饮资源的掌控能力，同时也要尊重游客获取信息的能力。类似于住宿接待服务，餐饮服务的信息透明度也越来越高，对于陌生的旅游目的地，游客的资源掌控力也在不断增强。通过“口碑”“美团”或“大众点评”等平台，游客能更容易获取餐饮关键信息。包括目的地的特色餐厅分类推荐、具体餐厅的位置、环境、代表菜品、人均消费、口味和服务的评价等。在这些平台上，还汇聚了数量众多的食客评价，为游客的餐饮选择提供了丰富的信息。平台上还会适时提供一些优惠活动，既刺激游客当场消费，又能培养游客长期使用平台消费的习惯。

旅行管家的餐饮信息储备，从数量上说几乎不可能超越上述餐饮预订平台。因此，其餐饮服务的专业性主要体现在精准选择上。平台对游客的需求判断主要来自游客有限的需求输入和历史消费后的大数据“画像”。而旅行管家却能够在和游客充分沟通后，对游客的需求有更深认识。同时，平台提供给游客的选择方案通常较多，往往让初到一地的游客难以适从。而旅行管家以亲历的经验推荐餐厅，尤其是推荐餐厅中的菜品，通常有更大的信服力。另外，旅行管家不只管理游客的一次用餐行为，而是对整个旅游活动进行统一把控，所以在餐厅选择中也会考虑和行程的一致性要求，这也是餐饮预订平台难以实现的。加之有时旅行管家会利用特定餐厅设计特别活动，此时自然需要旅行管家指定餐厅，才能实现这些特色化服务。当然，上述平台对预订选择也有极大的优势，无论游客还是旅行管家，在餐饮选择的时候都可以参考平台的相关信息，做出更精准的判断。

在选择好餐厅之后，旅行管家应及时与餐厅取得联系，核实有关就餐信息与餐厅基本情况，并订妥餐位。在订餐时，通常需要落实清楚的信息包括餐厅的基本情况、订单的基本情况和特殊需求等。如果餐厅对就餐有特别要求的，旅行管家也需要及时告知游客。表 5－15 是常见的餐厅预订信息表。

表 5－15　餐厅预订信息表

项目	内容
餐厅信息	餐厅地址、接待标准、预订方式、餐厅设施、餐厅特色
订单信息	用餐时间、用餐人数、用餐标准、餐位要求、菜单要求、泊车要求
特别需求	包厢预订、菜品预订、饮食禁忌、结算方式

（2）就餐服务。旅行管家提供的就餐服务，通常包括确认预订、进餐厅服务、就餐时服务、争议解决服务等。旅行管家在前往餐厅之前，通常需要提前与餐厅确认预订，主要包括就餐的人数、形式、内容、标准、特殊需求，以及尽可能准确的到达时间。如果餐厅在接待时间或条件上临时发生一些变化，旅行管家也应该及时根据变化调整活动的安排。在前往餐厅的过程中，旅行管家也可以就餐厅相关情况与游客进行交流。到达餐厅后，旅行管家要配合餐厅工作人员做好相应的就餐接待工作。因此，旅行管家只有明确餐厅工作人员的工作基本职责和工作流程，才能更好地完成餐饮服务的配合工作和旅游活动的管理工作。

知识链接

餐厅（包厢）服务人员的工作规范流程

1. 餐前准备

（1）个人卫生：着工装上岗，穿黑色工鞋，佩戴发夹、工牌，仪容仪表按要求做好。

（2）餐用具卫生：所有用具必须先消毒，并保证无油渍、无污垢、无破损，餐台餐具按标准摆台。

（3）环境卫生：1）地毯干净无杂物。2）空气质量清晰，保持应有的芳香。3）备餐间干净，物品摆放整齐。4）备好调味料（生抽、陈醋、芥末）、相应的用具、开水、茶叶（普通绿茶及不另外收费的茶）等。

（4）熟悉客人预订情况、分布、人数及其重点客户的爱好及特殊要求。

（5）将预订好包厢的迎客灯及空调（根据天气情况）打开，迎接客人的到来。其温度夏天制冷控制在 22℃～24℃，冬季制热控制在 26℃～28℃。

2. 餐中服务流程

餐厅（包厢）服务人员餐中规范服务流程主要包括：上凉菜→站立迎宾→客到→递巾问茶→斟茶→添撤餐具→点菜→看单备料→点酒水→添撤杯具→引客入座→铺席巾、撤筷套→斟酒水→上热菜→巡台→撤台→上水果→拉椅送客。

进入餐厅后，旅行管家需要协助餐厅工作人员积极引导游客入席落座，并检查餐厅的用餐准备工作是否完善。如用餐准备服务不够到位，则需要及时指导并协助餐厅服务人员尽快完善。同时，需要协助工作人员做好相关落座服务工作，如协助斟茶等。如果旅行管家对餐厅熟悉，则需要向游客简要介绍餐厅主要设施，如洗手间的位置等。如不熟悉，则需要请餐厅工作人员帮忙介绍必要设施。如游客有点菜或加菜需要，应尽快安排服务人员予以协助。通常在完成点菜程序之后，旅行管家需要协助工作人员做好开席工作，如指导铺餐巾等。

当服务散客时，旅行管家通常会和游客同桌用餐，这样能够对整个就餐活动有更好的把控。在就餐时，旅行管家应该密切关注游客的实际需求，主动及时地予以解决。如果旅行管家不便与游客同桌就餐，或服务的是团队游客时，旅行管家应该密切关注游客就餐情况，如菜肴口味、上菜速度等。如果餐厅就餐服务不够到位，旅行管家应及时与餐厅沟通解决，如果就餐顺利的情况下，则应避免过多打扰游客就餐。

（3）餐后服务。旅行管家需要密切关注游客的用餐情况，在用餐结束之前，可以通过问询或其他方式判断游客的用餐结束时间，尽量做到提前买单，避免游客用餐结束以后过久等候。在买单时需要详细核对菜单，如与预订菜单有所出入，则需游客提供必要的确认。通常游客对一次用餐的整体评价需要在餐后才能做出，因此除了关注游客的用餐过程之外，旅行管家也需要关注游客的餐后反馈。当然，如果在餐中遇到问题及时解决，无疑将大大增加游客餐后反馈的好评率。旅行管家还可以适时向游客提供餐巾、水果或其他餐后关怀服务。离开餐厅前，可以向游客做一些注意事项的必要提示，如带齐物品等。

5.3.3　交通接待服务

旅行管家为了满足旅游活动的顺利开展，通过交通产业各部门，向旅游者提供相应的交通服务。由于交通产业领域相对较为封闭，国家、地方政府或交通承运人拥有较大的运输规则制定权，游客出行中的自主性会受到一定的限制。对出行经验不甚丰富的游客而言，面对众多的客运交通规则和规定往往难以适从。因此，需要旅行管家提供到位的交通接待服务，保证其行程的顺利，对旅行管家而言，交通接待服务也是其服务体系中的重要组成部分。再有创意的旅游产品，也必须放在合理的交通框架之内。

1. 交通服务的类型

交通服务主要指在旅游交通过程中旅行管家对游客提供的相关服务。因为旅游交通一般都需要使用到交通工具，所以狭义的交通服务通常指的是交通工具服务，包括针对游客搭乘航班、列车、汽车、轮船或其他交通工具时旅行管家提供的相关服务。而从更广泛的角度看，交通工具不是单独的移动设备，其背后是一整条旅行通道。旅行管家针对游客交通活动所行经的航线、铁路、公路、水道、游径等提供的服务也可以属于交通服务。当然，旅行管家在交通工具起止的集散站场提供的服务也属于交通服务。另外，为了保证交通活动的顺利开展，旅行管家需要向游客提供相应的交通信息服务、交通管理服务、交通安全服务、交通共享服务和绿色交通服务等，这些都应该囊括在广义的交通服务当中。

2. 旅行管家的航班服务

航空旅行是现代旅游中最主要的大众旅行方式之一。既是国际旅游的首选，也适用于物理距离较大的旅游交通活动。航空交通的组织灵活性较大，组织方式主要有定期航班、非定期航班和其他空中服务三种，具有速度快、安全性高等优势。旅行管家的航班服务主要包括机场服务、机上服务和航线服务三部分。

（1）机场服务。机场是提供飞机起落和停放飞机的场所。用于商业性航空运输的机场也被称为航空港，可划分为飞行区、地面运输区和候机楼区三个部分。飞行区是飞机活动的区域；地面运输区是车辆和旅客活动的区域；候机楼区是旅客登机的区域，是飞行区和地面运输区的接合部位。机场也是游客出发登机和下机到达的地方，旅行管家只有了解机场的基本服务功能和旅客搭乘航班时的相关手续流程，才能够更好地提供机场服务。要注意的是，不同机场的服务功能和搭乘航班的手续流程大致类似，但不尽相同。表 5-16 是北京首都国际机场 T2 航站楼旅客出发、到达、转机的流程，表 5-17 是北京首都国际机场服务一览表。

扫一扫

视频：旅行管家如何向顾客提供航班服务

表 5-16　北京首都国际机场 T2 航站楼旅客出发、到达、转机流程表

流程	内容
出发流程	
1. 海关检查	如果您携带有向海关申报的物品，须填写《中华人民共和国海关进出境旅客行李物品申报单》，选择“申报通道”（又称“红色通道”）通关；如果没有，无须填写《申报单》，选择“无申报通道”（又称“绿色通道”）通关。
2. 值机	确认航站楼：您可以查看航空公司分布图或者拨打机场咨询热线来了解您乘坐航班所在的航站楼。
	确认办票柜台：在开始办理登机手续之前，请通过航班信息显示屏查知您的航班所对应的办票柜台号及其他信息。
	电子客票：如果您持有电子客票，可以使用电子客票设备办理登机手续。
3. 托运行李	请您凭机票及本人有效身份证件到相应办票柜台办理登机手续，托运行李并领取登机牌。手提行李和免费托运的行李重量限制，各航空公司的要求可能有所不同。
4. 检验检疫	如果您是将要出国一年以上的中国籍旅客，建议您到检验检疫部门进行体检，以获取有效的健康证明。如果您的出行目的地恰好是某一疫区，您应进行必要的免疫预防疫苗接种。（1）患有发热、呕吐、黄疸、腹泻、急性皮疹、淋巴结肿、艾滋病、性病、精神病、开放性肺结核的出境旅客请主动向检验检疫官员申报；（2）申请出境一年以上的中国公民，请您主动向检验检疫官员出示检验检疫机构出具的含艾滋病检测结果的有效健康检查证明；（3）前往黄热病流行区的旅客，请您主动向检验检疫官员出示有效的黄热病预防接种证书；（4）携带以下物品的旅客，请您主动向检验检疫官员申报：生物物种资源、活动物、动物食品、动物尸体或标本、植物及其产品、植物繁殖材料、土壤、微生物、人体组织、生物制品、血液及其制品。
5. 边防检查	如果您是外国旅客，请交验您的有效护照、签证、出境登记卡，并在有效入境签证的规定期限内出境。如果您是中国旅客（包括港澳台地区居民），请交验您的有效的护照证件、签证。如持有关部门签发的出国证明的，请您及时出示。
6. 安全检查	请提前准备好登机牌、机票和有效护照证件，并交给安全检查员查验。为确保飞行安全，旅客须从安全检测门通过，随身行李物品须经 X 光机检查，谢谢您的配合。
7. 候机	经过安检以后您可以根据登机牌标示的登机口到相应候机区休息候机。

续前表

流程	内容
8. 登机	通常情况下，航班起飞前至少30分钟开始登机，请您留意广播提示及航班信息显示。登机时需要出示登机牌，请提前准备好。
到达流程	
1. 航班到达	进入航站楼以后，您可参照航站楼内到达旅客的引导标识前往行李提取大厅。
2. 检验检疫	(1) 患有发热、呕吐、黄疸、腹泻、急性皮疹、淋巴结肿、艾滋病、性病、精神病、开放性肺结核的入境旅客请主动向检验检疫官员申报；(2) 来自黄热病流行区的旅客，请您主动向检验检疫官员出示有效的黄热病预防接种证书；(3) 在境外居住一年以上的中国公民，入境时应当到检验检疫机构设立的口岸艾滋病监测点进行健康检查或者领取艾滋病检测申请单，1个月内到口岸检验检疫机构或是县级以上医院进行健康检查。
3. 边防检查	外国旅客入境须持有效的护照证件、入境签证，并将填好的入境登记卡连同护照证件、签证一并交边防检查站查验。中国旅客凭有效护照证件入境。
4. 提取行李	行李提取厅位于一层，其入口处设有行李转盘显示屏，您可根据航班号查知您的托运行李所在的转盘。有关行李问题，请向航空公司查询。
5. 海关检查	如果您携带有向海关申报的物品，须填写《中华人民共和国海关进出境旅客行李物品申报单》，选择“申报通道”（又称“红色通道”）通关；如果没有，无须填写《申报单》，选择“无申报通道”（又称“绿色通道”）通关。（按照规定享有免验和海关免于监管的人员以及随同成人旅行的16周岁以下旅客除外。）进境旅客携带有下列物品的，应在《申报单》相应栏目内如实填报，并将有关物品交海关验核，办理有关手续。
6. 离开机场	提取行李后您将进入到达大厅，在那里您可与亲友会面，或到酒店咨询柜台及问讯柜台进行咨询，或到银行兑换货币。出了到达大厅，您可选择机场巴士或出租车离开机场。
转机流程	
国内转国内	航班到达——办理中转——候机及登机
国内转国际	航班到达——海关检查——办理中转——国际出发
国际转国内	航班到达——海关卫生检疫——边防检查——海关检查——办理中转——国内出发
国际转国际	航班到达——办理中转——海关卫生检疫——边防自助通道——安全检查——海关检查——候机及登机

资料来源：北京首都国际机场，见 http://www.bcia.com.cn/.

表5-17 北京首都国际机场服务一览表

服务项目		服务内容
车辆服务	寻车业务	停车楼提供24小时免费寻车服务。
行李服务	行李寄存	为旅客提供24小时行李寄存服务和为国际过境免签旅客提供免费寄存行李服务。
	行李手推车	航站楼、停车楼内各区域均有行李手推车供旅客使用，旅客可以免费使用行李手推车。

续前表

<table>
<tr><th colspan="2">服务项目</th><th>服务内容</th></tr>
<tr><td rowspan="4">行李服务</td><td>行李搬运</td><td>出发层车道边、行李提取厅均设有行李搬运服务点，旅客可以呼叫或直接使用行李搬运服务。</td></tr>
<tr><td>行李封包</td><td>一般情况下，纸箱需要封包，软包需要上锁。托运行李要求包装完善，锁扣完好，捆扎牢固，能承受一定压力，能在正常的操作条件下装卸和运输，旅客可以视自己行李的具体情况决定是否封包。</td></tr>
<tr><td>行李查询</td><td>目前，可在线浏览查询 2 号航站楼国际出港航班的“无人认领”行李图片和信息。</td></tr>
<tr><td>行李送到家</td><td>为 2 号、3 号航站楼国内进港旅客提供北京区域内行李运送服务。</td></tr>
<tr><td rowspan="3">金融服务</td><td>货币兑换</td><td>为您办理国内汇票、支票、汇兑及国际汇兑、外币兑换、代售代兑旅行支票等业务；同时航站楼里多处设有自动货币兑换机。</td></tr>
<tr><td>银行</td><td>为您提供人民币、主要外币币种的存款、信用卡服务，并可办理国内汇票、支票、汇兑及国际汇兑、外币兑换、代售代兑旅行支票等业务；航站楼里多处设有 ATM 自动提款机和自动货币兑换机。</td></tr>
<tr><td>保险销售</td><td>旅客可通过扫描二维码利用数码设备或使用保险售卖机购买保险，包括以航空意外伤害为主要保障的航次险、短期交通意外伤害险、旅客托运行李保险、航班延误保险、航班取消保险、特价客票取消补偿保险、短期出行险、旅行出行险等航空旅客相关保险产品。</td></tr>
<tr><td rowspan="10">生活便利</td><td>失物招领</td><td>首都机场失物招领网上公示系统正式启用，若您在首都机场遗失物品，请点击失物公示查询，或致电航站楼失物招领处查询。</td></tr>
<tr><td>临时乘机证明办理</td><td>如果您的有效身份证件遗失、破损、过期，可以到派出所警务工作站办理临时身份证明，以供办理乘机手续使用。需要旅客户籍所在地派出所出具一份户籍证明（传真件亦可），并带三张一英寸照片（黑白、彩色均可）。</td></tr>
<tr><td>商务中心</td><td>提供复印、打印、照相、打字、国内/国际传真等服务。</td></tr>
<tr><td>宾馆咨询</td><td>为您提供北京市区宾馆（酒店）预订及北京市区短期旅游服务和旅客用车。</td></tr>
<tr><td>汽车租赁</td><td>汽车租赁柜台可提供商务长期租车、商务短期用车、旅游用车、庆典及大型活动用车、个人租车服务。</td></tr>
<tr><td>车管服务站</td><td>1. 为临时入境不超过三个月的持有国外驾驶证的外籍人员办理临时机动车驾驶许可。2. 机动车驾驶证期满换证。3. 提交《机动车驾驶人身体条件证明》。4. 补领驾驶证、变更信息、降低准驾车型。
站内设有商务中心，可以提供拍照、复印。
航站楼二层西侧医疗中心开通了“司机体检”服务。</td></tr>
<tr><td>饮用水</td><td>航站楼内为您设置了多台自助饮水机，遍及楼内旅客集中区域。饮水机种类包括：1. 普通纯净水（配有一次性信封式纸杯）；2. 冷热温控饮水机，可以向您提供热、温、冰三种温度的饮用水直饮机。</td></tr>
<tr><td>会客点</td><td>航站楼内设有会客点，可供旅客作为集结地，方便旅客会面。</td></tr>
<tr><td>更衣室</td><td>在行李提取大厅设置有六处更衣室，镜子、桌台、座椅、挂钩一应俱全，方便旅客更换衣物。</td></tr>
<tr><td>计时休息室</td><td>为旅客提供宾馆式的休息场所，拥有单人间、标准间等服务设施，使您忘记旅途的劳累。旅客在休息过程中可以观看电视、电影。另有部分计时休息室提供全套酒店式服务，主要经营项目包括：提供客房式计时休息场所、小型会议服务、商务休闲服务、多媒体及阅读区、咖啡吧、足疗/按摩保健服务、沐浴及美容美发服务。</td></tr>
</table>

续前表

服务项目		服务内容
生活便利	公用电话	我们为您提供了多媒体电话，位于航站楼部分入口处以及候机厅内的每一个登机口附近。每部电话设有一专门的面板，您可以在此收发电子邮件，查询各类信息。在部分 IC 卡电话旁设有 IC 卡售卖柜台或自动售卡机。
	WiFi 租赁	WiFi 租赁柜台提供日/韩/欧/美等 100 多个国家的无线上网卡租赁服务。首都机场 2 号、3 号航站楼、北京市内均设有正规网点可办理租赁和返还，办理 WiFi 租赁只需几分钟。费用更经济，时间更节省，无语言沟通障碍，沟通更顺畅。
	手机应用	首都机场旅客服务 App 作为北京首都国际机场官方推出的手机端应用，向广大旅客提供所有北京首都国际机场的起降航班信息、机场服务指南、餐饮/购物信息、机场服务设施、安检/海关有关规定、官方公告等，同时旅客可通过 App 查看机场地图、查询停车场车位信息等，方便旅客有计划地安排行程，便捷享受机场服务。
	微信小程序	首都机场旅客服务微信小程序作为北京首都国际机场官方推出的微信服务应用，向广大旅客提供所有北京首都国际机场的起降航班信息、机场服务指南、餐饮/购物信息、机场服务设施、安检/海关有关规定、官方公告等，同时旅客可通过微信小程序查看机场地图、查询停车场车位信息等，方便旅客有计划地安排行程，便捷享受机场服务。
	服务设施布局图	该设施布局图为您提供三座航站楼各楼层的服务设施位置信息，您可以方便地找到各项进、出港乘机手续办理地点、常用服务设施位置、商业餐饮店铺位置等信息，为您的出行提供帮助。
特殊旅客	免费电瓶车	3 号航站楼候机区内电瓶车为老、弱、病、残、孕旅客提供爱心专享免费服务。
	儿童活动区	儿童活动区提供了各种玩具供孩子们玩耍，也时刻播放着有趣的卡通片。这是一片欢乐的天空，孩子们可以在这里打发无聊的等候时间。
	老年旅客服务	老年旅客服务是首都机场针对年满 60 周岁（含）以上且符合航空公司乘机标准的老年群体设立的服务项目，免费提供孝心卫生间、登机口孝心座椅等设施及陪伴服务、轮椅服务、冬衣寄存、免费电瓶车服务、专线信息核实等服务项目。
	母婴室	母婴室为携带婴儿出行的父母提供便利，室内设有婴儿打理台、水池、座椅等设施，母婴室还加装了 220V 的安全电源。妈妈们可以安心、方便地照顾宝宝。
	医疗急救站	医疗急救站为您提供航站楼内出诊、急救及转送病人等服务，并备有各种常用的急救药品。
	无障碍设施	首都机场为特殊旅客提供了细致、周到的服务项目，包括盲道及扶手盲文、无障碍卫生间、低位柜台、低位电话、车道边招援呼叫器、残障人士专用座椅、无障碍电梯、无障碍饮水机、残障人士专用车位、登机口闪烁提示灯、无障碍通道等。
	特殊旅客服务	特殊旅客服务是首都机场针对航站楼内老、弱、病、残、孕、两院院士等特殊群体旅客（以下简称为特殊群体旅客）设立的服务项目，提供轮椅陪伴、轮椅借用、爱心陪伴、免费冬衣寄存、婴儿车借用、免费旅客电瓶车等服务。
	特殊旅客 车位预约服务	此项服务可为老、弱、病、残、孕等特殊旅客提供无障碍停车位预约。
	道边停车预约	T3 出发层车道边特殊旅客的预约服务是针对由残障人士驾驶或搭载残障人士的车辆需进入航站楼出发层内缘道残疾人车位的无障碍引导服务。

续前表

服务项目		服务内容
邮递服务	邮局	邮局为您提供特快专递、邮政汇款、图书报刊出售、各类包裹或信函邮寄。
	快递	圆通快递、顺丰速运。
娱乐休闲	娱乐休闲设施	文化国门图片展、“静享廊”、“海底世界”、“五光十色”休息区、“绿洲”休息区、“飞机座椅”、“微型休闲区”、儿童活动区、御园谐趣、吴门烟雨、落泉垂虹、梦想种植园、水滴小绿洲景观、留影墙、数码互动体验区、郁香田园休息区、星空长廊。
旅行咨询	机场服务大使	问讯服务柜台的机场服务大使可为进出航站楼的旅客提供旅客流程、航班信息、航站楼旅客服务设施等方面信息的问讯服务；您在航站楼内所经任何流程，机场服务大使可为您指引；如果您在航站楼内需要任何帮助，请与机场服务大使联系，机场服务大使在航站楼各个区域为您服务。

资料来源：北京首都国际机场，见 http://www.bcia.com.cn/.

因此，旅行管家的机场服务主要包括送机服务、场内服务、到达服务等。在送机服务过程中，旅行管家主要的工作内容是沟通确认相关信息、协助办理值机手续、注意事项必要提醒、异常事故应急处理等。场内服务主要包括场内引导、场内活动、提醒服务、事故处理等。到达服务主要包括信息确认、到达接洽、提醒服务、事故处理等。具体如表 5－18 所示。

表 5－18　旅行管家的机场服务

服务	内容	举例
送机服务	沟通确认相关信息	确认证件信息、机票信息、行程信息、名单表信息、游客信息、司机信息、目的地联系人信息等
	协助办理值机手续	协助网上值机或现场值机、协助自选座位、协助儿童办票、协助托运行李等
	注意事项必要提醒	乘机流程提醒、行李规定提醒、行程安排提醒、登机时间提醒、登机口提醒等
	异常事故应急处理	机票出错处理、证件遗失处理、行李违规处理、游客迟到处理、航班延误/取消处理等
场内服务	场内引导	海关检查引导、检验检疫引导、边防检查引导、登机引导、下机引导、提取行李引导等
	场内活动	候机活动组织、协助填写表单、协助购物活动、餐饮活动等
	提醒服务	登机时间变更提醒、登机口变更提醒、票证安全提醒等
	事故处理	航班延误/取消处理、物品遗失处理、票证遗失处理、意外伤害处理、出入关事故处理等
到达服务	信息确认	到达确认、接站人确认、司机确认、行李确认等
	到达接洽	与目的地联系人或接站人接洽、目的地机场服务
	提醒服务	行李安全提醒、旅行纪律提醒、旅行安全提醒等
	事故处理	行李遗失处理、行李损坏处理等

经典案例

游客初次乘坐飞机参加旅游误机的责任承担

游客一家三口和旅行社签订了包价旅游合同，参加旅行社组织的境内旅游。按照合同约定，旅行社不委派全陪，但有旅行社的工作人员送机，帮助游客办理登机手续。同时旅行社给予游客书面提示注意事项，但未提及乘坐飞机的基本流程。游客第一次乘坐飞机，换完登机牌就在候机厅的餐厅等候，没有注意登机时间，也没有注意机场广播。等到游客发现误机时，航班早就起飞。游客提出两个处理方案：第一，旅行社退还全额团款；第二，旅行社提供同样线路的免费旅游。旅行社对于这两个方案都不接受，只愿意退还尚未发生的费用。双方为此产生纠纷，要求旅游主管部门给出说法，维护自己的合法权益。

扫一扫

游客初次乘坐飞机参加旅游误机的责任承担

分析：你觉得游客提出的要求合理吗？在旅行管家的实际工作中，如果不能安排当面服务，如何才能做好航班接待服务呢？

（2）机上服务。旅行管家在航班上为旅客提供的服务就是机上服务。搭乘航班有许多制约性规定，如航班起落、颠簸等时间内不能随意走动，在大多数航班上不能使用移动通信设备等。因此，航班上的服务和普通服务有较大的区别。当然，航班上有专业空中乘务服务，这是面对一般旅客的。在此基础上，旅行管家可以根据游客的实际需求，提供有针对性的机上服务。所以，旅行管家首先需要了解机上服务的一般内容和流程。表 5－19 是乘务员客舱对客服务的工作流程。

表 5－19　乘务员客舱对客服务的工作流程

阶段	步骤	内容
准备阶段	厨房准备	检查厨房设备。
		清点餐食、饮料、供应品并报告乘务长。
	客舱准备	检查毛毯、枕头、拐杖、登机牌、眼罩、安全演示物品等，确保齐全。
		客舱卫生、洗手间卫生。
		报纸、杂志。
乘客登机	迎客	乘客开始登机，全体乘务组人员按照号位站好，准备迎客。
		引导入座、协助摆放行李、紧急出口座位确认。
		登机完毕，关门、乘务长下达操作分离器的口令。
	欢迎	全体乘务组人员用中英文做自我介绍。
		广播员广播欢迎词。
	安全检查	乘务组安全演示。
		广播安全检查。
		客舱乘务员进行安全检查。
		厨房乘务员进行安全检查。
		乘务员进行“再次确认安全带”广播。
空中实施阶段	起飞后	广播“航线介绍”。
		送书报、杂志。
		厨房乘务员准备饮料车、餐车。

续前表

阶段	步骤	内容
空中实施阶段	开餐	送餐前饮料。
		送正餐。
		送餐中冷热饮。
		收餐盘。
		巡视客舱。
	下降	落地前20分钟下降广播。
		客舱乘务员进行落地前安全检查。
		厨房乘务员进行厨房检查。
		广播“再次确认安全带”。
	落地后	落地广播。
		乘务长下达操作分离器口令，开门。
		送客。

受限于各类航空器的搭乘规定，旅行管家在航空器上不能随意走动，也不能随时和游客进行信息沟通，因此旅行管家在航空器上的服务主要包括对游客上下飞机的引导、航班搭乘的指导、机上秩序的维护、相关问题的解决等。通常，旅行管家应在所带领的游客全部登机后，最后一个上飞机，以确保登机游客的人数齐全。先登机的游客会由空中乘务员在客舱内进行引导和指引。部分游客在登机后可能有调换机上座位的需要，但并非所有航空公司都认可机上座位的随意更换，在新冠疫情等特殊时期更多航班要求乘客固定座位。所以，旅行管家要根据实际情况予以协助，并做好解释说明，最理想是在值机过程中即落实好座位。由于登机时间短暂，旅行管家在登机阶段对游客的照顾也是比较有限的，多数是直接的登机指导和必要的落座关怀，并关注游客有无其他需要。由于机舱狭窄，旅行管家在对客服务时，注意保持通道畅通，避免影响其他乘客的登机。

如果旅行管家安排的是散客出行，可以将自己的座位尽量安排在游客旁边，以便于及时提供必要服务。如果安排的是团队出行，旅行管家一般会将本人的座位提前告知游客，如游客在机上发生困难需要帮助时，可以更容易找到旅行管家。旅行管家对机上事务的处理能力是有限的，但是可以通过空中乘务员的帮助，获得更大的延伸。如遇到机上解决不了的事情，也可以通过空中乘务员的协助，与地面取得联系。在国际航班中，如果游客语言不通，旅行管家更需要提供必要翻译工作。部分游客将航班搭乘当作一种旅游体验，而部分游客却当作一段休息时光，因此旅行管家在空中服务过程中要注意根据实际情况加以区别对待。既不能在航班过程中对游客不闻不问，也不宜对在休息中的游客过多打扰。

（3）航线服务。对航空公司而言，对不同的航线会提供不同的服务，包括行李限额、餐食标准、环境布置、机上设备、商品销售等。航线服务的多样性取决于航行距离、文化差异、机票价格等多种因素，是航班特色化服务的重要组成部分。旅行管家同样有必要为游客提供特色化的航线服务，这也是旅行管家航班服务的核心竞争力。事实上，旅行管家在机场中和航班上的主要服务都是标准化的，大多数都是建立在对航空运输规则遵循基础上的信息交换，无异于执行一般旅游交通服务的导游或领队人员。而旅行管家在航线服务中却可以根据航线或目的地特色设计创新的特色服务。例如，可以是针对美洲航线等长距行程的特别物质关怀，可以是对珠峰航线等特色行程的体验设计等。通过精心设计的航线服务，旅行管家可以将单调乏味的交通环节变成富有特色的旅游吸引物。同时，旅行管家的航线服务是对于整个航空交通行程而言的，既可以在航班飞机上，也可以在地面交通上或机场中。

3. 旅行管家的铁路服务

铁路旅行是现代旅游活动中常见的交通方式，它依托一系列的铁路设施与服务，为旅游者提供更经济、快速、安全的旅游交通服务。旅行管家的铁路服务包括车站服务、车上服务和线路服务三个组成部分。

（1）车站服务。铁路车站，也称火车站，是供铁路部门办理客、货运输业务和列车技术作业的场所。客运车站是旅游者使用火车作为交通工具时的集散场地，依托其功能为旅游者提供相应的服务。不同的车站其功能不尽相同，所提供的服务也有差别。旅行管家的车站服务主要包括接送站服务以及站内服务等。为了能够做好车站服务，旅行管家需要了解一些铁路运输基本常识，以及特定车站中的具体的设施与服务。例如，对于中国国内的铁路交通基本常识，旅行管家可以通过中国铁路 12306 网站获取。表 5-20 是铁路交通基本常识分类表，具体内容可以通过扫描二维码获取。

扫一扫

中国铁路 12306 网站

表 5-20　铁路交通基本常识分类表

车票	车票的种类	购票	售票窗口购票
	实名制车票		自动售票机购票
	报销凭证		电话订票
			互联网购票
			候补购票
车票变更	售票窗口改签、变更到站	特殊旅客服务	儿童
	互联网改签、变更到站		学生
	列车变更或延迟		残疾军人
	售票窗口退票		残疾旅客
	互联网退票		团体旅客
互联网售票	身份核验	携带品和行李	随身携带品
	用户注册		行李托运
	购票		保价运输
	在线支付		索赔
进站乘车	进出站	客运服务	站车服务
	乘车		餐饮
特殊情况	误售误购	广深港跨境列车购票	车票
	丢失购票时使用的有效身份证件		购票
	途中生病		车票变更
	人身伤害		携带品和行李
	遗失物品		特殊旅客服务
	空调故障		进站乘车
	运输中断		特殊情况

资料来源：中国铁路 12306，见 https://www.12306.cn.

对旅行管家的交通服务而言，比掌握资讯更重要的是掌握技术经验，也就是掌握获取资讯的途径。铁路交通信息更新较快，旅行管家单纯靠个人智慧不可能面面俱到。但是面对实际需求的时候，旅行管家如果知道应该如何获取解决途径，怎样精准掌握信息，在打通信息渠道后，积极整合铁路交通相关的设施和服务，自然能够解决疑难问题，保证游客的顺利出行。如目前在中国铁路12306网站上可以方便地查询到公布票价、列车时刻表、检票口信息、起（止）售时间、正晚点信息、代售点信息、天气信息、交通信息、客服电话等，也能提供酒店预订、定制接送、便民托运、共享汽车等服务。

和机场一样，火车站也分为站内和站外。旅行管家在站外的接送站服务通常会延伸到包括票务、进出站车辆等相关信息的确认、进出站手续的办理、注意事项的提醒和异常事故的处理等工作；站内服务则主要是车站设施和乘车流程的引导服务、必要提醒服务和事故处理服务等。表5-21罗列的是旅行管家基本的国内车站服务内容。乘坐国际列车时，则需要根据具体所在国的规定，做好相应的服务调整。

表5-21 旅行管家的国内车站服务

服务	内容	举例
进出站服务	信息确认	证件信息确认、游客信息确认、票务信息确认、行程和时间信息确认、进出站车辆信息确认、司机信息确认、目的地联系人信息确认等
	进出站手续	进出站手续告知、行李要求告知、协助办理人员和行李进出站手续等
	必要提醒	乘车流程提醒、行李规定提醒、车站注意事项提醒、安全事项提醒、旅行纪律提醒等
	异常事故应急处理	车票出错处理、证件遗失处理、行李违规处理、游客迟到处理、列车延误/取消处理等
站内服务	场内引导	候车地点引导、站内设施引导、乘车流程引导、候车活动引导等
	提醒服务	票证安全提醒、乘车时间提醒、检票口和站台提醒等
	事故处理	列车延误/取消处理、物品遗失处理、票证遗失处理、意外伤害处理、行李损坏处理等

（2）车上服务。旅行管家的车上服务同样受限于列车搭乘的相关规定、车内设施和车上列车员的服务等。目前，中国国内在售旅客列车类型包括为车次以“C”（城际动车组列车）、“D”（动车组列车）、“G”（高速动车组列车）、“Z”（直达特快列车）、“T”（特别快速旅客列车）、“K”（快速旅客列车）、“L”（临时旅客列车）开头以及1000至7598的普通旅客列车。其中，动车组列车的车厢通常分为二等软座、一等软座、商务座、高铁动卧等，其他普速旅客列车的车厢分通常为硬座车、硬卧车、软卧车、餐车等。在不同的列车上拥有不同的设施，为旅客提供了不同的服务。表5-22是“复兴号”CR400AF动车组的基本设施表。

表5-22 CR400AF动车组的基本设施表

总定员	576人（商务座10人，一等定员28人，二等定员538人）							
车号	1	2	3	4	5	6	7	8
等级	商务/一等	二等	二等	二等	二等	二等	二等	商务/一等
定员	33	90	90	75	63	90	90	45
设施	开水炉、配电柜、备品柜、垃圾箱、工具柜、垃圾车、大件行李、拖把池、洁具柜、灭火器、盥洗间							

资料来源：中国铁路12306，见https://www.12306.cn.

和飞机相比，火车旅行过程给游客带来更大的自由性和灵活度。游客通常可以在车厢内自由坐立和活动，也能自由使用各种通信设备和娱乐设备。游客在火车上能够更从容地欣赏风景，对话交谈，不过火车车厢内人员庞杂，安全风险会高于飞机。根据火车类型和车内设施的不同，旅行管家在火车上的服务有一些区别。

对卧铺火车而言，除了因为涉及行李的开合等活动需对游客做好必要的提醒工作以外，卧铺中上下铺的合理分配也是旅行管家组织管理能力的重要体现。在铺位问题上尽早和游客沟通，往往能让解决变得更容易。如果现场铺位宽裕，也可以临时调整，否则，就需要旅行管家通过协调、沟通等办法来解决。旅行管家还可以通过与列车员的交流，了解列车运行的实际情况。同时，卧铺列车容易造成游客对时间的敏感度降低，因此旅行管家特别需要做好时间提醒工作。

如果是非卧铺列车，他人进出车厢较为方便，旅行管家需要做好对财物安全等方面的提醒，尤其应特别重视对票证安全的提醒。和铺位选择类似，如果结伴旅行的游客实际座位是分开的，也可能会有换座位的需求。通常列车上的座位协调较飞机上略显自由，然而如果对方没有换座意向，也不宜勉强为之。在游客的组织上，旅行管家对散客的贴身服务较容易实现。如果服务的是人数众多的团队，甚至被分散在不同车厢，同步管理比较困难。此时旅行管家不应在上车后不闻不问，而是需要定期巡视，关注游客实时的旅行情况。在人数众多的火车上，也容易发生人际纠纷，如果发生了游客和他人的争执行为，旅行管家应该及时介入，积极协调，必要时可寻求列车员的帮助。

经典案例

未提供下铺游客是否可以拒绝参团?

某游客参加旅行社组织的火车桂林游，交纳了旅游团款，并和旅行社签订了书面旅游合同。由于该游客双腿膝关节有运动伤，签订合同的当晚，游客向旅行管家发短信，说明原因并希望旅行社能提供下铺车票，旅行管家称“尽量安排”。出发当天，游客拿到了中铺票，旅行管家没为其换票，游客最后选择退团。双方为了退还团款发生纠纷，游客将旅行社告上法院。

分析：你觉得旅行管家未提供下铺票，游客是否可以拒绝参团？为了避免此类纠纷的发生，旅行管家在服务中应该注意哪些方面？

扫一扫

未提供下铺游客是否可以拒绝参团?

（3）线路服务。火车旅行通常时间较长，对游客而言，这段时间既可能是产生舟车劳顿的“鸡肋”时间，也可能是欣赏沿途风光的美好体验过程。铁路在地面串联城市，不同的线路自然有不同的特色。传统列车上的线路服务比较单薄，通常是通过车上广播介绍，或特产售卖等方式体现。而旅行管家可以通过定制的活动或特别的服务，提升铁路旅行活动的价值。无论是散客旅行还是团队旅游，在乘机或搭乘列车的过程中，游客的通常座位都相对固定，且和其他旅客混杂在一起。因此旅行管家对航线或铁路线路所做的服务，大多数都是通过组织面向个体的活动，让游客增进对旅游行程的了解，为游客创造更加美好的旅行过程。当然，旅行管家还可以利用这段时间与游客广泛交流，增进对游客的了解。

4. 旅行管家的公路服务

公路是旅游交通中最普遍的中短途旅行方式，旅行管家的公路服务通常和租车旅游或包车旅游相结合，但在部分散客服务和景区内交通服务中，也可能会使用到公共交通工具。在使用公共交通工具的时候，旅行管家在车站和车内向游客提供的服务，本质上与航空、铁路等交通服务中的场站服务和交通工具上服务大同小异。但在包车过程中，因为车内所有乘客全为一同出行的游客，因此旅行管家能够较好地利用车上的空间和行车的时间，通过集体活动的方式开展线路服务。最常见的线路服务包括沿途讲解、集体游戏、文娱活动等。

在散客旅行中，旅行管家兼具司机、导游职能的现象比较普遍。在此期间，旅行管家除了需要向游客提供公路交通的管理服务之外，还需要提供专业的驾驶服务。这对旅行管家的工作要求是比较高的，旅行管家需要平衡在旅游活动中兼具的多种职能，尤其应视安全为第一要务。《旅行管家分类、要求与认定》（T/CATS001—2021）对自驾车旅游向导类旅行管家的要求做了严格的规定，要求具有 5 年以上机动车驾龄、10 万千米以上驾驶经历和一定的从业经历，具有一定的机动车维修和突发事件处理技能。

课证融通

自驾车旅游向导类旅行管家的从业要求

中国旅行社协会于 2021 年发布了《旅行管家分类、要求与认定》（T/CATS001—2021），对自驾车旅游向导类旅行管家的从业要求做了如下规定：

1. 具有机动车驾驶资格，并具有 5 年以上驾龄，宜有 10 万千米以上的机动车驾驶经历。
2. 熟悉所服务区域的交通、路况。
3. 具有一定的机动车维修和突发状况处理技能。
4. 至少完整地完成一次所服务的自驾线路的自驾旅行经历。

在团队旅行中，旅行管家和司机各司其职，因此二者之间的沟通协调显得尤为重要。公路交通旅行的自由度比较高，尤其对包车出行而言，交通的时间、出发的时刻、行经的路线、停留的地点等都有较大的随意性，因此一方面旅行管家需要积极和游客、司机沟通，综合评判，才能够提出最合理的交通方案。另一方面，旅行管家需要做好充分的交通准备，提前将交通线路和具体安排规划稳妥，才能让公路旅行顺利圆满。

在具体的公路服务过程中，安全性是首先需要强调的内容。旅行管家对公路交通安全的强调，不仅包括提示游客系好安全带等安全规范的宣导，还包括对公路旅行行程线路规划设计的安全落实以及对驾驶员必要的安全督促。此外，因为车内环境不受其他旅客影响，所以交通旅行也是旅游活动中对游客进行组织、引导等工作较为合适的一个场合。当然，因为汽车旅行相比其他交通方式更容易引起游客的疲劳，旅行管家也应该合理规划路线，控制旅行节奏和线路服务内容，做到张弛有度，才能发挥公路旅行更大的价值。

经典案例

游客以车辆行驶千米数过长为由拒绝自驾是否合适?

游客和旅行社签订了赴西部某地自驾游合同。合同详尽地约定了相关的服务项目，其中特别约定自驾车必须是越野车。地接社按照组团社的要求，从朋友处借了越野车。游客抵达目的地乘上越野车后，立即拒绝开始约定的自驾行程，理由是越野车的年限过久，行驶的千米数超过了二十万千米，驾驶这样的越野车存在安全隐患。虽然经过旅行社的多次劝说，游客最终拒绝参与自驾游，也拒绝与旅行社协商参加其他服务项目。游客自己结伴在当地旅游，返程后要求旅行社退还全额旅游费用，理由是由于旅行社的工作失误，导致旅游合同目的不能实现。旅行社以服务符合约定，是游客拒绝接受服务为由，拒绝了游客的要求，但愿意退还尚未发生的费用。

扫一扫

游客以车辆行驶千米数过长为由拒绝自驾是否合适?

分析： 你觉得游客的主张合理吗？如何才能更好地解决自驾游服务中的此类问题？

5. 旅行管家的轮船服务

水上交通一般包括船运航线、轮渡、游轮以及其他水上交通服务。作为水上交通工具的轮船或轮渡，在交通体系中扮演的角色和路上公共交通工具基本类似。只是因为水上环境与陆地不同，因此水上交通的搭乘有着其特别的规定。当然，不同的水上交通工具在不同的环境中使用，其搭乘规定也不尽相同。旅行管家不仅需要了解相关规定，为游客提供及时、准确的提醒服务，也需要掌握信息获取的渠道，从而精准到位地获取第一时间的信息。

根据服务的内容来划分，旅行管家的轮船服务通常可以分为游港和码头服务、船上服务等。在水上交通工具的搭乘规范中，通常对船只的荷载人数、乘客的实名管理、行李的安全管理等方面有较高要求。旅行管家在接待服务中也应特别重视对船上活动安全性的提醒和管理。例如，登船时避免打闹，防止失足落水；登船后明确安全衣存放位置、确认安全通道及逃生方向；避免人群集中在船舷一侧活动，防止倾覆；勿将头手伸出船舷外，防止物品滑落等。另外，水上交通工具未必对号入座，因此旅行管家在组织游客搭乘过程中，也需要进行及时、必要的引导和疏导。

此外，作为旅游吸引物或旅游产品本身的游轮，在搭乘体验上通常和普通的水上轮渡有较大区别。由于除了交通工具之外，它同时满足了游客更多、更复杂的旅游需求，因此对旅行管家的服务也提出了更高的要求。游轮一般包括内河游轮和远洋游轮两大类。内河游轮相对行驶平稳，但船体规模通常较小，船上的服务内容也较为有限；远洋游轮种类众多，通常可以分为大众型、高端型、豪华型和专项型等4类，不仅是承载游客沿途赏景的交通工具，其本身也成为游客的移动度假区。但是与飞机类似，行驶在远洋的游轮，其通信功能较为薄弱，游客的个人通信设备往往信号不佳或没有信号，这也给旅行管家的服务带来了特殊性。

在旅游活动中，飞机、火车、汽车和轮船属于最基本的大众旅游交通工具。除此以外，在旅行过程中游客还能根据自身偏好和所处环境采用其他个性化旅行工具，如休闲运动性的自行车、各种畜力拉动的骑乘工具、人工服务的轿子、轻易登高的索道、水上漂浮的竹筏等，不一而足，各有情趣，同时，徒步也是一种特殊的交通形式。对这些交通活动，旅行管家只有有针对性地提供专业化的服务，才能保证活动顺利有序开展，满足游客的多样化需求，提高旅游产品的质量和满意度。

经典案例

皇家加勒比“量子号”邮轮改道纠纷责任承担分析

据报道，皇家加勒比国际邮轮公司“量子号”邮轮原本定于 8 月 23 日至 31 日，由上海出发前往日本，团款每人为 13 000 元。但由于台风“天鹅”的影响，邮轮公司临时将广岛、东京、神户的 9 天日本三地游，变更为韩国两地游。游客提出退团，邮轮公司只愿意退还 1 000 元的剩余款项。邮轮旅游结束航行时，部分游客拒绝下船，邮轮方和少数游客发生了肢体冲突。

扫一扫

皇家加勒比“量子号”邮轮改道纠纷责任承担分析

邮轮公司表示，在恶劣天气发生情况下，国际邮轮行业通行并为国际游客普遍接受的做法，是在保障游客安全和舒适的前提下，尽最大努力为游客寻求最佳替代行程，但对由此可造成的停靠港的替换和减少，邮轮公司没有赔偿义务。经过多次协商，邮轮公司给出的补偿方案是，由邮轮券变为现金补偿。

分析：你觉得邮轮公司的说法合理吗？如果你是当时在船上服务游客的旅行管家，你会如何处理这一纠纷？

6. 旅行管家的其他交通服务

交通工具、旅行通道和集散站场等硬件设施构成了支持游客出行的整个交通系统，而交通系统顺利运行也同样离不开必要的软件服务。其中，交通信息、交通管理、交通安全、共享交通、绿色交通就是交通系统中比较重要的服务。在游客的交通旅行活动中，旅行管家往往比较重视对硬件交通服务的提供，但是如果要让游客拥有更好的旅行体验，还需要向游客提供专业的交通软件服务。

交通信息是交通软件服务的核心，无论是在出行前还是行程中，游客的旅游活动都或多或少地存在探路的行为，因此包括设施布局信息、方向导引信息、线路选择信息等交通信息是旅游交通活动中必不可缺的部分，也是旅行管家交通信息服务中的重要内容。在旅游活动中，很多时候不只使用一种交通工具，因此旅行管家也需要做好交通管理服务工作，即对交通活动进行科学合理安排、切实有效组织、统一指挥协调，以确保顺利衔接。交通安全服务在交通软件服务中也日益受到重视。安全不止在于遵守交通工具使用或乘坐的规则，新冠疫情暴发以来，搭乘公共交通工具出游比例大幅下降，可见交通工具的安全管理受到更广泛的影响。共享和绿色是未来交通出行的大方向，也是旅行管家产品设计的重要主题，在旅游交通服务中，同样是值得旅行管家注意的领域。

5.3.4 讲解和游览接待服务

参观游览活动是绝大多数旅游产品中最核心的要素，常常是游客在旅游活动中期望值最高的部分，也是旅行管家服务最重视的部分。在参观游览活动中，旅行管家最重要的工作是讲解和游览接待服务，这也是旅行管家接待服务中最基本的内容之一。

讲解服务是游览接待的重要表现形式，通过旅行管家热情洋溢的讲解、细致到位的答疑解惑，游客能更充分地了解到游览对象的概况和特色，也能对游览对象产生更好的印象。除此以外，旅行管家还需要通过引导服务、安全服务等一系列工作对讲解进行辅助，保证游览活动的顺利进行。通常而言，这些职能与地陪导游员、景区讲解员的接待技能较为类似，但也是旅行管家需要具备并熟练掌握的。

知识链接

地陪导游员的讲解接待技能

1. 途中导游

（1）重申当日活动安排。出发后，地陪要向旅游者重申当日活动安排，包括午、晚餐的时间地点；向旅游者报告到达游览点途中所需时间；视情况介绍当日国内外重要新闻。

（2）沿途风光导游。在前往景点的途中，地陪应向旅游者介绍本地的风土人情和自然景观，回答旅游者提出的问题。

（3）介绍游览景点概况。抵达景点前，地陪应向旅游者介绍该景点的简要情况，尤其是景点的历史价值和特色。讲解应简明扼要，满足旅游者事先想了解有关知识的心理，激起其游览景点的欲望，也可节省到达目的地后的讲解时间。

（4）活跃车上气氛。若旅途距离较远，乘车时间较长，地陪可与客人讨论一些对方感兴趣的国内外热门话题；也可组织适当的活动来活跃气氛，如讲故事、猜谜语、变小魔术和唱歌等。

2. 游览景点的导游、讲解工作

（1）交代游览注意事项。提醒旅游者记住旅行车的型号、颜色、车头标志、车号、停车地点和开车时间；在景点示意图前，向客人讲明游览路线、游览时间、集合时间和地点等，还应向旅游者讲明游览参观过程中的注意事项。

（2）游览中的导游讲解。应按照规定和实地情况做好导游讲解工作，不可“游而不导”或者“游而不讲”。讲解应注意内容既要全面（包括该景点的历史背景、特色、地位、价值等方面的内容）、正确，又要繁简适度；语言表达要生动活泼，富有表现力。游览中，应使游客对计划内的景物能充分游览和观赏，做到讲解与引导游览相结合、适当集中与自由分散相结合、劳与逸相结合，并特别照顾老、弱、病、残的旅游者。

（3）留意旅游者的动向，防止旅游者走失。应注意旅游者的安全，不可离开旅游团办自己的事情；应注意旅游者的动向并观察周围环境，与全陪和领队密切配合并时常清点人数，防止旅游者走失和意外事件的发生。

3. 返程中的工作

（1）回顾当天的活动。返程中，应回顾当天参观和游览的内容，必要时可补充讲解，回答旅游者的询问。

（2）返程沿途风光导游。若旅游车不沿原路返回饭店，地陪应做沿途风光导游。

（3）宣布次日活动日程。抵达饭店下车前，应向客人通告当晚或次日的活动日程安排、出发时间和集合地点等；下车时提醒旅游者带好随身物品，并站在车门边，照顾老人和小孩下车。

（4）若是返回原住宿酒店，地陪向客人交代必要的注意事项后，可与客人礼貌告别。若是新住酒店，则要重新为客人办理入住手续。

资料来源：易婷婷，王晓宁，吴颖．导游实务［M］．2版．北京：北京大学出版社，2018.

旅行管家讲解接待服务的质量主要体现在讲解水平上。讲解工作的基本原则是正确、充实、清楚、生动、灵活。也就是说，旅行管家在讲解中不仅要求讲述明白、解释清楚、言简意赅，同时还要求能够针对游客的特点和要求提供差别化的讲解。在旅游行业中有一句话“只有不会讲解的导游，没有不听讲解的游客”。旅行管家的讲解千篇一律、照本宣科，是难以得到游客好评的。艺术化的讲解通常体现在讲解语言的语音、语调、节奏和姿态等方面。旅行管家只有在实际工作中不断摸索，才能总结出适合个人的讲解方式和讲解风格。同时旅行管家在讲解过程中，还需要掌握一些交际语言的知识，在实际接待工作中能够正确地表达称谓、提问应答、劝说道歉、委婉拒绝等，体现出熟练的讲解技能。

知识链接

常见的讲解方法

1. 分段讲解法

分段讲解法是将一处大景点分为前后衔接的若干部分来分段讲解的方法。在讲解工作中，通常对于比较小的、次要的景点可采用平铺直叙的方式进行讲解，但对规模大的、重要景点就不能这样面面俱到地介绍，而应采用分段讲解的方法。

2. 突出重点法

突出重点法是在讲解时突出某一方面，避免面面俱到的讲解方法。例如，突出大景点中具有代表性的景观，突出景点的特征及与众不同之处，突出旅游者感兴趣的内容，突出“……之最”等。

3. 触景生情法

触景生情法是见物生情、借题发挥的讲解方法。触景生情贵在发挥，要自然、正确、切题地发挥。

4. 虚实结合法

虚实结合法是在讲解中将典故、传说与景物介绍有机结合，编织故事情节的讲解方法。故事化的讲解能产生更大的艺术感染力，所以在讲解工作中应当努力避免平淡的、枯燥乏味的、就事论事的讲解方法。

5. 问答法

问答法是在讲解时，向旅游者提问题或启发他们提问题的讲解方法。问答法有多种形式，主要有自问自答法、我问客答法、客问我答法等。

6. 制造悬念法

制造悬念法是在讲解时提出令人感兴趣的话题，但故意引而不发，激起游客急于知道答案的欲望，使其产生悬念的方法，俗称“吊胃口”“卖关子”。

7. 类比法

类比法是以熟喻生，达到类比旁通效果的讲解方法。常见的类比法包括同类相似类比、同类相异类比、时代类比等。

8. 画龙点睛法

画龙点睛法是用凝练的词句概括所游览景点的独特之处，并给旅游者留下突出印象的讲解方法。

除上述八种常见的讲解方法外，还有简述法、详述法、引而不发法、引人入胜法、由此及彼法、联想法等，在具体工作中，各种讲解方法和技巧不是孤立的，而是相互渗透、相互依存、互相联系的。旅行管家在学习众家之长的同时，必须结合自己的特点融会贯通，在实践中形成自己的讲解风格和讲解方法，并视具体的时空条件和对象，灵活、熟练地运用，这样，才能获得不同凡响的讲解效果。

掌握一定的讲解技巧，可以让旅行管家的讲解生动活泼、妙趣横生，有更大的吸引力，但是讲解的本质还是在于信息的到位与准确。旅行管家应当重视对讲解材料的研究与选择，切不可因为掌握了一定的讲解技巧和方法，就抛开实际凭空杜撰。只有深入讲解主题、用心研究提炼，才能组织起“接地气”的讲解，征服更多游客和听众。在《旅行管家分类、要求与认定》（T/CATS001—2021）中，对讲解服务类旅行管家的从业要求做了特别规定，尤其强调了在文化历史、自然地理、科学技术、民俗风情等专业领域，旅行管家的讲解应当有内容、有深度，通过知识的沉淀去创造更大的价值。

课证融通

讲解服务类旅行管家的从业要求

中国旅行社协会于2021年发布了《旅行管家分类、要求与认定》（T/CATS001—2021），对讲解服务类旅行管家的从业要求做了如下规定：

1. 具有良好的语言表达能力，掌握普通话，宜熟练运用经常服务人群所使用的方言、少数民族语言或外语。

2. 具备良好的文化和科学素养。熟练掌握所讲解内容的基本知识，如文化历史类、自然地理类、科学技术类、民俗风情类等专业知识，宜掌握相应拓展内容和背景知识。

（1）文化历史类讲解服务旅行管家应熟知旅游目的地的历史脉络、历史知识；宜在旅游目的地长期生活，对当地有充分了解和认知；对旅游目的地的政治经济、社会人文、哲学宗教、文学艺术、建筑园林的某一方面或多方面有一定的造诣。

（2）自然地理类讲解服务旅行管家应具备扎实的自然地理基础知识；对旅游目的地的自然环境、地理概况有充分了解；对旅游目的地自然博物、生物生态、天文地理、气象气候知识某一方面或多方面有深入研究。

（3）科学技术类讲解服务旅行管家对所讲解对象的特定专业知识应熟练掌握，且有一定的拓展、纵深知识储备，宜取得理学、工学、医学类等专业本科以上学历。

（4）民俗风情类讲解服务旅行管家应对所讲解的旅游目的地有长时间的生活体验；应在该地区生活5年以上；对当地民俗风情有深刻的理解和研究，熟知其形成的历史背景和原因。

3. 为旅游者提供讲解服务时，宜着工装或穿戴可识别其为讲解服务人员的服装或标识。

4. 具有良好的沟通交流能力，可将相关知识以通俗易懂、生动活泼的语言进行说明和讲解。

5. 可针对未成年人、老年人、专业人员等不同特点的旅游者，有针对性地讲解说明。

6. 讲解所在的场馆、场地对从业资格有要求的，应取得相应从业资格。

7. 讲解内容应健康向上、客观真实，不应凭空杜撰或篡改。

除了讲解服务之外，引导服务也是旅行管家游览接待服务的重要组成部分。引导服务不仅要有正确的方向，更要有明确的目的。旅行管家只有心中先有了成熟预案，谋定而后动，才能发挥引导服务最大的效果。这就决定了旅行管家首先需要明确旅游活动的安排思路，能够把握活动进展的方向，同时还应当对目的地的道路交通情况充分熟悉，才能通过引导服务，为游客提供更科学的路线方案。当然，在这期间旅行管家的安全服务也是不可或缺的，所有的游览接待服务，无论是规划设计阶段还是现场旅行时期，都必须遵循安全性的原则。

在游览接待服务工作中，无论是讲解服务、引导服务、安全服务，对旅行管家的要求主要是两个方面：一是知识要求，二是技能要求。旅行管家既需要有娴熟的讲解技能、引导技能和安全服务技能，同时也需要对目的地相当的熟悉，能掌握大量和目的地相关的专业知识。这样的要求是游客获得满意旅程的保证，但是这将使得旅行管家从事直接游览接待服务的“工作半径”大大缩小。《旅行管家分类、要求与认定》（T/CATS001—2021）中指出：城市观光、旅游向导类旅行管家应为本城市常住居民，在本城市生活 5 年以上。不过从另一个角度说，只有真正地深入专业，才可能让旅行管家的游览接待服务拥有更大的价值。

课证融通

城市观光、旅游向导类旅行管家的从业要求

中国旅行社协会于 2021 年发布了《旅行管家分类、要求与认定》（T/CATS001—2021），对城市观光、旅游向导类旅行管家的从业要求做了如下规定：

1. 应为本城市长住居民，在本城市生活 5 年以上。
2. 掌握本城市方言、少数民族语言或外语，可以用本地方言、少数民族语言或外语与本城市居民交流。
3. 熟悉城市地理布局、街巷道路、公交系统。
4. 熟悉城市的历史沿革、人文风俗、美食特产。
5. 熟悉城市各项公共服务单位（如医院、消防、公安等单位）的联系方式和布局分布。

旅行管家另一种高效的游览接待服务方式就是专业化的分工和协作。当旅行管家对目的地的知识和信息了解没有那么充分时，可以通过专业化的采购，选择合格的目的地讲解员和导游员，帮助旅行管家完成目的地的游览接待服务。

和直接从事游览接待服务相比，旅行管家采用分工协作的方式将专业化的工作人员集合起来，组成“服务接待小组”，无疑大大提高了接待服务工作的效率和质量。但是在这一过程中，旅行管家除了承担组织者的角色，对分工协作的活动进行妥善安排之外，对游览接待服务工作的技能和目的地相关知识也应有所了解和掌握。这样旅行管家才能够判断目的地接待人员的工作是否符合规范和要求，当采购的服务有瑕疵时，才能够懂得如何修补和完善。

同时，和同样从事旅游接待工作的传统旅行社相比，旅行管家采购的目的地游览接待服务有更大的弹性。作为组团旅行社，往往会将目的地游览接待工作整体委托给地接社操作，而作为旅行管家则需要根据旅游产品的实际情况有所筛选，既可以完全委托，也可以是部分接待环节的委托。也就是说，旅行管家对旅游活动通常能有更大的实际控制权，而旅行管家在旅游活动实际接待服务工作中，也需要切实承担起管理和控制的责任。

知识链接

地陪导游员的接待工作流程

在目的地游览接待服务中，旅行管家可以委托目的地旅游经营者（旅行社）代为接待。但是根据旅游产品的实际需要，可以对提供的游览接待服务有所筛选。既可以完全委托，也可能只是部分接待环节的委托。表5-23是常见的地陪导游员的接待工作流程。

表5-23　地陪导游员的接待工作流程

服务流程	工作环节	具体内容
迎接服务	旅游团抵达前的工作	核实服务准备及旅游团抵达的准确时间；联系司机；提前抵达迎接地点；佩戴好导游证、持导游旗或接站标志牌，准备迎候旅游团到来。
	旅游团抵达后的工作	认找旅游团；核实旅游团情况；提醒旅游者清点、带好行李，集合登车；首次沿途导游。
入住酒店服务	入住酒店服务	协助办理住店手续；介绍饭店设施；照顾行李进房；带领旅游团用好第一餐；宣布当日或次日活动安排。
核对商定日程	核对商定日程	若游客提出行程修改或增加项目的意见，应向地接社反映，根据指示进行操作。
		若无法满足游客要求，应详细解释、耐心说服，取得客人谅解。
		若全陪接待计划与地陪接待计划有出入，应报告地接社查明原因，分清责任。
参观游览服务	做好出发前的各项准备	带上导游旗、胸卡和相关票证；核实交通和餐饮情况；提前到达集合地点；提醒注意事项；准点集合登车。
	途中导游	重申当日活动安排；沿途风光导游；介绍游览景点概况。
	活跃气氛	活跃车上气氛。
	游览景点的导游、讲解	交代游览注意事项；游览中讲解；留意旅游者安全。
	返程工作	回顾当天活动；返程沿途风光导游；宣布次日活动日程。
其他服务	社交活动	酌情协助游客开展品尝风味菜、会见、舞会等活动。
	文娱活动	酌情协助游客开展文娱活动，并做好提醒工作。
	购物服务	按规定带旅游团到定点商场购物；做好提醒工作，维护客人利益。
	用餐服务	带领客人到定点餐饮场所用餐；查看客人用餐情况；与餐厅结账。
送客及后续工作	送客服务	进行送行前的准备；做好离店服务、送行服务。
	后续工作	处理遗留问题；与财务结账；做好总结工作。

资料来源：易婷婷，王晓宁，吴颖．导游实务［M］．2版．北京：北京大学出版社，2018.

5.4 旅行管家特色接待服务

随着旅游定制化服务的兴起，旅游接待服务工作将面对更多个性化的需求，从而也要求旅行管家能提供更多针对性的服务。虽然个性化的服务从形式和内容上说都是难以穷尽的，但是旅游业的发展是有一定尺度的，因此个性化旅游需求的发展大势还是有迹可循的。

从旅游主题上看，尽管以观光旅游为代表的愉悦旅游依然占据主体地位，但是商务旅游和会务旅行发展兴旺，使得市场中存在大量商务和会务旅游接待服务需求。从旅游时长看，一方面，市场目前处在短途周边游、中长期度假休闲游并存的局面，使得休闲和度假旅行接待服务需求旺盛；另一方面，传统观光益智旅游在旅游发展中得到多方面的升级，在对自然的追求方面，运动和户外接待服务需求大增，在对文化的追求方面，教育和研学的接待服务需求大增，在对自然文化的综合追求方面，康体和养生接待服务需求大增。随着生活水平的提高和大众出行机会的增加，以亲情、爱情等为主题的情感旅游接待服务需求大增。随着电子信息和自媒体技术的不断发展，网红景点和活动暴增，使得各种主题旅游接待需求大增。

上述这些可以说是近年来旅游市场主要的发展方向，也是旅行管家特色旅游接待服务的重要体现。当然对旅行管家而言，不太可能在各个领域都做得面面俱到，但通常需要掌握一项或几项特色服务技能，才能在日益激烈的旅游接待服务竞争环境下，拥有更好的发展。

5.4.1 商务旅游和会务旅行接待服务

在商务旅游和会务旅行中，旅游者主要出行目的在于商务活动和会务活动本身，而对旅游“六要素”的需要往往在其次，这是它们与普通观光旅游活动相比最大的区别。因此，从事这一类旅游接待服务工作，旅行管家需要在掌握基本服务技能基础上，熟悉商务接待和会务接待服务的基本知识。

1. 商务旅游接待服务

商务旅游接待一般建立在商务活动上，典型的商务活动包括商业谈判、商业合作和会议项目等。通常商务活动接待的礼仪规格比较高，在商务旅游活动中涉及的服务要求也会比较高。因此，旅行管家需要熟悉一些商务惯常礼仪，满足商务场合的形象条件，符合商务服务工作人员的基本要求，同时也需要掌握一般商务活动的接待要求。常见的商务活动接待一般包括接待准备、迎接服务、宴请服务、交流服务、考察服务等。

（1）接待准备。接待前要有充分准备，要了解清楚商务旅客的基本情况，绝大多数的商务活动都是不重复的，因为其活动需求各不相同，所以往往需要深度定制。因此，旅行管家在接待前需要充分准备，有针对性地了解商务活动的相关信息和特别要求。例如，了解商务旅客所在单位、姓名、性别、职务、级别、人数、到达的日期和地点等，根据商务旅客的身份特征和具体要求确定好接待的规格，安排合适的住宿、用车、饮食等服务，并就安排事宜提前和商务旅客达成一致意见。如商务旅客需要进行参观或交流活动，则应根据具体的要求事先安排好参观行程，通知相关交流人员，准备好交流材料，筹备好相关情况介绍、现场演示等各项准备工作。

（2）迎接服务。迎接服务是接待服务工作的开端，旅行管家需要根据商务旅客的身份和抵达的日期、地点，安排有关领导或接待人员到车站、机场迎接。在这期间，商务形象和商务礼仪是旅行管家需要特别注意的事项。在不同的国家、不同的文化、不同的场合下，商务礼仪的要求是各不相同的，旅行管家需要有针对性地了解相关信息，避免在工作中产生不当的举止言行，对商务活动的开展造成不良影响。当商务旅客到达并已妥善安顿之后，旅行管家需要及时与之核定具体的活动日程，并根据活动日程逐一落实商务活动的安排和要求。

（3）宴请服务。宴请活动是商务旅行活动中较为重要的部分。在一般的商务宴请服务中，旅行管家需要提前掌握宴请活动的相关信息，如宴请的人数、时间、地点、方式、标准等，提前通知到宴会酒店，并与商务旅客核对确认宴会场地、宴会布置、宴会菜单等信息。在宴会开始前，旅行管家通常需要提前1小时或更早到达宴会地点，督促检查有关服务；安排工作人员主动引导入席、离席；准确把握上菜节奏，严格按拟定宴会菜单上菜、上酒水等。旅行管家也应了解一些目的地商务宴请文化的内容，以适应部分商务旅客对商务宴请服务的个性化要求。

（4）交流服务。旅行管家对商务会见、会谈等交流活动的接待服务，通常包括会前准备、会中服务和会后服务三个部分。在会前准备阶段，旅行管家需要明确商务交流活动的基本情况、目的以及会见人的职位、姓名等基本信息；提前通知有关部门和人员做好交流准备；确定交流时间，安排好交流场地、座位等。在会中服务阶段，旅行管家需要按照交流活动安排的流程，提供必要组织、引导、协调和辅助服务。如果没有介绍人在场，征得交流双方许可后，旅行管家也可提供交流主持服务，介绍双方基本信息、主要领导、交流主题和议程等。如果来宾有重要身份或活动具有重要意义，也可根据实际需要安排好记录宣传人员等。

（5）考察服务。商务考察服务涉及外出活动的接待与安排，是旅行管家在商务接待服务中的重要工作内容。旅行管家通常需要根据商务旅客的商务考察或参观要求，提前与考察接待方落实相关事宜，提前准备好一切相关物资、车辆，提前安排好随行陪同人员。在到达考察参观的目的地之前，需提前通知相关人员做好迎接工作，也应安排好相关人员应对接待过程中的突发情况。同时，旅行管家还应该了解一些参观、考察目的地的背景资料和相关情况，在前往考察地点的途中可视商务旅客的实际需要与之作适当交流与分享。

2. 会务旅行接待服务

会议和会展是旅游业中增长迅猛的新兴板块。旅行管家的会议接待服务通常是指与主办方商谈并签订会议接待标准合同，对约定的事项提供全程服务的活动。会议有大小之分，会议的接待服务也有繁简之别。但是需要委托专业服务的会议，大多数是规模较大或任务流程较为烦琐的会议，因此旅行管家需要具备专业的会议服务技能和素质。

会议接待贯穿整个会议流程，涉及的服务范围广泛，旅行管家的会议接待服务工作通常包括会前工作、会中工作、会后工作三个环节，每个环节都囊括众多的接待内容。表5－24就是较为常见的会议流程表，尽管已经做了极大的简略，但依然可以看出会议要求的复杂和会议工作的烦琐。

表 5-24　会议接待流程表

会议环节	会议流程	具体内容
会前工作		
1. 会议确定	基本信息	会议时间、会议地点、公司名称、会务组联系人、会议人数、结账方式、其他要求等。
	会议要求	会场布置形式、设施要求、免费项目、收费项目、会议用品要求等。
	接待标准	略
2. 会议组织	组织会务班子	接待组、车辆组、生活组、摄影组、旅游组、督导组等。
	明确工作职责	略
	完成会议预算	略
	制定工作方案	略
3. 会议准备	场地设施准备	预订会场、酒店、会场、会议设施等。
	会议资料准备	报到册、会议指南、会议日程、广告牌设计稿、展板图片、欢迎布标、会议礼品、会议代表证、发言稿等。
	发出会议通知	会议名称、内容、会期、时间、地点、与会人员范围等。
4. 会前准备	会场布置	会标、广告牌、灯光、音响、多媒体、投影仪、电源、桌椅、茶杯及服务员安排等。
	客房落实	确定房间安排、确定会务组房间、确定重要人员房间等。
	质量检查	设施设备质量检查、服务质量检查、卫生检查等。
	资料制作落实	完成代表证、会议资料、签到表、就餐卡、展板等的制作。
	安全落实	落实安保人员和安保要求等。
	医疗保障落实	落实医疗人员、医疗器材、药品等的配备等。
	其他内容落实	在大堂、楼层、餐厅、会议室、电梯等处张贴会议指示箭头。
会中工作		
1. 会议接站	场站迎接安排	接站人员、接站车辆等。
	会场迎接安排	迎接布置、迎接人员、衔接工作等。
2. 会议报到	报到设施	设立报到处、准备报到材料等。
	报到服务	报到接待、传达通知、发放会议资料、会议用品、引导入住、必要提醒等。
3. 会议期间	落实每场会议要求	略
	会议统计工作	用餐统计、交通统计、旅游活动统计、发票信息统计、返程统计等。
	问题解决	及时解决会议期间临时发生的问题等。
	交通服务	按需提供交通服务等。
	旅游服务	按需提供旅游服务等。
	其他服务	协助信息发布、协助酒店服务、协助发票开具等。
4. 会议返程	返程安排	送行人员安排、车辆安排、礼品安排等。
	送行服务	按需提供送行服务等。
会后工作		
1. 会议结算	会务组结算	制作账单、结算、开具发票等。
	会务资源结算	制作账单、结算、开具发票等。
2. 会议反馈	会务组反馈	略
	工作人员反馈	略
3. 会议总结		略

会议和会展活动的特点是时间短暂、事务众多、人员众多、信息庞杂等。因此在旅行管家的会务接待服务工作中，首先要做的就是理顺信息。只有获取尽可能充分的信息，并将其有效地梳理清晰，才能制定出更符合会议需要的流程和策划案。

因为会议事务的复杂性往往超出个人服务的能力范围，旅行管家通常需要组织会务团队，通过分工和协作来完成接待工作。所以，旅行管家在会议准备阶段还需要明确会议接待团队中各成员的组成以及他们的工作职责，并需要在具体工作中将其落实到位。会议受到时间的限制，往往事故成本较高，容错率较低，这就使得会议的准备工作必须事无巨细。旅行管家在会议准备过程中同样需要依靠大量辅助人共同协助完成工作，所以需要对这部分工作进行大量组织、指导和落实。

在会议过程中，旅行管家主要的工作包括组织协调会议进展、安排落实会议要求等，在这其中既要保证会议各项流程衔接有序，也要保证会议过程进展顺利。因此，旅行管家不仅需要随时候命，解决临时发生的问题，同时还要先期布局，提前做好未来会议环节的准备。在这期间，往往有大量可变信息影响会议进程和安排，如每日接送人数、每餐用餐人数、每夜住宿人数等，旅行管家需要尽可能精确地统计这些信息，所以不仅要讲究统计时间，不宜过早也不宜过晚，统计的速度还应足够快，效率也要足够高。

同时，对于一个会议或会展活动而言，参与人数众多、活动项目诸多，也带来了开支活动的繁多，旅行管家不仅需要提前做好尽可能全面周详的会议预算，也应准确及时地完成会议各项工作的费用结算。在这些繁杂事务的处理过程中，旅行管家不仅要保证工作的质量，同时服务还应当热情周到，因此会议接待服务工作对旅行管家的职业能力要求是比较高的。

5.4.2　休闲旅游和度假旅游接待服务

休闲旅游和度假旅游是传统观光旅游最主要的发展方向之一。与观光旅游相比，休闲和度假更加强调生活的丰富化和旅游服务的品质化。休闲指的是时间上的闲暇状态，休闲时间是人们在工作、睡眠及满足其他基本生存需求之外的时间，因此休闲旅游既包括在惯常环境之内的游憩活动，也包括离开惯常环境到异地的旅游活动。这就大大拓展了旅游活动的范畴，也大大拓展了旅行管家接待服务的边界。度假旅游的时间也有长短之分，短期的度假活动激发了城市周边新兴旅游目的地和旅游活动的产生，长期的度假旅游激发了旅游目的地周边新兴旅游活动的产生，同样也会拓展旅行管家的服务边界。因此，旅行管家只有掌握一定的休闲旅游和度假旅游接待服务技能，才能有效应对旅游市场中的这些发展和变化。

1. 休闲旅游接待服务

（1）休闲旅游接待服务的要求。随着收入水平提高、闲暇时间增多、文化品位提升，休闲旅游在一些发达地区兴起。相对于观光旅游而言，休闲旅游在目的地停留的时间会更多样化，旅游活动的形式会更丰富化，而且常常会产生重复消费，能带来消费能级的增高，是旅行管家很值得重点开发的市场。

对于休闲旅游现象很好解释，但是对休闲旅游目的和要求却是多种多样的。比较主流的看法认为放松身心是休闲旅游的基本要求，这种观点把休闲解释为一种有别于日常的工作节奏的身心调整，或是一种“无所事事”的境界中的休息状态。因此，在紧张工作后到心仪的胜地游憩活动，或游泳、或阅读、或享受美食、或沐浴阳光、或徜徉于海滨湖畔、或游荡于森林草原，使身心完全放松，就是休闲旅游常见的表现形式。

因此，休闲活动的形式是多种多样的，未来还将有更多新型休闲活动融入其中。因此，旅行管家既无须也不可能掌握各种休闲活动的接待技能。相对应地，旅行管家更需要了解的是游客旅游的真正目的。例如，对一个爬山的活动而言，游客以放松的目的和挑战的目的去参与，所需要的服务当然是截然不同的。只有明确了游客的目的和需要，旅行管家根据实际的需要采购休闲旅游资源和服务，就能够生产出理想的休闲旅游产品。所以，在休闲旅游接待服务中，旅行管家主要的工作是根据游客的旅游目的和需要，对活动进行组织、安排、落实、协调与控制。

对于一个活动而言，体验度是其价值的重要衡量标准。但是在休闲活动中，游客往往追求的是轻松和便捷的体验。因此，旅行管家通常需要对活动的设计进行优化，在保证体验感的同时避免活动过于深奥复杂，让游客能更容易在轻松中获得快乐。

（2）购物旅游接待服务。休闲旅游活动可以视作一种轻松的体验活动，旅行管家的接待服务本是对这种体验活动进行引导。但在人性化服务的要求下，旅行管家的接待工作已逐渐从引导转变为伴随，在特定活动场合中，其角色也逐渐转为“旅伴”。休闲活动不再是旅游者独自体验的过程，通过旅行管家的伴随，不仅各类活动体验成了更容易参与的项目，同时“伴随体验”的形式能带来随时分享的乐趣，旅游者拥有更大的体验收获。

购物活动和娱乐活动是休闲旅游活动中最常见的体验活动，也是旅行管家“伴随体验”服务重要的体现场合。在传统的旅游接待过程中，旅行社和导游员对游客购物活动的服务通常有两个趋向。当游客在旅游活动定点的商场进行购物时，导游员往往积极提供或配合导购服务；当游客在普通社会商场、购物街区等零售商店购物时，导游员通常仅提供基本的指引服务，有时甚至缺失服务。但是游客往往对目的地购物环境是比较陌生的，在购物活动时如旅行管家能适度陪伴，并在必要时给予沟通和交流上的帮助，无疑可以让游客拥有一个更好的购物体验过程。在出境旅游过程中，因为语言障碍客观存在，使得这样的服务有更大的需要。当然，旅行管家在购物接待服务过程中的陪伴也要有一个度，如果对游客私人时间占用过多，也容易产生适得其反的效果。

（3）娱乐旅游接待服务。娱乐业和旅游业天生具有紧密的联系，双方都是人类闲暇时间内的精神消费品。在休闲旅游活动中，娱乐活动的占比有不断上升趋势，但在传统旅游接待服务中，对娱乐活动的服务得不到同等的重视。从旅游服务者角度上看，一方面娱乐活动长期以来是正常旅游活动的有力补充，往往属于旅游活动的附加项目。旅游服务者在承担了繁重的服务工作之余，往往殆于花费更多时间和精力提供额外的娱乐接待服务。另一方面，娱乐活动的参与需要一定的娱乐技能，既要自己能够乐得起来、乐在其中，也要能够带动他人共同欢乐，这对旅游接待人员而言是比较高的要求。因此，尽管在旅游市场当中娱乐资源日益丰富，但是旅游服务人员的接待服务大多停留在有限的信息交流、活动的组织安排等方面，处在比较低的水平上。在娱乐活动中大多数游客属于自我参与体验、自娱自乐。

对旅行管家而言，当然不可能苛求其具备对各种娱乐活动都信手拈来的水平。但是如果能具备一些说、学、逗、唱等普通娱乐技能，无疑能为旅游活动增添更多欢乐。同时，作为目的地旅游接待者的旅行管家，应该对具有目的地特色的娱乐活动有比较充分的认识。通过专业的娱乐接待服务，让游客更好体验到这些特色，本是旅行管家的职责所在。而作为目的地旅游安排者的旅行管家，了解一些娱乐项目也是有需要的。旅行管家可以通过陪伴游客共同探索娱乐项目的特色，为游客带来更好的娱乐体验过程。

2. 度假旅游接待服务

度假旅游活动同样类型繁多。随着假期的多样性，度假旅游活动也得到了快速的发展。度假旅游和休闲旅游的范畴有众多的叠加部分，因此通常一并展开研究。度假旅游具有一个显著的特点，就是游客对其认同的度假地、度假模式甚至度假酒店品牌具有持久的兴趣和稳定的忠诚度。因此，度假目的地就会拥有一批稳定的回头客群体，这一群体越庞大，度假服务的针对性就越强，针对该群体提供服务的人性化程度就越高。

重游率的提高意味着度假目的地在经营方面应当注意培育和保护游客的忠诚度。因此，在知名度假地的周边往往荟萃众多的旅游活动项目。事实上，任何一个旅游目的地的天然资源总量都是有限的。因此，度假胜地周边的旅游活动项目大多都是依托资源开发而成的小型旅游产品。这就需要旅行管家深入了解，认识到不同活动项目的特色和差别，这样才能通过妥善的安排，让游客的度假生活轻松愉悦，富有节奏，而不是单调乏味。

5.4.3 康体旅游和养生旅游接待服务

随着物质条件的不断改善，人们对精神生活和健康生活的追求越来越高，医疗技术、生态环境、健康资源等具有优势的区域成为人们追寻健康与宁静的首选目的地，康体、养生旅游活动应运而生。在国际上，传统的康养旅游一般被称为医疗健康旅游。源自社会主义国家的疗休养制度、疗养院等设施和疗休养活动是最有代表性的医疗健康旅游模式。放眼全球，康养旅游方兴未艾，在世界上不同国度、不同旅游市场中，康养旅游的模式各不相同，康养旅游的特色也是风格各异。如今，在这一领域已经初步形成瑞士抗老、韩国美容、泰国美体、日本温泉、印度灵修、法国庄园、美国社区养老、阿尔卑斯高山运动等具有独特卖点的产品和拥有核心竞争力的品牌。

在中国国内，康养旅游和"大健康"产业的发展密切相关。大健康是对传统健康概念的延伸，涉及人们的吃穿住行、生活方式、内在精神等多个层面。大健康产业在中国国内目前已经初步形成了以大健康服务产业为核心，以产、学、研为支撑，以总部经济、电子商务、物联网、文化创意等为拓展的圈层结构。2020 年新冠疫情之后，健康问题得到了社会更大的关注，无论在工作还是生活中，民众健康意识都得到了进一步的提高，更多的产业与健康深度关联，"大健康"产业发展迈上一个新的台阶，这些都为康养旅游的发展带来了更大的契机和更好的条件。

知识链接

大健康引导的六大服务体系和八大区域发展模式

1. 大健康引导的六大服务体系

在大健康引导的区域综合开发模式中，应该以大健康服务产业为引领，融合旅游、文化、体育、养老、教育产业，延伸大健康产业链条，形成现代幸福产业集群，提供互相交融的六大服务体系，构建以大健康产业为核心的幸福产业的聚集结构。

表 5-25 大健康引导的六大服务体系

服务体系	分类	举例
健康	健康疗养机构	康复疗养中心、全身体检中心、健康管理中心、抗衰老与养护中心、美容中心、数字化健康中心、深度理疗中心
	健康饮食	有机农业、绿色餐饮
教育	职业培训	健康养生师培训、康复理疗师培训、养老护理员培训
	科普交流	健康论坛、科普中心
	基础教育	国际小学、国际中学、全日制高等教育
	社会教育	老年大学、社会职业技能培训
旅游	水上休闲度假	水上游乐、温泉酒店、度假别墅
	滨海休闲度假	滨海观光休闲、游艇俱乐部、温泉度假酒店、养生度假别墅
	休闲农业	农业观光、农事体验、乡村度假
体育		慢跑绿道骑行、绿道体育公园、健身中心、室外运动、户外运动拓展、定向运动公园
文化		健康文化体验、养生文化体验、科技文化体验、未来文化体验、艺术馆、美术馆、影视中心、音乐厅、科技馆
养老	温泉养生养老	养生汤泉、中草药养生园、水疗中心
	养老机构	养老院、老年大学、老年俱乐部
	养老居住	养老别墅、养老宅院

2. 大健康引导的八大区域发展模式

（1）大健康城市。大健康城市将城市人口居住与大健康产业密切融合，旨在打造服务于城市居民全生命周期的未来健康创新型城市。这一模式构建学研产城一体化的新型城镇化发展的架构及典范，立志把区域目的地城市建设成为一座健康之城和国际化之城。

（2）大健康新区。一个健康核心、X个产业板块、Y个居住体系的发展模式。

（3）健康小镇。健康小镇形成以特色产业的产业链的聚集为基础、以服务配套产业的发展为支撑、以产城融合为最终目标的发展结构。

（4）康养综合体。康养综合体模式是一种以大健康产业与旅游度假产业为双轮驱动的区域综合开发模式。

（5）产业园区。产业园区模式是在医疗教育、研发、疾病治疗三大核心功能主导下，配套完善机构和行政服务，形成以医疗为特色的区域开发模式。

（6）康养度假区。康养度假区是借助区域一定的地势及资源、气候条件，重点打造运动设施、场所，融合康体与度假产业特色，打造集康体、度假、居住、生活于一体的综合开发模式。

（7）中医药旅游示范区。中医药旅游示范区的区域开发模式依托具有地方特色的中医药资源，将其与旅游的吃、住、行、游、购、娱、商、养、学、体、宗、农、情、奇、创、村等市场需求进行深度对接，打造医养生保健服务为核心的旅游产品体系，形成以服务企业为实体的示范基地、示范项目，以及形成医药产业集群的示范区。在示范区、示范基地、示范项目的共同推动下，让区域社会、经济、文化、环境得到质的提升，人民物质、精神文化生活更加富足。

（8）享老社区。享老社区模式是依托区域良好的生态环境，通过养老社区与城市社区共生模式的打造实现区域综合开发的目标。

资料来源：绿维文旅．大健康时代：区域综合开发的八大模式！有删节。

在康养旅游接待服务中，旅行管家不仅要为游客寻找到优质的康养旅游目的地，更需要通过服务为游客营造一个舒适、周全的生活疗养空间，让游客享受到一段惬意舒心的康养旅程。对康养旅游产品而言，其最核心的价值通常体现在良好优美的自然环境、高质量的康养活动设施以及专业的康养服务上。这就要求旅行管家除了旅游行程策划设计要到位之外，还应当熟悉必要的康养知识，掌握必要的康养或医护技能，懂得一些康养活动的组织流程和基本内容。

在具体接待服务工作中，旅行管家首先应当全面了解游客的必要健康信息，并且能够判断游客的健康条件是否符合康养活动的要求。同时应当对所有康养活动内容全面了解，提前做好安全提醒工作和安全保障工作。旅行管家在食疗、讲座、体检、保健等具体的康养活动开始之前，需要提前做好人员的组织安排工作以及相关设施、设备和物料的检查落实工作。在活动开始之后要紧跟活动进程，关注活动进展，及时解决突发事件。

康养活动和观光活动较大的不同在于康养活动有较强的周期性，因此在一次康养旅游活动结束之后，旅行管家需要积极提供后续的服务和关怀，了解并更新游客的需求，为更长期的康养接待工作做好准备。

课证融通

医疗康养辅导类旅行管家的从业要求

中国旅行社协会于 2021 年发布了《旅行管家分类、要求与认定》（T/CATS001—2021），对医疗康养辅导类旅行管家的从业要求做了如下规定：

1. 具有医护、康养等相关专业教育背景，宜取得相关证书。

2. 熟悉旅游目的地的医疗、康养资源，可为旅游者提供在旅游目的地开展医疗康养活动行程安排和策划。

5.4.4　教育、研学接待服务

旅游活动除了陶冶人们的情操之外，也具有一定的教育功能，自古就有“读万卷书，行万里路”的说法。讲解是旅行管家最基本的接待服务技能，到位的讲解可以让游客在游览过程中收获到更多的知识，开拓更大的眼界。当然，教育旅游是以知识和学习为主要目的的专项旅游活动，通常可分为一般教育旅游、成人学艺旅行、中小学教育旅游和大学生旅游等类别。例如，博物馆旅游就是典型的一般教育旅游活动，中小学教育旅游通常可以分为学校课程旅行（研学旅行、劳动实践等）、野外考察、海外学校语言学习等，大学生旅游则可以分为假日旅游和在学期间教育旅游等。

1. 教育接待服务

旅行管家的教育接待服务可以理解为将旅游活动转变为旅途课堂。常见的教育旅游有两种类型：一是以教育为主题的旅游活动，二是旅游活动中的教育活动。前者本质上是旅游活动，但是旅游活动中的各要素全部围绕教育的主题展开，目前大量的文化走读活动类似于此。此类活动往往依托必要的旅游或文化资源，通过别具一格的设计、专业的讲解和服务，呈现寓教于游的效果。而后者就活动本身而言依然是一个教育活动，只是将其插入旅游活动之中。旅行管家要独立接待这样的旅游活动，则需要拥有相当专业的教育资质和能力。

对于以教育为主题的旅游活动而言，旅行管家需要站在产品的高度把控旅游活动的主题。在实际的接待服务过程中，不单纯只是讲好一个或几个故事便可，更重要的是要能通过完整的旅游过程服务，让游客在愉悦的同时接受教育并获得收获。所以教育旅游活动是需要设计的，教育的呈现过程也是需要设计的。如何在吃、住、行、游、购、娱等旅游要素呈现过程中都能体现既定的教育主题？如何能够把各要素的教育主题统一在一处？是旅行管家在落实服务过程中主要需要把握的内容。

对于旅游活动中单一的教育活动，旅行管家常常可以通过购买教育资源等方式以实现服务的互补。但是这不等于旅行管家就可以置身教育活动之外。作为整个旅游活动的组织者，旅行管家只有提前了解清楚教育活动的内容、要求和基本流程等信息，才能在旅游活动中更好地协调安排好教育活动的时间、地点和其他组织条件。如果旅行管家能够掌握一点教育的方法和技巧，在教育活动开始前、过程中乃至结束后，都能够通过启发、引导、交互等方式，让教育活动能呈现出更好的实际效果。表 5－26 是一些常见的教育方法。

知识链接

常见的教育方法

表 5－26 常见的教育方法

分类	教育方法	内容
以语言传递为主	讲授法	通过口头语言向学生传递知识、观念和指导学生进行智力活动与操作活动的方法，是讲述法、讲解法、讲读法、讲演法和说服法的总称。
	问答法	根据学生已有的知识和经验提问学生，并引导学生对所提出的问题做出回答，从而使学生获得知识、发展智力和提高思想觉悟的方法。
	讨论法	组织学生就某一问题或某些问题进行集体讨论，大家交流意见，相互启发思维，互相取长补短，最终达到弄懂问题、明辨是非的方法。
以图像传递为主	演示法	配合讲授或谈话，把实物、教具呈示给学生，或者向学生做示范性的实验，来说明或印证所传授的知识和理论的方法。
	参观法	根据教学目的任务，组织学生到现场对实际存在的事物和发生的事件进行观察和研究，从而获得知识和观念的一种教学方法。
	榜样法	用他人的优秀思想品质和模范行为来影响学生的思想感情和行为的一种教育方法。其实质就是用人格的力量教育人，用高大的形象感化人。
以情感传递为主	陶冶法	通过创设良好的情境和组织有教育意义的活动，潜移默化地培养学生思想情操与品德个性的一种教育方法。
	评价法	根据一定的标准对学生学习和发展的过程与结果给予肯定或否定，以促进学生发扬优点，克服缺点，不断取得进步的一种教育方法。主要有两种方式：表扬与奖励、批评与惩罚。

续前表

分类	教育方法	内容
以实际操作为主	练习法	在教师指导下，学生通过练习以进一步理解和巩固已有的知识、观念，并培养相应的技能技巧和形成良好的行为习惯的教学方法。
	实验法	在教师指导下，学生利用一定的仪器设备或其他手段，控制一定的条件，作用于一定的对象，以引起事物或现象的某种变化，从观察这些变化和具体数据中直接获得知识的一种方法。
	实习法	根据教学大纲的要求，在校内或校外组织学生进行实际操作，将理论知识运用于实践，以解决实际问题的一种教学方法。

2. 研学接待服务

研学旅行是一种特殊的教育旅游活动。具体来说，研学旅行是以中小学生为主体对象，以集体旅行生活为载体，以提升学生素质为教学目的，依托旅游吸引物等社会资源，进行体验式教育和研究性学习的一种教育旅游活动。它既不是传统的教育旅游活动，也不是以愉悦为目的的游憩活动，而是融合了研究性学习和实证旅行的综合性活动。

为研学旅行活动提供服务的组织通常由三方面构成，即有明确研学旅行主题和教育目的的组织方，与组织方签订合同、提供教育旅游服务的承办方，以及与承办方签订合同并提供目的地接待、交通、住宿、餐饮等服务的供应方。而旅行管家在这其中既可以作为承办方承担研学旅行活动的全程接待，也可以作为目的地接待人员的角色，成为某一方面研学资源产品的供应方。

作为全程接待研学旅行活动的承办方，旅行管家既需要提供研学产品的设计服务，完成产品说明书的设计和说明工作，也需要在实际的研学旅行活动中向学生提供教育服务、交通服务、住宿服务、餐饮服务、讲解服务、医疗及救助服务、安全服务等专业的服务。从岗位上来说，其个人服务主要是通过研学旅行指导师的角色体现出来的。研学旅行指导师，是指策划、制定或实施研学旅行课程方案，在研学旅行过程中组织和指导中小学学生开展各类研究学习和体验活动的专业人员。中国旅行社协会于2021年发布了《旅行管家分类、要求与认定》（T/CATS001－2021），要求研学旅行指导类旅行管家必须符合《研学旅行指导师（中小学）专业标准》（T/CATS001－2019）规定的全部条件。

扫一扫

研学旅行指导师（中小学）专业标准（T/CATS001—2019）

作为研学资源产品的供应方，旅行管家也需要在单项的讲解、动手体验等工作中提供专业的服务。《研学旅行服务规范》（LB/T054－2016）由（原）国家旅游局于2016年12月19日发布，于2017年5月1日起正式实施。该规范对服务提供方、人员配置、研学旅行产品、服务项目以及安全管理等几大类内容进行了详细规定，也是旅行管家提供研学旅行接待服务的重要标准。

知识链接

研学旅行服务项目

《研学旅行服务规范》做出如下规定：

1. 教育服务

（1）教育服务计划。承办方和主办方应围绕学校相关教育目标，共同制定研学旅行教育服务计划，明确教育活动目标和内容，针对不同学龄段学生提出相应学时要求，其中每天体验教育课程项目或活动时间应不少于45min。

（2）教育服务项目。教育服务项目可分为：健身项目、健手项目、健脑项目、健心项目等。

（3）教育服务流程。在出行前，指导学生做好准备工作，如阅读相关书籍、查阅相关资料、制定学习计划等；在旅行过程中，组织学生参与教育活动项目，指导学生撰写研学日记或调查报告；在旅行结束后，组织学生分享心得体会，如组织征文展示、分享交流会等。

（4）教育服务设施及教材。应设计不同学龄段学生使用的研学旅行教材，如研学旅行知识读本；应根据研学旅行教育服务计划，配备相应的辅助设施，如电脑、多媒体、各类体验教育设施或教具等。

（5）研学旅行教育服务应有研学导师主导实施，由导游员和带队老师等共同配合完成。

（6）应建立教育服务评价机制，对教育服务效果进行评价，持续改进教育服务。

2. 交通服务

（1）应按照以下要求选择交通方式：单次路程在400km以上的，不宜选择汽车，应优先选择铁路、航空等交通方式；选择水运交通方式的，水运交通工具应符合GB/T 16890的要求，不宜选择木船、划艇、快艇；选择汽车客运交通方式的，行驶道路不宜低于省级公路等级，驾驶人连续驾车不得超过2h，停车休息时间不得少于20min。

（2）应提前告知学生及家长相关交通信息，以便其掌握乘坐交通工具的类型、时间、地点以及需准备的有关证件。

（3）宜提前与相应交通部门取得工作联系，组织绿色通道或开辟专门的候乘区域。

（4）应加强交通服务环节的安全防范，向学生宣讲交通安全知识和紧急疏散要求，组织学生安全有序乘坐交通工具。

（5）应在承运全程随机开展安全巡查工作，并在学生上、下交通工具时清点人数，防范出现滞留或走失。

（6）遭遇恶劣天气时，应认真研判安全风险，及时调整研学旅行行程和交通方式。

3. 住宿服务

（1）应以安全、卫生和舒适为基本要求，提前对住宿营地进行实地考察，主要要求如下：应便于集中管理；应方便承运汽车安全进出、停靠；应有健全的公共信息导向标识，并符合GB/T 10001的要求；应有安全逃生通道。

（2）应提前将住宿营地相关信息告知学生和家长，以便做好相关准备工作。

（3）应详细告知学生入住注意事项，宣讲住宿安全知识，带领学生熟悉逃生通道。

（4）应在学生入住后及时进行首次查房，帮助学生熟悉房间设施，解决相关问题。

（5）宜安排男、女学生分区（片）住宿，女生片区管理员应为女性。

（6）应制定住宿安全管理制度，开展巡查、夜查工作。

（7）选择在露营地住宿时还应达到以下要求：露营地应符合 GB/T 31710 的要求；应在实地考察的基础上，对露营地进行安全评估，并充分评价露营接待条件、周边环境和可能发生的自然灾害对学生造成的影响；应制定露营安全防控专项措施，加强值班、巡查和夜查工作。

4. 餐饮服务

（1）应以食品卫生安全为前提，选择餐饮服务提供方。

（2）应提前制定就餐座次表，组织学生有序进餐。

（3）应督促餐饮服务提供方按照有关规定，做好食品留样工作。

（4）应在学生用餐时做好巡查工作，确保餐饮服务质量。

5. 导游讲解服务

（1）导游讲解服务应符合 GB/T 15971 的要求。

（2）应将安全知识、文明礼仪作为导游讲解服务的重要内容，随时提醒引导学生安全旅游、文明旅游。

（3）应结合教育服务要求，提供有针对性、互动性、趣味性、启发性和引导性的讲解服务。

6. 医疗及救助服务

（1）应提前调研和掌握研学营地周边的医疗及救助资源状况。

（2）学生生病或受伤，应及时送往医院或急救中心治疗，妥善保管就诊医疗记录。返程后，应将就诊医疗记录复印并转交家长或带队老师。

（3）宜聘请具有职业资格的医护人员随团提供医疗及救助服务。

5.4.5 户外旅游和体育旅游接待服务

随着观光旅游的深入发展，依托自然旅游资源开发建设的成熟景区和成熟旅游产品已经不能满足部分旅游者的出行需求，探索未知的自然成为新兴的旅游主题。与此同时，随着旅游者对旅游体验要求的不断增长，单纯的观光益智旅游活动已经不能满足他们的体验需求，因此，更多户外旅游项目和体育旅游活动应运而生。

1. 户外旅游接待服务

“户外”与室内相对，指的是室外露天处。几乎所有的旅游活动都是在户外的活动，但是对“户外活动”的惯常理解，往往指带有探险性、挑战性和刺激性的活动，甚至属于极限和亚极限的运动。常见的户外活动包括登山、露营、穿越、攀岩、蹦极、漂流、冲浪、滑翔、滑水、攀冰、定向、远足、滑雪、潜水、滑草、热气球、溯溪、拓展等。户外运动能拥抱自然，挑战自我，能培养个人毅力、团队合作精神，提高野外生存能力，因此广受年轻人的欢迎。

户外活动种类众多，类型各异。有些活动属于大众范畴，可进入性较强，如远足、拓展等，有些活动属于小众活动，对参与者的个人素质要求比较高，活动封闭性较强，如攀冰、冲浪等。不同的户外活动类型有着完全不一样的活动条件和活动模式、不一样的活动装备和活动规则，自然对旅行管家的接待服务也有完全不同的要求。不过和其他活动的组织安排不同，由于户外活动的风险往往较高，因此对接待服务从业人员的专业性要求是极其严格的。在户外旅游活动中无论旅行管家直接接待还是委托接待，都必须拥有专业的从业资质，掌握专业的从业技能，并且有丰富的从业经验。《旅行管家分类、要求与认定》（T/CATS001—2021）对户外探险领队类旅行管家的要求做了特别严格的规定。

课证融通

户外探险领队类旅行管家的从业要求

中国旅行社协会于2021年发布了《旅行管家分类、要求与认定》（T/CATS001—2021），对户外探险领队类旅行管家的从业要求做了如下规定：

1. 接受过户外探险项目辅导或教练等专业培训，持有相关证书。
2. 对旅游者探险的区域地理环境、气象气候、生态环境有充分的认知和了解。
3. 为游客提供户外探险旅游领队服务的前1年内，至少完成一次相同线路的户外探险活动。
4. 掌握野外生存技能、必要的急救、紧急情况处理的技能和方法。

目前，户外活动服务行业尚不属于需要国家资格准入认证的行业，因此对户外活动接待服务人员而言，其从业资格认证主要来自中国登山协会、地方登山协会和一些商业培训学校等机构。其中，中国登山协会是中华人民共和国组织、管理和推进登山运动的唯一全国性权威机构，提供初级户外指导员、中级户外指导员、营地指导员、户外教师、青少年攀岩教练员、攀岩社会体育指导员等从业培训，以及山地救援技术、攀冰技术等技术培训。无论是哪一种户外活动，旅行管家在接待服务过程中首要注意的都是安全服务，包括出行前的安全落实、行程中的安全管理、事故发生时的安全救护等。

通常在户外活动前，旅行管家要做好充分准备，提前购买保险，学习户外知识，提高户外技能，改善户外装备。针对具体的活动行程和内容，旅行管家需要提前了解和确认线路的具体情况，提前告知游客必要安全事宜和路上可能发生的情况，敦促游客检查身体情况，提醒检查器械和装备。如果是驾车出行，旅行管家每次发车前都需要检查或督促司机检查车况，拒绝冒险行为，把风险降到最低。

在实际活动中，旅行管家要管理好整个游客团队，一般情况下需要集体行动，避免游客擅自脱离队伍。在行程中，旅行管家应通盘考虑游客的户外能力，科学把控活动的节奏和团队的体力，循序渐进，量力而行。在危险地带要互帮互助，保证安全。如果遇到难以克服的困难，旅行管家应及时调整计划。总之，旅行管家应明确，户外活动最重要的目标是安全，最专业的服务是安全服务，只有在保证安全的前提之下，其他户外目标实现才有意义。

知识链接

重装徒步装备攻略

重装徒步，是指驴友背负帐篷、睡袋、炉具、路餐等露营装备进行的两天以上长距离徒步活动。如果需要自身背负露营装备，需要使用40升以上户外背包，负重往往在10千克以上。有人会问：很多线路有背夫或牦牛工，我为何要重装徒步？当你决定用双脚丈量地球，背上全世界，体验大自然的绝美风光的那一刻，就决定了你所选择的旅行方式不一定都有完善的后勤服务体系。重装是一种必须掌握的技巧，让我们一起开启重装入门装备篇。

1. 背包

重装徒步过程中，背包是非常重要的一环，若徒步时为肩上背包所累，徒步就失去了乐趣。按容量分类，背包通常可以分为小型背包、中型背包和大型背包。

(1) 小型背包（30升以下）。可用于城市郊游、短途徒步和登山冲顶等，单日包、攻顶包、突击包是它的别名。与户外徒步匹配的小型背包通常也有基础的背负系统。如果徒步路线沿途补给充足，小型背包可以满足10天或更长的线路。

(2) 中型背包（30升～50升）。中型背包基本都有支架和背负系统，所适应的徒步天数和强度跨度较大，短至两三天、长至二三十天都行。善于科学打包和践行轻量化的徒步者，用中型背包带上所有露营装备完全没问题。

(3) 大型背包（50升以上）。大型背包适用于长距离的重装徒步，可背负全套露营装备和炊具。由于背负系统和装载系统设备完善，大型背包的自重不可能太轻。

2. 上装

面对户外多变的环境和天气，没有一件衣服可以适用于所有场景。最好的方式莫过于采用“洋葱式穿衣法”，将排汗、保暖、防风、防雨等功能融入内、中、外三层，一层一层“穿”上身。

(1) 防风和防雨层。是“洋葱式穿衣法”的最外层。不管天气预报如何乐观，带一件可以防雨和防风的衣服，都是保证身体健康和出行安全的第一步。常见的有：1) 皮肤风衣。主要功能就是防风，此外能防点小雨。它重量轻，透气，可以轻易收纳为饮料罐大小塞入口袋中。2) 雨衣。雨衣材质柔软轻巧，方便收纳，功能多样，但面料透气性相对差。3) 冲锋衣。冲锋衣在国外更通用的说法是防风防雨夹克，一般还具有透气的机能。冲锋衣分防雨夹克和硬壳两种。防雨夹克适用于所处地区天气较热、路线简单的徒步，硬壳适合更恶劣的环境。

(2) 保暖层。是“洋葱式穿衣法”的中间层。在冬季出行，或者在高海拔、高纬度的地方徒步，这层衣服在天晴时可作外套穿着，遇到下雨等恶劣天气时，外面套一件防风防雨层。主要是羽绒服、化纤服、抓绒衣三类。

(3) 打底层。是“洋葱式穿衣法”的最内层。针对户外人士的内衣，强化了吸湿、快干、保暖乃至防臭的机能，徒步期间若非淋湿或过脏，不会轻易脱换。常见材质主要分为羊毛和化学纤维两大类，基础功能均为吸汗快干。

3. 下装

相对于上装详细分层的叠穿法，由于始终处于运动中，双腿的耐寒能力远强于上半身，往往一条外层裤就够了，保暖层有时就是打底层，或与外层裤合并。最好的外层裤是防风、防水、快干、透气、耐磨的“全能选手”，但“全能选手”并不存在。

（1）冲锋裤。冲锋裤的防风、防水能力比其他裤子都强，但密闭性太好也意味着透气性差。冲锋裤非常耐磨，但因其布料没有伸缩性，因而舒适度不佳，且不保暖。

（2）速干裤。速干裤的特色在于导湿性和透气性非常好，所以速干裤并不防水，同时透气性强也就意味着不会保暖，因此并不适合在天气寒冷时徒步穿。

（3）软壳裤。软壳裤款式通常比较修身，面料有弹性且附有防泼水涂层，里侧为抓绒能保障保暖需求。但对比冲锋裤而言，软壳裤防风、防水能力略逊。

（4）抓绒裤。与抓绒衣相对的抓绒裤，保暖性、透气性和排湿性不错，面料柔软，不易起球。缺点是易产生静电，容易沾灰，且不耐磨。

4. 鞋

对于初涉徒步的新手而言，登山鞋可以暂时不考虑。在国内徒步鞋和登山鞋的分类有些模糊，常被混为一谈，但登山鞋实际是一种重装徒步靴，用来攀登高海拔、地形复杂的山脉，有时甚至要和冰爪搭配使用，只有经验特别丰富的玩家以及专业的登山者会用到。入门者最有可能用到的户外鞋是越野跑鞋、低帮徒步鞋、中帮徒步鞋。

5. 睡眠系统和露营

帐篷有4个主要构成部分：内帐、外帐、帐杆和地钉。以房子来类比，内帐相当于卧室；外帐是挡风遮雨的外墙；帐杆的作用相当于柱子和横梁，用来支撑整个帐篷；地钉与地基的功能稍有类似，它通过风绳等连接件，将帐篷牢牢地固定在地面上。

（1）单层帐篷与双层帐篷。单层帐篷不分内帐和外帐，只用一层布来隔离内外空间。单层帐篷的最大优点是轻便，在不闷热的气候下最为适用。双层帐篷分内帐和外帐，人睡在内帐里，挡风遮雨的事情交给外帐。双层帐用起来更灵活，天气热时，可将外帐两面掀开来，甚至不搭外帐，保持更好的通风。

（2）自立式帐篷与非自立式帐篷。自立式帐篷，是通过帐杆的支撑就能立体成形的帐篷结构，不挑场地，几乎在任何地方都能搭建成功。非自立式帐篷搭建起来需要一定技巧，它需要通过帐杆、风绳、地钉的组合搭配，才能让帐篷立起来。因为要打地钉，所以对营地的地面状况有一定要求。

6. 睡袋

作为在户外睡觉时用的“被子”，睡袋最重要的功能是保暖，而在感到热时又能灵活打开散热，在睡眠中保持舒服的身体温度。

（1）木乃伊式睡袋。这种睡袋贴合人体的身形设计，会包裹到身体的各部分，热气不容易流失，不过比较受束缚、活动不开。适用于天冷季节露营。

（2）信封式睡袋。这种睡袋就像一个长方形的信封口袋，睡觉时不会有太强的束缚感。但同样材质和保暖性能的信封式睡袋，在个头和重量上均大于木乃伊式睡袋。

（3）睡垫。睡垫便是露营中的床垫，除了提供较为柔软的缓冲，也能隔离地面的冷空气。无论多好的睡袋，都一定要搭配睡垫使用。

7. 徒步配件

任何季节、任何徒步路线都需要一些徒步配件，如登山杖、护膝、水具、头灯、帽子、手套、墨镜、地图、急救包、净水剂、便携式水桶、驱蚊产品等，这些物品都不重，很多可直接穿戴在身上，不影响践行背包轻量化。每样都是为你徒步生涯的长远考虑。

资料来源：游侠客旅行，见 https://www.youxiake.com/gonglue/view?id=4215，有删节。

2. 体育旅游接待服务

户外活动可以说是特殊的体育旅游，与之相对应的，以体育为主题的旅游活动都可以称之为体育旅游。随着体育文化的不断发展，民众的体育需要不断被激发，体育旅游逐步发展成旅游业中的一个重要产业，体育场馆也由单一的运动设施转变为集消遣、娱乐、旅游、运动能功能为一体的综合性场馆。常见的体育旅游形式可分为主动体育旅游、赛事体育旅游、怀旧体育旅游等。主动体育旅游是指旅游者为参加体育活动或赛事而进行的旅游。赛事体育旅游是指旅游者为观看体育比赛或体育节事而进行的旅游。怀旧体育旅游是指旅游者受著名赛场、体育明星等因素吸引而进行的体育旅游和体育度假活动等。在实际的体育旅游活动中，上述三种体育旅游形式并不是分别独立的，也可以互相融合组成更为复杂的体育旅游产品。

旅行管家对体育旅游活动的接待服务工作同样需要与专业技术相结合。对于怀旧体育旅游活动而言，旅行管家对于特定的体育文化和历史知识应当充分熟知，才能根据游客的实际需求与之切实有效地交流和分享。同时，怀旧和时代是紧密相连的，旅行管家还应对当代体育文化有所了解。对于赛事体育旅游活动接待工作的要求主要集中在安排和服务上。因为赛事是固定的，所以其他的旅游活动都应围绕既定赛事进行有机安排。旅行管家应该为特定赛事的观看或参与预留充分的到达时间，防止因为中途的意外造成时间上的措施。赛事体育旅游活动通常充满激情，因此旅行管家在提供接待服务的过程中还需要做好安全管理。

主动体育旅游的接待服务工作对旅行管家将有更高的技术要求。如果是旅行管家直接接待，需要拥有专业的从业资质；如果旅行管家委托接待，则需要实际接待方拥有专业的从业资质。同时，体育运动有一定的风险性，旅行管家既要在活动开始之前落实好活动的场地和设备的检查工作，确认是否符合组织条件，在活动中落实安全管理要求，做好对游客的安全提示和必要的安全保护工作，也需要掌握必要的急救常识，在活动发生意外事故的时候，提供及时有效的救助服务，尽到必要的救治义务。

课证融通

体育运动指导类旅行管家的从业要求

中国旅行社协会于 2021 年发布了《旅行管家分类、要求与认定》(T/CATS001—2021)，对体育运动指导类旅行管家的从业要求做了如下规定：

1. 接受过体育运动项目辅导或教练等专业培训，持有相关证书。
2. 掌握所提供的专项体育运动项目的设施设备、区域环境情况。
3. 掌握必要的急救、紧急情况处理的技能和方法。

5.4.6 情感旅游接待服务

俗话说“触景生情”“情景交融”，旅游体验常常能与游客个人的感情过程产生共鸣，而对大多数旅游者而言，美好的旅程若能与人相共，则更能增加旅游活动的意义和价值。长久以来，旅游者对情感体验的追求始终是其参加旅游活动的重要原因之一，丰富的情感体验过程波及旅游活动的方方面面。近年来，以情感体验为主题的旅游活动越来越丰富，也越来越受市场的追捧。

情感旅游服务是旅行管家旅游接待服务的重要组成部分，旅行管家职业的本身即通过有感情的人性化服务为游客的出行提供便利，在不同类型的情感旅游活动中，旅行管家应当有针对性地提供不同的服务。

1. 情感旅游产品的类型

较为常见的情感主题旅游活动包括亲情游、爱情游和友情游等，它们有着不同的特点。

（1）亲情游。亲情游是最传统和最广泛的情感旅游活动类型。在中国传统文化的影响下，家庭成了不少人生命意义的寄托，相伴出游也成了家庭文化的重要表现形式。在亲情游当中最常见的类型是陪伴父母出行的银发游、带子女出行的亲子游和全家一起出动的家庭游等。

银发游客群体因为年龄较大，在旅游行程的选择上往往倾向于轻松和舒缓。如果没有子女陪同出行，银发游客往往消费较为谨慎，出于安全考虑通常会选择跟团出行，对旅游设施标准的要求也不会很高。亲子游则是从孩子的需求出发，由家长和未成年子女共同参与。亲子型旅游产品往往围绕孩子的成长，以开阔视野、增长知识、放松身心、结交朋友为目的，因此旅游活动通常主题丰富，需求多样，价格略高。但是亲子活动往往需要专业的组织与服务，不少亲子活动也需要游伴才能开展，因此也以跟团活动为主要形式。而对于全家老小共同出发的游客而言，通常更看重家庭的独立性和完整性，因此独立成团或自驾游的比例会更高。

（2）爱情游。青年男女之间的爱情游在旅游活动中是相当特别的一类。旅游活动对于他们而言，是享受情感交流过程、增进彼此认识的场合。因此，爱情游的目的地选择范围往往比较有限，通常是环境优美或设施配套较成熟的地方。因为游客在爱情旅游时往往有表达好感的需要，因此爱情游通常伴随中高端的消费。较常见的爱情旅游形式包括结婚前后的旅拍活动和婚后开展的蜜月游等。一般经济型的蜜月游消费者可能会选择参加旅行社组织的团队游，而旅拍活动无疑是由摄影机构和旅行管家提供主要服务的独立旅游活动。

（3）友情游。友情是人与人之间较为宽泛的感情，非亲情的结伴出行大多都可归结为友情游。因此友情游种类繁多、形式各异。既可以是同学间的毕业旅行，也可以是商业伙伴间的商务旅行；既可以是老年伙伴间的“夕阳红”旅游，也可以是好哥们儿之间的兜风遛弯；既可以是大型的旅游团队，也可以是小规模的知交二三。尽管从形式和内容很难清晰划定友情游的边界，但是在这类旅游活动中有着共同的主题，那就是友情和分享。

2. 情感旅游的接待服务

（1）老年旅游接待服务。老年旅游活动的类型是多样的。从旅游者需求角度看，由子女陪同出行的老年旅游活动、老年夫妻结伴出行的旅游活动和老年伙伴结伴出行的旅游活动，其特征区别还是比较明显的。由子女陪同出行或由子女安排出行的老年旅游活动，其活动安排通常由子女完成，形式上可能采用自驾游方式，也可能采用跟团游模式。这一类旅游活动往往属于子女的孝心旅游，旅游内容和要求未必完全符合老年人的实际旅游需要。在老年人自发出行的老年旅游活动中，其实际旅游需求往往能更集中地凸显出来。

旅行管家在老年旅游接待服务工作中，首先需要切实有效地抓住游客的需求。

如果是子女陪同老人的出行活动，旅行管家不仅要关注老年人的旅游需求，同时也需要认真研判并落实陪同人或旅游安排人的实际需求。对于老年旅游者而言，其旅游需求主要体现在对精神享受的需求、对情感沟通的需求、对健康和安全的需求、对目的地和景区游览的需求、对生活服务的需求等方面。总的说来，客观的衰老使得老年人在健康、安全和生活方面的需求较为突出，但因为老年游客在为人处事中相对较沉稳，因此其精神和情感的需求往往容易被忽视。而老年游客对旅游目的地和旅游景区的游览需求往往各不相同，呈现出多样性的偏好。

针对老年人身体机能下降、反应能力减缓等客观事实，旅行管家通常需要在接待服务时拥有更强烈的责任心，用更耐心细致的工作态度和更热情周到的服务，满足游客的相关需求。例如，主动放缓游览节奏，配合老年人的生理习惯，重要事情反复提醒等。在生活服务方面，能够针对老年人的实际需要，提前对吃、住、行、游、购、娱等要素做好相应的服务优化，如设施设备使用前的提醒和指导、饮食方面的特别安排等。对老年游客的旅游偏好要有充分的认识，能提前做好必要准备，有针对性地提供相关服务。对老年游客的精神享受和情感沟通需要，旅行管家也应该积极捕捉有关信息，分析研判，积极沟通，妥善安排。在这一过程中，旅行管家应当摆正自己的角色，站在旅游服务人员的角度，为老年游客带来更多旅途的欢乐。

（2）亲子旅游接待服务。亲子旅游是家长带着孩子一同出行的旅游形式，与其他旅游活动相比，其最大的特点是旅游目标围绕孩子的旅游收获而展开。因此，旅行管家在亲子旅游活动接待服务中关注的重点也在孩子身上，围绕家庭和孩子的旅游需要，向旅游者提供一系列专业的旅游服务。不过“亲子”只是根据旅游活动中体现出来的游客出游现象所做的分类，事实上，亲子游的种类是非常繁多的，对于不同的亲子游活动，其旅游需求、旅游目的、旅游形式、旅游过程等都有较大的区别。例如，针对学龄前儿童、小学生、中学生亲子活动，其内容显然是不同的。尽管有计划的教育活动在亲子旅游活动中备受关注，但同样有不少旅游者仅仅追求愉悦，不以学习收获为旅游目的。目前来看，双方游玩、亲子互动、获得教育和社交提升是国内亲子旅游产品中常见的主题。所以，旅行管家需要有能力甄别不同亲子游之间的差异，并针对这些区别提供专属化的服务。

对于未成年人，尤其是学龄前儿童而言，其旅游需要最主要的是愉悦，这种愉悦往往是通过玩乐实现的。这是人类的天性，也是旅行管家在亲子旅游活动接待中首先需要明确的观点。在旅游活动中，无论是行程管理、安全管理、纪律管理、学习管理还是其他组织和管理工作，如果建立在愉悦的基础上，开展就会尤为容易。但是，未成年人对事物的认知和判断与成年人有一些区别，取悦未成年人的方式方法也有所不同。语言赞美、物质鼓励、玩乐体验、伙伴交流等是常见的形式。

当然，这些旅游者的需要是旅行管家应明确的信息，却并不是旅行管家工作的全部。在旅游活动中，亲子旅游因为参与者中有不少未成年人，因此对活动组织的安全要求比较高。同时，未成年人心智尚未健全成熟，其安全管理与成年人也有所不同，需要提前制定好预案，也需要增强自身、工作人员和儿童家长的安全意识。虽然儿童是亲子活动的中心，但亲子活动的实际组织者是家长。亲子活动的本质就是在旅行管家的帮助下，家长和孩子能更好地度过旅游时光。所以旅行管家在接待服务中，不能忽视家长在亲子活动中的角色。除了积极和儿童互动，也需要充分和家长沟通，并促进家长和儿童的更好的交流互动。

获得教育是亲子旅游活动的重要主题之一，但过度强调亲子旅游活动中的教育概念，无论是强调教育过多还是过少都容易让产品有牵强之嫌。因为亲子旅游产品本来就种类繁多，不应一概而论。产品的要素和服务根据不同主题有不一样的侧重，才能让产品真正各具特色。另外，特色活动是亲子旅游产品的重要组成部分。活动的价值通常通过两方面实现：一是旅行管家在产品设计时对活动的策划和安排，二是旅行管家在活动过程中对活动的组织和落实。为了更好地组织亲子活动，旅行管家需要具备一定的儿童心理学和教育心理学知识，以及儿童护理常识。

课证融通

亲子游乐指导类旅行管家的从业要求

中国旅行社协会于2021年发布了《旅行管家分类、要求与认定》（T/CATS001—2021），对亲子游乐指导类旅行管家的从业要求做了如下规定：

1. 具有幼儿护理、教育等专业教育背景，宜取得相关证书。
2. 掌握儿童心理学、教育心理学等心理学知识。
3. 具有旅游专业知识，可为亲子家庭提供旅游线路策划、行程安排等专业服务。

（3）拍摄旅游接待服务。摄影活动和旅游活动的发展是相辅相成的，旅游活动为摄影活动创造了更多的素材，摄影活动让旅游活动拥有了更好的体验。在文物古迹和风景名胜地定格摄影是许多游客旅游活动中的必备项目，既能为游客带来旅游见证，也能方便游客长久回忆。随着摄影器材和技术的进步以及旅游服务的不断发展，跟随拍摄服务在旅游市场中逐渐兴起。拍摄者使用专业的摄影设备，通过到位的服务，不仅能够帮助旅游者记录旅游活动中的点滴之美，同时更能通过后期图像处理技术，将照片、影像等拍摄成果加工为富有特色的艺术品，为游客塑造更加美轮美奂的旅游回忆。

拍摄旅游活动接待的游客通常以散客为主，行程多为个性化定制，往往依托游客的旅游和拍摄需求、旅游活动主题、目的地旅游资源以及适合拍摄的条件等因素深度定制。旅行管家在拍摄旅游接待服务过程中，应当对旅游行程充分的熟悉，能够综合考虑旅游行程路线的合理性和拍摄目标的可行性，合理安排拍摄旅游活动的进程，能够有效处理旅游活动中发生的各种突发事件，保证拍摄活动的进度不受影响。

在拍摄旅游活动中，旅行管家需要具备的核心技术是专业的摄影技能，同时也需要掌握各种专业摄影设施的使用技能和简单故障的维修技能，保证旅游和摄影目标的顺利完成。美好的风光有时既适合旅游，也适合拍照。在实际工作过程中，旅行管家应当能够平衡旅游活动中的旅游目标和摄影目标，避免顾此失彼。对拍摄活动和旅游活动而言，通常都不是完成任务即能得到旅游者的赞誉，旅行管家更应在此基础之上，通过积极和到位的服务，让游客享受到美好的拍摄旅游过程。

另需注意的是，普通旅游活动在旅游者返回出发地后即宣告结束，而拍摄旅游活动往往涉及拍摄作品的筛选、精修、成品制作等服务，因此需要等拍摄作品交付后，才属于实质意义上的行程结束。同时，拍摄作品的质量也是衡量旅游活动质量的重要标志之一，因此旅行管家的服务也必须是全过程的，需要始终如一地提供贴心化的服务。尤其是在旅游者返回出发地之后，旅行管家无法提供当面服务时，更需要充分的沟通，以期实现旅客满意的旅游收获。

课证融通

旅拍摄影类旅行管家的从业要求

中国旅行社协会于 2021 年发布了《旅行管家分类、要求与认定》（T/CATS001—2021），对旅拍摄影类旅行管家的从业要求做了如下规定：

1. 具有专业的摄影技能。
2. 从事专职摄影工作 2 年以上。
3. 掌握各种专业摄影设施设备的使用技能，并可进行摄影设备常见故障的维修处理。

5.4.7　网红旅游接待服务

网红旅游是相对于经典旅游而言的一类旅游形式。现代旅游发展至今已积累众多稳定的旅游习惯，漫长的岁月也积累下厚重的旅游资源和旅游文化，因此在旅游市场中已形成了众多需求量广泛、供给量稳定的经典旅游产品。在相当长的市场周期中，这些产品将广受消费者的欢迎。与之相对应的则主要是一些资源级别相对较低、吸引力相对较弱的普通旅游产品，作为经典旅游产品的补充，在旅游市场中与之相辅相成。但是近年来，网红旅游产品异军突起，在传统二元对立的旅游市场中创造了新的发展机遇。

1. 网红旅游产品的特点

作为网红旅游产品，其基本特点主要包括时间的突起性、关注的巨量性、资源的草根性等。

（1）时间的突起性。网红旅游产品和经典旅游产品的最大差别体现在时间性上。网红旅游产品在旅游市场中的火爆一定是新起的，在此之前产品可能是不温不火的，甚至可能根本是不存在的，但因为某些偶然或必然因素的影响，使得该产品迅速被消费者关注或追捧。对于绝大多数网红旅游产品而言，偶然性的因素和必然性的因素都是不可忽视的。正因为是新起的，所以对于网红产品的生命周期的长度存在多种可能。既可能昙花一现后不久归于沉寂，也可能通过成功运营或者转型后，在未来有更长远的发展，甚至可能成为经典旅游产品

（2）关注的巨量性。网红旅游产品的参与度主要依赖于市场内外大量的关注度。因为在短期内拥有了巨大的关注流量，也带来了巨大的变现可能。但是网红产品的价值变现往往颇为不易，红利变现与产品发展之间的矛盾将影响产品未来的走向。同时，短期的巨大利好消息容易刺激市场产生大量的投机行为，使得产品将此后的设计开发重点放在追逐流量上。因为旅游产品的准入门槛较低，因此，这种做法极易造成产品设计开发的盲目性，在市场中产生大量跟风产品，透支网红概念的关注度，从而造成旅游产品生命周期的短暂性。

（3）资源的草根性。任何旅游产品都将依托旅游资源而生产，网红旅游产品也不例外。对网红旅游产品而言，之前之所以没有“红”，很大的原因就在于其资源本身价值比较普通，属于“草根”资源。因此，产品生产者应当深刻分析网红产生的原因。或许资源本身没有变化，但市场需求发生了改变，使原本受到冷落的“草

根”资源获得了青睐。也可能因为技术的进步，让原本“草根”的资源有了质的革新，拥有了核心的竞争力。从短期来看，网红旅游产品可以通过商业模式的运作，激发更多的短期需求，但从长期来看，能否通过资源的革新和产品的升级，让产品拥有更大的价值，更能决定网红旅游产品的生命周期。

2. 网红旅游产品的接待

旅行管家应当通过积极的探索和不断的创新，独立开发出网红旅游产品或网红旅游项目，使之成为旅行管家工作的核心竞争力。这样面对大量的市场需求，旅行管家就可以通过产品的资源化，让旅游产品成为目的地旅游活动的重要组成部分，从而通过资源的资本化获得更大的收益。随着电子信息技术和互联网软件技术的不断发展，“网红”的塑造变得越来越简便，值得旅行管家一试身手。但是，能够成为网红，在旅游市场中拥有头部流量的旅行管家毕竟是少数，绝大多数旅行管家将在市场追捧网红旅游产品的时候，同步提供相同或类似的服务。

因此，旅行管家在网红旅游的接待服务工作中首先需要做到的是模仿。旅行管家需要分析网红旅游产品爆红的主要原因和满足游客的需求所在。大多数旅游产品的可复制性较强，在不侵权的前提下，旅行管家如果能够有效复制网红旅游产品，就能在该产品爆红的时下分得“一杯羹”。有时旅行管家需要根据自己对资源掌控的情况对旅游产品进行合理化改进。在此基础之上，旅行管家应当研判产品的不足之处，分析产品的走势与风险，提出建设性的优化方案。

同时，旅行管家还应注意对自我 IP 的塑造。“网红”的指向主要有两种：一是指事，二是指人。旅行管家既可以通过产品创新塑造网红旅游产品，也可以通过 IP 的建设，将自己塑造成网红的旅游服务专家。拥有自我标签、创造自我品牌对旅行管家有诸多好处，如拥有更低的认识成本、具备更好的信用指数、享受更高的溢价输出、拥有更多的话语权等。个人 IP 的打造和产品略有不同，但都需要有明确的落脚平台、自我定位、受众人群、输出内容，通过自我形象的打造和与受众广泛深入的互动，凸显自我的特色，就能在一定范围内产生影响力，拥有属于自己的品牌。

内容小结

接待服务工作是旅行管家工作的重要组成部分，通常包括住宿、餐饮、交通、游览讲解等基本接待服务和一些特色接待服务。定制化的旅游活动通常要求旅行管家能够提供更具有个性化和人性化的服务。旅行管家的接待服务工作是复杂和烦琐的。旅行管家只有在实际工作中综合运用大量的管理方法和管理经验，做好任务分解、制定好工作计划、做好准备工作和组织工作、做好客户关怀、做好针对性的服务工作等，才能更好地满足服务的要求，体现服务的价值。

实训练习

应知考核

1. 旅行管家的工作计划是提供给游客的旅游活动参考。（　　）

A. 正确　　B. 错误

2. 旅行管家应该认真制定好旅游行程的费用支付表，方便游客根据此表支付旅游费用。（　　）

A. 正确　　B. 错误

3. 旅行管家负责的是旅游接待服务工作，因此无须了解餐厅服务人员的工作职责。(　　)

A. 正确　　　B. 错误

应会考核

1. 旅行管家是否有必要制定工作计划表？工作计划表是否可以简化？

2. 游客明天就要坐飞机返回家乡了，此刻旅行管家应该如何为游客提供服务关怀？请给出三条以上的建议。

3. 如果游客临时改变计划，通知旅行管家明天去一个旅行管家从未去过的地方，请问旅行管家应该如何针对这一变化做好接待服务？

实践操作

1. 请你前往本地的机场、车站、餐厅、酒店，调研这些单位的对客服务岗位分布情况和具体工作内容。

2. 请你寻找一份一周之内的旅游行程，按照旅行管家接待服务的相关要求制定工作计划表。

3. 请你在实习单位跟团学习旅行管家在本地一日游接待服务中的具体工作。

第六章 旅行管家的辅助工作

内容提纲

1. 知识目标：熟悉互动服务的基本概念，熟悉延伸服务的基本概念

2. 技能目标：掌握当面互动服务的基本技能，掌握非当面互动服务的基本技能，掌握自媒体互动服务的基本技能，掌握延伸服务的基本技能，掌握衍生品服务的基本技能

3. 素质目标：掌握旅行管家辅助服务基本素质要求，掌握旅行管家服务创新基本素质要求

知识导入

游客张先生全家跟着旅行管家王女士游览了法国和瑞士之后，来到了著名的欧洲古都——意大利的罗马城。王女士告诉张先生，这座城市中随处可见的古迹大多都有上千年的历史，爱好历史的张先生及其家人们很快就被这里的文化深深地吸引了。正在这时，王女士提醒张先生道："大家赶快抬头看天上，对着它招招手。"张先生抬头一看，只见头顶上飞过来一架小巧的无人机，原来是王女士使用无人机为张先生全家拍摄了一段以罗马城为背景的视频。

几分钟后，一段15秒的视频就发到了张先生的手机上。张先生点开一看，不由得惊掉了下巴。视频的开头是一幅意大利的地图，一个闪动的坐标点指在罗马的位置，接着一个地图拉镜的动画后，出现壮观的罗马城市画面和城市的标志景点角斗场，画面再一转，又出现了城市一角的张先生全家转身向镜头挥手的情景，突然画面戛然而止，在屏幕上打出了今天的日期。王女士笑盈盈地对张先生说："您和家人拍得挺好的，我觉得您可以直

接发在朋友圈了。”

几分钟时间就能创作出如此酷炫的作品，张先生立刻对王女士佩服得五体投地。王女士笑笑说：“其实我也没有太好的技术，视频是我提前编辑好的，只是插入了一个你们刚才的挥手镜头，所以看起来编辑得很快。”王女士接着说出了其中的原因，“我看很多游客拍了一天照片，但要到返回时再慢慢编辑和分享，等到朋友们知道的时候已经是晚上了。很多时候旅途不等人，到等分享的时候可能连城市都已经换过了。我觉得如果能在旅游现场马上分享，效果会更好。所以才特别设计了这么一个环节，希望你们能尽快把旅途的美好和朋友们分享。这段视频就是我送给你们的旅途小礼物，希望你们能够喜欢。”

在旅游活动中，为了能取得更好的接待效果，旅行管家在完成标准工作任务的同时会向旅游者提供一些辅助服务，互动服务和延伸服务就是其中的典型代表。这些活动介于必需与非必需之间。例如，在一个旅游活动中，互动服务是客观存在的，不可能旅行管家和游客没有互动，但是互动活动有没有必要下力气去做呢？如何能做得更好呢？这是值得旅行管家思考的问题，希望通过本章的学习，你能够对旅行管家的辅助服务有更深的认识。

在旅游活动中，传统的旅游接待服务人员大多是通过衔接、引导等服务，对旅游产品中各资源要素进行有效串联整合，从而达到推动旅游活动顺利有效开展的目的。即旅游接待服务人员主要在旅游产品中扮演旅游要素“黏合剂”的角色，并通过服务技术的不断成熟，将这一角色逐步推向专业化。这种思路成功解决了旅游业早期发展的困境，即旅游者需求的多样性与服务提供单一性之间的矛盾。因此，旅游者的多样化需求应由旅游要素市场来满足，而旅游服务接待人员通过大量的服务实践，总结出更一般性的工作经验，能普遍适用于绝大多数的旅游接待场合，从而也将旅游服务接待工作职业化和专业化。

因而传统的旅游接待是有流程的，旅游服务是有标准的，旅游接待服务的职业边界是清晰的，从业认证要求是明确的。但这其实是一种下限理念，在旅游接待服务发展的初级阶段能够树立起行业的形象和标准，起到很好的行业规范作用。但是随着旅游接待服务的发展转向深入，旅游者所期待的将不再是模式化的服务和浅层的沟通，深层次的互动才能将旅游活动引入个性化的空间，带来更丰富的体验价值。

同时，随着人工智能技术的发展，标准化的基础旅游服务工作将逐渐被技术产品所替代，也会推动旅行管家的服务往深层次发展。因此，互动服务、延伸服务和创新服务在未来旅游服务接待中将承担越来越重要的使命，在旅行管家的工作中，这些内容作为常规接待服务的辅助，能够为旅游活动带来更好的体验感，同时这些服务也是旅行管家的基础工作，是不可或缺的。

6.1 旅行管家的互动服务

旅行管家的互动服务是旅游接待服务的显著创新，它打破了传统旅游接待中主客服务的单向性。在旅游活动中，良好的双向互动，能显著促进旅游者愉悦度和满足感的上升。不过需要注意的是，这样的互动是由旅行管家主动引导而起的，是旅行管家为游客提供的一种服务，因而在此称呼为“互动服务”，而非“互动活动”。

站在旅游者的角度，提供这样服务的旅行管家更像是一种“旅行伙伴”的角色，在分享和交流中体现出其个性化的服务。所以在实际工作中，旅行管家也需要了解一些与游客交流和互动的基本方式和方法。

6.1.1 普通对客互动服务

旅行管家向旅游者提供的互动服务，是建立在沟通服务和充分交流基础之上的。按照旅行管家在服务中是否与游客面对面，可以将接待服务分为当面对客互动服务和非当面对客互动服务。在这两种不同的场合中，旅行管家与旅游者交流的途径和方式不同，互动模式也有很大的区别。

1. 当面对客互动服务

（1）当面对客互动服务的要求。

当面对客服务是旅行管家对客服务的主要形式，也是旅游者感知、体验旅行管家服务的重要途径。在当面服务中，旅行管家与旅游者的沟通和交流能够更加顺畅，信息交换可以更加便利，因此互动活动也可以更容易开展。互动的角色对象、互动的意愿和互动的目标，是互动得以开展最主要的三个要素，在此基础上，旅行管家拥有平等的角色身份、良好的资源媒介、积极的互动意愿和明确的互动目标，是其为游客提供高质量服务的重要条件。

1）平等的角色身份。互动服务的顺利开展，有赖于旅行管家和游客平等的角色身份。需要注意的是，角色平等不是角色相等。旅行管家是服务的提供方，游客是服务的接受方，角色不可能是相等的。但是，互动是以平等交流和对话为基础的，旅行管家需要找到和旅游者平等对话的基准点，依托这些基准点，才能更好地提供互动服务。通过互动服务，旅行管家也能让旅游者更好地融入旅游产品的生产过程中，在良性的氛围中收获旅途的快乐。当然，旅游活动中的互动不只在旅行管家和游客两者之间，其他旅行辅助人和目的地居民等都可以融入其中。

2）良好的资源媒介。互动的产生不仅要存在互动的角色，同时也需要依托一定的资源和媒介。旅游是资源富集的活动，能够为互动提供大量的资源要素和互动媒介。同时，旅行管家个人也需要具备独特的素质和能力，这既是与旅游者进行交流互动的条件，也是一种特殊的“互动资源”。不过，关于这方面的要求并不限于旅游范畴，专业的旅游接待技能、广博的旅游见闻、丰富的旅游知识等固然能促进旅途中的交流互动，而社会各领域的知识和技能，同样也能为交互活动带来帮助。

3）积极的互动意愿。与资源、角色、媒介等内容相比，互动意愿属于主观上的要求。当主客双方彼此都有互动的需求时，互动活动才可能实现。旅行管家则需要通过积极的沟通交流等工作，推动互动意愿的产生，这又常常需要旅行管家具备较好的亲和力。亲和力是良好互动开展的前提，提升亲和力的办法有很多。例如，在交流过程中注意肢体语言，目光柔和，多微笑；语言平缓，有可信力；对于游客行动给予正面反馈，多称赞；做真实的自己；为游客着想，不浪费游客的精力、时间等。

4）明确的互动目标。拥有互动意愿，仅保证了互动活动能开展起来，如果想让互动活动开展得好，为旅游活动创造更多价值，那就需要明确互动的目标。对旅行管家和旅游者而言，互动目标可以是相同的，也可以是不同的。例如，旅游者或许希望通过互动，让旅途不再单调，而旅行管家则可能希望通过互动，结交更多的朋友。但是如果双方的互动目标能够统一在某次互动行为中，自然能为这次互动的结果指明方向。因此，旅行管家在互动服务中既应通过积极的沟通，为主客双方创造互动的意愿，也需要通过各种服务的表达，推动互动目标最终有效达成。

（2）当面对客互动服务的形式。

在旅游活动中，旅行管家要能分清“活动”和“互动”的区别。例如，在传统的旅游接待服务中，活动往往是单向的。游客作为消费者，其行为主要是体验旅游活动，也就是消费旅游产品；旅游服务接待者是工作人员，其行为主要是组织、接待和安排旅游活动，也就是生产旅游产品，可以说双方都在“动”，但是彼此的活动互不相属。所以这只是活动，不能称之为互动。互动就是主客双方互相之间要动起来。例如，游客也参与到旅游活动的组织安排过程中来，和旅行管家共同生产旅游产品，或旅行管家也参与到旅游体验活动中来，和旅游者共同消费旅游产品等。在这样的旅游过程中，始终伴随着主客的交互和行动，为旅游者带来的是不一样的旅行体验，创造的也是不一样的旅游价值。

当面的对客互动服务，形式是多种多样的。按照参与互动的对象数量，可以分为双方互动和多方互动等；按照互动的目的，可以分为生产型互动服务和体验型互动服务等；按照旅行管家是否亲自参与，可以分为亲历型互动服务和组织型互动服务等；按照互动的内容，可以分为观光旅游互动、美食旅游互动、教育旅游互动等。不同的互动类型，依托的资源要素是不相同的，依赖的互动媒介也是有差别的，因此旅行管家的互动服务提供也是要有针对性的。

1）亲历型互动服务。由旅行管家亲自参与的亲历型互动服务，是互动服务中最常见的类型。其特点是互动服务提供者和互动参与者的统一，旅行管家参与互动的行为本身就是服务的重要组成部分。在这种情况下，旅行管家提供互动服务时的交流沟通和信息获取都会变得更加简便，对互动活动的控制也将更容易。

亲历型互动服务的主要形式是伴随体验。旅游服务者向游客提供旅游服务时，客观上就已经在伴随活动了，但伴随活动并不等同于伴随体验。在同一个旅游活动中，不同的角色经历的是不同的体验，只有游客才能和游客拥有一致的体验。因此在旅行管家的“伴游”服务中，表面上看不把自己当作服务人员，而是作为游客的旅伴，在各种游览活动中和游客一起经历，一起欢笑，一起分享，但这却是旅行管家提供的互动服务的一个组成部分。当然，在旅游活动中也并非事事都可以与游客互动，处处都能和游客共同去体验，旅行管家需要根据实际情况加以判断，在伴随体验的过程中，不偏离自己的工作职责。

2）组织型互动服务。组织型互动服务是指旅行管家不亲自参与活动的本身，而是通过组织、沟通、安排等服务的提供，促进互动活动在旅游活动中的开展。最常见的是组织游客之间的互动活动，在第四章中提到的活动设计就是组织型互动服务的一个典型例子。除此以外，也可以组织游客和旅行辅助人或目的地民众之间的互动活动。在这种情况下，旅行管家需要充分考虑参加活动的各方实际需要，在做活动设计的时候能有效平衡。在活动组织过程中，需要积极跟进，控制活动进程，除了关注旅游者之外，也需要关注到其他活动参与者，在活动进展发生变化时，需要及时予以调整和纠正。但和亲历型互动服务相比，旅行管家在组织型互动服务中对活动进程的控制更为不易。

旅行管家的组织型互动服务主要包括活动设计、活动组织和活动接待服务等几部分。这其中，活动设计可以先于活动组织和活动接待服务进行，所以这几种服务也可以被分开提供。一些经典的活动设计方案如果能够适应更庞大的游客群体，就可以在不同的旅游产品中被广泛复制，所以组织型互动服务在旅游活动中可以得到广泛体现。不过，旅游产品是一个完整的整体，怎样的互动活动才更适合特定的旅游活动，需要旅行管家根据实际情况才能更好地把握。

2. 非当面对客互动服务

长期以来，旅行管家对旅游者非当面的服务，受到沟通媒介的限制，往往停留在旅游信息的交换、旅游意向的达成、旅游体验的反馈等方面。但是随着互联网技术的发展与即时通信技术的进步，旅行管家与旅游者哪怕没有见面，也能够开展一些互动活动。虽然在第三章中介绍的沟通活动也是互动的一种形式，但是这里主要说的是由旅行管家特别组织的独立活动。旅行管家为这些非当面的互动活动的组织和开展提供必要的服务，就是非当面对客互动服务。

互动活动可以不在当面发生，是由互动的本质特征决定的。互动是指互动主体之间通过语言或其他手段传播信息而发生相互依赖性行为的过程。所以只要互动双方有发生相互依赖性行为的必要性与可能性，哪怕彼此不在一起，也可产生互动行为。不过互动需要信息的交换，因此互动活动的开展与信息传播的方式、沟通联系的渠道等有密切的关联。当面互动不需要过多的沟通渠道，因此开展较为容易，活动效率也较高。而受限于技术的限制，非当面的信息交互往往渠道狭窄，过程复杂，时效较低，成本较高，所以互动活动的组织是受限制的，开展形式也比较有限。

大多数的非当面互动都是发生在旅游活动开始前或结束后，在此阶段，广告互动是最常见的形式之一。广告互动的形式受传播方式的影响比较大，在传统纸媒、广播、电视、互联网和移动互联网等新旧媒体上，广告互动的形式各有不同。传统旧媒体上的广告互动形式通常有游戏互动、奖励互动、情景互动、情感互动等。游戏能给人带来愉悦，因此通过游戏活动的组织能为游客带来参与互动活动的积极性。趋利是人的本能，通过折扣、优惠券等各种奖励刺激，也能为游客带来较强的积极性。旅游活动有较强的体验性，在活动之前的场景营造和氛围营造有先声夺人的效果，因此场景互动在与游客的互动活动中有广泛的应用。每个人都有自己的情感和情怀，通过情感互动，以情动人，可以找到情感共鸣的突破口，赢得旅游者的情感认同。

因为非当面互动活动的开展会受到相当多因素的制约，所以许多时候也会和当面互动相结合。同时，在新媒体上，通过多种传播手段和技术的融合，不断涌现出更丰富多彩的互动形式。在旅行管家的实际工作中，非当面的服务是客观存在的，良好的互动能够促进服务的质量和目标的达成，因此，虽然开展互动的制约条件较多，但是组织互动活动依然有很大的必要。

6.1.2 自媒体互动服务

随着电子信息技术的不断发展，移动通信技术全面迈向 5G 时代，自媒体已经深深融入现代社会，成为当代人生活中不可或缺的一个部分。对旅行管家而言，自媒体同样是他们展现自我价值、实现交流互动的重要平台。在旅游活动中，旅行管家可以通过自媒体平台实现与旅游者的各种互动服务。

1. 自媒体的概念

自媒体，英文为“We Media”，是指普通大众通过网络等途径向外发布他们本身的事实和新闻的传播方式，是私人化、平民化、普泛化、自主化的传播者，以现代化、电子化的手段，向不特定的大多数或者特定的单个人传递规范性及非规范性信息的新媒体的总称。在传统媒体中，传播者和接收者被区分得很清楚，是一种“自上而下”“点对面”的传播方式，而自媒体打破了这种不公平的传播方式，它强调普通大众也可以成为传播者，传播者和接收者的界限被模糊，传播方式转化为“点对点”。

在中国国内，自媒体行业发展至今主要可以分为 5 个阶段，如表 6－1 所示。如今，中国的短视频市场发展已经领先于全球，自媒体的社会影响力与日俱增。旅行管家通过建设并经营自媒体的方式，可以全面展示自己的工作内容，真实展现了自己的工作特色，有效凸显了自己的个人风格，同时，自媒体也是旅行管家与旅游者交流沟通的新型手段，将成为旅行管家为旅游者提供互动服务的重要平台。

表 6－1　中国自媒体发展简表

时间	阶段	传播特征	用户特征	社会效应
1991—2002 年	自媒体的萌芽	网络话语的狂欢：水木清华、猫扑、天涯、豆瓣等	群体的分类：大众群体聚集的天涯论坛、文艺青年聚集的豆瓣等	网络爆红：慕容雪村、芙蓉姐姐、天仙 MM
2002—2009 年	自媒体个人化的尝试：博客	私人空间的公共化：2002 年，“博客中国”出现	由喧嚣走向落寞：财经、文艺、美食号召力较强，其他逐渐落寞	平民化书写的到来：无关发行、无关趣味、无关严谨、无关对错
2009—2011 年	自媒体公共参与的开始：微博	无违和的现场感：新浪微博、腾讯微博、搜狐微博等	意见领袖凸显：“网络大 V”改变了传统网络舆论格局	提升民众公共参与积极性：2011 年，“微博打拐”
2011—2015 年	自媒体个人与公共边界的消弭：微信	融媒体平台的创建：移动支付、新闻发布、品牌传播、高校教育、生活缴费等	推送者与接收者的身份转换：朋友圈的信息双向互动或多向互动关系	文化生活方式的塑造：二维码支付、App 支付等支付方式，代金券、立减优惠等营销方式
2015 年至今	自媒体公共性的充分彰显：直播	以粉丝为核心的平台：映客、快手、花椒、抖音等	90 后群体占据主导：真人秀直播＋移动互联网	追逐利润的开始：广告拍卖

资料来源：王林生．信息革命：中国自媒体发展简史 [J]．互联网经济，2017 (11)．

2. 自媒体的特征

旅行管家要利用好自媒体工具，向旅游者提供优质的互动服务，首先必须了解自媒体工具自身的特性。与其他互动工具相比，自媒体与产业发展深度契合，有着鲜明的时代特性，其特征主要如下。

(1) 个性化。个性化是自媒体最显著的特征，也是其核心价值的所在。对自媒体而言，虽然个性化的内容和形式未必都能取得良好的宣传效果，但反过来吸引力强的自媒体几乎都拥有鲜明的个性特征。旅行管家可以利用旅游企业的自媒体平台，也可以自建自媒体窗口，但在运营自媒体内容的过程中，个性化是最大的价值所在。

（2）碎片化。碎片化是当前社会信息传播的一个整体趋势，也是自媒体的一个典型特征。一方面，自媒体传播能深度地渗透生活的每一个角落；另一方面，受众也越来越习惯于接受简短、直观的信息。旅行管家利用自媒体平台或窗口与旅游者进行交流、提供互动服务时，同样可以发挥自媒体碎片化信息的优势，在不占用游客主要时间的情况下，达到互动活动的效果。

（3）交互性。交互性也是自媒体的根本属性之一。传统媒体的传播主要还是单向的，反向传播比较困难。而自媒体平台不仅能提供很好的交互条件，良好的交互也能反向促进并提高自媒体自身的关注度。在旅游活动中，旅行管家和游客使用自媒体的主要目的还是更好地满足沟通和交流的需要。通过自媒体平台，旅行管家也能向游客提供充分的分享、探讨、交流、互动等多元化的服务。

（4）多媒体。传统的媒体受到各种设备载体的影响，传播形式较为单一。而随着智能手机的终端设备的技术不断升级，自媒体的传播形式越来越丰富多彩。文字、图片、音乐、视频、虚拟现实等形式，都能够体现在自媒体的传播中，让自媒体传播的内容拥有更大的吸引力。

（5）群体性。自媒体传播的广度很大程度上由受众决定。传播的特点通常是受众以小群体的形式不断聚集和传播的。旅行管家可以针对专门的群体搭建自媒体平台，也可以在自媒体平台上，针对特定的群体开设特定的窗口，应用传播特定的内容。如针对文化旅游爱好者、音乐旅游爱好者、影视旅游爱好者、汽车旅游爱好者、学生群体等。

（6）传播性。自媒体传播有更大的自主性和灵活性，因此，自媒体具备更强的传播性。如果无法快速而有效地传播，自媒体的价值就要大打折扣。同时自媒体还具有双向传播的功能。旅行管家在自媒体平台上也要为旅游者提供丰富的传播手段和推广渠道。

3. 自媒体的互动

旅行管家和游客通过自媒体开展的互动活动，形式是多种多样的，内容是丰富多彩的。其中，信息互动、话题互动、内容互动、福利活动等是比较常见的互动类型。

（1）信息互动。信息互动是旅游活动中最常见的互动形式。这里说的信息不只是旅游活动的通知要求，与旅游体验活动有关的各种信息都可以发布。当然，旅行管家持续发布的信息内容应当是高质量的、有话题度的，这样旅游者关注到信息后会主动留言或参与讨论。旅行管家能够及时浏览并回复，这样信息互动就产生了。这不仅是旅行管家互动活动的基础，同时也是了解游客的一个很好机会。

（2）话题互动。话题互动是信息互动的具体表现形式之一。旅行管家通过持续发布内容的方式与旅游者进行的信息互动，受众面是比较广泛的，形式是散点化的，虽然能够带来良好的气氛，但对特定旅游者或旅游者群体的情绪推动力并非特别有效。因此，需要通过话题互动活动的开展，有针对性地刺激特定旅游者主动参与到互动中来。话题互动和信息互动相比，更有赖于旅行管家对活动的组织。旅游者不单纯只是与旅行管家互动，也可以在旅行管家的组织下，围绕特定话题彼此互动。这样的互动方式更能激发旅游者的主动性和参与感，增加游客的黏性，让互动的价值更加显著。

（3）内容互动。内容互动是自媒体互动活动的最主要形式之一。在自媒体平台上的话题互动虽然能够吸引特定的旅游者群体，但如何能保证互动的效果和参与者的体验感呢？通常就需要旅行管家组织内容互动来实现。在旅游活动中，互动活动的资料是非常丰富的，通过个人的加工或创作，这些资料就可以变成互动活动的内容。运用各种多媒体手段，更能将这些内容塑造成丰富多彩的作品，如图片集、短视频等。与话题互动相比，内容互动更能彰显自媒体的个性化与交互性，能够在互动中产生更加热烈的氛围和效果，同时，内容互动活动不仅为旅游行程带来了美好的体验过程，也能通过内容的创作，为旅游者带来丰富的收获。

（4）福利活动。旅游者对于互动服务的态度，除了受到活动过程中各种吸引力的影响之外，也会受到活动结果的影响。因此，旅行管家在互动服务中都会附加福利活动，如在互动过程中有选择地发放一些用心的礼品，增加游客参加互动服务的收获感。此举不仅可以黏住老客户，同时也可以发展更多新粉丝。

在不同的自媒体平台上，互动的具体表现形式也是各不相同的。例如，在公众号的运营中，常见的互动方式有需求性互动、互动调查、有奖竞猜、有奖征集、用户评比、游戏抽奖等，在直播活动过程中，常见的互动方式有音视频连麦、聊天互动、视频弹幕、红包打赏、直播答题、红包抽奖、在线游戏等。在各种平台使用过程中，也不断有新的互动方式被开发出来，旅行管家只有积极关注自媒体发展方向，增加自媒体运营技术的学习，才能够通过精彩的互动活动让游客的旅程更加妙趣横生。表 6－2 是在微信平台上进行对客互动的一些方式方法。

知识链接

如何用微信进行互动

表 6－2　微信平台对客互动的方式方法

<table>
<tr><th colspan="4">个人互动</th></tr>
<tr><td rowspan="13">微信私聊</td><td colspan="3">明确的个人定位</td></tr>
<tr><td rowspan="7">优秀的微信形象</td><td rowspan="2">昵称</td><td>切勿在昵称前面加 A、切勿使用生僻字和火星文、要容易搜索、要与职业相关</td></tr>
<tr><td>最佳方式：真名＋个人价值形象</td></tr>
<tr><td rowspan="3">头像</td><td>高清的职业照</td></tr>
<tr><td>有设计感的个人头像</td></tr>
<tr><td>女性积极阳光的美丽自拍</td></tr>
<tr><td>签名</td><td>简洁明快或诙谐幽默</td></tr>
<tr><td>地区</td><td>真实的家乡定位，非国外</td></tr>
<tr><td rowspan="5">话题</td><td rowspan="5">朋友圈浏览</td><td>了解情况</td></tr>
<tr><td>客户主动提问</td></tr>
<tr><td>客户不回复，自己主动出击</td></tr>
<tr><td>频繁发送介绍或者祝福语</td></tr>
<tr><td>不删除客户</td></tr>
</table>

续前表

个人互动			
微信私聊	客户跟踪	明确需求的客户	每天跟进
			沟通产品案例
			沟通产品进度
			解答疑难问题
		未明确需求的客户	按周跟进
			关怀性的问候
			针对性的聊天
			跟进方案案例
发朋友圈	加客户朋友	每个客户用不同方式加三次以上	
	朋友圈的规划	生活：工作为4：6	
		相册封面图	不要使用随意的风景图或与头像重复的图片
		子主题	
		发布内容	个人形象
			品牌宣传
			产品类内容
			实际案例
			活动类内容
			鸡汤类内容
发朋友圈、朋友圈互动	发圈频次	一天发布4～5条朋友圈	
	发布时间内容	早上7:00—8:00	结合自家产品问候早安
		早上10:00	更新客户信息
			发布成交动态
		下午1:00—2:00	道午安
			更新产品信息
			行业小知识
			感兴趣的话题
		下午6:00—7:00	分享工作、心情
			结合工作状态和心情聊聊自家产品功能
		晚上10:00	道晚安
			客户购买案例
			客户使用产品后的心情和感言
	发布位置	所在位置上设置广告语	
	朋友圈互动	多提问	
		朋友圈评论	
		手动点赞	
		互动活动	
	分享途径	在看	
		视频动态	

续前表

群互动			
客户群基本操作流程	多对一的VIP客户	盘点精准客户	
		组建专属VIP服务群	
		欢迎仪式及群功能介绍	
		积极向客户提供服务	
		持续跟进	
	多对多的普通客户群	准备工作	清晰定位：名称、角色、目的
		做好规划	导入阶段
			转化阶段
		客户群日常维护	
客户群维护与转化	新群前期维护注意事项	内容准备	客户最关心的事情
			地推调研客户想询问的问题
		红包准备	金额不需太大，但数量要多
			制定群规，设置门槛
			活动话题，活跃群氛围
		问候提醒	日常必发提醒、坚持早安晚安问候
		其他	可随时转换场景：美食、电影、亲子等
			礼貌、得体、合理
			维持热度
			把握群节奏
			记录活跃业主情况
			寻找群内意见领袖
	将产品引入群中	文章推送	定期发送对客户有价值的文章
			将自己的产品融入文章
		疑问解决	针对客户的疑虑点给出解决方案

资料来源：微信互动的具体方式方法，见 https://mm.edrawsoft.cn/template/37511，有修改。

同时，尽管互动的方式有很多种类型，但旅行管家需要明确的是，互动只是一个过程，是一种活动，是旅行管家为实现与旅游者融洽关系、营造氛围等目的而采取的一种手段，互动服务本身不是旅行管家工作的目标。互动看似很欢乐，但旅行管家不能忘记互动服务的真正目的所在，不能为了互动而互动，而是要通过服务让互动产生预期的效果。

6.2　旅行管家的延伸服务

随着旅游市场中供给的不断丰富和需求的不断递增，旅游市场的边界越来越开放。旅游者对旅游服务的需求已不单纯只停留在旅游活动层面，更多与旅游活动无关的需求，也需要委托旅游服务者来满足。与此同时，旅游市场内的同业竞争越发激烈，外部行业的发展对旅游服务业也带来了巨大冲击，也使得旅游服务人员需要通过更多延伸服务来获得旅游者的认可与信赖，以此获得在主营业务上的更大发展。

旅行管家的“管家”称号，不仅能反映出其所从事的是事务烦琐、内容庞杂的工作，也意味着除了旅游事务管理之外，有可能也需要其负责旅游活动中其他延伸事务的管理，提供必要的延伸服务。作为根据游客实际需求而提供的额外服务，旅行管家的延伸服务不仅种类繁多，内容多样，也会因人、因事、因时而变化。通常可以分为旅游活动的延伸服务、旅游业务的延伸服务、非旅游活动的延伸服务以及衍生品服务等。

6.2.1 旅游活动的延伸服务

旅游活动包括的内容较为宽泛，以满足游客旅游需求而开展的吃、住、行、游、购、娱等活动都可以纳入旅游活动的范畴。为满足旅游者的旅游活动需要，旅行管家在提供既有服务的基础上，额外提供的部分称之为延伸服务。关于延伸的旅游服务，主要有两种分类方式。一种是依据满足旅游者需要的类型划分，可分为既需的延伸服务和新需的延伸服务。为满足旅游者既定旅游需求而产生的延伸服务，可称为既需的延伸服务。为满足旅游者在旅游活动中新增的需求而产生的延伸服务，可称为新需的延伸服务。另一种是按照旅行管家的收益来划分，可分为无偿的延伸服务和有偿的延伸服务。旅行管家以获取报酬为目的向旅行者提供的延伸服务，可称为有偿的延伸服务，反之则是无偿的延伸服务。这样就可以把旅行管家为旅游者所提供的延伸服务分为四种类型：无偿的既有需求服务、有偿的既有需求服务、无偿的新生需求服务、有偿的新生需求服务。

1. 无偿的既有需求服务

旅行管家向游客提供无偿的既有需求延伸服务，通常发生在弥补服务中。在旅游活动的开展过程中，可能会受到各种不确定因素的影响，从而造成实际的旅游活动不能达到旅游者事先的旅游期望，或不能满足旅游者预先的旅游需求。例如，计划欣赏自然景观或天象奇观，但受到天气的影响不能如愿；计划的参访活动受到外力的影响，被迫改变行程等。

在旅行管家实际的接待服务过程中，因变故而不能实现旅游目标的情形并不罕见，旅行管家也没有必须按照既定旅行计划实现之的义务，须根据变故产生的原因差别对待。但是尽可能地将变故对既定旅游目标实现的影响降到最低程度，是旅行管家在实际工作中的一个基本原则。因此，对那些因意外而不能满足的旅游目标，旅行管家通常会采取提供内容弥补或活动替代等延伸服务的办法来解决。

在这一工作中，时间节点常常被特别强调，如果在活动开始前旅行管家就能够提前预估到存在的风险，并且通过替代或弥补的方式进行修正，显然比较容易获得旅游者的理解，也比较利于旅游活动的继续开展。但是如果旅行管家不能预估风险，需要事后进行弥补或替代，则沟通与处理的困难程度就会上升，同时对旅游者心理修复的工作量可能就会增加。

在因此类原因而造成的延伸服务中，旅行管家有无偿和有偿两种服务提供方式。旅行管家无偿向旅游者提供此类服务，在心理上较容易被旅游者所接受，但无偿提供延伸服务，将增加服务成本，若意外或过错并非由旅行管家造成，将影响旅行管家的服务决策。同时，合理的变更方案是前提。如果向旅游者提供的延伸服务的本身不被旅游者认可，那么该服务是否有偿都会招致旅游者的意见。

所以旅行管家向旅游者无偿提供满足其既有需要的延伸服务时，如何针对计划但未能实现的旅游目标制定切实有效的服务方案，是延伸服务开展的前提。在这其中，相同内容的异时弥补能更接近旅游者的既有需求，对接待成本的变动也相对较小，在特殊条件下，该解决方式也可视作旅游活动内容不变的顺序调整。不过，旅游活动通常时空变化较大，如能提前预知风险、调整活动的接待顺序，不失为一种理想的解决办法。但如果旅游活动中意外临时发生，无法调整活动顺序，则往往需采用替代活动的方法解决。此时旅行管家不仅需要分析替代活动对旅游者既有需求满足的程度，同时也需要衡量替代活动产生的成本变动情况，才能在综合评判下制定合理的方案，提供符合旅游者需求的延伸服务。

在弥补工作中的延伸服务，除了能够让旅游者感受到旅行管家工作的服务诚意与工作积极性之外，用替代服务来弥补既有需求的理念，也能够成为改变旅游者心理状态的一种方式。而旅行管家在旅游活动前或活动组织中如果能掌控旅游活动进程，防微杜渐，洞察风险，预先安排，不仅可以依然掌控旅游活动的主动权，也能让旅游者体会到旅行管家工作的专业性与积极性。

2. 有偿的既有需求服务

在商业环境下的各种服务，理论上都是有偿的。旅行管家向旅游者提供无偿服务可视作对有偿服务的一种免单，也可以视作对旅游者所尽的一种义务。因此，旅行管家向旅游者提供延伸服务并收取相应的费用属于正常的商业行为，即便是因满足既有需要而提供的延伸服务，旅行管家也可以在与游客达成服务弥补意向后，就其超额部分收取相应费用。

旅游要素的采购价格基本是透明的，但服务通过价格来衡量，会受到不同标准的制衡。旅游从业者往往会借助高质量的服务工作，在赢得利润的同时赢得旅游者的认可。因此，旅行管家向旅游者提供有偿的延伸服务时，需要努力保证旅游者体会到延伸活动是物有所值或者物超所值的。对普通的旅游活动而言，旅游者从完成旅游计划、交纳旅游费用到旅游活动的体验完成，中间是相隔一段时间的。而对于延伸活动而言，其性价比立刻就会受到旅游者的检验。所以，旅行管家既要保证游客体验到的延伸活动的采购价格与价值相匹配，也需要通过专业的服务让游客拥有更好的体验感，还需要通过有效的衔接服务，让延伸服务和旅游活动本身更好地融合在一起。

3. 无偿的新生需求服务

旅游者的旅游需求并非是一成不变的。旅游者的个人因素、外部环境和旅行管家的服务等都可能促使旅游者在既有旅游需求的基础上产生新的需求，而新生的旅游需求又能为旅游者带来新的旅游动机和旅游行为。旅游者的重游现象能较好说明这个问题，对于同样的旅游目的地或同样的旅游活动，旅游者之所以愿意重复参加，实质上是产生了新的需求。而对初游者而言，在旅途中接触到的各种刺激都有可能促使其产生新的旅游需求。例如，某游客在出行前只计划去海边走走，结果在海滩边看到不少游客在体验水上运动，于是也产生了参加体验的需求。又如，某游客出行前只想看看风景，经过一番美好的旅程，临别的时候突然产生了购买纪念品的需要等。

如果旅行管家是用无偿的方式为游客提供这些服务，显然会大大加强旅游者的意外惊喜感。所以，旅行管家也常常通过这种方式为旅游者营造超值服务的感觉，甚至可以通过“晕轮效应”的放大作用，让旅游者产生“整个旅游活动都物超所值”的感觉，大大增加旅游者对旅行管家以及旅行管家所属企业的良好印象。但是旅行管家依然需要正确把握旅游者的需求，明确其提供的延伸服务是真实可以满足旅游者新生旅游的需求的。

旅行管家对旅游者新生需求的把握通常可以通过主动引导和积极捕捉两种方式进行。旅行管家通过对旅游活动的了解和对游客的认识，通过旅游活动的设计，有效激发旅游者的新生需求，并将由该需求产生的旅游目标转化为具体的旅游活动，这是最常见的旅行管家对新生需求延伸服务的提供方式。由于旅游者的新生需求在这里是由旅行管家所主动激发的，因此旅行管家能够比较准确地把握这些需求，提供相适应的服务以满足之。当然，在旅游活动中受到内部或外部因素的影响，造成每个旅游者的个性化需求各不相同。在旅游接待服务过程中，旅行管家如果能够敏锐捕捉游客的新生需求，通过积极的策划和组织，提供合适于该需求的服务，也是旅行管家延伸服务的提供方式之一。

在多数情况下，旅行管家对新生需求提供的无偿服务受到成本的约束较大，常常以低成本的服务为主，多数时候表现为对既有活动服务的延伸，较少情况下会特别组织新的活动，提供延伸服务。主要目的是创造旅途中的惊喜感，体现出旅行管家的用心。例如，在热带雨林游览结束时，为游客赠送榴梿棒冰等。

4. 有偿的新生需求服务

在旅游活动中，为了满足旅游者新生的旅游需求，旅行管家通常会通过提供有偿服务的活动实现。这样的活动既有助于增长旅游者的旅途见闻，增强旅游者的旅途收获，也能增加旅行管家的旅游经营收益，促进旅游市场的繁荣。对旅游者的新生需求提供有偿的服务是旅行管家主要的营利方式之一。

旅游者新生的有偿旅游需求同样存在由内外部因素刺激发生和由旅行管家主观引导发生两种可能。也就是说，既可能因为旅游者自己产生了新的旅游需求，要求旅行管家为其提供有偿服务，以满足这样的需求；也可能是旅行管家通过必要的宣传和引导，使得旅游者产生了新的旅游需求，旅行管家再通过有偿服务的方式的形式，以满足这样的需求。前者常常发生在旅行管家对散客旅游的接待过程中，而后者是传统旅游活动中旅游接待人员的惯常操作模式，往往表现为在旅游活动中旅游接待人员和旅游者协商完成的“自费旅游项目”行为。

经典案例

“小鹿导游”的“二销产品”

作为一家旅游科技企业，“小鹿导游”在为游客提供专业的“智能旅行管家”服务的同时，深度整合全球70余家前沿科技公司，甄选100余款科技产品，为游客提供“智慧二销产品”服务，不仅丰富了其旅游产品的内涵，也大大拓展了整个产品体系。表6-3是旅行管家的“智慧二销产品”服务。

表6-3 旅行管家的“智慧二销产品”服务

无人驾驶座舱	AR数字讲解人	VR游戏机	VR热气球	大型巡游机器人
无人驾驶漫游车	共享智能游船	智能水上船坞	火星蛋蛋屋	星球小屋
迷你VR影院	气味时光机	智能遮阳伞	喷射飞艇	智能游园车
共享充电宝	智能存取货柜	智能共享童车	智能共享电瓶车	智能代步车
无人便利店	智能兜售机	智能mini吧	智能小酒柜	智能小烟柜
智能滤水机	智能拍照机	智能按摩椅	自动盲盒机	智能冰激凌机

资料来源：麦扑小鹿导游。

要保证该活动能够良性地开展，其前提同样在于能否让新生需求成功转化为旅游动机。如果旅行管家在实际工作过程中不能实现这样的转化，则满足新生需求的活动始终还是旅游者所非必需的活动。此时如果该活动通过有偿的方式开展，就容易造成一种勉强旅游。旅游活动的勉强度达到了一定程度，即便旅行管家努力提供相关服务，也会降低旅游者对旅行管家工作的正向评价。当然，旅行管家更不能以诱导、欺骗等方式促使旅游者产生这样的旅游动机，接受相关服务。

因此，旅行管家在为旅游者新生的有偿旅游需求提供服务的时候，应当特别重视服务的质量，体现出服务的价值。具体说来，旅行管家需要在成熟把握旅游者实际需求的基础上，适时适度创造新生的需求，既应当积极介入旅游活动中，为游客提供旅游需求管理服务，也不宜强制要求和过分引导。在此基础之上，再通过专业化的需求分析、产品设计、要素采购和产品组合，为旅游者提供更符合其需要的延伸旅游活动产品，让旅游者拥有需求满足的愉悦和享受服务的乐趣。

6.2.2 旅游业务的延伸服务

在旅游活动中，如果旅游者产生了与本次活动无关的旅游需求，旅行管家捕捉到了旅游者这样的需求，并通过专业化的服务满足旅游者这方面的需求，达成交易或交易意向的活动，即可视为旅行管家为旅游者提供的旅游业务的延伸服务。例如，某游客在杭州的旅途中游览了京杭大运河，想到这条河能一直连通到北京，顿时萌生了去北京旅游的想法，或者某游客在一地旅游中体验非常美好，萌生了回去后安排父母也来旅游一趟的想法等。旅行管家如果了解到了这些想法，并且通过一系列专业化的服务，帮助他们完成了合理化的方案，最终满足了他们的旅游需求，就是一次成功的旅游业务延伸服务。

对旅游者而言，在一次旅游活动当中要延伸出另外一次的旅游活动来，通常会为增加的旅游活动支付有偿费用。但对于旅行管家而言，为旅游者提供合理化方案，可以是有偿的服务，但大多数时候会无偿向旅游者提供，而通过新的旅游活动意向的达成，获得综合性的劳务回报。同时，从一次旅游活动中延伸出新的旅游业务事件的本身，既可能是内外部环境推动的，也可能是旅行管家引导促成的，或是在内外部环境推动的基础上，由旅行管家引导促成的。在这其中，旅行管家引导促成新的旅游业务，本身是对游客提供的旅游业务延伸服务中的一个部分。

因此，旅行管家在旅游业务的延伸服务工作中主要包括两个部分的内容。一是对新的旅游业务的引导，二是对新的旅游业务的促成。新的旅游业务意味着旅游者未来的旅游消费，满足的是旅游者对未来旅游的需求。因此和旅游者当前旅游活动的消费与需求并无直接联系，也不需要立刻支付费用，所以理论上同步进行不会对旅游者的当前旅游活动产生太大冲突。但是，旅游者的个人精力是有限的，一次旅游活动的时间也是有限的，如果在有限的时间里面花费过多的精力在未来的旅游活动上，将会对本次旅游的体验造成一定的影响。

所以如果旅游者有了新的旅游需求，或者在旅行管家的引导下有了新的旅游需求，旅行管家需要综合平衡处理该事宜与正常旅游活动之间的关系。通常旅行管家会与旅游者达成初步意向，进一步的细节一般会在行程结束以后陆续落实和敲定。这也决定了旅行管家既需要对旅游者的需求拿捏精准，同时也要对目的地旅游产品有深度了解，可以在很短的时间内处理完新的旅游业务的事宜，将其对正常旅游活动的影响降到最低程度。而在旅游行程结束以后，旅行管家再对已达成初步意向的新旅游业务进行跟进，那就是一次新的旅游活动沟通和策划的开始。

6.2.3 非旅游活动的延伸服务

旅行管家对旅游者提供的服务和传统旅游服务最大的区别，在于非旅游活动的延伸服务上。旅游者在旅途中常常有非旅游活动的需求，需要旅行管家等旅游接待服务人员提供必要的帮助。非旅游活动主要是指游憩活动以外的其他活动。如果按照广义的旅游定义，几乎所有出行活动都能算作旅游活动。但事实上，旅游者对游憩活动和非游憩活动开展的需求、动机、行为等都有较大的区别。不过游憩活动和非游憩活动的界限并不十分清晰，也是一个模糊的概念。

旅行管家除向旅游者提供旅游服务以外，并非可同时从事任何其他工作。在良性的市场经济环境中，不管从事何种行业的经营活动，都需要满足相关的准入条件，符合相应的经营资质，接受必要的监督和监管。法律法规中也对旅游服务人员在工作中向旅游者提供其他类别行业的服务做了一定的限制规范。如《旅游法》第四十一条、《导游人员管理条例》第十五条、《导游管理办法》第二十三条等规定了导游不得向旅游者兜售物品或者购买旅游者的物品。也就是说在旅游活动中，旅游服务人员和商品销售人员的角色不宜合并。

所以旅行管家应该明确，对非旅游服务而言，旅行管家并无向旅游者提供的义务。同时，旅行管家显然也不拥有或未必拥有相关服务的提供资质。但是在旅游活动中，旅游者有了非旅游服务的需求，旅行管家主观上要及时予以关注，了解需求的实际情况，这是旅行管家旅游接待服务的基本要求。在此基础上，旅行管家通过行程管理和信息衔接等服务，帮助旅游者联系专业服务提供方，为其解决非旅游活动需求，保证正常旅游活动的顺利开展，是属于旅行管家旅游管理服务的组成部分，也是在正常旅游活动之外的重要延伸服务。

1. 需求的判断

旅游者出于便利、信任或其他原因，在旅游活动中可能需要旅行管家帮助其完成非旅游的延伸活动。旅行管家对旅游者非旅游活动服务的需求，首先应当判断是否有提供的必要，自己是否有提供的能力。旅行管家针对非旅游活动需求提供的延伸服务，对其工作能力的要求是比较高的。不少专业化的服务门类都要求从业人员具备相当高的工作能力和素质水平。这些服务不是旅行管家想提供就能提供，也非短期内的培训学习就能胜任，更不可能因为旅游者有这样的需求，就要旅行管家额外拥有更多职业资格的认证。因此，需要旅行管家具备的更主要是管理能力，需要旅行管家提供的更多也是管理服务。

管理服务需要依托外部的资源和信息，随着信息技术的不断发展、物联网和区块链技术的不断成熟，传统行业的界限和技术的壁垒被不断打通，也让旅行管家的非旅游的延伸服务成为可能。但这并非说明旅行管家可以从事一切非旅游的服务，受到旅游者的需求程度、旅游者个人的承受能力、旅行管家的工作能力、物联网络的覆盖程度、辅助技术的成熟程度等各方面因素的影响，旅行管家能提供的非旅游延伸服务也是有限的。如果旅行管家对旅游者需求的事物完全不知，自然也不可能提供组织服务和管理服务。

在对旅游者服务需求的判断过程中，旅行管家通常需要通过旅游者外在的行为表现判断和预测其内心的真实需要，通过观察、交流和沟通等手段，明确旅游者需求的真实内容。再根据旅游者的需求，结合自身的服务能力，判断是否有提供服务的必要。同时，在旅游活动中，旅行管家主要的工作就是为了保证旅游活动的顺利开展。因此，旅行管家还需要判断延伸服务的提供是否会影响旅游活动的正常开展或影响旅游服务的正常提供。

2. 需求的落实

因为旅行管家客观上对非旅游活动的供给不具备专业性，因此往往是通过委托专业机构和人员等方式向旅游者提供专业的产品和服务，满足其相关的需要。在这其中旅行管家主要通过各种管理辅助工作，将旅游者的需求精准、高效地落在实处，并通过衔接、安排、督促等协调工作，推动需求最终的实现。具体来说，在明确的需求之后，旅行管家的主要工作包括活动资源的搜寻、检验、筛选以及协助购买等服务。

旅行管家对非旅游活动相关资源和资源供给方的搜寻，渠道是多样的。自我积累、同业信息交流，以及同事、朋友介绍是最常见的方式，通过这样的渠道获取的资源相对精准度较高，此外还可以通过互联网搜寻、宣传广告获取、公共媒体获取等方式完成搜寻工作，这些渠道获取的资源需要更严格的检验。

在旅游者需求落实的工作中，检验和筛选是主要环节。检验的目的是确定资源的有效性，即通过该渠道获得的资源都是切实可行、符合旅游者需要的。而筛选的目的是在有效资源当中选择并确定最能符合旅游者需要的。检验过程通常采用的办法是依据相关指标来衡量，而筛选的过程则主要是由旅游者实际需要与有效资源相匹配，从而判断最佳方案。因此，旅行管家必须对资源有一定的认知和判断能力，否则无法较好提供相关服务。

完成了资源的检验和筛选之后，旅行管家就可将这些资源提供并介绍给旅游者。由于旅行管家并不具备大部分非旅游活动的经营资质，因此游客在参与非旅游活动时，旅行管家主要为旅游者的消费活动提供引导和协助服务，为旅游者提供必要参考信息，协助旅游者进行购买和消费。虽然最终的决策和活动的参与是消费者独立完成的，但是如果旅行管家决定提供辅助的延伸服务，仅靠事前的检验与筛选服务是远远不够的，在事中和事后都需要积极提供监督服务，来保证活动目标的有效达成。

经典案例

携程“全球购”服务

2018年近1.5亿人次中国游客出境旅游消费超1 200亿美元。购物一向是国人出游的最主要动机和乐趣之一，怎么让国人在境外购物上体验更好，成了在线旅游巨头想要重点解决的问题。携程旗下旅行购物服务平台“全球购”近日宣布，目前已经与全球逾45个国家和地区的6 400多家商户达成合作，为中国旅游者出境购物提供全面信息服务、独家礼遇和最高达15%的折扣返现。新上线国际品牌精品店VIP“预约到店”服务，并开发推出“360全景VR”功能。在手机App上点一点，就可以提前与境外商家对接、预约，获得商品信息和一对一服务，合理安排行程避免等候。目前，这些功能已在欧洲部分国家以及我国香港等地区开放。

这是携程致力于消除信息不对称这一出境购物的最大难题，构建中国游客“一站式旅游购物服务平台”的最新一步。作为解决信息对称问题的新动作，“预约到店”目前已经在法国、意大利、英国、瑞士的部分品牌店开放，满足客人个性化需求。例如，在瑞士卡地亚精品店，客人可通过携程全球购专属渠道，根据自己的行程安排和所需购买的商品填写预约信息并提交，预约成功后到店出示凭证就可无须排队等候第一时间查看所需商品，还可享4%专属返现。

除了预约到店，携程全球购针对商圈、购物村专门研发VR购物，也是独创的全新购物模式。例如，在巴黎旺多姆商圈，客人通过VR购物无须出国就能身临其境了解商店地址、营业时间、商品信息，如需前往也可通过此模式提前在线预约，获得VIP礼遇及专属私人导购服务。香港以及内地的佛罗伦斯小镇也提供360度全景VR。

出境旅游购物与一般的买卖不同，最大的挑战是要解决信息对称问题，在出行前后提供全面的信息和服务。与传统的发券或电商平台有着本质的不同，全球购需要解决中国人出境购物的信息、价格、服务三大痛点。首先，携程可以在行前提供完备的购物内容信息、预约功能，并根据携程上的旅游订单和用户行程，更精准、高效地将客户需求和商户服务做好充分对应，再给客户提供价格优惠和平台独家返现，并在咨询、购买、派送、售后等旅游购物全程提供一站式服务。

中国游客的购物体验正在重构。例如，旅行者去欧洲旅游购物，可以提前了解商品信息，哪里有没有货、什么尺码，优惠多少；可以通过VR在手机上找店、预约商家VIP服务；在行程中也可以通过携程微领队购物群，随时咨询各种相关问题并得到及时响应，到店消费凭携程专属优惠可享折扣或返现。购物中的遇到问题可以拨打携程客服电话得到帮助。

而商家和携程平台，可以通过客户提交的机票酒店旅行订单、购物需求，提前一两个月知道用户去哪里、住哪里、想买什么。在行前、行中，提供预约、优惠券、微信服务群、送货等，帮助客户更好地完成购物决策和行为。

除了平台商户覆盖，价格优惠也是购物者最关注的地方。平台还与商家和品牌达成合作，为中国游客提供VIP服务和专属的返现。例如，为迎合樱花季中国赴日本旅行消费热潮，携程全球购宣布携手日本高岛屋达成合作，即日起至4月19日，携程用户在高岛屋百货相关门店消费可享限时双倍返现，即最高返现4%+立减5%+退税6.9%。携程联合多家金融机构，包括银联国际、工商银行、美国运通等，推出最高返现超过15%的刷卡优惠活动，并且可以与原商户的优惠叠加。

资料来源：携程“全球购”服务．中国新闻网，2019-04-03.

非旅游活动的需求既可以是游客在旅游活动中自发的，也可以是被旅行管家激发的。在此基础上，旅行管家有针对性地提供相应的服务。虽然这样的情况在旅游活动中比例不高，但对旅游业的发展和旅行管家的服务进步，都有积极的意义。首先这些不在旅游范畴中的活动却是旅游者整个旅游活动的组成部分，因此旅行管家在提供完整的旅游活动接待服务时，不可能忽视这部分需求。其次，旅行管家提供的延伸服务，并非要求其僭越旅游服务人员的岗位，去从事其他领域的工作，本质上是一种旅游服务的延伸。再者，表面上看许多非旅游活动和旅游没有关系，但是既然能够在旅游活动中产生，必然与旅游活动有潜在的联系。因此，有的非旅游活动和旅游要素结合后，能够为旅游活动锦上添花，或者成为新形态的旅游活动。例如，课堂教学和旅游活动本无直接联系，但在旅游活动中安排旅游者先听一堂课，再开展相关体验，就可以成为一个典型的教育旅游产品。可能最初这些非旅游活动只是小众化旅游者的需要，但是当旅行管家通过用心的服务促成一次又一次这样综合性的旅游活动之后，可能慢慢地就变成大众喜闻乐见的新型旅游形式，无形之中也为旅游活动边界延伸贡献的一份力量。而当这些新型的旅游产品，如医疗旅游、体育旅游、商务旅游、会展旅游等真的迅猛发展起来以后，也将带动大批旅游从业者朝着专业化方向转型，最终也能真正拓展旅行管家的服务边界。

6.2.4　衍生品服务

旅游活动是典型的体验活动，对旅游者而言，在旅游活动的过程中和旅游活动结束以后的收获是同等重要的。如果经历了一次激动人心的旅行之后，旅游者在返回时一无所获，反倒会产生空虚的感觉。因此，旅行管家在旅游服务中，除了努力提升旅游者的体验感之外，也必须重视旅游者获得感的取得，而通过向旅游者提供衍生品服务，可以让旅游者的获得感更加具体化。

旅游衍生品是与旅游活动有关的，由旅游活动派生出的各种商品和服务，狭义的衍生品专指旅游纪念品。与旅游衍生品有关的参观认知活动、制作体验活动、销售购买活动和纪念赠予活动等基本都属于旅游活动的范畴之内，但是和非旅游活动类似，旅行管家同样不具备单独经营衍生品的资质。旅行管家的衍生品服务，常见的形式是将衍生品和既有的旅游产品有机组合，创制出新的、完整的、独立的旅游产品。

从另一角度而言，衍生品也无法单独经营。尽管旅游纪念品等衍生品可以成为单独售卖的商品，但是其价值的高低已经与旅游活动深度捆绑，成为旅游产品中的一个组成元素。因此，在衍生品服务中，旅行管家不仅要根据旅游活动中游客的需求完成资源的寻觅物色、衔接沟通、购买落实等工作，更重要的是通过专业的策划和组织，将衍生品与旅游产品融合在一起。为了与前文述及的旅游活动延伸服务有所区别，这里介绍的衍生品主要是指旅游纪念品等有实物价值的旅游商品。

扫一扫

视频：旅行管家的衍生品服务

1. 衍生品需求分析

旅游衍生品和旅游者的需求深度相连。在旅游活动中，如果旅游衍生品不能符合旅游者的需求，则难以拥有衍生品的身份，而如果衍生品能更好地满足旅游者的需求，则能增加旅游者对整个旅游活动的正向评价。与此同时，衍生品服务也是旅行管家提升旅游产品价值、增加旅游服务利润的重要途径。因此，旅行管家向旅游者提供衍生品服务，首先需要对旅游者的需求进行分析，主要包括判断旅游者是否有衍生品需求、是否需要引导其产生衍生品需求、其具体的衍生品需求大致是什么、有无提供衍生品服务以满足其需求的必要以及提供服务的具体方式等。

旅游者对衍生品的需求是因人而异的，也并非集中在旅游活动结束前后。在旅游活动中，旅游者有体验丰富的需要和体验生活的需要；在旅游活动后，旅游者有收获、回忆和纪念的需要，都可以通过旅游衍生品及相关服务的提供得以实现。甚至在旅游活动开始之前，旅行管家都可以通过衍生品服务为旅游活动营造出一个更好的开局。因此，旅行管家不仅要了解旅游者的实际需求，同时还需要对旅游活动的内容有深入了解，对旅游活动的节奏能有效把控，这样才能够在恰到好处的场合为旅游者设计并提供旅游衍生品的服务。

衍生品作为具有实物价值的旅游商品，其价值高低在一定程度上能够折射出整个旅游活动的层次水平。因此，旅游者对旅游衍生品的认知，可以影响其对整个旅游活动的认知。在旅游活动开始之前，旅行管家对旅游者提供的衍生品服务主要也是围绕价值认知等主题展开，如向旅游者展示或赠予一些旅游衍生品等。这样的服务既是对旅游活动或目的地风情的一种展示，为接下来的旅游行程起到引导和启发的作用；也能激发旅游者的兴趣，为接下来的旅游体验和旅游消费做好铺垫。

在旅游活动中，旅行管家可以通过衍生品服务促进游客旅游体验的升华。例如在茶园中，旅游者可以参加采茶和炒茶的体验活动，感受地道的制茶文化。如果此时旅行管家能将游客参与采制或炒制的茶叶制成精美的包装茶，并冠之以游客手作，赠予或出售给旅游者，那么相较单纯的体验活动，拥有实物价值的衍生品融入之后，显然能丰富旅游者的体验层次，为游客创造更好的旅游体验感。同时，通过衍生品服务还能满足游客旅游体验丰富性的需要。例如在登山活动中，游客可以获得山水审美带来的愉悦。如果此时旅行管家能利用该地区的木石沙砾等材料，为旅游者定制生活艺术品，游客除了获得纪念价值外，更能借此了解更多地质文化内容，收获自然更为丰富。

在衍生品的价值体系中，除了体验价值与使用价值之外，纪念价值是其重要的组成部分。在旅游活动中值得纪念的内容有很多，因为特定的人和事、特定的目的地或景区、特色的活动或经历乃至整个旅游活动等，都值得被特别纪念。最为常见的纪念品就是照片、短视频或电子相册。精心设计的纪念品能让游客爱不释手，同时对于旅游者个人而言，作为独一无二的专属纪念，其价值自然无法用购买价格衡量，从而使得旅行管家的衍生品服务成为超值服务。

因此，在旅游活动中，优质的衍生品是需要旅行管家用心策划和定制的，这是旅行管家衍生品服务与旅游商店中无差别旅游纪念品售卖最大的区别。显然，在旅游活动中如果没有旅行管家的工作和服务，旅游者自己也能完成餐饮、住宿、景点、娱乐等活动的组合，创建个性化的旅游活动。同理，旅游者也能独立实现旅游活动和衍生品的关联。但是和有限的旅游景区或旅游体验项目相比，旅游商品数量众多，若无特别定制，则与旅游活动的关联实为不易，也不便于提前落实。众多旅游景点售卖的纪念品，往往只能关联景点本身，难以关联到旅游者本人或特定的某次旅游活动。

当然，旅行管家向旅游者提供优质的衍生品服务也非易事。不过旅行管家是唯一能够对旅游者活动全程掌控的人，所以其能根据旅游者特定的需求和相关的条件，定制、生产旅游衍生品，提供的旅游衍生品服务也将更具有权威性和精准度。因此，旅行管家衍生品服务的提供不仅在旅游活动中十分有必要，而且还能创造出重要的价值。同时，衍生品和旅游活动的结合，形成了新的旅游产品。这样的旅游产品会更符合旅游者实际的需求，也能在丰富旅游市场产品类型的同时，促进定制化旅游产品的进一步发展。

2. 衍生品的定制

旅行管家衍生品服务的第二步是对衍生品的定制。具体来说，主要分为两种定制：一是针对旅游产品特色的定制，二是针对具体旅游者需求的定制。这两方面的定制工作对旅游衍生品的价值同样重要，同时也是互补的。考虑成本和供给等方面的条件，目前大多数衍生品的定制通常采取根据旅游产品定制内容，根据旅游者需求定制服务的方式来进行。其主要步骤一般包括对需求的具体化、衍生品的设计、衍生品定制组合、衍生品定制评估等。

（1）对需求的具体化。在衍生品定制工作中，旅行管家需要考虑的旅游者需求通常有两种。第一种是目标游客群体的普遍需求，第二种是实际旅游者的特定需求。根据目标游客群体的普遍需求和旅游产品的基本特色，在要素市场寻找到能体现产品特色、满足特定需求的要素，即需求的具体化工作。但如何将需求准确落实在具体要素之上呢？这往往需要通过大量的实验才能实现，旅行管家也可寻找专业设计团队共同完成。而针对旅游活动中具体游客的衍生品需求，旅行管家往往可以通过既有衍生品来衡量，并通过额外的服务弥补需求上的差异。

（2）衍生品的设计。旅行管家根据旅游者衍生品需要的具体化方案，就可以有针对性地设计衍生品并提供衍生品服务了。传统的有形衍生品，往往通过不高的物质成本，结合特定的使用价值、体验价值、纪念价值等，经过精心的设计、美观的包装，组合成富有特色的旅游商品，这是旅行管家在衍生品设计中值得借鉴的思路和经验。但是这样的产品进入旅游市场之后，往往容易给旅游者造成旅游衍生品质量一般，甚至质量低劣的印象，不利于衍生品价值的综合提升。

另外，传统的旅游衍生品往往依托旅游景区等旅游资源，在这样的衍生品市场中既存在极大的价格竞争，也存在同质化的局面，并不是旅行管家值得深度介入的。相反的，旅行管家为自己所独立设计的旅游活动或旅游产品定制衍生品，从内容到意义都是独一无二的，更值得旅行管家深度开发。中高端的衍生品生产往往不是旅行管家独立能够胜任的，也需要与一些设计和制造的专业机构合作完成。

（3）衍生品定制组合。衍生品和衍生品服务能够为旅行管家带来衍生的利润，但衍生品服务是有限的。不同的衍生品在旅游活动中有不同的定位，大多数旅游衍生品的价值不太可能超过旅游产品本身，只是旅游产品的附属。所以旅行管家不可能为每一个活动量身定制衍生品，较常见的方式是将旅游活动和衍生品组合成旅游产品模块，可以整体植入各类旅游产品中，这就涉及衍生品定制的组合工作。另一种情况是在中低端的旅游产品中，旅行管家在要素市场中直接采购旅游衍生品，并将其结合在旅游产品中。这也需要旅行管家通过组合工作，将旅游产品中其他要素和服务与衍生品有机融合在一起。

（4）衍生品定制评估。因为衍生品的定制与常规的旅游产品定制相比，拥有更大的复杂性，所以旅行管家在完成衍生品的定制工作后，需要进行必要的评估。对面向旅游活动的衍生品定制，通过小范围的试验性推广能够有效地判断该定制是否能够实现既定的目标，而针对具体旅游者的衍生品定制服务，对其的评估更多在于服务前的理论推导和服务后的经验总结。

经典案例

衍生品定制的典范——故宫文创

故宫文创始于2008年故宫文化创意中心的成立，而从严肃的紫禁城到萌萌哒故宫淘宝，转变源自2013年。当时，台北“故宫博物院”推出了大受欢迎的“朕知道了”纸胶带，这让北京故宫博物院认识到了文创产品的庞大市场。

故宫在传统文化从简单商品到创意的过程中，搭建起了自己的文创商业版图和一个坚守IP价值与开放互动的产业链。2013年8月，北京故宫第一次面向公众征集文化产品创意，举办以“把故宫文化带回家”为主题的文创设计大赛。此后，“奉旨旅行”行李牌、“朕就是这样汉子”折扇等各路萌系路线产品使600岁的故宫以一种前所未有的姿态变得年轻。

近几年，故宫不断推陈出新，潮品爆款层出不穷，不断尝试花式营销玩法，600岁的故宫终于活成了网红。2016年，故宫文创产品销售额已经达到10亿元。2017年，故宫文创产品突破10 000种，产品收益达15亿元。2018年，相继推出6款国宝色口红，以及“故宫美人”面膜，引发市场一片哄抢。2019年，从“故宫里过大年”到“故宫下雪”，这个农历年，故宫可没闲着，赚足了流量。作为一个大IP，故宫赚足了热度，那么故宫文创到底为啥这么火呢？

1. IP衍生创意

故宫本身就是大IP，这一点想必大家已经达成共识。故宫刷屏的案例，都是基于故宫IP进行的衍生，自带的大IP属性赋予原本冰冷的历史故事鲜活的形象。

2. 文物丰富，取材容易

故宫有超过1 807 558件（套）文物藏品，包含大量的历史信息，故宫的建筑、文物、历史故事等都成了研发团队取材的宝库。无论是故宫的大门还是房顶的脊兽，皇帝御批抑或是某块牌匾，深度发掘这其中的特色并将其应用于受市场欢迎的载体，是故宫文创成功的关键。

3. 创意融合，更具趣味

故宫文创兼具故宫文化底蕴和流行时尚元素，将这些融合性的创意元素与箱包、服饰、首饰、手机壳等相结合。摘取有潜力成为爆款的御用名句，添加到帽子、眼罩、钥匙扣、折扇等上面，赋予这些产品新的创造力。很多如“朝珠耳机”、“朕就是这样汉子”折扇、超酷的御批文字系列万能刺绣布贴等本身形象就足够创意，很吸引眼球。而《点染紫禁城》系列填色书、《故宫日历》等特色产品的打造，就显得很有文化品位，从中能够长知识，也就受到追捧。研发人员查阅大量史书资料，以确保所用词汇不与史料背离的同时，还能突显“朕”这一皇帝自称在表达感情时的可爱亲切之感，从而拉近“御用产品”和平民百姓的距离，刺激购买欲。

4. 给力的营销团队

除了做好产品本身的研发，另一个能让北京故宫文创短时间内超过台北故宫的原因就是“故宫淘宝”这个账号的宣传方式。故宫淘宝停不下来的“卖萌”宣传模式拉近了与受众的距离也增加了互动感，既向各年龄层受众科普了小众的历史故事，又将自己的新产品宣传出去，一举两得。后来，故宫淘宝的微博账号以及微信账号又陆续发布多篇名为《朕生平不负人》《够了！朕想静静》《朕有大招赐予你》《你们竟敢黑朕?》《朕是如何把天聊死的》这样以讲历史史实之名、行宣传售卖之实的广告帖，文内多配上颠覆形象的君王的新形象。

5. 注重研发质量

故宫文创向来不关注研发数量，而是更加注重研发质量。他们认为，产品代表的就是故宫博物院的品牌形象。故而，产品质量是其研发的前提。所以故宫周边不仅进入了寻常百姓家，也进入了收藏领域，有的参加大会、比赛获奖，有的甚至经常作为国礼送予外国的领导人。

6. 多元的合作方式

2016年，故宫先后与阿里巴巴、腾讯两大互联网巨头达成合作。阿里方面搭建了文创产品销售平台。而和腾讯的合作，故宫则看重 QQ 与微信庞大的用户量，已经尝试推出故宫定制版游戏，未来的 QQ 表情中将出现故宫的元素，将原创 IP 通过社交软件传播。2016 年 9 月，故宫博物院还和凤凰领客文化达成战略合作，签约之后双方将充分应用故宫具有丰富历史背景、文化故事的馆藏进行创意合作，以增强现实技术（AR）、互动沉浸技术（MR）、3D 等科技手段，提升其文化价值，传播故宫文化内涵，满足公众对故宫文化认知的需求。

7. 品类丰富，满足大众

故宫的文创产品能够在设计风格、产品种类、质材物料等方面及时吸纳到社会研发力量的精华，能够应时应景推出呼应于市场的新产品，“卖萌”的、文人雅士手办礼类的、高大上的、限量版奢侈品等应有尽有，在风格、题材、价位方面能满足社会不同层次的购买需求。故宫文创的红火，互联网在其中起到了关键作用。故宫淘宝、故宫博物院文创旗舰店等网店让故宫文创的销量大增，这让不去故宫的人也能够享受故宫文化的创意。而且，为了更好地开拓市场，故宫还与互联网企业合作，一起推动其文创产品开发和营销。

故宫博物院近年的变化也改变了人们印象中高高在上的紫禁城的形象，更为贴近大众。让优秀传统文化与时代审美相结合，实实在在实现了让“文物”活起来。其实除了故宫周边，还有很多艺术衍生品让人眼前一亮，引发共鸣。

资料来源：火到一塌糊涂，故宫文创怎么做到的?，见 https://www.sohu.com/a/316371259_814389，有删节。

3. 衍生品提供服务

在旅游活动中，旅行管家向旅游者提供的非旅游活动服务，大多数是基于游客自身的相关需求，因此服务的提供也往往比较被动。而衍生品服务主要是基于旅行管家的设计和组织，因此服务的主动性更强。例如，旅行管家明确旅游者衍生品需求的过程中，往往也伴随着对旅游者需求的激发；旅行管家对衍生品的设计和组合，本质上是为旅游产品创造更大的价值；在衍生品提供的服务中，旅行管家也需要通过服务水平的完善，推动整体服务价值的提升。在具体的服务工作中，旅行管家既需要通过周到的服务弥补衍生品和旅游者实际需求之间的差距，也可以通过创新型的服务为旅游者的衍生品体验创造更多惊喜和意外。

6.3　旅行管家的服务创新

随着旅游业的不断发展，在旅游市场中产品的生产供给和旅游者的实际需求都在不断更新。昨天的“新、奇、特”，到今天可能就已经是司空见惯。而随着科学技术的不断发展，旅游市场外部变化也是日新月异，同样会为旅游市场的供需和旅游产品的内容带来不同的变化。因此，面对始终变化的旅游活动和旅游产品、旅游供给和旅游需求，旅行管家既始终承受工作创新的压力，也始终具有服务创新的活力。

扫一扫

视频：旅行管家的服务创新

旅行管家的服务创新主要有三个角度：理念创新、渠道创新、技术创新。在实际工作中，既可以是单方面的创新，也可以是全方位的创新；既可以是在传统服务的基础上创新，也可以是从零起点的全新突破。事实上，无论是创新服务理念、创新服务渠道，还是创新服务技术，都并非易事。但是服务领域的同质化现象极为显著，唯有积极突破创新，才能够在激烈的竞争环境下拥有更大的成功。具体来说，旅行管家的服务创新模式通常有以下五种：

1. 全面创新

全面创新是指旅行管家借助服务技术的重大突破或服务理念的重大变革，创造全新的整体服务模式。在旅行管家的实际服务工作中，全面创新的比重是最低的，创新的难度也是最大的，但却是服务观念革新的重要动力。如果创新成功，也将引领下一个服务时代的发展。

随着产业发展和技术进步，低端服务业将最先被人工智能所取代，而中高端服务业也同样会受到技术革新的冲击。目前随着场景科技和虚拟现实技术的进步，旅行管家作为一个新生的行业，其服务职能或者部分职能也正在以肉眼可见的速度被“虚拟旅行管家”所取代。从手机 App 到可穿戴设备，都可能是“虚拟旅行管家”的终端载体，可以让旅行管家永久伴随，随时唤起，也能通过人工智能实现实时交流和有效互动等。

因此未来旅行管家的全面创新，将越来越向直观化、便捷化发展，同时也越来越看重对资源和服务整合能力的提升，即底层算法的提升。大量技术人员将涌入并改变这个行业的整体面貌，而部分直面游客的服务工作者将退居幕后，将服务理念集成在工业技术的载体上。随着区块链技术的发展，旅行管家的信息处理工作将更加高效和快捷。在万物互联的时代，旅游者通过旅行管家的终端，可以和包括旅游活动在内的一切社会生活发生关联，同时随着旅行管家相关应用产品学习能力的不断提高，将为旅行管家带入一个前所未有的智慧化时代。

2. 局部革新

局部革新是指旅行管家利用服务技术的小发明、小创新或通过构思精巧的服务概念，而使原有的服务得到改善或具备与竞争者服务的差异性。这样的革新可以是旅行管家根据具体客户的需求定制化革新，也可以是根据市场的需要进行的一般化革新。例如，某游客重访某旅游景区，为了能够让其感受到不同以往的旅游体验，旅行管家 A 为其设计了无人机航拍的特色服务，就属于对旅游产品局部的定制化革新。而旅行管家乙通过分析，认为在该景区为游客提供无人机航拍的特色服务是适合绝大多数旅游者的，因此将该活动融入常态化的旅游产品中，则属于对旅游产品的一般化革新。

创新是每时每刻、无处不在的，再大的创新也是由无数细小创新所汇聚而成的。因此旅行管家需要具有一双慧眼，能够明确地判断旅游者的实际需求，同时还需要具备全面的技术和广博的知识，才能够根据具体的旅游者需求营造出更多独特的、创新的解决方案。

3. 形象再造

形象再造是指旅行管家通过改变服务环境、伸缩服务系列、命名新品牌来重新塑造新的服务形象。在旅游活动中，旅行管家的工作虽然涉及旅游活动的方方面面，但是旅行管家的一般能力主要体现在管理有效上。对于类别众多的旅游接待活动，旅行管家往往会根据自身的工作条件和工作能力有差别地选择专业化的方向，如研学旅行类旅行管家、户外徒步类旅行管家等。如果随着外部需求和内部条件的变化，旅行管家在专业化的旅游服务方向上有了新的改变，就需要通过形象再造的方式加以强化。

4. 改型变异

改型变异是指旅行管家通过市场再定位，创造出在质量、档次、价格方面有别于原有服务的新的服务项目，但服务核心技术和形式不发生根本变化。这是旅游产品成熟化的一个标志。随着某一旅游产品需求量的不断增加，需求内部也会发生一些分化，使得单一的旅游产品分化为具有共同主题的系列产品，满足不同层次旅游者的需求。通过改型变异的模式，旅行管家用较少的设计成本就能满足更多的旅游需求。在旅行管家的实际工作中，重视对旅游产品的个性化定制，大大促进了旅游产品改型变异的程度。旅游产品改型变异的种类越多，对旅游者不同需求的满足程度也就越高。旅行管家改型变异的服务越成熟，其定制化服务水准也就越高。

5. 外部引入

外部引入是指旅行管家通过购买服务设备、聘用专业人员或特许经营等方式将现成的标准化服务引入自身的工作中。外部引入作为一种创新手段，可以大大降低旅行管家自身的创新成本和创新周期。但是一方面外部引入需要成本开支，另一方面并不是所有的外部引入都能够满足旅行管家的实际工作需要，所以旅行管家应当在充分了解外部环境和内部要求的基础上，明确把握实际的工作需求，才能够衡量出引入外部服务的必要性和可行性。同时，外部引入是方法、是手段，并不是结果，目的是更好地开展工作。旅行管家在引入外部服务时，不仅要以目标为导向，同时也应该注意到外部引入与既有工作和服务之间的融合，才能让这种创新模式更有效地发挥价值。

引经据典

中国文化中的创新思想

创新，是中国传统文化中重要的精神力量。汉字“创”的本字是刅，《说文解字》上说“从刃从一”，所以本义是割，引申为伤。因为也有“突破”的意思，引申为开创，但是读音就发生了改变。《孟子》上说“创业垂统”，就是开创的意思。汉字“新”是个会意字，本义是举斧砍柴，所以《说文解字》上说“取木也，从斤”，但在很早就借为“新旧”的“新”义。

在先秦典籍《礼记》中的《大学》篇，有一段非常有名的引述：“汤之盘铭曰：苟日新，日日新，又日新。《康诰》曰：‘作新民。’《诗》曰：‘周虽旧邦，其命惟新。’是故君子无所不用其极。”大致含义是说在商汤浴盘上的铭文写着“假如今天洗涤更新自身，那么就要天天洗涤，每日不间断地更新”。《诗经》的《文王》篇说“周虽然是一个古旧的邦国，但她承受天命，所以气象一新。因此英明的国君为了除旧更新，没有一处不用最有效的手段”。中国人历来将文化和社会中的创新和更新看作极好的现象，《系辞》上说“盛德大业至矣哉……日新谓之盛德”，梁启超先生在《少年中国说》中也提到了“少年人常思将来……惟思将来也，故生希望心……惟希望也，故进取……惟进取也，故日新……惟思将来也，事事皆其所未经者，故常敢破格”。

和西方不同的是，中国人更把创新看作天地自然的根本规律。因此，传统中国文化范畴内的创新不以否定历史为前提，而是在重视历史的基础之上推陈出新，继往开来。这些关于创新的思想虽然古老且深邃，但在今天旅行管家的工作中仍然有重要的参考价值。

内容小结

在旅游活动的接待服务过程中，旅行管家会通过必要的辅助服务实现对其接待工作的进一步完善。因此在旅行管家的服务工作中，辅助服务是不可或缺的。旅行管家常见的辅助服务类型包括互动服务和延伸服务等。通过当面或非当面的互动服务，不仅能为游客带来更好的旅游体验感，同时也能为旅行管家塑造独特的角色形象。而通过延伸服务，旅行管家能为游客提供更加丰富多彩的旅游内容和旅游体验。随着旅游业的发展，旅行管家在具体工作中必须积极拥抱创新，积极变革，才能够提供更有价值的服务。

实训练习

应知考核

1. 旅行管家与游客使用微信互动是当面互动服务的典型例子。（　　）

A. 正确　B. 错误

2. 老张是一名户外探险旅行管家，后来发现游客对专业拍照摄影服务需求强烈，于是特地购买设备参加培训，掌握了一定的摄影技术，成为一名旅拍＋户外旅行管家，老张这种服务创新模式被称之为外部引入型。（　　）

A. 正确　B. 错误

3. 海外华侨王先生来到国内旅游时，听说祖国中医非常灵验，马上请旅行管家小张帮忙安排一次中医理疗活动，小张通过联系没有找到合适的资源，于是就委婉地拒绝了他。（　　）

A. 正确　B. 错误

应会考核

1. 某次旅行有较长的坐车时间，游客们都觉得比较沉闷，你觉得旅行管家可以通过怎样的互动活动，调动起大家的积极性，请举出3例。

2. 在旅游活动结束以后，旅行管家可以如何利用自媒体与游客互动？

3. 旅行管家小王设计了一条“走读城市”的旅游线路，并在旅游产品中融入了衍生品的服务，但是衍生品的销售情况总是不太理想。针对他的困惑，你能给他提供怎样的建议？

实践操作

1. 请你为自己之前设计的旅游产品补充设计一些和游客的互动活动。

2. 请你为自己之前设计的旅游产品补充设计一些旅游衍生品。

第三部分
发展提升篇

第七章 旅行管家的管理升级

内容提纲

1. 知识目标：了解旅行管家管理工作的基本内容，了解旅行中的管理思路，了解旅行管家信息管理的工作内容，了解旅行管家公关管理的基本内容，了解旅行管家管理创新的基本内容

2. 技能目标：掌握旅行管家行程管理的基本技能，掌握旅行管家安全管理的基本技能，掌握旅行管家产品管理的基本技能，掌握旅行管家品牌管理的基本技能

3. 素质目标：掌握旅行管家职业管理的素质要求，了解旅游企业经营管理的素质要求

知识导入

旅客张先生为期一周的欧洲旅行在欢声笑语中不知不觉就要结束了，临近告别的时候，张先生突然想到什么事情，叫住旅行管家王女士，说道："这趟真的太感谢你的接待了，我们全家对你的服务工作都非常满意，你们公司要填游客意见表的吧？快点拿出来，我帮你多写几个表扬！"王女士听了，不禁又是莞尔一笑，说道："我们公司还真没有要求游客填意见表的规定，我们为游客提供的不仅是管家式的服务，更是伙伴式的服务，如果再填一张意见表，感觉就见外啦！"

张先生又觉得奇怪了，说道："如果不填意见表，你们公司怎么知道游客满意不满意呢？比如说我想表扬你，应该到哪里去表扬呢？"王女士笑道："王先生不要误会，我们是很重视客户管理的，也很看重客户的意见和态度，但是我们认为意见表的形式过于生硬了，不是最好的意见反馈方式。"王女士顿了顿，接着说道，"张先生您还记得您在我们公

司旅游平台上的分享吗？第 1 天您发了张餐厅的照片，说了一句‘清淡的欧洲餐’，我马上在后面的用餐中做了口味的调整，昨天您发了和我的合照，也已经在照片下面表扬过我了。这样的形式也是意见的调查反馈呀，和冷冰冰的意见调查表比起来，岂不是生动多了。我每天都要关注你们的需求和意见，这样马上就可以解决掉，而不是到行程结束以后再来统计。如果真的有意见，行程都结束了，还能怎么解决呢？当然，如果张先生觉得我们的公司不错，也可以帮我们提一些改进意见，我给您发个二维码链接，您方便的时候可以点进去，把您的想法告诉我们。”

服务反馈是一种闭环思路，好的服务应该保持，不好的服务应该及时改进，因此，在旅行管家的实际工作中，需要随时关注各种反馈信息，并且积极给予回应。这是旅行管家服务管理工作的重要内容，也体现了鲜明的管理学思想。旅行管家的工作时时处处与管理挂钩，通过管理的视角能够更好地把握旅行管家实际工作的内容，通过本章的学习，相信你能够更好地认清旅行管家管理思想的内涵和管理工作的实质。

旅行管家在熟悉了工作中具体的沟通、定制、接待、辅助等服务的要求后，就可以初步胜任其工作了。在具体工作的开展过程中，可能需要具备以上所有的工作技能，也可能只需要具备部分的工作技能，但是都需要具备全局的视野和工作观念。所以，旅行管家需要通过不断地完善上面这些工作技能，让自己更好地胜任这一份工作。

在这一章，我们需要换一个角度对旅行管家的工作进行研究。从“旅行管家”的名字上，我们其实读不出沟通、定制、接待、辅助等服务的字眼来，那些都是“旅行”服务工作包括的内容，只是作为旅游服务的提供方，旅行管家同样应该提供罢了。然而“管家”这个名字却非常鲜明地点出了它另一个重要的工作技能——管理，这可以说是它有别于一般旅游服务最重要的一项工作。提供旅行服务是旅行管家的基本服务要求，而管理升级才是旅行管家工作的价值体现。

在传统旅游职业教育过程中，往往比较重视技能的训练，而往往忽视管理的教育。对广大旅游从业者而言，也是技能优胜者众多，而管理出众者有限。这个问题可以从以下几方面来看：第一，技能的价值比较容易体现和判断，因此较受重视，管理的价值往往隐藏在事物的背后，通常不太受到重视；第二，技能的要求比较直观，较容易学习与掌握，管理的能力通常要基于工作经验，初学者不易理解；第三，技能是经验的总结，适合短期、快速的培养，管理的能力通常建立在工作积累之后，需要长期的工作才能够熟悉。所以较长一段时间以来，管理思想和管理能力在旅游服务中往往较为缺乏。

在现代社会中，“管理”是一个使用频率非常高的词。随着市场经济的不断生活，人们对管理的兴趣持续增加。那么管理到底是什么？旅行是否需要管理？如何衡量旅行管理的好坏？有效的旅行管理包括哪些工作内容？我们应该怎样学习？这是每一个旅行管家在工作过程中都必须要明确的基本内容。

7.1　旅行管家的管理工作

7.1.1　旅行中的管理思路

1. 管理及其功能

对于“管理是什么?”这一问题，每个人的认识是不同的。各个组织中专门从事管理工作的管理者，工作表现形式也是多种多样的。但不难发现，不同的管理工作都有一个共同的基本核心，那就是协调。之所以管理工作表现形式多样化，只是由于管理工作中协调对象的多样性导致的。所以从本质上而言，管理就是人们为了实现特定目标而采用的一种手段，以解决人的欲望无限性和所拥有资源有限性之间的矛盾。

显而易见，在旅游活动中，旅客的旅游需求不断地被激发，是无穷无尽的。而旅客所能接触到的旅游吸引物、旅游设施、旅游服务，以及由它们组合所构成的旅游产品天然具有稀缺性，旅客的旅游时间、旅游花费等也是有限的，所以这样的矛盾同样需要采用各种手段进行协调。旅行管家对旅客的沟通、定制、接待和辅助服务，本质上就是对旅客旅行的一种管理服务，让旅客在有限的旅游供给条件下，更好地满足其旅游需求，实现其旅游目标。同时应当明确，管理工作只是一种手段，而不是工作最终的目标。旅行管家综合运用包括人力在内的各种资源，通过有效的管理服务，最终目的是高效地促进旅客旅游目标的实现，而不是为了管理而管理。

2. 衡量管理好坏的标准

在旅游活动中，由于旅游资源等供给要素相对于旅客的需求普遍缺乏，因此旅行管理的必要性是普遍存在的，人们会自觉或不自觉地运用一些管理的办法来协调这样的矛盾。人们的旅行之所以需要管理，是因为好的管理有助于旅客更好地实现旅行目标，但是有了旅行管理并不等于就能实现管理的功能。那么怎样才能说旅行管理达到了预定目的?或者说衡量旅行管理好坏的标准是什么呢?

根据管理活动产生的原因，可以用管理的有效性来衡量旅行管理工作的好坏，管理的有效性一般包括效率和效益两个方面。效率是指投入与产出之比，一定的投入能取得多大的产出，主要取决于所采取的工作方式和方法。因此讲求效率，就要求旅行管家用比较经济的方法来达到预定的目标。而效益指的是目标的达成度，也就是产出满足需求的程度。如果旅行管家通过管理所获得的产出并不是旅行活动所需要的，那么就属于无效的管理，产出再多也毫无意义。所以，旅行管理正确与否的评判依据是效益，而好与不好的区分依据则是效率。

当然，旅行管理的效率与效益是相互联系的。一件妨碍旅行目标实现的事，做得越好损失就越大，而把一件可做不可做的事情做得很好，也无太大价值。因此，有效的旅行管理，首先要求我们做对的事，其次才是把事情做好。所以在旅行管理中比较效率与效益，效益应该是第一位的。当然，真正有效的旅行管理，既讲求效益又讲求效率，用通俗的话来说，就是要“做好对的事情”，这是旅行管理最根本的要求。

7.1.2 旅行管家的管理职能

既然旅行管理主要目的是做好对的事情，实现游客的旅行目标，那么旅行管家如何才能确保做到这一点呢？管理理论认为，主要可以通过做好一系列基本的管理工作来实现。这就是旅行管家的“管理职能”，也就是旅行管家在管理过程中的要素、基本步骤或手段。

旅行管家基本的管理职能包括计划、组织、协调和控制。计划工作表现为旅行管家确立目标和明确实现目标的必要步骤，包括估量机会、建立目标、制定实现目标的战略方案、形成协调各种资源和活动的具体行动方案等，着眼于有限旅行资源的合理配置。组织工作是旅行管家为了有效地达成计划所确定的目标而进行的分工协作、合理配置各种资源的过程，包括旅行任务的分解、权责的明确、资源的配置、以及协作关系的明确等，着眼于合理的分工协作关系的确立。协调工作是指旅行管家利用职权施展影响、指导、调和、激励游客和各类旅行辅助人员去达成目标的过程，着眼于方向的把握、矛盾的消除与积极性的调动。控制工作是指旅行管家在动态的环境中，为保证旅行目标的实现而进行的检查和纠偏活动或过程，包括确立控制标准、衡量实际成果、进行差异分析、采取纠偏措施等，着眼于纠正偏差。

在旅行管理中，上述四大职能之间是相互联系的，旅行管家正是通过这四个基本过程或手段来实施旅行管理服务的。为了做好对的事，旅行管家首先要根据内外部的各种条件和环境确立旅行目标，并制定相应的行动方案。一旦目标和计划明确，为了落实计划，就要进行相应的组织工作。由于目标的完成有赖于相关人员的共同努力，为了充分调动相关人员的积极性，在目标确定计划落实下去后，还要加强协调工作。在设立目标行程计划、进行任务分解和协调从而激励了相关人员之后，各种偏差仍有可能出现，为了纠正偏差，确保各项工作的顺利进行，旅行管家还必须对整个旅行活动进行控制。因此要做好旅行管理工作，就必须系统地开展计划、组织、协调、控制等各项工作，如果单纯地就计划谈计划，为控制而控制，是达不到应有的管理效果的。

扫一扫

视频：旅行管家的管理工作

同时，这四大管理职能不仅贯穿于整个旅行活动中，也贯穿于旅行管家从事的各项具体工作事务中；不仅是旅行管家的职业能力要求，也是旅行管家所属旅游企业的经营管理要求。旅行管家只有与其所属旅游企业相互配合，才能让管理职能发挥更大效用，促进旅游服务工作的更好开展。旅行管家及其所属旅游企业的旅行管理工作主要包括信息管理、行程管理、安全管理、产品管理和创新管理等内容，本章主要通过对这些管理工作的介绍，为提升旅行管家的管理服务技能提供参考。

引经据典

中国传统的管理思想

“管理”是个新词，在传统中国文化中，其含义常被概括在“治”或“理”中。“理”的字形自古以来没有太大的变化，它的偏旁“王字旁”也叫作“斜玉旁”，这个偏旁的汉字多与玉有关。《说文解字》上说“理，治玉也”，又说“物之脉理，惟玉最密，故从玉”“治玉治民皆曰理”。段玉裁在《说文解字注》上说“郑人谓玉之未理者为璞，是理为剖析也。玉虽至坚，而治之得其鰓理以成器不难，谓之理。”这段解释其实也蕴含中国传统管理思想的精髓，那就是一切从实际出发，因势利导地去开展管理工作。而“管”字本是指竹制的乐器，“治”字本是水名，后来发生词性变化，其含义都能与“理”相通。

在传统的中国文化中，特别重视实事求是的精神。无论是“理”“治”，还是“管”，大多要求从具体的事实出发，因此才有“理事”“治事”“管事”的说法。中国人在传统的管理工作中，习惯从变化中看待问题，擅长总结具体的工作经验，也格外重视历史教训的总结，这都是鲜明独立于其他管理思想之外的。这不仅造成中国传统管理思想内容的浩瀚与庞杂，也决定了中国人对管理学理论体系的建设不甚重视。不过这并不表明中国没有完整的管理学理论体系，恰恰相反，中国传统的管理学理论不仅形成久远，体系庞大，也能有自己的特色。如朱子在《近思录》上说“在天为命，在义为理，在人为性，主于身为心，其实一也”，无论是宇宙人生，还是眼前琐事，中国人对待的态度与管理的思想，都与西方主流管理学迥然不同。

事实上，管理无定则，管理无常法，管理只是实现目标的一种手段。“前事不忘，后事之师”，无论是中国传统管理思想，还是西方的管理理念，其价值主要还在于能够帮助旅行管家树立适合自身工作的管理思想，从而有效地促进其工作目标的实现。

7.2 旅行管家的管理变革

7.2.1 旅行管家的信息管理

1. 信息管理的概念

对21世纪的企业来说，人、物资、能源、资金、信息是五大重要资源。人、物资、能源、资金这些都是可见的有形资源，而信息是一种无形的资源。信息管理是人类为了有效地开发和利用信息资源，以现代信息技术为手段，对信息资源进行计划、组织、领导和控制的社会活动。简单地说，信息管理就是人对信息资源和信息活动的管理，是在整个管理过程中，人们收集、加工和输入、输出的信息的总称。

旅行管家的信息管理是指在旅行活动中对信息活动相关的各种因素（主要是人、信息、技术和机构等）进行科学的计划、组织、协调和控制，以实现信息资源的合理开发与有效利用的过程。它既包括微观上对旅行信息内容的管理（信息的组织、检索、加工、服务等），又包括宏观上对旅行信息机构和旅行信息系统等的管理。旅行管家的工作离不开各种信息处理工作，旅行管家对旅游者提供的服务，很大程度上也属于信息服务。因此，做好信息管理，对旅行管家的实际工作开展有着重要的意义。

2. 信息管理的对象

在信息管理工作中，旅行管家首先需要明确信息管理的对象，其次应当了解信息管理的过程，在此基础上，通过各项管理技能手段的实施，就能较好地完成信息管理工作。旅行管家信息管理的对象主要包括旅行信息资源和旅行信息活动等。

（1）旅行信息资源。旅行信息资源是由旅行信息生产者、旅行信息、旅行信息技术等要素共同构成的有机整体。在旅游市场中充斥着大量的信息，通过信息管理，旅行管家希望实现的根本目的是控制信息流向，实现信息的效用与价值。但是，信息并不都是资源，要使其成为资源并实现其效用和价值，还必须借助信息生产者的智力和信息技术等手段。

信息生产者是控制旅行信息资源、协调旅行信息活动的主体。而各种旅行信息的收集、存储、传递、处理和利用等信息活动过程都离不开旅行信息技术的支持。没有旅行信息技术的强有力作用，要实现有效的信息管理是不可能的。因此，旅行信息生产者、旅行信息、旅行信息技术三个要素形成一个有机整体——信息资源，它是构成任何一个信息系统的基本要素，也是旅行管家信息管理的研究对象之一。

（2）旅行信息活动。旅行信息活动是指旅行活动中围绕信息资源的形成、传递和利用而开展的各种管理活动与服务活动。旅行信息资源的形成阶段以信息的产生、记录、收集、传递、存储、处理等活动为特征，目的是形成可以利用的信息资源。旅行信息资源的开发利用阶段以信息资源的传递、检索、分析、选择、吸收、评价、利用等活动为特征，目的是实现信息资源的价值，达到信息管理的目的。如果旅行管家单纯地对旅行信息资源进行管理，而忽略与旅行信息资源紧密联系的信息活动，这样的旅行信息管理是不全面的。

3. 信息管理的过程

旅行信息管理的过程一般包括信息收集、信息传输、信息加工、信息储存、信息维护和信息使用等。信息收集就是对原始信息的获取。信息传输是信息在时间和空间上的转移，因为信息只有及时、准确地送到需要者的手中才能发挥作用。信息加工包括信息形式的变换和信息内容的处理，其中信息形式的变换是指在信息传输过程中，通过变换载体，使信息准确地传输给接收者。信息内容的处理是指对原始信息进行加工整理，深入揭示信息的内容。经过信息内容的处理，输入的信息才能变成所需要的信息，才能被适时有效地利用。信息送到使用者手中，有的并非使用完后就无用了，有的还需留做事后的参考和保留，这就是信息储存。同时，通过信息的储存可以从中揭示出规律性的东西，也可以重复使用。

旅行管家的信息管理的过程，就是通过制定完善的信息管理制度，采用现代化的信息技术，保证信息系统有效运转的工作过程。在这其中，既有静态管理，又有动态管理，而动态管理更为重要。它不仅仅要保证信息资料的完整状态，而且还要保证信息系统在“信息输入—信息输出”的循环中正常运行。

4. 信息收集

（1）信息交流。旅游信息交流是旅行管家日常工作中的一种基本现象。传统上理解的信息交流是在同一时间平面上实现的，是一种横向交流或共时交流，如旅行管家和旅游者之间的面对面交流等。但是在实际工作中，旅行管家还会大量接触到历史文化等信息，因此必须纵向考察人类社会的各种信息，还需要广泛地开展历时交流。信息交流的手段和媒介如表 7－1 所示。

表 7-1　信息交流的手段和媒介

	信息交流	
	共时交流（消除空间障碍）	历时交流（消除时间障碍）
交流手段	互联网、电话、传真、电视、广播、电报、邮政、身势、口语、实物等	光盘、磁盘、录音、录像、照相、绘画、文献档案、文物古迹、口语等

资料来源：马费成，宋恩梅．信息管理学基础［M］．2 版．武汉：武汉大学出版社，2011.

信息交流是一种社会性过程，它的实现需要一定的条件和要素，通常包括信息发送者、信息接收者、视听等交流通道、语言文字等符号体系、知识信息库、各种支持条件等。信息交流实质上是一种单向传递，信息的流动永远是由信息生产者流向信息接收者。在旅行活动中，信息流动一般有两种方式。一种是由信息生产者直接流向信息使用者，称为非正规信息流；另一种是信息在信息系统的控制下流向信息使用者，称为正规信息流。信息交流过程可以是直接的，也可以是间接的；可以是主动的，也可以是被动的；可以是单向的，也可以是多向的，因此，常见的信息传递模式一般有多向主动传递、单向主动传递、多向被动传递、单向被动传递四种。

传统的多向传递大多是一个信息单位服务于某一区域，事先没有确定接收者。在互联网环境下，多向主动传递的范围可以拓展到全世界，具有时间间隔短、选择性大、针对性强、信息交流迅速直接、反馈快等优点。单向主动传递的形式主要是定题服务，传递的信息具有针对性和及时性，能充分发挥其效用。多向被动传递同样事先没有确定接收者，其形式主要是面向整个接收者群体的信息服务，而单向被动传递的对象往往是特定的信息咨询者。在旅行管家的实际工作中，上述 4 种信息传递模式是相互补充、互不取代、协调一致的关系。单向传递的基础是多向传递，多向传递的目的是进行单向传递。

（2）信息分布。由于信息生产的多目的性和无序性，使得信息的分布十分复杂，研究信息分布具有较大难度。在传统上，信息常常表现出明显的核心趋势和集中取向，表现在信息分布中，就是“富集”和“贫集”现象。例如，旅行管家在策划不同的旅游行程时，部分要素常常被选择，部分要素几乎不被选择，于是一些旅游要素迅速成为热门要素。这一现象被美国学者罗伯特·莫顿称为马太效应。马太效应的积极意义显而易见，在实际信息管理工作中，可以帮助旅行管家突出重点、摒弃平均，为信息源的选择、获取、评价和利用提供依据，以降低信息管理成本。但如果马太效应描述信息对象的优势和劣势过于集中，容易使旅行管家按简单规则进行信息选择、评价、传播和利用，走入极端，使旅行管家的工作因循守旧，不思进取，按经验和简单规则从事复杂多变的信息管理工作。

当然，马太效应并非是信息分布的唯一规律，信息内容的离散分布规律、信息生产者的分布规律、信息对时间的分布规律、网络信息资源的分布规律等，都是信息分布的重要研究对象。在对信息分布的研究过程中，各国专家学者也提出了大量的公式模型，为信息分布的应用提供了各种支持。在旅行管家的日常工作中，对信息分布规律的应用是相对有限的，但对旅行管家所属旅游企业而言，当面对大量信息数据的时候，掌握一些信息分布规律，能够大大减轻工作量，提高工作的效率和精准度。

（3）信息获取。旅行管家了解信息交流和信息分布的相关知识，主要的目的在于更好地实现信息收集工作。与旅行管家工作相关的信息种类繁多、形式复杂，通常可以分为记录型、实物型、智力型和零次型等几类。记录型信息包括由纸张等传统介质和磁盘等现代介质记录存储的知识信息。实物型信息是由实物携带和存储的知识信息，通常需要转换成记录型信息，才能进入信息系统。智力型信息主要指人们掌握的各类知识、诀窍、技能和经验，有的可以转换成记录型信息，有的则难以明确表达和记录。零次型信息是人们通过直接交流获得的信息，具有直接性、即时性、新颖性、随机性、非存储性等特征。另外，按照不同内容、性质和加工情况可将信息分为一次信息（原始信息）、二次信息（对原始信息加工处理后的信息）和三次信息（管理决策信息）。

在旅行管家实际工作中，各种信息数量众多，载体多样，渠道复杂，分布广泛，新的知识与信息不断涌现。如果对信息无计划地收集，不仅难以满足实际工作的要求，同时也会浪费大量人力、物力和财力。因此，旅行管家需要对信息进行有效评价，掌握和利用合适的信息源，才能收集选择对工作有价值的信息。但是对信息的评价常常取决于信息使用者的工作范围、性质、目的和素质等，不可能制定统一的评价标准。旅行管家通常可以通过信息的一般特性指标对信息的价值进行判断，常见的指标包括信息的及时性、准确性、易得性、经济性、综合性等特性。对信息的价值，旅行管家通常可以通过对信息源、信息准确性和信息费用三方面的评价来判断。

在对信息源的评价中，旅行管家通常采用直接和间接两种方法。直接评价法是旅行管家根据信息源的一般要求来评价信息，间接评价法则是旅行管家调查自己对信息源的使用情况或根据自己的实践需要来评价信息。旅行管家利用间接法对信息源进行评价时，除了总体评价外，还可以多角度地展开评价，使对信息源的评定结果更加精准。在对信息准确性评价中，旅行管家可以通过交叉检验的办法，即通过多种维度获得信息相互比较来判断。同时，也可以通过信息要素的比较来判断。当然信息的收集、分析、加工、利用等工作需要投入相应的人力、财力和时间。在旅行管家实际工作中，一般要求迅速、准确、廉价获得所需信息，因此信息的经济性也是一个重要的影响因素，旅行管家往往需要通过对信息存在率、适合率、可靠性等的评价，更经济有效地完成信息收集工作。

为了避免人力、物力和时间上的浪费，提高信息收集的效率，旅行管家在收集信息时必须注意针对性、系统性、预见性、科学性、计划性等工作原则。不同类型、不同载体、不同内容的信息，往往具有不同的流通渠道和分布范围，旅行管家采用的信息收集途径、方法也各不相同。常见的信息收集方法包括采购、调查、交换、索取、检索等。采购是一种常态、稳定、系统收集和获取信息的有效方式，可以通过订购、现购、邮购、委托代购等方式获得。调查不仅可以获得记录型信息源，还可获得非记录型信息源，既包括访谈、问卷调查，也包括对实物现场的实地考察。交换常常见于旅行管家同业之间的信息互补和调剂。索取则常见于旅行管家与旅行辅助人之间，通常包括尚未发表的信息、未经正式渠道流通的信息或已公开流通但不够详细和全面的信息。在互联网时代，各种手工或程序检索技术，也是旅行管家获取信息的重要手段。

5. 信息的组织与检索

（1）信息组织。信息组织是指旅行管家利用一定的规则方法和技术对信息的外部特征和内容进行揭示或描述，并按一定的参数和序列使信息由无序集合转化为有序集合的过程。对旅行管家的信息管理工作而言，信息组织是信息检索与传播的准备，是信息收集后的首项工作，也是一个信息增值的过程。信息组织的基本内容包括信息选择、信息分析、信息描述、信息存储等。

信息选择就是旅行管家从采集到的、处于无序状态的信息中，甄别出有用的信息，剔除无用的信息。在此基础之上，按照一定的逻辑关系对信息细化、挖掘、加工、整理并归类的活动，就是信息分析。同时根据信息组织和检索的需要对信息资源的主题内容、形式特征、物质形态等进行分析、选择、记录的活动就是信息描述。最后，旅行管家将加工整理后的信息按照一定的顺序储存在特定载体中，就是信息的存储工作。

在信息组织工作中，分类法和主题法是最常见的思想方法。分类法是指依据信息的属性或特征进行区分和类聚，并将区分的结果按照一定次序予以组织的方法。主题法是依据信息资源的主题，分类、描述、标引存储信息的方法。例如，旅行管家在组织信息过程中，将信息按照旅游的“六要素”分类汇总，就是分类法的思想，将信息按照“观光旅游”“户外探险”“康养旅游”等主题分类汇总，就是主题法的思想。对旅行管家而言，还可以通过对信息的整理和提炼，以逻辑、规则等知识的形式组织信息，如危机事件的处理所需要的信息等。

（2）信息检索。在旅行管家的实际工作中，通常信息检索被理解为信息查找的过程。旅行管家之所以需要按照一定的规则来组织信息，主要是便于在需要时高效地利用信息。信息检索即为满足旅行管家的需要，去发现适当的信息资源或信息对象。从某种程度上说，信息组织和信息检索是一组互逆的过程，也是相辅相成的。同时，旅行管家并非仅在自己的信息数据库中完成检索工作。随着互联网技术的发达，不仅信息和数据大量涌现，各种信息组织层出不穷，同时信息检索的技术也在不断发展。对于某些易于获取的信息，如果旅行管家的信息组织成本高于信息检索成本，完全可以利用现成的信息组织成果；但如果信息检索成本过高，资料获取较为困难或耗时较长，则旅行管家完成信息组织工作将大大便于信息检索，从而有助于整个信息管理工作的开展。

常见的信息检索步骤包括：分析信息检索课题、选择信息检索工具、确定信息检索方法、获取原始信息等。分析信息检索课题是确定信息检索策略的根本出发点，主要包括明确信息检索课题所涉及的领域和范围，明确所需信息的内容及其特征、类型等。信息检索工具通常包括目录等指示线索信息检索工具与文献等具体信息检索工具。常见的信息检索方法包括顺查法、倒查法、抽查法、追溯法等，不同的方法都有各自的特点，可以根据实际需求选择或组合使用。

因为旅行管家在实际工作中对信息的需求千差万别，获取信息的检索方式与途径也各式各样，但是信息检索的基本原理是相同的，即对信息资源结合与信息需求集合的匹配与选择。信息资源结合是指有关某一领域，经选择性采集和组织加工的信息集合体。为保障信息检索的快速与高效，通常需对信息资源集合进行分析与标引，让其隐含的特征显性化，获得相应的标识，成为组织和检索信息资源的依据和标准。对旅行管家提出的信息需求也需要进行类似的加工处理，即分析需求的内容，提取主题概念或其他属性，并利用与信息资源结合相同的标识系统来表示需求中所包含的概念和属性。正所谓“磨刀不误砍柴工”，通过对信息资源和需求的集合，才能为匹配和选择信息提供更清晰的判断标准。当然在匹配与选择信息过程中，100%的匹配是罕见的，既存在概率匹配与模糊匹配等现象，也会发生漏选和误选的现象，需要旅行管家进行必要的检验。

6. 信息服务

（1）信息服务的含义。信息服务是信息管理活动的出发点和归宿。旅行管家的信息服务工作通过研究客户、组织客户、组织服务，将有价值的信息传递给客户，最终帮客户解决问题，最主要的客户就是旅游者。广义的信息服务包括两个部分。一是对分散在不同载体上的信息进行收集、评价、选择、组织、存储，使之有序化，成为方便利用的形式，这在前文已经述及；二是对旅游者及其信息需求进行研究，以便为其提供有价值的信息。从信息服务的形式上看，既有旅行管家主动的信息提供，也有被动的信息索取；既有多向的信息发布，也有单向的信息传递，涉及旅游活动各个领域的信息需求和提供，辐射广泛，内涵深远。

（2）信息服务的原则。旅游者对信息的需求除了千差万别之外，还会随着时间的变化而动态变化，因此旅行管家要向旅游者提供满意信息服务是一件不容易的事。通常在信息服务活动中，旅行管家除了遵循针对性原则，满足特定用户在特定时间特定需求的信息服务之外，还需注意信息服务的时效性和信息的易用性，同时也要考虑成本和效益原则，帮助旅游者在最小花费的基础上获得最大的信息服务效益。

（3）信息服务的类型。对信息服务而言，其后台推动历史技术和信息，前台关键是需求获知能力和知识解析能力，同时还需要依赖人力资源和技术资源的支持。从信息服务的不同资源依赖模式看，旅行管家的信息服务可分为执行型、经验型、专家型等几类，如表 7－2 所示。

表 7－2　信息服务类型基于所依赖的资源划分

信息服务类型	前台产品	后台工作	主导因素
执行型（依靠系统）	信息或信息组合	信息有序化，信息系统设计与维护	旅游者
经验型（依靠经验）	定制信息	信息采集，信息整合	旅游者和旅行管家
专家型（依靠智慧）	报告与方案	信息采集，信息解析	旅行管家

旅行管家常见的信息服务方式主要包括信息检索和传递服务、信息报道与发布服务、信息咨询服务、参考服务等。信息检索和传递服务是旅行管家利用自身及外部信息资源体系，根据旅游者具体需求，在合适的时间通过合适的方式向旅游者提供合适的信息，具体形式包括搜索服务、查新服务等。信息报道与发布服务是旅行管家对搜集到大量资料和信息进行整理、加工、评价、研究和选择后，及时报道出去以满足旅游者的信息需求，通常包括文字报道、口头报道、直观传播报道等。信息咨询服务是指旅行管家根据旅游者提出的要求，以其专门的知识、信息、技能和经验，运用科学的方法和手段进行调查、研究、分析、预测，客观地提供最佳的选择方案或方案集合，帮助旅游者解决复杂问题的服务。参考服务是旅行管家信息咨询服务当中的一种特殊情况，向旅游者提供相关参考性信息，而非结论性信息或指导性信息。

（4）信息服务设计。在信息服务发展的初期，旅游服务人员往往将更多的注意力放在技术领域。随着信息服务发展日益成熟，旅行管家越来越重视信息服务的设计工作。信息服务的设计工作的思维方式是立足于外部效率，提高用户感知的服务质量和价值。信息服务设计通常包括信息产品设计、信息服务体验设计和信息传递设计等方面。

信息产品设计是信息服务设计的首要对象。从信息的表现和利用角度来看，信息产品通常包括：1）信息符号，如语言、文字等；2）基本语义元素，如一段文字、一张照片等；3）逻辑信息单元，如一份文件、一段录像等；4）信息集合，如信息汇总表等；5）信息组织体系等。在旅行管家服务信息产品设计中，最能体现服务特征的内容层次通常是信息组织体系和信息集合。信息服务体验设计需要旅行管家在重视技术的同时，更多关注旅游者任务情境和信息行为过程而设计服务情境，通过服务展示让旅游者感知信息价值，感知服务增值。信息服务传递是对信息服务价值的转移过程，这一过程中旅行管家向旅游者传递信息服务各方面的价值，包括信息的价值、信息系统的价值、服务的价值及服务管理的价值等，因此除了设计前台信息服务技术系统外，对相关信息服务操作及后台支持系统也需要进行有效的设计，通常需要关注信息服务的可接近性、供需双方的相互作用、用户的参与情况等。

7. 信息系统

信息系统是以提供信息服务为主要目的的数据密集型、人机交互的计算机应用系统。作为现代化高效信息管理的技术支持，信息系统贯穿于整个信息管理的流程当中。因此，较成熟的旅游企业还可以为旅行管家搭建旅行管理信息系统。旅行管理信息系统是一个以人为主导，利用计算机硬件、软件、网络通信设备以及其他办公设备，进行信息的收集、传输、加工、储存、更新、拓展和维护的系统。完善的管理信息系统具有以下四个标准：确定的信息需求、信息的可采集与可加工、可以通过程序为管理人员提供信息、可以对信息进行管理。一个成熟的管理信息系统具备较强的数据处理功能、计划功能、控制功能、预测功能和辅助决策功能，将大大提升旅行管家信息管理的效率和效益。

7.2.2　旅行管家的行程管理

旅行管家向游客提供的主要是个性化和定制化的产品及服务，在这其中旅游行程是旅游产品和服务的核心，也是旅游者对旅游服务评价重要的指标之一。与旅游行程策划不同，旅行管家对旅游行程的管理贯穿于其对客服务的始终，包括旅游行程资源库、旅游行程的策划、旅游行程的生产、旅游行程的反馈等方面的管理。

1. 旅游行程资源库的管理

旅游行程是由旅游吸引物、旅游相关设施和服务等要素组合而成的统一整体。旅行管家要想策划、制作有特色的定制化旅游行程，在前期需要有大量旅游资源要素等信息的储备。俗话说“巧妇难为无米之炊”，优质的行程管理是建立在到位的信息管理基础之上的。因此旅行管家行程管理的第一步，就是拥有全面、专业的旅游行程资源库。

旅游行程资源库是旅游数据库的一种，主要包括与旅游行程设计有关的各种要素及其信息，常见的旅游行程资源库包括景点库、餐厅库、酒店库、活动库、旅游路线库、个性化 POI（兴趣点）库等。旅行管家对旅游行程资源库的管理主要包括资源库的建立、调整、监控等工作。

（1）资源库的建立。旅游行程资源库的建立主要包括两部分内容：一是资源数据库模式的建立，二是资源数据的加载。标准的数据库是一个严谨的体系结构，通常包括外模式（用户级）、概念模式（概念级）、内模式（物理级）三级结构，不同层级用户看到的数据库是不相同的，很多数据库还有复杂的设计，但对旅行管家行程管理而言，其资源库建设只需做到信息完备、简洁明了即可。

因此，旅行管家在建设资源库时，需要保证每一项要素的各个属性都是不可再分的属性值，同时将相近属性尽量合并。例如，对酒店库而言，按照“酒店名称、地址、星级”的属性建立资源库，如果旅行管家需求知道某省某市的酒店信息，则这样的资源库是无法满足需求的，而将“地址”属性拆分后，按照“酒店名称、省份、城市、详细地址、星级”的属性建立资源库，就比较清楚、有效了。

同时，在资源库中的数据不应存在传递关系，例如在景区库中，按照“景区名称、门票价格、联系人、景区内活动项目、活动项目价格、活动项目联系人”的属性建立资源库，就存在“景区-景区价格-活动项目价格”的信息传递关系，此时将该资源库结构拆分成“景区名称、门票价格、联系人、景区内活动项目”“景区内活动项目、活动项目价格、活动项目联系人”两个数据表格，就清晰明了多了。另外，在资源库中，每一条数据只能对应一件事情，不宜掺杂复杂关系逻辑，这样对数据的更新维护也更容易操作。

（2）资源库的调整。旅行管家在资源库建立并经过一段时间运行后，往往会产生一些不适应的情况，如资源库中的信息不够完备，或资源库结构设计不够合理等，此时就需要对其加以调整。最常见的调整包括资源库数据完整性的调整和资源库结构模式的调整等。同时资源库作为数据库的一种，经过一段时间的运行，其性能也会逐步下降。其原因通常是由于不断地修改、删除或插入造成的，因此也需要定时重组，即定期对资源库数据进行整理，重新调整存储空间。

（3）资源库的监控。旅行管家在资源库使用过程中，需要随时观察资源库数据的动态变化，并在发生错误、故障或产生不适情况时随时采取措施，同时还需监视资源库的性能变化，在必要时做出调整。资源库是旅行管家及其所属旅游企业中重要的资源，它的安全性也是极端重要的，旅行管家也需要采取一定措施，保证数据不受破坏。此外，为保证数据的正确性，使录入库内的数据均能保持正确，需要对资源库的完整性进行控制，一旦资源库中的数据遭受破坏，需要及时进行恢复。

2. 旅游行程的策划管理

从管理的思路来看，旅行管家的行程策划不仅要专业，同时也要高效，即不仅要能有效满足旅客的旅游需求，同时也要体现工作的效率。具体来说，旅行管家在行程策划过程中应当注意提高沟通、报价、比价、方案输出和标准化管理等环节的工作质量和效率。

（1）高效沟通。为了能够实现更高效的沟通，旅行管家除了需要关注沟通技巧之外，还需要关注沟通的渠道和沟通的内容。旅行管家通常会尽可能按客人需要选择合适的聊天工具，满足旅游者的各种沟通场景，降低沟通障碍，但这也要求旅行管家能够掌握一定的沟通工具使用方式与方法。

在人际沟通中，主要的障碍包括语言问题、理解问题、信息含糊、环境干扰、抵触情绪等，旅行管家应该具备识别沟通障碍的能力，并有针对性地予以克服。通常，旅行管家改善人际沟通的方法包括：1）勇于开口，成为信息发送者；2）态度诚恳，使对方成为信息接收者；3）选择时机，创造良好氛围；4）提高表达能力，准确传递信息；5）双向沟通，及时纠正偏差；6）积极劝说，促成沟通目的；7）善于倾听，收集有益信息等。与此同时，旅行管家也要注意在人际沟通之外开展积极的自我沟通与高效的组织沟通。

（2）高效报价。价格是决定旅游者购买动机的重要原因之一，旅游者对旅游产品价格的需要除了数值合适之外，也有尽快知晓的期望。旅行管家如能及时、快速地给出报价，显然体现出了积极的服务态度和高效的工作质量。定价是旅行管家产品设计服务的重要技能，如何才能更高效、准确地报出价格呢？旅行管家的报价工作必需的流程不应删减，但可以通过计算机程序或人工智能手段辅助来完成。

例如，旅行管家在报价工作中，关于对旅游行程中各要素价格的核实，可以通过及时更新资源库获取；关于各要素价格的成本核算，可以通过计算机程序自动加成。这样旅行管家只需要落实旅游产品的利润要求，就能立刻报出旅游产品的价格来。随着信息技术的不断发展和成熟，越来越多定制旅行管家都陆续推出“分钟级”报价服务，通过高效的专业服务争取更多游客的青睐。当然，报价的速度是建立在准确性的前提之上，旅行管家不可舍本逐末，如果报价差错过多，即便速度很快，依然是不可取的。

（3）全网比价。在旅行管家的定制旅游服务过程中，随着旅游者对旅游行程设计的介入程度日益深入，旅行管家应该为其提供更专业的信息服务。全网比价是旅行管家比较常用的服务手段。随着旅游要素市场信息渠道的不断透明化，旅游者有更多途径获取旅游资源，旅行管家通过全网比价的服务，是说明旅游产品价廉物美、竞争力强最好的手段之一。

经典案例

去哪儿 CEO 庄辰超：与巨头共舞

2006 年 1 月，当上海人梁建章宣布辞任携程旅行网 CEO 准备退隐幕后时，另一位上海人庄辰超在北京参与创立的旅游比价网站去哪儿刚刚上线半年。当时，携程市值已达 15 亿美元，而去哪儿才获得第一轮 200 万美元融资，与携程相比，它仿佛一只小蚂蚁。

但去哪儿的创始团队绝非等闲之辈。2004 年，谷歌上市后，美国人戴福瑞从其财务数据中发现，汽车、金融、医疗和旅游这几大类搜索信息占谷歌关键词收入的 80%左右。他动了做中文垂直搜索网站的念头，便联系庄辰超等人。他们分析后认为，中国的旅游市场大环境好，特别适合做在线营销。美国那时有旅游搜索网站 Kayak 和 Sidestep，旅游搜索要求实时搜索，容易形成技术壁垒，而技术正是庄辰超所擅长的。

庄辰超说，他一直特别崇拜迦太基名将汉尼拔·巴卡。汉尼拔·巴卡孤军深入罗马，每一个步骤都精心设计，包括怎样侦查、怎样建设营地等。去哪儿上线之前，戴福瑞和庄辰超对公司的战略和战术有过详细的规划。他们首先做的产品是机票比价搜索。如果去哪儿一上来就做酒店比价引擎，肯定做不到今天的规模。毕竟，机票产品主要靠价格取胜，而酒店产品比较复杂。销售机票的中小在线旅游服务商为数众多，它们也需要在这个在线旅游时代寻找活路。去哪儿好比淘宝网，它不像携程、艺龙那样与中小在线旅游服务商存在竞争关系，搜索比价模式恰恰为诸多中小在线旅游服务商提供了销售出口，从而将这些散兵游勇整合在一起，抢夺携程、艺龙的市场。

对于当时的网民来说，去哪儿这种搜索比价网站是件新鲜事物。消费者通过搜索比价结果，点击链接到销售商网站，最终达成交易。去哪儿让消费者尝到了低价的甜头，但投诉也接踵而至。投诉的出现与去哪儿后台网站结构有关。当时，去哪儿跟代理商的网站是两张皮，中间不过用链接跳转的方式简单连接。很多代理商没有技术实力，自己的网站做得一塌糊涂，下不了单、订票迟缓等问题让去哪儿“躺着也中枪”。要解决这些投诉非常麻烦，因为去哪儿不参与和掌握交易。

庄辰超力主做一套在线交易系统。“如果站在商业模式的角度，会考虑我们不应该介入交易”，他说，“但我唯一关注的是为消费者提供性价比最好的旅游产品。”接下来，差不多半个公司的力量都砸了进去，所有人都鸡飞狗跳地折腾。2010 年 7 月，去哪儿的机票在线交易平台 TTS（Total Solution，后改称 SaaS）推出。

当所有的机票代理商都用上去哪儿的 TTS 系统后，一箩筐好处出现了。其实消费者最在意去哪儿提供的机票价格是否够便宜、购买是否便捷和安全。而现在，消费者无论买哪个商家的票，交易都在去哪儿网站完成，再也不用像原来一样需跳转到代理商网站。这样一来，交易速度保证了，消费者是否跟某个代理商进行交易、交易后代理商是否出票、每个代理商每天有多少交易量和交易额、每个交易达成需要的点击次数等，在后台都看得一清二楚。后来，去哪儿又推出类似支付宝的资金保障功能。

通过 TTS，去哪儿对机票代理商有了较强的控制力和话语权。这也有利于提升用户体验，体验好了，更多消费者愿意通过去哪儿下单，而机票代理商也愿意在去哪儿卖票，而且拿出更多低价票吸引消费者，从而形成一个完整的商业闭环。

资料来源：去哪儿 CEO 庄辰超：与巨头共舞．见环球网，https://tech.huanqiu.com/article/9CaKrnJz7KK，有删节。

（4）多版本方案输出。旅游行程单和旅游策划方案是旅行管家定制工作的重要表现形式，对旅行管家而言，除了重视行程设计的具体内容之外，情境感知也是其关注的重点。通过必要的设计工作，为旅游者提供更好的阅读体验，能够有效增进旅游者的认可。但是，越精美的设计将花费越多的时间，而旅游方案定制也是有时效性的，旅行管家能够越快制作完成，越能得到旅游者的认可，这就成了一组矛盾。应该如何解决呢？

首先，旅行管家应当明确情境设计并不一定都是精美设计，根据旅游者不同的需求，旅行管家可以选择为旅游者提供简洁的 Word 报价单、实用的 Excel 行程单，或者丰富多彩的路书等不同方案版本，方案版本的应用性越强，越能得到旅游者的认可。同时，无论是制作报价单、行程单还是路书等形式的方案，旅行管家都可以提前设计好基础的模板程序，只需将经过设计的内容填充进入，在最短的时间里就能够呈现出精彩的旅游行程方案了。当然，旅行管家还会根据旅游者的习惯，以纸质版、电子版或二维码链接等形式提供给旅游者。

（5）标准化管理。在旅行管家的实际工作中，标准化和个性化是相辅相成的。对旅游行程的管理而言，无论标准化还是个性化，都是为了提高旅游行程设计和产品生产的质量。管理的标准化除了能够规范旅行管家的工作质量外，往往也是高质量、个性化的保证。

经典案例

浙江省中国旅行社产品标准化要求

1. 标准化产品设计的基本原则

（1）安全性。旅行社向旅游者提供的旅游产品应对其人身、财产有足够的安全保障；对旅游过程中可能发生的危险情况，应向旅游者做出明确的警示并事先采取相应的防范措施。

(2) 合理性。旅行社向旅游者提供的旅游景点，其内容的选择应避免雷同性；每天活动应控制在11小时范围内(8:00—19:00)；环节间的衔接以不走回头路、不浪费时间为原则。

(3) 舒适性。旅行社向旅游者提供的行程，其线路的设计安排应张弛有度，避免过于奔波。与吃、住、行等有关的配套设施应达到合同内承诺的标准。

2. 旅游产品的基本规范要求（统一适用于国内和出境）

(1) 车辆标准：1) 旅游车辆所属的车队等管理部门应制定完备的车辆规范管理制度和应付各种突发事件的措施，并对司机进行定期培训，以提高其各项技能；2) 旅游车辆必须通过当地车辆监管部门的年度审核，并具备旅游营运资格；3) 车内应安装冷暖空调设备，且工作性能良好；座椅座套整洁美观，车内清洁明亮、无杂物、无异味；4) 司机应具备高度责任心，工作尽心尽职，平时注重车辆的维修和保养；应注重自身的仪表整洁，能热情周到地为乘客提供安全正点、干净舒适的服务。

(2) 酒店标准：1) 选择酒店应符合合同内承诺标准，同等条件下应首选市区范围内的酒店；2) 特殊地区如没有挂星酒店则应选择当地条件最好的酒店供游客使用；3) 在酒店选择上，原则上使用挂星级酒店（或国际连锁品牌酒店），不使用准星级酒店（或国际不知名酒店）；在同一酒店，原则上使用主楼客房，不使用副楼客房。

(3) 餐饮标准：1) 用餐应标明具体餐标及菜肴数量（明示几菜几汤）；2) 注重就餐环境，应安排在住宿酒店、定点旅游餐厅或当地特色餐厅等环境较佳的场所就餐；3) 注重地方特色菜肴的品尝，行程中安排当地的特色风味餐。

(4) 导游（领队）标准：1) 导游（领队）应持证上岗，原则上应使用专职导游（领队），旅行社应加强对导游（领队）人员的规范管理，并对导游（领队）人员进行定期培训，以提高其各项技能；2) 导游（领队）人员应热爱本职工作，职业道德好，服务意识强；3) 导游（领队）人员应具备两年以上较丰富的带团经验，组团社与地接社都应建立各自的品质导游（领队）队伍，为标准化团队提供优质规范的服务；4) 导游（领队）人员工作认真负责，组织、协调、沟通、应变能力强，知识全面，讲解生动、形象，富有表达能力。

(5) 景点标准：1) 在景点选择上，以当地经典景区为首选，线路设计时不以价格高低影响景点的选择；2) 行程内所参观景区和景点应在签约报价单和出团通知书上均详细注明参观时间；3) 根据游览方式的不同，参观形式可分为“参观游览”“远程眺望”“乘车游览”三种旅游形式。需在签约报价单和出团通知书上明示，不能笼统标写“参观或游览”；4) 在签约报价单和出团通知书上应严格区分景点和购物点，报价内已含景点和需自费景点，报价内已含景点所有门票还是只含大门票（小门票需自理）等种种情形。

(6) 购物及自费标准：1) 行程内向游客推荐的自费项目必须安全、健康，不得违反现有法律、法规，并签订补充协议；2) 行程外自费项目购物活动不能影响正常行程，所有自费项目购物活动的选择，导游（领队）应与游客签订补充协议。

3. 旅游产品的分类要求

A. 豪华等

(1) 航班使用标准：不乘坐“红眼”航班和“过早”（起飞时间早于8:30）或“过晚”（抵达目的地超过晚上21:00）航班。但出发地与目的地仅有唯一航班，无可选择的情况除外。

(2) 火车使用标准：原则上应选择高铁或动车。

（3）汽车标准：空座率达到10%及以上。

（4）酒店标准：1）本标准住宿应达到五星标准，或按五星级标准新建成的酒店；2）选用酒店应采取具体指定1个酒店，或在2个均符合承诺条件的酒店之间采取2选1的方法，但不论采用以上哪种方案，均需在签订合同时做具体说明。

（5）餐饮标准：1）用餐应标明具体餐标；十人一桌不少于十菜一汤（含三个荤，三个素，四个半荤半素）；2）必须在酒店用自助早餐；其他午、晚餐必须安排在住宿酒店、定点旅游餐厅或当地特色餐厅等环境较佳的场所就餐；3）注重地方特色菜肴的品尝，行程中安排1～2餐风味餐，并在出团通知单中附菜单，有条件的应提供相应菜肴照片。

（6）导游服务标准：1）全陪应完整带团走过相同线路2次（含）以上；2）地陪应在当地带团2年（含）以上。

（7）团队人数和出发日期标准：十人起成行，均派全陪，若不成行，应提早五天通知客人，并在签订合同时与游客做相关事宜的约定。

（8）接送标准：应安排专车负责游客机场和杭州市区之间的接送。

（9）建议客人购买旅游意外险。

B. 舒适等（略）

C. 实惠等（略）

4. 标准化产品线路模板的格式化要求

（1）日期标注：行程表应按旅游时间的具体日期和天数标注。

（2）酒店标注：按旅游合同约定的事项，提供具体入住酒店的名称。

（3）路程标注：1）线路中涉及城市或地区间转移的应用括号标注具体的时间、距离、公路类型；2）线路中涉及同一城市各景区之间的转移则不需要标注。

（4）餐饮标注：1）线路中应详细标注具体的早、中、晚用餐数；2）线路中涉及包含用特色风味餐的，需标注具体的餐馆名称。

（5）景点标注：线路中各景点应用括号标注具体的游览时间。（是否有小门票、缆车等需自费的项目）

（6）航班标注：线路中涉及乘坐飞机、火车等长途交通工具的，应提供具体的航班（火车）号，并用括号标注具体的抵离时间。

5. 标准化产品出团通知书的格式化要求

（1）旅游线路图：1）在旅游线路图上，应具体标明城市之间的距离（公里数）、车程（时间），让游客对本次旅游的有一个直观的印象；2）若只在一个城市（或地区）旅游，可不附地图。

（2）旅游行程表：旅游行程表应与报名签约时的单子保持一致，若有调整，应及时告知游客，并征得游客的同意方可改动。

（3）行程特色介绍：1）把本条线路不同于常规线路的特色展示出来；2）把行程中特别安排的细节之处展示出来；3）把目的地与众不同的特色展示出来。

（4）酒店介绍：1）酒店名称、网址、总机号码；2）酒店整体照片（或内部设施的介绍图片）；3）酒店的简介；4）若推荐了两个酒店备选的，应对两个酒店均做说明。

（5）餐饮介绍：1）行程中特别安排的有当地地方特色的风味餐，应介绍餐馆的名称、历史、招牌菜及其特色，有条件的应附照片；2）行程中未安排，但在当地有名的餐馆或菜肴，可介绍供游客在旅途中自行选择。

（6）风土人情：可根据目的地国家、地区、城市的各自特质，向游客做直观介绍，以帮助游客加深对所到国家、地区、城市的进一步了解。

（7）注意事项：主要是介绍以下内容：1）目的地概况；2）目的地气候状况；3）目的地货币兑换情况（适用于出境）；4）目的地各类注意事项；5）旅途需准备的常规药品和物品；6）旅游安全特别告示及温馨提示。

资料来源：《浙江省中国旅行社集团有限公司标准化管理（2020 版）》。

3. 旅游行程的生产管理

旅游行程的生产即旅游产品的生产，在此阶段，旅行管家主要的管理工作集中在计划管理、采购管理、制造管理、品质管理、效率管理、精益生产等方面。

（1）计划管理。计划管理有利于旅行管家产生积极的心态、看清使命、把握重点、产生动力，提高工作效率。因此在计划管理工作中，旅行管家应该着眼全局，将各项计划工作和总体目标统一起来。同时，计划工作最终需要人来实现，因此在计划落实的过程中还需考虑人的因素。美国管理学家彼得·德鲁克提出的目标管理思想，在旅行管家的计划管理工作中应用是比较广泛的。具体来说，目标管理是一种综合的以工作为中心和以人为中心的管理方法。它首先由旅行管家和游客共同制定旅游目标，并由此形成旅行管家在旅游活动中的分目标，最后又用这些目标来管理评价旅行管家的实际工作。这样的计划思路以目标为中心，强调系统管理，重视人的因素，能够大大提高旅行管家的工作效率。

（2）采购管理。采购管理是指旅行管家对采购业务过程进行组织、实施与控制的管理过程。与普通企业的原材料采购不同，旅行管家采购的各种要素既有先行入库、后期使用的物料，也有采购和生产同步进行的旅游要素。在采购管理工作中，旅行管家要落实好采购计划，编制清晰准确的采购订单，将采购需求变成直接的采购任务。同时以采购订单为源头，对供应商确认订单、发货、到货、检验、入库等采购订单流转各个环节进行准确跟踪，实施全过程管理。如果是采购和生产同步的旅游要素，如景区、餐厅、酒店等时，旅行管家的采购工作包括对按需求向供应商预订资源、与供应商确定实际需求数量与服务要求、检验等环节的流程跟踪管理。在采购管理中旅行管家最重要的三项职能是保障供应、供应链管理和信息管理。旅行管家只有通过采购管理保障供应，才能保障旅游产品正常的生产；只有把供应商组织起来建立供应链系统，才能够形成一个友好的协调配合采购环境，保证采购供应工作的高效顺利进行；只有充分掌握资源市场信息，才能为经营决策提供及时有力的支持。

（3）制造管理。制造管理是指旅行管家对旅游产品生产制造过程进行计划、组织、协调、控制和考核等一系列管理活动的总称。在旅游活动中，对各种旅游要素的采购和制造很多是同步进行的，但是这并不是说采购和制造生产过程可以合并。事实上，供应商提供的要素产品需要通过旅行管家的加工，才能融合在完整的旅游产品中。因此旅行管家要重视产品的制造生产过程，重视对旅游产品制造过程中人力、技术、资源、服务等相关内容的管理。

（4）品质管理。品质管理是指旅行管家以质量为中心，通过让旅游者满意而达到长期成功的管理途径。与工业产品以标准定义品质不同，旅游产品的品质很大程度上取决于旅游者的满意程度。但这并不是说旅游产品的生产制造就没有标准了，只是在旅游产品标准化生产的基础上，旅行管家通过提供更专业的个性化服务，达到或超过旅游者对旅游产品满意的标准。旅行管家对品质的管理不能片面依赖于事后把关，工业产品出了质量问题可以退货或者调换，但是旅游产品一旦发生质量问题，退换处理就比较困难。因此，旅行管家需要树立与供应方合作共赢的观念，充分进行事前品质策划，在事中实时监控旅游产品生产制造过程，当发生质量问题时积极跟进，不推诿扯皮，同时注重品质管理体系的建设与完善，对不良品质现象不能发现一起，整治一起，而要从根本上予以解决。

（5）效率管理。效率作为旅行管家竞争力的基础，越来越受到重视。提升效率的方法通常有两种：一是技术革新，二是管理优化。随着科学技术的不断更新，新的技术将带来更高的工作效率，值得旅行管家积极采用。与此同时，落后的工作组织流程和生产流程也会造成效率低下，这就需要旅行管家通过管理优化重新塑造。

（6）精益生产。精益生产在工业化的生产管理中是指准时生产，即消除各种没有附加值的动作，同时达成一个去芜存菁的生产体系，以便更具弹性地去适应顾客的需求变化。在旅行管家的实际工作中对时间的要求是极高的，对成本费用的控制是极严的，因此旅行管家对精益生产的管理也显得尤为重要。对于精益生产的管理而言，到位的训练是重要的环节。精准和严谨的工作态度、熟练的工作和服务技能，能够让旅游产品的生产具备更鲜明的经营特征。与此同时，技术的进步为旅游活动的开展带来更多高效的时间管理、空间管理和费用管理工具，旅行管家熟练运用各种工具和技巧，也能促进精益管理的成效。

4. 旅游行程的反馈管理

旅游行程的反馈管理通常包括产品设计质量反馈、接待服务质量反馈和环境质量反馈等几个方面。产品设计质量反馈包括产品从设计完成到最终确认过程中来自旅游者的反馈、产品生产过程中和旅游活动结束后来自游客和旅行辅助人的反馈等。和服务质量相比，设计质量是旅游产品的硬质量。产品一经设计完成，设计质量就已经基本确定，但是对于质量的反馈却贯穿于整个旅游活动之中。虽然旅游者在出发前对旅游产品的确认就表明对设计质量的初步认可，但旅行管家要想获得对设计质量的全面反馈，需要等到行程结束之后。同时，旅游产品的设计质量并非完全不能改变，在旅游活动接待服务过程中，旅行管家通过各种反馈发现了设计存在的质量问题也有及时调整的可能。所以，旅行管家需要通过积极的交流获取来自各方的及时反馈，保证产品设计的质量能更符合旅客的需要。

旅行管家对接待服务质量的反馈通常依赖于旅游结束后旅游者填写的各种意见单或反馈表，但传统旅行社的反馈意见统计工作存在较多的缺陷。首先，服务反馈意见收集工作由旅游服务者当着游客的面完成，如果由游客被动完成，容易造成反馈意见失真。其次，服务质量反馈表单的设计大同小异，如表 7－3 所示。针对可大批量复制的旅游产品，这样的反馈工作是有积极意义的，但是针对某一特别的旅游接待服务工作，就未必能够全面地反映其服务质量和水平。因此对旅行管家而言，应当有针对性地收集服务反馈信息。

通常服务反馈表设计不应过于复杂，内容不宜过多，以免增加旅游者的填写负担。但是对于重点游客如旅游团队负责人或意见较多的游客可以提供更为完整的反馈表，以便收集更为全面的反馈意见。关于反馈表的形式，通常也以方便游客习惯为主。目前，越来越多的旅行管家使用各种后台小程序收集反馈意见，游客通过二维码或其他链接方式进入程序填写。这样既可以避免当面填写的信息失真的可能，也方便游客选择自己合适的时间完成信息的反馈。旅行管家通过后台管理，对数据的统计也更加容易。

表 7-3　旅游服务质量反馈表

Tourism Services Quality Evaluation Table　　NO. ________

________旅行社很荣幸接待您，希望您对我们的服务提出宝贵意见，在此深表谢意！祝您旅途愉快、身体健康、一路平安！　　总经理签名：________

We ________, feel honoured to be your host during your stay. You are kindly requested to give comments and suggestions on our service. Thank you! We wish you a happy journey and good health!

Signature of the General Manager: ________

<table>
<tr><td>团名
Tour Code</td><td></td><td>国籍
Nationality</td><td></td><td colspan="2">人数
No. of Team</td><td></td></tr>
<tr><td>导游姓名
Name of Guide</td><td></td><td>旅行社
Travel Agency</td><td></td><td colspan="2">司机
Name of Driver</td><td></td></tr>
<tr><td colspan="7">请您就以下各项给予评价 Please rate us on the following</td></tr>
<tr><td colspan="3">评价标准
Evaluation Criteria</td><td>优秀
Excellent</td><td>良好
Above Average</td><td>一般
Average</td><td>需改善
Below Average</td></tr>
<tr><td rowspan="5">导游服务
Guide Service</td><td colspan="2">着装仪表 Dress Instrumentation</td><td></td><td></td><td></td><td></td></tr>
<tr><td colspan="2">语言水平 Language Proficiency</td><td></td><td></td><td></td><td></td></tr>
<tr><td colspan="2">服务态度 Courtesy</td><td></td><td></td><td></td><td></td></tr>
<tr><td colspan="2">安全提示 Safety Tips</td><td></td><td></td><td></td><td></td></tr>
<tr><td colspan="2">购物安排 Shopping Arrangements</td><td></td><td></td><td></td><td></td></tr>
<tr><td rowspan="4">汽车服务
Automotive Service</td><td colspan="2">着装仪表 Dress Instrumentation</td><td></td><td></td><td></td><td></td></tr>
<tr><td colspan="2">服务态度 Courtesy</td><td></td><td></td><td></td><td></td></tr>
<tr><td colspan="2">汽车卫生 Automotive Hygiene</td><td></td><td></td><td></td><td></td></tr>
<tr><td colspan="2">安全驾驶 Safe Driving</td><td></td><td></td><td></td><td></td></tr>
<tr><td rowspan="3">餐饮服务
Dining Service</td><td colspan="2">服务态度 Courtesy</td><td></td><td></td><td></td><td></td></tr>
<tr><td colspan="2">就餐环境 Dining Surroundings</td><td></td><td></td><td></td><td></td></tr>
<tr><td colspan="2">食物质量 Food Quality</td><td></td><td></td><td></td><td></td></tr>
<tr><td rowspan="3">宾馆服务
Hotel Service</td><td colspan="2">服务态度 Courtesy</td><td></td><td></td><td></td><td></td></tr>
<tr><td colspan="2">清洁 Leaning</td><td></td><td></td><td></td><td></td></tr>
<tr><td colspan="2">设施 Facilities</td><td></td><td></td><td></td><td></td></tr>
<tr><td rowspan="3">景区服务
Spots Service</td><td colspan="2">服务态度 Courtesy</td><td></td><td></td><td></td><td></td></tr>
<tr><td colspan="2">讲解质量 Explanation Quality</td><td></td><td></td><td></td><td></td></tr>
<tr><td colspan="2">设施 Facilities</td><td></td><td></td><td></td><td></td></tr>
<tr><td colspan="3">其他意见：
Other Comments:</td><td colspan="4"></td></tr>
<tr><td colspan="2">客人（代表）签名：
Signature:</td><td colspan="2">联系电话：
Tel:</td><td colspan="3">地址：
Add:</td></tr>
<tr><td colspan="3">投诉电话：
Telephone Complaints:</td><td colspan="4">日期：
Date:</td></tr>
</table>

反馈表的设计通常由客观反馈和主观反馈两部分组成。对旅游者而言，客观反馈较为直接简便，但是反馈指标是统一设置的，虽然信息覆盖面较全，但不具备针对性，因此反馈信息的局限性较大。主观反馈信息虽然填写、收集较为困难，反馈内容也不够全面，但往往能更真实地反映最重要的服务质量情况。因此，旅行管家在反馈表中常常通过互动设计或其他方式鼓励旅游者提供更多的主观反馈意见。例如，

在小程序中设置“图片＋点评”等模块，与量化考评的打分模式相结合，如表 7－4 所示。

表 7－4 旅行管家小程序中的旅游服务质量评价表

发表评价					
★评分：					
总体评价	○ 1 分	○ 2 分	○ 3 分	○ 4 分	○ 5 分
旅行交通	○ 1 分	○ 2 分	○ 3 分	○ 4 分	○ 5 分
酒店住宿	○ 1 分	○ 2 分	○ 3 分	○ 4 分	○ 5 分
行程安排	○ 1 分	○ 2 分	○ 3 分	○ 4 分	○ 5 分
接待服务	○ 1 分	○ 2 分	○ 3 分	○ 4 分	○ 5 分
★评价：					
这次旅行顺利吗？有什么想说的呢？期待您的评价：					
○有趣好玩	○总体超赞	○景色不错	○性价比高	○服务很好	○值得一去
★照片分享			★视频分享		
○提交					

服务质量的反馈目的是让旅行管家能够充分认识到真实的服务质量水平，从而更好地控制旅游产品的生产和旅游服务的供给，因此质量反馈的形式并不局限在质量反馈表中。有时候旅行管家通过活动设计，将质量反馈过程融入旅游产品中，也能取得不错效果。同时，旅行管家对服务质量的反馈管理更要体现出过程评价和结果评价相结合的方式。反馈不只是行程结束以后的事情，而是每一步工作做过之后，都能够根据旅客的实际反馈来调整下一步的工作方式。如果有问题，也可以尽可能在旅游活动过程中解决，而不是旅游结束返回以后再解决。

在行程结束后，旅行管家需要及时回访，根据客人的评价将酒店、餐厅、用车、导游等项目逐一打分，不满意的项目要说明原因并提出改进意见，特别严重的投诉要有事故报告和处理结果，整理归档。同时建立客户资料档案，掌握旅游者下一步出行意愿和需求，并保持联系。同时，游客的反馈并不能全面概括旅游行程的质量水平，旅行管家还应做好对旅行辅助人反馈和对环境质量反馈的管理，才能更好地保障并提升旅游行程的质量。

7.2.3 旅行管家的安全管理

1. 旅游安全管理概述

安全是旅游活动顺利开展的根本前提，也是旅行管家从事旅游接待服务工作的首要任务。在旅游活动中，难免会遇到自然灾害、事故灾难、公共卫生事件、社会安全事件等旅游安全事故，因此，旅行管家不仅需要具备应对旅游安全事故的能力，同时还需要做好旅游安全管理。旅游安全管理是通过持续的风险识别，采用科学的方法和措施，把旅游活动中人的伤害和物的损失风险降低并保持在可接受水平以下的一系列计划、组织、协调和控制活动，通常包括旅游安全政策制定、安全理论研究、安全宣传教育、安全设施防控、事故应急救援、旅游危机处理等。

要进行旅游安全管理，首先必须明确旅游安全管理的依据。作为旅行管家及其所属的旅游企业，安全管理依据通常包括国家旅游主管部门制定的法律法规，以及旅游行业或企业自身发布的安全管理制度等。为保证旅游安全管理的效率，对安全管理职责的认定有强制性的必要，因此只有以法律法规为依据，才能把旅游安全管理纳入法制化的轨道。表 7－5 是现行的与旅游安全管理相关的法律体系。除此之外，旅游行业或旅游企业自身为了保证旅游安全而制定的章程、程序、方法和措施等，也是旅游从业人员在经营服务中必须遵守的规范和准则，主要包括安全管理工作制度、安全生产技术规程、安全生产责任制度、安全生产检查制度、事故应急救援制度、事故调查处理制度等。

表 7－5　旅游安全法律体系

法律体系	主要内容
有关安全生产的专门法律	《安全生产法》《消防法》《道路交通安全法》《海上交通安全法》等
与安全相关的法律	《旅游法》《劳动法》《工会法》《电力法》《建筑法》《公路法》《铁路法》《民用航空法》《港口法》等
与安全相关的行政法规	《工伤保险条例》《安全生产许可证条例》《生产安全事故报告和调查处理条例》《特种设备安全监察条例》《民用爆炸物品安全管理条例》等
地方性法规	略
与安全相关的部门规章	《旅游安全管理办法》《旅游突发事件信息报告办法》《公共娱乐场所消防安全管理规定》《漂流旅游安全管理暂行办法》《生产经营单位安全培训规定》《安全生产违法行为行政处罚办法》等
地方政府规章	略
与安全相关的国际公约	《1974 年海上旅客及其行李运输雅典公约》《国际海上人命安全公约》《1989 年国际救助公约》等

为保证旅游安全管理工作的有序进行，必须建立等级合理、衔接有序的组织机构。根据《安全生产法》规定，从业人员超过 100 人的企业应当设置安全生产管理机构，如安全处、安全组等，或配备专职安全生产管理人员；从业人员在 100 人以下的企业，应当配备专职或兼职的安全生产管理人员，或委托具有国家认定的相关专业技术资格的工程技术人员，提供安全生产管理服务。同时，为保障旅游安全，也需要建立一个衔接有序、运作有效、保障有力的安全管理体制。安全管理并不只是旅游企业或旅行管家自己的事情，我国目前实行“企业负责、行业管理、国家监察、群众监督、劳动者遵章守纪”的安全管理体制。旅行管家及其所属旅游企业的安全管理工作也纳入这个体制中。

旅游安全管理的主要内容是研究安全风险、发现安全漏洞、解决安全问题，是一个从防范事故、化解危机到恢复正常旅游秩序的全方位、全过程的管理工作。通过安全管理可以消除风险与危害因素，控制经营过程中事故的发生，保障旅游从业人员安全与健康，保护旅游者的生命财产安全。常见的旅游安全管理手段包括法治手段、行政手段、经济手段、科技手段、管理手段、教育手段等。

2. 旅游安全常态管理

旅游安全常态管理是将安全管理融入旅行管家及其所属旅游企业的日常工作之中，使之成为常态管理活动。其目的是减少旅游安全事故发生的可能性，消除或者降低旅游事故的危害和损失，通过旅游安全常态管理，实现“人人安全、事事安全，时时安全、处处安全”的目标。旅游安全常态管理通常包括旅游安全事故预防、旅游安全预警、旅游安全教育、旅游安全管理决策、旅游安全保障等内容。

（1）旅游安全事故预防。旅游安全事故预防是旅行管家及其所属旅游企业对旅游风险进行识别和评估后，在旅游风险产生危害之前，运用科学有效的办法，通过制定安全规划、计划和预案，对安全状况进行检查，对事故隐患进行控制和综合治理，从而防止或减少安全事故的发生。

旅游风险评估是旅行管家或其所属旅游企业对旅游活动的风险性质和范围进行确认，通常包括分析潜在致灾因子和评价现存问题、应急能力，以及可能出现的对人员、财产、服务等造成的损害。为了预防事故和为事故治理提供科学的管理保障，旅行管家及其所属旅游企业更应及时制定安全规划和计划，包括对旅游风险长期监控的安全规划、应对旅游风险的安全计划和安全应急预案等。旅行管家及其所属旅游企业在生产经营活动中还必须对旅游产品的生产进行经常性、定期和专业的检查，排查多发性或偶发性事故的隐患，并积极整改。同时，旅行管家及其所属旅游企业为安全管理工作制定相关标准，实行标准化管理也是安全事故预防的重要手段。

（2）旅游安全预警。旅游安全预警是指旅行管家及其所属旅游企业根据以往经验或观测到的征兆，预测旅游安全事故，并在风险转化为危害之前，发出安全警示信号，促使相关安全管理人员或部门采取应对措施，从而最大限度地减少危害和损失。科学系统的预警有利于及时、高效地处理各种旅游安全事故。一般来说，旅游安全预警系统至少应包括安全信息收集、安全信息分析、安全对策制定、预警信息发布、安全信息反馈等职能。

旅游安全预警按警示内容可分为自然灾害预警、公共卫生预警、社会治安预警、政治局势预警等。自然灾害预警是对可能发生自然灾害的旅游地发出灾害预报，提醒相关组织做好准备，提醒旅游者避开灾害；公共卫生预警是对旅游地的环境卫生状况、食品卫生状况、疫情状况等进行的安全警示；社会治安预警是对旅游地治安状况进行的安全级别划定和信息发布，以提醒旅游者根据自己的安全适应性来进行合理的旅游消费决策；政治局势预警是对旅游地政治稳定状况进行的安全分析和信息发布，以避免由于旅游地的政治动乱造成旅游者的伤害。根据安全情景的不同状况，可以选择不同的词语来表示旅游地的危险程度及警示的危险级别。我国按照旅游安全的轻重程度，采取提示、劝告、警告三种警示形式。

（3）旅游安全教育。旅游安全教育是旅游风险防范的重要手段之一，通过安全知识的宣传和教育，可以强化人们的安全意识与法治观念，培养安全需要，形成自我约束的行为动机，使人的行为符合旅游活动安全规范和要求，提高其对风险的控制能力。

旅游安全教育的内容主要包括旅游安全思想教育、旅游安全知识教育和旅游安全技能教育等。旅游安全思想教育通过提高人们思想认识，使人的思想上产生安全的需要与动机；旅游安全知识教育通过提高人们对安全风险的判断和反应能力，使他们在旅游活动过程中明确哪些是危险因素，知道如何消除；旅游安全技能教育则是通过提高人们安全行为的规范性，使其掌握应对事故一定的技巧和能力。

旅行管家及其所属旅游企业的安全教育通常包括对旅游管理者的安全教育、对安全重点岗位的安全教育、对普通从业者的安全教育、对当地居民的安全教育、对旅游者的安全教育等。旅游安全教育的方式通常包括不定期的安全知识课堂讲解、安全技能模拟培训、安全信息通报学习等。旅行管家及其所属旅游企业还能通过旅游安全宣传建设、教育建设、管理建设、竞赛活动、检查活动、报告活动、表彰活动等形式，建设旅游企业的安全文化，让全体员工在安全管理上形成共同的目标感、方向感和使命感。

（4）旅游安全管理决策。旅游安全管理决策是指旅行管家及其所属旅游企业对某一安全问题进行分析预测后，借助一定的方法和技巧，通过合理的计算和判断，选择最优的行动方案。旅行管家及其所属旅游企业在进行安全决策的时候，应当遵循合理可行原则和信息完备原则，即在充分获取影响决策信息资料的基础上，做出合理可行的决策。

安全决策按可靠性来划分，可分为不确定型决策、确定型决策和风险决策。不确定型决策是指旅行管家及其所属旅游企业无法确定未来各种状态发生的可能性，全凭个人经验做出的决策；确定型决策是指掌握了充分的情报或信息，对可能的状态和结果有确定把握的决策；风险决策是指决策者不能肯定将来发生的状态，但可对各种环境因素的概率做出估计的决策。安全决策的程序通常包括确定安全目标、收集信息、拟订方案、评价选择方案、执行跟踪方案等几个步骤。

（5）旅游安全保障。为应对旅游安全事故，旅行管家及其所属旅游企业不仅需要在企业内部建立旅游安全管理体系，还要通过信息、资源、交通、医疗、保险等其他部门和单位的协同作用，共同努力保障旅游安全。

3. 旅游安全应急救援

旅游安全风险不可能完全避免。当旅游安全事故或灾害发生时，如果旅行管家及其所属旅游企业能够建立旅游安全应急救援体系，组织及时、有效的应急救援行动，则是抵御事故风险或控制灾害蔓延、降低危害后果的重要手段。

（1）旅游安全应急体系。应急救援体系的构建应以事件为中心，以功能为基础，分析和明确应急救援工作的各项需求，在应急能力评估和应急资源统筹安排的基础上，科学地建立规范化、标准化的应急救援体系，保障各级应急救援单元的统一和协调。一个完整的应急体系，通常应由组织机制、运作机制、法制基础和保障系统等部分构成。表 7－6 就是事故应急救援体系的简单结构。

表 7－6　事故应急救援体系

组织机制				运作机制				法制基础				保障系统			
管理机构	功能部门	应急指挥	救援队伍	统一指挥	分级响应	属地为主	公众动员	安全法律	安全法规	规章标准	法令办法	信息通信	物资装备	人力资源	经费财务

资料来源：孔邦杰．旅游安全管理［M］．3 版．上海：格致出版社，2019.

（2）旅游安全事故应急救援。旅游安全事故应急救援是一项复杂的系统工程，旅行管家及其所属旅游企业应当明确应急救援的基本原则及主要程序。应急救援的原则包括以人为本、减少危害；依法应急、科学组织；统一指挥、协调一致；属地为主、分级响应；迅速果断、准确有效等。应急救援程序通常包括信息报告、应急响应、应急处置、应急终止等环节。图 7－1 是旅游安全事故应急救援的基本程序。

目前，国内的旅游应急救援有三种类型，分别是公共救援、公益救援和商业救援。公共救援是政府的职能，服务于所有旅游者；公益救援主要是以民间公益组织

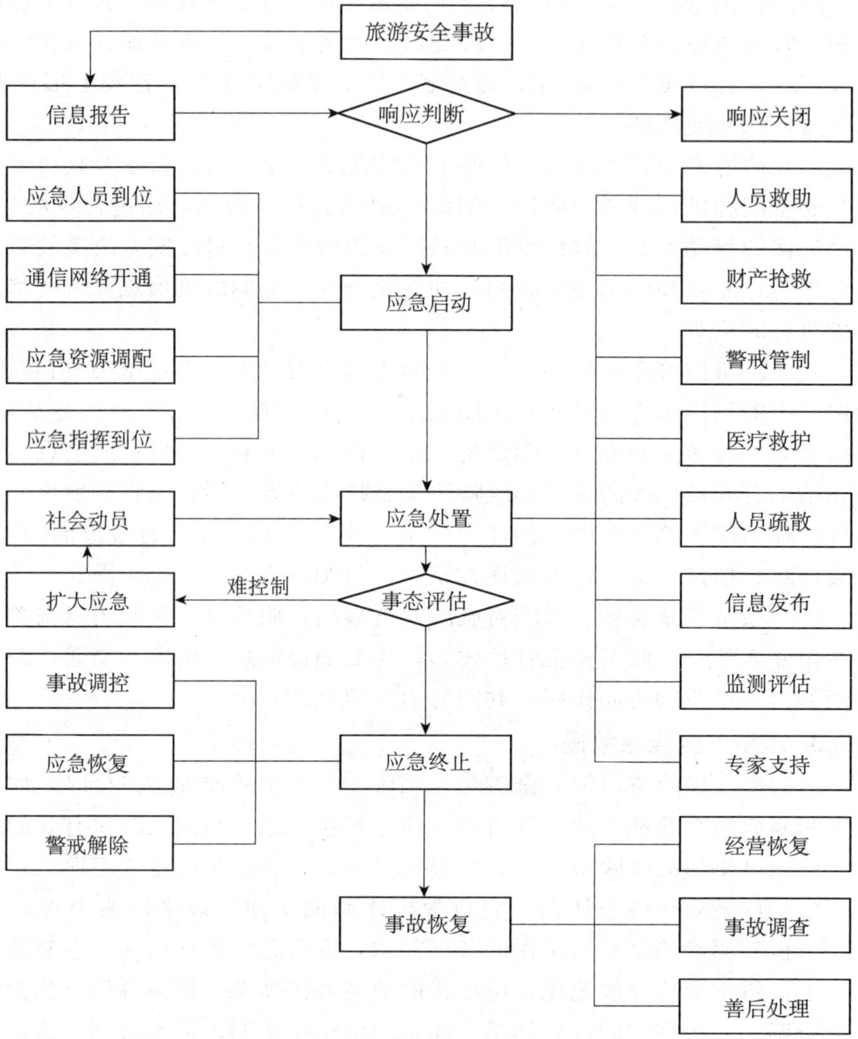

图 7-1　旅游安全事故应急救援的基本程序

资料来源：孔邦杰. 旅游安全管理［M］. 3 版. 上海：格致出版社，2019.

为主体发起的，服务于所有旅游者；商业救援的构成主体是商业性旅行救援机构，其服务对象是该机构的会员，如国际 SOS 救援中心等。

4. 旅游事故恢复管理

发生旅游安全事故后，事故造成的破坏不仅会在相当长的一段时间内持续影响旅游活动的开展，也会影响旅行管家及其所属旅游企业的生产经营活动。因此，旅行管家及其所属旅游企业在旅游事故发生之后需要恢复旅游者对旅游活动、旅行管家以及旅行管家所属旅游企业的信心，同时也需要对安全管理战略的效用进行评估，对安全管理战略进行更新和提高。

在旅游安全事故被控制后，旅行管家及其所属旅游企业应当成立安全恢复小组，指导恢复工作，制定并执行恢复计划。旅游事故的安全恢复，首先应使受事故影响的区域或影响的行程恢复到相对安全的基本状态，然后逐步恢复到正常经营状态。其内容通常包括对事故现场的恢复、对旅游经营的恢复和对旅游者心理的恢复等。具体的恢复措施主要包括获取政策支持、修订安全战略、加强形象建设、改善服务质量、开展灵活促销等。

（1）获取政策支持。旅游事故发生后，政府可能会对受损机构或地区提供各类政策支持，如减免税费、低息贷款、发放津贴等。这是旅行管家及其所属旅游企业增加收入、减少调整成本、平稳渡过危机期最经济的方法。

（2）修订安全战略。旅行管家及其所属旅游企业应根据实施效果和形式的变化，定期对安全战略进行回顾和总结，对安全保障程序进行评估，同时关注新信息和新变化，对安全战略进行持续、实时的修订和更新。

（3）加强形象建设。旅行管家及其所属旅游企业应当加强与媒体沟通，通过媒体展示恢复情况和取得成果，提升旅游者预期，改善和提升自身的形象。

（4）改善服务质量。改善服务质量包括改善安全管理服务质量和改善旅游接待服务质量等。改善安全管理服务质量能使旅游者接受的安全保障服务更加到位，改善旅游接待服务质量可以提高旅游者对旅行管家及其所属旅游企业形象的认知。

（5）开展灵活促销。针对细分市场开展灵活促销也是旅行管家及其所属旅游企业在旅游安全恢复期的重要措施，这不仅可以促进企业形象建设，同时也可以成为企业增加收入、减少调整成本的一种方法。

7.2.4　旅行管家的产品管理

产品是旅行管家从事经济活动的生命线。许多旅游经营者在旅游产品的生产和销售过程中并不存在太大的技术劣势，但是在日常经营活动中发展总是不太顺利，究其原因，多半出于管理上的不足。产品管理并非只是旅行管家个人的事务，更是其所属旅游企业重要的工作内容。从广义上看，旅行管家的产品管理主要包括生产管理、销售管理、客户管理、品牌管理、公关管理等。

1. 旅行管家的生产管理

旅行管家及其所属旅游企业对旅游产品生产的管理，通常包括产品战略管理、产品开发管理、产品市场管理、产品生命周期管理等（下文介绍前两种）。旅行管家生产的旅游产品和大批量复制的工业产品不同，其有鲜明的定制化特征，很多产品是无法复制的，因此，旅行管家及其所属旅游企业对产品的生产管理不仅有鲜明的特色，而且也更为困难。

（1）产品战略管理。产品战略是指旅行管家及其所属企业为产品生存和发展而制定的目标与达到目标所采取的各项政策的有机结合体。旅行管家的产品战略是一个多层次的逻辑体系，至少可以分为决策层战略和操作层战略，它应当具有全局性、长远性、适应性、风险性等特点。旅行管家的产品战略管理工作一般分为战略分析、战略目标制定、战略方案选择和战略监督控制 4 个阶段。

战略分析是旅行管家及其所属旅游企业为旅游产品制定战略目标的准备阶段，通常包括对旅游企业地位分析、环境分析、能力分析等内容，在此基础上，可以制定旅游产品的战略目标。战略目标通常指未来一定时期内旅游产品在市场中要占据的位置，通常包括未来的目标市场、产品范围、销售量、市场份额、利润额等指标。尽管旅行管家经营的大量定制旅游产品是不可复制的，但是它们却依然可以拥有共同的主题、共同的模式、共同的市场等，所以旅行管家及其所属旅游企业制定产品战略目标非常有必要。虽然旅行管家的产品战略目标的制定各有不同，但是都应符合重点突出、可测量、可行性等要求。接下来就需要选择实现目标的战略方案，并在战略目标实施的过程中做好监督与控制工作。旅行管家的产品战略监督与控制主要包括年度计划控制、盈利能力分析等。

旅行管家的产品战略各不相同，美国学者安索夫提出的“产品—市场战略”矩阵，是一种著名的战略决策模型。他认为企业经营战略有四要素：现有产品、未来产品、现在市场、未来市场，这样产品战略就有 4 种组合，即 1）市场渗透：现有产品和现有市场的组合；2）产品开发：未来产品和现有市场的组合；3）市场开发：现有产品和未来市场的组合；4）多角化经营：未来产品与未来市场的组合。传统的旅游企业产品战略往往为渐进式增长战略，如果融入创新开拓性战略，可以将安索夫的模型扩容为 3×3 的矩阵，如表 7-7 所示。

表 7-7　旅行管家产品市场战略 3×3 矩阵表

	原有产品	相关产品	全新产品
原有市场	市场渗透战略	产品发展战略	产品革新战略
相关市场	市场发展战略	多角化经营战略	产品发明战略
新兴市场	市场转移战略	市场创造战略	全方位创造战略

（2）产品开发管理。创新是旅行管家及其所属旅游企业永葆生机的重要源泉。旅行管家不仅要掌握产品开发的技能，同时也需要掌握产品开发的管理能力。旅行管家的产品开发管理主要包括制定并落实产品开发的计划、产品开发的策略、产品开发的程序等。

在新产品开发过程中，旅行管家应该养成制定开发计划的习惯。旅游产品的开发计划通常包括确定开发的依据、确定开发的方式、制定计划的进度与落实开发实施的保证等。在产品开发之前，旅行管家既需要分析外部环境，寻找产品开发的机会，也需要分析内部条件，确定产品开发的可行性。在此基础上，旅行管家需要确定产品开发采用的方式，如独立开发、旧产品改进、外部引进等。同时需要制定产品开发计划的进度，并明确相关部门或人员的职责，以保证产品开发工作的具体落实。

旅行管家制定产品开发的策略，主要是根据产品生命周期不同发展阶段的产品开发规律确定产品的开发思路。产品生命周期是指旅游产品的经济生命，即产品从投入市场到退出市场所经历的时间。产品生命周期一般包括四个阶段：投入期、成长期、成熟期和衰退期。因为定制化旅游产品可复制性较低，所以这里的旅游产品并非指旅行管家或其所属旅游企业单独设计的某个旅游产品，而是指某一类型的旅游产品。由于科技进步和市场竞争，产品生命周期有日益缩短的趋势。

传统上，当某一类型的旅游产品处于投入期时，成本高、销售量小。在这一阶段要做有力度的广告，旨在迅速进入市场。同时要广泛征求用户意见。搜集相关的产品市场信息，着手新产品的构思和研究准备。当产品进入成长期后，由于生产量、销售量的增长带来了利润和竞争。在此阶段，不仅要提高产品质量，创名牌，更应投入相当大的技术力量对新产品进行设计性试制。当产品进入成熟期后，除了继续提高产品和服务质量以求得较高的市场占有率外，对新产品进行小批量生产，并投入市场试销。当销售增长率递减的趋势较为明显之际，是新产品投入市场的最佳时机。当产品进入衰退期时，新产品要扩大产量，进入成长期，适时接替第一代产品，使企业保持原有的销售旺势。

产品开发是一项艰巨且有风险的工作，为避免或少走弯路，旅行管家及其所属旅游企业还需要重视对于新产品开发步骤的管理。通常产品开发的程序包括对产品开发的调查、对产品的构思创意、对产品概念的检验、对产品的经营分析等。

2. 旅行管家的销售管理

旅游产品的销售是旅行管家及其所属旅游企业经营发展的根本，对旅游产品的销售管理也是旅行管家重要的工作内容之一。旅行管家销售管理主要的工作包括市场营销环境分析、市场细分与市场定位、制定营销策略和制定营销渠道策略等。

（1）市场营销环境分析。旅游企业市场营销的成功通常取决于两方面因素：一是企业的营销组合，二是企业营销环境。前者是企业完全可能控制的，而后者超越了可控范围。而营销环境又可以分为两个层次：一层是旅行管家及其所属旅游企业旅游经营活动所处的市场内部环境，也被称为市场营销微观环境；另一层则是外部的宏观营销环境。

旅行管家市场营销宏观环境通常包括政治法律环境、文化环境、社会环境、经济环境、科技环境、人口因素、地理因素等。虽然宏观营销环境是旅行管家及其所属旅游企业既不可控制，又不可影响的，但对市场营销的成功与否却起着重要的作用。微观营销环境则是指存在于旅行管家及其所属旅游企业周围，并影响其营销活动的各种因素和条件，包括消费者、中间商、竞争者、公众及旅游企业自身等。定期对面临的微观环境及其因素进行分析，便于企业认清形势，适应环境的变化，灵活调整企业的营销策略，使企业的市场营销活动得以顺利开展。

（2）市场细分与市场定位。市场细分又称为市场分割，是根据购买者的需要和欲望、购买态度、购买行为特征等不同因素，把一个市场划分为若干不同购买者群体的行为过程。旅行管家对市场细分是旅游需求分析的一种手段，有利于旅行管家及其所属旅游企业寻找市场机会、制定营销策略和竞争策略。

市场细分并无定式，旅行管家通常需要先确定细分的依据，以此为基础分割市场，然后对分割后的市场进行分析，最终确定目标市场。美国学者麦卡锡提出市场细分 7 步法，包括选定市场范围、列举潜在消费者的基本需求、分析潜在消费者的不同需求、排除潜在消费者的共同需求、划分相应的市场群、分析细分市场的具体特点以及评估各细分市场。这为旅行管家的市场细分工作提供了一个行动参照。

目标市场是指旅行管家及其所属旅游企业在市场细分基础上，进行营销活动所要满足的旅游者群体。这类群体的市场就是旅行管家的主要经营对象。市场细分与选择目标市场二者既有联系又有区别。市场细分是按不同的消费影响因素划分消费群体的过程，选择目标市场则是在细分市场基础上挑选少量细分的市场作为营销对象的决策过程。市场细分是目标市场的前提和基础，目标市场则成为市场细分的目的和归宿。科学合理的目标市场只有通过深入的市场细分才能产生。

旅行管家在选择目标市场时，应注意的原则有：1）目标市场必须与旅行管家的经营目标和旅游企业形象相符合；2）目标市场必须与旅行管家及其所属旅游企业所拥有的资源相匹配；3）目标市场必须具备结构性吸引力。旅行管家通过评估细分市场后，逐渐缩小目标市场的范围，最终可以选定目标市场。

（3）制定营销策略。上文提到了旅游产品的生命周期概念，并非一切旅游产品都必须经历投入期、成长期、成熟期、衰退期 4 个阶段。无论具体的旅游产品有哪些市场周期，作为旅游产品的生产者，旅行管家及其所属旅游企业都必须认真研究旅游产品各阶段的特点，以制定相关产品策略。

知识链接

根据旅游产品生命周期各阶段的特点制定产品营销策略

1. 投入期策略

在投入期，旅行管家所采取的主要都是新产品策略，主要包括缓慢提取策略、迅速撇取策略、缓慢渗透策略、迅速渗透策略等。

（1）缓慢提取策略（高价+低促销）。旅行管家以较高的价格树立产品的形象，提高产品的知名度，获取更大的盈利，以此来弥补在促销力度上的不够，从而把旅游产品投放到市场。同时通过低促销降低了新产品的销售费用，旅行管家能够在短期内获得巨大利润，以回收旅游产品的生产投资。旅行管家采取这种策略的条件是：1）经营的旅游产品的规格、档次高，服务质量好，基础设施齐全；2）市场规模小；3）市场基本了解这类产品；4）潜在的竞争对手少，使产品具有很大的垄断性。

（2）迅速撇取策略（高价+高促销）。旅行管家以较高的价格树立旅游产品的市场形象，同时支出大量促销费用，加大促销力度，在市场上树立质量形象，以弥补高价背后的不足，从而扩大对市场的占有率。这种策略比较适应于以下类型市场：1）产品的知名度比较低；2）人们消费水平比较高，市场上有一批重质量、轻价格的成熟消费者；3）产品凸显个性化、趣味化和健康化，与同类产品比较具有明显的优势。

（3）缓慢渗透策略（低价+低促销）。旅行管家以一种较低姿态进入市场，目的在于促使市场尽快接受这类产品。随着产品知名度的打开，慢慢提高产品的价格以收回投资。旅行管家采取这种策略的条件是：1）市场上对该产品的价格弹性较大；2）市场有较大的开拓余地；3）基础设施能稳步配套建设；4）市场有一定潜在竞争者；5）产品知名度比较高。

（4）迅速渗透策略（低价+高促销）。旅行管家以较低的价格加上较高的促销，全力推出该产品。这种策略可使产品在最短的时间内进入市场，迅速提高产品的市场占有率。旅行管家采取这种策略往往出于以下原因：1）市场规模较大；2）旅游者大多对价格敏感；3）存在潜在竞争的威胁；4）产品因规模生产或引入新技术而使生产成本大大降低。

2. 成长期策略

旅行管家在产品成长期的营销策略一方面需要巩固已有的销售成果，另一方面应进一步扩大市场占有率，尽快提高销售量。这一时期潜在竞争者已经出现。因此，旅行管家在成长期的策略主要为：

（1）改进旅游产品。旅行管家需要进一步完善基础设施的配套建设，密切旅游活动各环节之间的联系与协调，增强接待能力，同时根据游客信息反馈增减一定的活动内容，规范服务技巧，狠抓产品特色和服务质量，以吸引更多潜在的消费者。

（2）加强市场促销。旅行管家一方面需要加强销售渠道的管理，搞好渠道成员之间的协调，尤其给予中间商相应的优惠，以此扩大销售范围。同时，采取多种销售形式，增加新的销售渠道。另一方面，需要借助媒介对外宣传，从重点介绍旅游产品转变为树立产品形象，宣传产品特色，增强消费者对旅游产品和旅行管家的信任感，提高产品的知名度，走品牌产品的销售策略。

（3）开拓新市场。旅行管家在分析市场价格发展趋势和竞争者价格策略的基础上，努力提高旅游产品的规模生产能力，以此降低单位产品成本，适当提高或降低原有价格以吸引对价格敏感的潜在购买者，以此积极主动寻找并占领新的市场。

3. 成熟期策略

这一时期的旅游产品已经基本定型，市场营销也日趋成熟，市场已趋于饱和状态，产品销售也已基本稳定，而同类产品的生产企业却不断增加，由此市场竞争异常激烈，为了保持产品的优势和地位，旅行管家可采取如下策略：

(1) 市场改革。为了寻找机会市场，争取新的消费者，旅行管家及其所属旅游企业应该进行新的市场开发，进一步发掘市场潜力，稳定和扩大产品的销售量。

(2) 产品改革。旅行管家对旅游产品的改革主要集中在产品质量改革和服务素质改革两个方面。旅行管家需要规范服务技巧，使旅游活动接待服务标准化，以此来稳定服务质量，同时根据旅游者的反馈提升产品质量，增设服务项目，以此吸引更多旅游者。

(3) 营销组合改革。旅行管家对原有的营销组合因素进行调整可以刺激销售量，如增加或减少服务内容，开辟多种销售渠道等。但这种策略也有可能造成其他企业竞相模仿而加剧市场竞争，或因为促销费用增大而导致利润损失。

(4) 新产品的研制和开发。某一类旅游产品进入成熟期，意味着市场的营销工作开始下降，而消费者日益增加的需求使旅行管家无法确知现有产品的衰退期何时到来。为使企业永远居于市场主动地位，应该着手研制和开发新的旅游产品。

4. 衰退期策略

旅游产品一旦进入衰退期，对于旅行管家及其所属旅游企业而言将面临严峻的考验，是否能够果断地调整产品策略，直接关系到企业未来的生存和发展。一般而言，应尽可能地缩短产品的衰退期，旅行管家可采取如下策略：

(1) 立刻放弃。如果旅游产品市场销售量急转直下，甚至连变动成本也无法补偿，那么应该采用此策略。

(2) 撤退和淘汰疲软产品。对于疲软产品，维持生产成为企业发展的一个包袱，使旅行管家的人、财、物得不到及时的转移，同时疲软产品也会影响旅行管家及其所属旅游企业的市场声誉，因而对于此类产品应果断予以撤退和淘汰。

(3) 逐步放弃。改善和扩充滞销旅游产品。如果滞销产品在市场上仍具有一定的潜力可以挖掘，但是面对市场竞争，销售有所下降，旅行管家不应盲目放弃，应当分析滞销原因，对症下药，扩充产品用途，提高产品质量，使产品销售得以回升。

(4) 自然淘汰。旅行管家不主动放弃某一产品，而是依据旅游产品的生命周期，继续用过去的市场、渠道、价格和促销手段直至产品的完全衰竭。或者将原投入资源集中于最有利的细分市场和销售渠道，缩短经营战线，做孤注一掷的促销，或者大幅降低销售费用，增加目前利润，加速产品衰退。

资料来源：赵西萍．旅游市场营销学［M］．北京：高等教育出版社，2006.

要想在旅游市场中争得一席之地，靠单一的旅游产品是很难实现此目的的。通常旅行管家会同时生产多款产品，形成自己的产品体系，因此旅行管家及其所属旅游企业同样需要重视对旅游产品科学合理的组合。常见的产品组合决策有：1）扩大产品组合策略。扩大经营范围，增加相关性大的旅游产品品种。2）缩小产品组合策略。缩小经营范围，实现生产的专业化，淘汰已过时的产品。3）改革现有产品策略。提高产品质量，改变旅游方式，扩大消费者的参与，使产品以新的形式出现在市场上。4）高档产品策略。增加高档产品的项目，提高同类产品的知名度和企业形象，增加销售量。5）低档产品策略。在高档产品中增加低档产品项目，使产品日益大众化。也可以利用高档产品的声誉，吸引消费能力有限的低层次消费者。6）其他的组合策略。如产品差异化策略，产品大众化策略等。

（4）制定营销渠道策略。旅游产品的营销渠道，又称分销渠道，是指旅游产品从生产企业向消费者转移过程中经过的一切取得使用权或协助使用权转移的中介组织和个人，也就是产品使用权转移过程中所经过的各个环节连接起来而形成的通道。常见的旅游产品营销渠道有直接渠道，也有间接渠道；有长渠道，也有短渠道；有宽渠道，也有窄渠道。在旅游市场中，由于旅行管家及其所属旅游企业的选择不同，旅游产品的营销渠道也呈现出多种多样的状态，即便是同一种旅游产品，也有可能通过不同的营销渠道销售。

直接营销渠道是指旅行管家在其市场营销活动中不通过任何一个中间商，直接把旅游产品销售给旅游者的营销渠道。通过这种营销渠道，旅行管家直接和旅游者交往，有利于直接获得旅游者的信息，强化旅行管家的形象。在直接销售量大和旅游者购买力较为稳定的情况下，旅行管家可以省去中间商的营销费用，以较少成本获取较大的收益。间接营销渠道是指旅行管家通过两个或两个以上的中间商向旅游者推销旅游产品的营销渠道。渠道越长，旅行管家的旅游产品市场扩展的可能性就越大，但是旅行管家对产品销售的控制能力和信息反馈的清晰度就越差。

宽渠道是指旅行管家使用的同类中间商较多，旅游产品的市场的销售面较广的营销渠道，一般化大众性的旅游产品主要是通过宽渠道进行销售的。反之，窄渠道就是旅行管家使用同类中间商较少，旅游产品在市场上的销售面较窄的营销渠道。窄渠道对旅行管家而言比较容易控制，但市场的销售面就会受到限制，一般适用于专业性较强或费用较高的旅游产品的销售。根据旅行管家所采用的渠道类型的多少，营销渠道又可分为单渠道和多渠道。一般情况下，旅行管家在市场规模较小或自身经营能力较强时，可采用单渠道销售旅游产品，反之则可采用多渠道，以便扩大产品覆盖面，灵活地大量销售自己的旅游产品。

不同营销渠道有不同的优点和缺点，旅行管家在渠道选择过程中应该具备相应的分析能力，并运用管理手段对渠道的缺点进行必要的优化处理。旅行管家确定了销售渠道的类型后，就可以选择合适的中间商，建立起销售渠道，并加强营销渠道的管理，调动各渠道成员的积极性与主动性，及时解决渠道中的各种问题，促使销售渠道的畅通和高效，保证其运行活动按事先预定的方式和轨迹进行，使渠道各环节都能获得应有的经济效益。

同时，旅行管家的营销渠道在建立后并不是一成不变的，要使渠道保持良好运行，旅行管家就必须针对市场环境的变化随时对渠道进行调整，如增减渠道中的中间商、增减某一渠道，或改变整个营销渠道等。同时，由于渠道间同时存在利益竞争，因此不管渠道设计如何优良，管理如何优秀，总会或多或少存在一些冲突，旅行管家需要通过各种手段减少无谓的冲突，把竞争控制在良性范围之内，并引导渠道成员更好地开拓市场。

经典案例

某定制旅行平台管理处理原则

对旅行管家和中间商而言，渠道管理是双向的。旅行管家可以通过渠道管理中间商创造更大的共同价值，中间商也可以通过渠道管理旅行管家，规范其工作行为。某定制旅行平台作为游客和旅行管家之间的中间商，为了规范旅行管家（供应商、定制师）的工作，不仅对其服务编制了禁止逾越的"红线场景"，同时也制定了相应的处理规定。

1. 按单处罚

红线场景的处理方案：(1) 按单处罚，认定即刻执行；(2) 供应商维度红线场景，将对供应商执行清退并永久不能在平台接单的处理；(3) 定制师维度红线场景，将对定制师执行清退并永久不能在平台接单的处理；(4) 如产生相应的损失需要供应商承担。

2. 按服务分处罚

(1) 供应商维度总缺陷累积扣分上限：渠道、高端每个评级区域各 500 分。

(2) 定制师累计扣分上限：渠道、高端业务线总和—20 分。

(3) 供应商维度处罚手段：1) 某条业务线下某个评级区域供应商维度加定制师维度的总缺陷累积扣分达到扣分上限，将处以 1 000 元罚款；若总缺陷累积扣分达到扣分上限的 N 倍，则处以罚金金额为 1 000×N 元。2) 如果某条业务线下某个评级区域总缺陷累积扣分超过上限，超出上限或者上限的倍数部分的分值将会被记录到下一次的该业务线该评级区域的累积扣分中。3) 90 天周期内，如果某条业务线下某个评级区域总缺陷累积扣分达上限次数 5 次及以上，将视情节严重程度，关闭该母账号对应业务线对应评级区域接单权限 3～30 天。

(4) 定制师维度处罚手段：1) 定制师维度的缺陷总扣分达到扣分上限，上岗证在定制平台无效（无上岗证的门店子账号关停接单权限）5 天，若定制师缺陷累积扣分达到上限分值的 N 倍，则上岗证在定制平台无效（无上岗证的门店子账号关停接单权限）5×N 天。2) 如果定制师缺陷累积扣分超过上限，超出上限或者上限的倍数部分的分值将会被记录到下一次的该定制师的累积扣分中。3) 90 天周期内，如果定制师缺陷累积扣分达上限次数 3 次及以上，上岗证在定制平台无效天数（无上岗证的门店子账号关停天数）在本次达上限后无效天数基础上翻一倍。

资料来源：杭州远景国际旅行社有限公司。

3. 旅行管家的客户管理

客户管理是指旅行管家在现代信息技术的基础上收集和分析客户信息，把握客户需求特征和行为偏好，积累客户信息，有针对性地为客户提供产品或服务，发展与客户之间的关系，从而培养客户长期忠诚度，以实现客户价值最大化和企业收益最大化之间的平衡的管理模式。客户管理是一种管理理念，其核心思想是将企业的客户（包括最终客户、分销商和合作伙伴）作为最重要的企业资源，通过完善的客户服务和深入的客户分析来满足客户的需求，保证实现客户的终生价值。

客户管理又是一种旨在改善企业与客户之间关系的新型管理机制，它实施于企业的市场营销、销售、服务与技术支持等与客户相关的领域，要求企业从"以产品为中心"的模式向"以客户为中心"的模式转移，也就是说，企业关注的焦点应从内部运作转移到客户关系上来。随着电子信息技术的不断发展，各种管理软件和技术为客户管理提供了更多有效方案，使客户管理更加便捷，使企业效率得到更大提升。

旅行管家面对的客户是形形色色的，在客户管理工作中，通常可以按销售量及对企业的忠诚度将客户分为销售量大且对企业忠诚的客户、销售量大且对企业不忠诚的客户、销售量小且对企业忠诚的客户、销售量小且对企业不忠诚的客户 4 类。在具体的工作中，旅行管家面对不同的客户，给予的服务也有所不同。旅行管家客户管理的主要工作是通过调查分析，进行客户开发管理、客户信息管理、客户服务管理、客户促销管理、客户维护并促进客户价值的提升。

(1) 客户调查管理。客户信息是旅行管家客户管理的基础，为了获得更有价值的客户信息，旅行管家通常会对客户进行调查和分析，以便迅速了解客户需求，把握市场动态，调整或修正旅游产品的营销策略，促进产品和服务的销售。表 7－8、表 7－9 是旅行管家客户信息调查表的两份示例。可以看出，在旅游信息数据处理能力较弱时，对客户信息的调查数据往往采用概括性指标。而随着信息技术的发达，旅行管家可以收集到更大量的客户信息，因此客户信息调查数据往往采用记录性指标，以便于使用大数据技术更精准的为客户“画像”，捕捉客户的各种习惯和需求。旅行管家也可以根据自己实际工作需要，对客户信息的调查内容做相应调整。随着电子信息技术的不断发展，客户信息数字化程度不断提高，将为旅行管家的客户管理提供更大的便利。

表 7－8　传统旅游客户信息调查表

项目	内容					
基础资料	姓名	性别	年龄	地址	电话	职业
客户特征	性格	兴趣爱好	教育水平	收入水平	消费水平	特殊习惯
业务状况	历史销售	业务关系	竞争者关系	合作态度	形象声誉	信用状况
交易现状	销售现状	连带销售	交易习惯	保持优势	存在问题	未来对策

表 7－9　新形态旅游客户信息调查表

项目	内容					
属性标签	姓名	性别	年龄	电话	职业	消费水平
兴趣标签	购物	教育	影音	游戏	亲子	美食
行为标签	近期问过	近期去过	早期问过	早期去过		
场景标签	城市	景点	餐厅	酒店	交通场所	娱乐场所
定制标签	标签 A	标签 B	标签 C	标签 D	标签 E	标签 F

(2) 客户开发管理。旅行管家开发客户的前提是确定目标市场，研究目标客户，从而制定客户开发市场营销策略。关于开发新客户的方式与方法在第三章中已

做了简要介绍。旅行管家在客户开发管理中主要任务是开发准客户，通过多种方法寻找潜在客户，并对其进行资格鉴定，再通过积极的营销手段，使潜在客户变成现实客户。

(3) 客户信息管理。客户信息管理是旅行管家客户管理的重要内容和基础，其工作主要包括客户信息的收集、处理和保存，通过电子信息技术，构建客户信息数据库。在此基础上，旅行管家运用客户信息可以区分潜在客户、新客户、老客户，区分大客户和一般客户，并实施不同的市场营销策略，进行有针对性的客户关系管理。同时旅行管家还需要做好客户信息的维护管理，保证客户信息的安全性和准确性。

(4) 客户服务管理。旅行管家的客户服务管理是以了解与创造客户需求、实现客户满意为目的，同时全过程参与的一种经营行为和管理方式。它包括旅行管家的沟通服务、营销服务、设计服务、接待服务、辅助服务等几乎所有对客服务。旅行管家客户服务管理的核心理念是从满足客户需要出发，为客户提供满足其需求的产品或服务。

(5) 客户促销管理。促销是旅行管家将有关产品信息通过各种方式传递给客户，提供产品情报，增加消费需求，突出产品特点，促进其了解、信赖并使用产品和服务，以达到稳定市场销售、扩大市场份额、增加产品价值、发展新客户、强化客户忠诚度等目的。旅行管家的促销管理则是通过科学的促销分析方法进行全面的策划，选择合理的促销方式和适当的时机，对促销信息沟通进行计划与控制，使促销工作更加精准与高效。大数据技术能够有效地帮助旅行管家更精准地分析客户的消费习惯和特征，更有效地找出或激发起客户的消费需求，实现旅行管家促销的目的。

经典案例

浙江省中旅客户管理服务标准

1. 中旅集团五星级客户管理服务原则

(1) 职业化、流程化、标准化、表格化、数据化。

(2) 五个不错过：1) 不错过对每一个团队的客户进行回访；2) 不错过对每一个客户反映的问题的记录；3) 不错过对每一个客户反映的问题的解决；4) 不错过复查每一个问题处理的结果；5) 不错过将每一个问题及处理结果向销售部门及操作部门的反馈。

2. 客户管理服务人员的素质要求

(1) 客户管理服务人员的品格素质要求：1) 要有强烈的责任心和进取心；2) 广泛的人际关系和良好的自我形象；3) 对旅游的相关法律法规及公司的产品服务标准要有深入的了解和认识；4) 要有健全的心智、整齐的仪表和良好的习惯；5) 代表企业的形象，注意说话的技巧，不得与客户发生争执，不得做出有损企业形象的事情。

(2) 客户管理服务人员的技能素质要求：1) 掌握使客户信服的实用技巧；2) 把握客户心理与性格的技巧；3) 灵活运用沟通技巧，与客户进行有效沟通；4) 把握异议处理技巧，提高客户满意度；5) 掌握为客户提供优质服务的技巧。

(3) 客户管理服务人员的工作素质要求：1) 严格遵守企业和部门的各项规章制度；2) 客户服务人员不得对用户做出夸大其词的承诺，或运用某些权威机构的名义对客户施压等；3) 客户服务人员不得与客户争辩，应知悉客户投诉的真正原因及想要得到的解决结果；4）严格执行企业的相关规定，依据有关规章制度，对客户提出的疑问做好细致、明确的回答；5）建立完整的客户档案，及时反馈客户意见及市场信息，为销售部门开展业务做好辅助工作；6）定期向客户提供本企业新的旅游线路和服务项目，与客户保持良好的合作关系；7）与客户接触的不同情况以工作报表的形式进行详细登记，并向部门经理汇报。

3. 客户信息管理

（1）客户基础信息。企业客户基本信息：主要包括企业客户的名称、地址、电话、联系人、联系方式。个人客户基本信息：主要包括客户的姓名、地址、电话、联系方式。

（2）客户的订单信息。客户的订单信息主要指此客户和本企业的订单往来情况。包括线路、金额、频次。

4. 客户服务质量管理

树立整体服务品质质量管理的思想，制定科学的服务质量体系，建立服务绩效的监督考评机制，创造良好的服务环境。

5. 售后服务管理

（1）回访的客户：本次回访的客户。

（2）回访时间：本次回访发生的时间。

（3）回访人：进行本次回访的员工信息。

（4）回访方式：进行本次回访的方式。

（5）回访内容：本次回访的内容。

（6）回访结果：在本次回访中得到的客户对员工、业务、服务的意见，以及客户其他的意见和要求。

6. 客户承诺管理

向社会做出产品和服务的承诺，从而方便客户监督和投诉。负责检查内部员工履行承诺的情况，使员工树立客户导向的服务理念，从而达到鼓舞和提升员工士气，赢得客户信赖和忠诚的目标。

资料来源：《浙江省中国旅行社集团有限公司标准化管理（2020版）》。

4. 旅行管家的品牌管理

（1）旅行管家的商标策略。

商标是企业区别于其他企业的商品或劳务的名称、象征标记等的结合体，是企业树立自身形象与其他企业展开市场竞争的一种凭据。在旅游市场中，旅游产品或产品体系的商标创造和使用，是其进入市场重要的环节。一方面，商标是旅行管家及其所属旅游企业立身市场的基础，是旅游产品质量和安全的保证。旅游产品及其质量通过商标传递给消费者，使旅行管家及其所属旅游企业建立起商标的信誉，树立企业特有的形象。另一方面，商标又成为消费者鉴别选择旅游产品的依据。特有的商标能给消费者以较强的信任感，在众多大同小异的旅游产品面前，消费者总会将某些商标视为安全可靠与优质的保证。

一个完整的商标由三个部分构成：文字、图案和色彩。商标根据使用分类，可以分为营业商标、产品商标和等级商标；根据所有者分类，可分为制造业者商标和流通业者商标；根据企业使用范围分类，可分为统一商标和个别商标；根据专用权分类，可分为注册商标和未注册商标等。商标不仅是旅游企业或旅游产品的名称、标志，也是旅行管家及其所属旅游企业整个产品策略的重要组成部分。成功地创造商标，合理地使用商标、传递商标都需有科学的商标策略，旅行管家常见的商标策略通常包括商标的标记策略、商标的质量策略和商标的扩展策略。

1）商标的标记策略。旅游产品的商标要易读易记、易听易写，因而要求商标的名字简洁且富有意义，同时要求避免通俗化，具有鲜明的个性，能迅速、直观地反映旅游产品的规格和质量高低。

2）商标的质量策略。产品质量是企业树立良好市场形象的一种重要途径。对于旅行管家及其所属旅游企业而言，也需要通过优质的商标，树立起企业良好的产品和服务形象。

3）商标的扩展策略。当旅行管家经营的某款旅游产品成为王牌产品之后，充分利用这种品牌效应，及时维护名牌商标的信誉，如随之开发出系列产品等，是商标策略的主要工作。但如果开发出的系列产品却优劣不分，沿用同一个商标，也会有损商标信誉。

（2）旅行管家产品品牌战略。

一个容易与商标相混淆的概念是品牌。品牌是一种名称、术语、标记、称号或图案，或是它们的相互组合，用以识别企业提供给某个或某群消费者的产品或服务，并使这与竞争对手的产品或服务相区别。品牌是一个集合概念，它不但包括品牌的名称（法律的呈现形式即商标），还包括人们对商品或服务的总的印象以及认知、评价的总和。商标可以看作品牌的一个组成部分，是品牌的标志和名称，便于消费者记忆识别。

1）旅游产品品牌模式。对旅行管家及其所属旅游企业生产的各种旅游产品而言，可以使用同一个品牌，也可以使用多个品牌。因此，旅游企业的产品品牌模式包括单一品牌、副品牌、多品牌等。在实际的经营活动中，不同的品牌模式有各自的优势，也有各自的劣势。

单一品牌又称统一品牌，是指旅行管家及其所属旅游企业所有的产品使用一个品牌的情形。这样旅游企业可以集中力量塑造一个品牌形象，让一个成功的旅游品牌附带若干种产品，使每个产品都能够共享品牌的优势。同时，单一品牌还大大降低了品牌宣传和品牌管理的成本，更能集中体现企业的意志，容易形成市场竞争的核心要素，避免消费者在认识上发生混淆，也不需要在各个品牌之间的协调。当然，作为单一的品牌战略也存在一定的风险。如果某种产品有了重大缺陷，那么在该品牌下附带的其他产品甚至整个产品体系都会受到影响。同时，作为单一品牌，因为缺少区分度、差异性差，往往不能区分不同产品独有的特征，这样不利于旅游企业开发不同类型的产品，也不便于旅游者有针对性地选择。因此，部分旅游企业在单一旅游品牌之下可能会出现“副品牌”。

旅行管家及其所属旅游企业使用副品牌能以极低的成本让旅游者感知到全新产品体系的问世，创造全新的卖点，获得了新的心理认同。副品牌策略只要巧加运用，便能在不增加预算的前提下低成本推动新产品。副品牌还能给主品牌注入新鲜感和兴奋点，提升主品牌的资产。副品牌战略的基本特征是保证主品牌的重心，副品牌处于从属地位。旅行管家及其所属旅游企业必须最大限度地利用已有的成功品牌。同时旅游者识别、记忆及产生品牌认可、品牌信赖和品牌忠诚的主体也是主品牌。当然，副品牌经过不断的推广后与主品牌并驾齐驱，主副品牌就可以演变成双品牌的关系；而当超过主品牌的时候，副品牌就升级为主品牌，原先的主品牌就成为担保品牌和隐身品牌。

旅游企业同时经营两个以上相互独立、彼此没有联系的旅游品牌的情形就是多品牌战略。使用多种品牌的目的不仅是区分其他的商品生产者，也包括区分自己的不同商品。多品牌战略为每一个品牌各自营造了一个独立的成长空间。根据功能或者价格的差异对旅游产品进行划分，有利于面对更多旅游者的需求。同时，彼此之间的看似竞争的关系，但是实际上很有可能壮大了旅游企业整体的竞争实力，增加了市场的总体占有率。旅行管家及其所属旅游企业往往将旅游服务、会务服务等产品通过品牌分开，避免各产品性能之间的影响。而且，多品牌可以分散风险，某种产品或服务出现问题了，可以避免殃及其他的产品。但是，多品牌战略容易造成品牌运营管理成本过高，同时，多个品牌之间容易产生自我竞争，也容易在消费者中产生混淆。因此，旅行管家及其所属旅游企业应当根据自己实际经营情况，选择更合适的品牌模式或模式组合。

2）旅游品牌战略。品牌战略是旅游企业将品牌作为核心竞争力，以获取差别利润与价值的企业经营战略，这通常被认为是企业实现快速发展的必要条件。旅游企业常见的品牌战略主要包括品牌化决策、品牌模式选择、品牌识别界定、品牌延伸规划、品牌管理规划与品牌远景设立六个方面的内容。

品牌化决策是解决旅游品牌的属性问题。例如，是选择旅游主办方品牌还是供应方品牌？是自创品牌还是加盟品牌？这是在旅游品牌创立之前就要解决好的问题。品牌模式选择是解决旅游品牌的结构问题。例如，旅游企业是选择综合性的单一品牌还是多元化的多品牌，是联合品牌还是主副品牌，旅游企业旅游品牌模式虽无好与坏之分，但却有一定的行业适用性与时间性。品牌识别界定是确立旅游品牌的内涵，也就是旅游企业希望旅游者认同的品牌形象，它是品牌战略的重心。它从旅游企业旅游品牌的理念识别、行为识别与符号识别三个方面规范了旅游企业旅游品牌的思想、行为、外表等内外含义。品牌延伸规划是旅游企业对旅游品牌未来发展领域的清晰界定，明确了未来旅游企业的旅游品牌适合在哪些领域、行业发展与延伸，在降低延伸风险、规避品牌稀释的前提下，以谋求品牌价值的最大化。品牌管理规划是旅游企业从组织机构与管理机制上为旅游品牌建设保驾护航，在上述规划的基础上为旅游品牌的发展设立远景，并明确旅游品牌发展各阶段的目标与衡量指标。品牌远景是旅游企业对旅游品牌的现存价值、未来前景和信念准则的界定，品牌远景应该明确告诉包括旅游者、旅游企业股东和旅游企业员工在内的利益关系者“三个代表”：品牌今天代表什么？明天代表什么？什么代表从今天到明天的努力？

事实上，品牌战略因为企业本身以及其所处环境不同而造成千差万别，表现为以需求为中心、以产品为中心、以品类为中心或者以市场为中心。但是，品牌战略在本质上就是为了塑造旅游企业的核心专长，从而确保企业的长远发展。

3）品牌战略管理。旅行管家及其所属旅游企业在发展的不同阶段使用的品牌战略各有不同，按照时间划分，在企业创业期、成长期和成熟期的品牌战略管理有着各自的特点。

旅行管家及其所属旅游企业在创业期建立品牌的原因包括其自身实力较强、有发展前途，或旅游产品的可替代性很高，竞争产品之间的差异性非常小，理性的利益驱动不足以改变旅游的购买行为等。如果一旦选择建立自己的品牌，旅行管家在创业初始就要树立极强的品牌意识，对品牌进行全面的规划，在旅游产品的经营、管理、销售、服务、维护等多方面都以创立品牌为目标，侧重于品牌的长远发展，除了要尽快打响品牌的知名度以外，更要确立品牌的核心价值，给旅游者提供一个独特的购买理由，并力争通过有效的传播与沟通让更多客户知晓。

当旅游企业步入成长期时，提高旅游品牌的认知度、强化旅游者对品牌核心价值和品牌个性的理解是旅游企业工作的重点。需要注意的是，品牌认知度不等同于品牌知名度。品牌知名度只是反映了旅游者对品牌的知晓程度，但并不代表旅游者对旅游产品品牌的理解。旅游企业建立旅游品牌认知，不仅是让旅游者熟悉其品牌名称、品牌术语、标记、符号或设计，更进一步的是要使其理解旅游品牌的特性。

如果旅行管家及其所属旅游企业能在创业期和成长期注意旅游品牌的宣传，并提供给旅游者一个完整的品牌价值体系，在旅游企业和旅游者之间建立融洽的关系，那么在成熟期就可运用旅游者对该品牌的忠诚来影响其行为。品牌资产最终是体现在品牌忠诚上，这是企业实施品牌战略的根本目标。旅游者的品牌忠诚一旦形成就会很难受到竞争产品的影响。然而，旅游者的品牌忠诚绝不是无条件的，它根源于旅行管家及其所属旅游企业对该品牌严格的要求，即该品牌有卓越的品质保证。

5. 旅行管家的公关管理

（1）公共关系的概念。

公共关系（Public Relations），是指组织机构与公众环境之间的沟通与传播关系。组织、公众和传播媒介分别是公共关系的主体、客体和介体，它们构成了公共关系活动不可缺少的三个基本要素。

在旅游市场中，旅行管家所属的旅游企业或部门是公共关系的主体，是公共关系活动的实施者。公众是公共关系的客体，它的存在及其态度和行为决定了旅行管家所属的旅游企业或部门是否要搞公共关系以及如何搞好公共关系。公众通常可分为外部公众和内部公众。内部公众是指企业内部的所有员工，外部公众主要包括旅游产品现实和潜在的消费者、相关金融机构、相关宣传机构、相关投资团体、所有渠道成员、其他社会团体等。传播媒介是公共关系的介体，任何旅游企业都可以通过传播媒介与公众取得联系。另一方面，传播媒介本身也是一种公众，公关人员只有搞好与传播媒介的关系，才能充分发挥其介体的作用。

扫一扫

视频：旅行管家的公关管理

在旅游市场中，公众关系主要发挥两方面作用。首先，它塑造了旅行管家、旅行管家所属的旅游企业或部门及其产品富有魅力的公众形象，提高自身的知名度和美誉度，以提升市场竞争能力；其次，公共关系也能起到间接促销的作用。

（2）旅游企业形象。

旅游企业形象就是社会公众，包括旅游企业员工心目中对企业整体的评价。这种印象不仅来自有形的、看得见、摸得着的外显事物，同时也来自长期为公众所感知和记忆的旅游企业行为和表现的内在精神。旅游企业形象是旅游企业和旅行管家经营、管理、传递、沟通、联络的工具，同时旅游企业形象与旅游企业现实之间的相互吻合是其追求的长期目标。在现实中，既能看到企业现实决定企业形象，同时也能看到企业形象促进企业现实的情况。

对于旅行管家所属的旅游企业或部门而言，通过不同的分类方式，可以将旅游企业形象分为不同的类型。

1）按旅游企业形象的内容，可分为总体形象和特殊形象。特殊形象是旅游企业针对某一类公众所设计、形成的形象，如对员工、游客、政府、新闻媒介等公众树立的不同形象等。旅游企业的特殊形象是其改变自我形象的突破口，也是构成整体形象的基础。而由各个特殊形象构成的就是旅游企业的整体形象。一般用知名度与美誉度来表示一个旅游企业的整体形象。对旅游企业而言，完善的整体形象是具有决定意义的宝贵财富。

2）按旅游企业形象的现实性，可分为实际形象和期望形象。实际形象是公众所普遍认同的形象，一般可以用一定的方法测得。旅游企业实际形象不仅是形象塑造的起点，而且也是影响其生存发展的最现实的因素。期望形象是旅游企业期望在公众心目中树立的形象。它是旅游企业改善自己形象的奋斗目标和努力方向。同时，实际形象和期望形象是旅游企业形象塑造过程中的起点和终点。

3）按旅游企业形象的真实性，可分为真实形象和虚假形象。真实形象是旅游企业留给公众的符合其实际情况的形象，使旅游企业形象具有真实性是最重要的，任何不真实的企业形象都不利于良好形象的树立。而当一个旅游企业在公众心目中的印象与该企业真实形象产生误差甚至歪曲的时候，这就是虚假形象。

4）按旅游企业形象的可见性，可分为有形形象和无形形象。凡通过人们的感觉器官直接能感受到的与旅游企业有关的实体，都构成该旅游企业的有形形象，一般包括旅游企业提供的服务的质量、外观、设施功能、员工行为等。在有形形象基础上，通过人们的记忆、思维等心理活动在头脑中升华而得的企业形象就是无形形象，一般包括旅游企业的信誉、员工的精神面貌、企业精神和文化等。

旅行管家所属的旅游企业或部门可以通过公众对企业的要求、企业的知名度和美誉度、企业的形象要素、企业内部期望形象等方面展开调查，以对企业的局部形象或全面形象有一个更加全面的了解。在此基础之上，还可以引入企业整体形象识别系统（Corporate Identity System，CIS）等战略工具，优化企业的公共关系。

（3）旅游危机公关。

旅游活动的危机信息会引起公众极大的关注，如信息沟通不充分，就会出现主流信息的缺失，导致公众不能及时了解事件详情，非正常途径的信息就会在私下传播，难免会产生信息失真甚至谣言，引起公众负面情绪，严重时甚至会造成人心恐慌。因此，对旅行管家及其所属旅游企业而言危机公关至关重要。旅游危机中的公共关系，除了与旅游者之外，还包括与各种新闻媒体、上级旅游主管部门、旅游客源地、境内外旅游经营者以及旅游业各相关部门等的关系。为了将旅游危机的影响降到最低、维持旅游者的信心、重建旅行管家的形象，积极有效的危机公关手段是行之有效的办法。

1）旅游危机信息管理。旅行管家及其所属旅游企业应当重视对旅游危机中信息的管理。随着信息传播日益快速化、复杂化，在旅游危机中，旅行管家及其所属旅游企业可以通过对信息的监控、收集、分析和回馈，与公众进行适度和有效的沟通，进行科学的解读，消除公众恐慌，从而对旅游危机解决起到良好作用。表 7－10 是旅游危机各阶段信息类型和信息活动的汇总表。

表 7－10　旅游危机各阶段信息类型和信息活动的汇总表

阶段		信息类型	信息活动
危机前	危机预防	认知信息 环境信息 预案信息 知识化信息	信息文化 信息组织 信息规划 信息控制
	危机预警	征兆信息 危机历史信息 干预成本信息	预警指标确认 信息源确定和信息采集 信息分析
危机中	危机反应	情景信息 机理信息	信息过滤 危机确认信息匹配
	危机应急	资源信息 方案信息 情景信息	信息决策 信息利用 信息交流
危机后	危机恢复	战略信息 损害信息	信息利用 资源信息匹配
	危机补救	显性信息 隐性信息 目标信息	信息评价 信息共享 系统优化

资料来源：孔邦杰．旅游安全管理［M］．3 版．上海：格致出版社，2019.

旅行管家及其所属旅游企业对危机信息管理时，通常需要遵循及时性、准确性、透明性、优先性和全局性的原则。旅游危机信息传播迅速且具有时效性，会随着时间的推移而发生变化，如果没能及时加以利用信息价值就会很快丧失，因此旅行管家必须及时、快速地处理危机信息。准确的信息是旅游危机管理成功的保障，为了能够减少或消除信息传播过程中的偏差，旅行管家需要对收集到的信息进行甄别和确认。而增加信息的透明度，对事件发生背景详尽的解释，更有利于帮助旅行管家赢得信誉。如果信息数量众多，旅行管家也应当根据信息层次高低、价值大小、紧急程度确定信息报告的优先级，避免信息泛滥造成的干扰。

2）旅游危机的内部沟通。在危机时刻的内部沟通，对促使旅行管家随时了解危机严重程度和做出结束危机的行动都是极为重要的。内部沟通通常包括与管理层的沟通、旅行辅助人的沟通以及与工作伙伴的沟通等。

与管理层的沟通包括两方面内容：一是确定与谁沟通，二是确定沟通的内容。在旅游危机发生过程中，因为时间紧迫、事件复杂，旅行管家需要在管理层中确认能够负责的管理人员，也需要在众多信息中筛选适合提供给管理人员的信息，使得危机的解决成为旅游企业自上而下的集体工作。旅行管家将旅游危机的发生情况、具体影响、恢复状况、保障措施等信息与旅行辅助人进行有效沟通，能够促进旅游经营和相关业务活动的及时恢复。与工作伙伴的沟通更能使大家同心协力，共渡难关，保持对危机处理工作的积极态度。

3）旅游危机的外部公关。当旅游危机发生时，旅行管家及其所属旅游企业危机公关的对象最主要是旅游系统外部的利益相关者，主要包括媒体、政府部门及其他公众。因为各公关对象之间存在信息的不对称，如果信息沟通不到位，会影响危机的治理效率。

由于公众对发生危机的态度很大程度上是由媒体态度所支配的，因此旅行管家及其所属旅游企业在危机公关中首先需要做好与媒体的沟通，发挥媒体的积极作用，使媒体为转化危机提供帮助。具体做法通常包括争取媒体的支持、及时发布信息、突出正面信息、关注媒体舆论等。在危机发生时，旅行管家及其所属旅游企业，也应同地方政府建立工作关系，及时报告相关信息，争取政府和行业协会等对危机事件的指导、帮助与支持。同时还应本着诚恳负责的态度与社会公众进行充分的沟通，客观理性，及时准确地告知危机的来源发生演化等情况；强调危机处理和恢复成果，让公众了解危机的趋势和应对成效，消除公众的心理障碍，制止不实信息的发布。表 7－11 概括了旅行管家在旅游危机各阶段的公关策略。

表 7－11　旅游危机各阶段的公关策略

危机阶段	公关策略
潜伏期	关注媒体的信息报道，合理引导媒体
爆发期	建立信息披露机制，及时、有效、准确地发布信息，确立信息沟通的可信度和权威性，沟通协调，实现危机信息快速传递
恢复期	选择重点公关对象，合理选择公关内容

资料来源：孔邦杰．旅游安全管理［M］．3 版．上海：格致出版社，2019.

7.2.5　旅行管家的管理创新

1. 管理创新的概念

创新的思路、与时俱进的理念，是大多数行业永葆生机的重要力量来源。旅行管家的核心工作是管理工作，因此必须认识到管理创新的重要性，并且在工作中积极推进管理的创新。约瑟夫·熊彼特在《经济发展理论》（1912）中首次提出了对创新的系统论述。他认为“创新”是“新的组合”，包括采用新的产品、采用新的生产方法、开辟新的市场、猎取新的资源、实现新的工业组织 5 种情况。在此基础上，人们逐渐发展出了众多产品创新、技术创新、市场创新、环境创新和组织创新的理论，并进一步提出了管理创新的概念。

创新是指对原有事物改变或引入新的事物、创造新的理念，并将其付诸实践的过程。管理则是综合运用人力资源和其他资源有效实现目标的过程。所以，管理创新是指为了更有效运用资源以实现目标而进行的创新活动。所以与其他管理职能不同，管理创新是将资源从低效率转向高效率使用的过程，着眼于资源的更有效运用。与其他创新职能不同，管理创新是其他各类创新的基础，没有管理创新，其他创新就很难实现或难以为继。同时管理创新是一个系统的过程，需要有组织的管理。不论是设立正确的创新目标、形成大量的创意、对创意进行正确的评估，还是保证创意的顺利实施，都需要进行有效的管理。

在管理创新过程中，根据创新重点的不同，可分为管理理念创新、管理方法创新、管理组织和制度创新、管理技巧创新等几类。管理创新始于理念创新，管理方法创新更多是基于理论和科技的发展，管理组织和制度创新则更多地基于管理实践，管理技巧创新也应将重点放在管理的实际应用上。理念创新是各项创新工作的基础，方法创新是对理念创新的进一步具体化，技巧创新则保证理念创新和方法创新能够为大家所接受。但是在实际的创新工作中，从管理的理念创新到技巧创新并不是连续的，这三个不同层次的创新可以在不同时间、不同组织中进行，也就是说并不是每次创新都要经历这样三个过程。

2. 管理创新的模式

管理创新有一定的模式。从创新主体的角度分，通常可分为自主创新、模仿创新、合作创新三种。

（1）自主创新。自主创新是旅行管家通过自身的努力，依靠自身的力量，不断发现问题、解决问题的管理创新活动。自主创新通常是一个渐进性过程，往往从局部小规模的创新开始，再逐渐过渡到较为系统的管理创新。这种创新模式因为基于自己的发展文化而生，因此创新成果比较符合自身的发展需要，但通常对外移植就相对困难，可能会受到外部不同文化的影响或抑制。

（2）模仿创新。模仿创新是通过学习、模仿他人的创新思路或创新行为，吸取他人先进的创新经验与管理模式，并在此基础上形成自己独特管理模式的过程。模仿创新因为有一定的先例可循，因此是成本较低的一种创新模式。要进行模仿创新，旅行管家首先自身需要具备一定的创新能力，主要包括判断能力、吸收能力和转化能力。如果盲目移植创新模式，风险是比较大的。

（3）合作创新。合作创新是旅行管家所在旅游企业与专业科研机构、高等院校、管理咨询公司等共同进行的联合创新。合作创新的领域非常广阔，但成功的关键在于合作的基点要正确，即企业是管理创新的主体。如果是合作单位一手包办的合作创新，则会面临和模仿创新同样的问题。

3. 管理创新的原则

在管理创新过程中，带有一定普遍指导性的工作法则和标准可以称作管理创新的原则，利用这些原则，不仅可以提高旅行管家创新行为的积极性，同时还能少走弯路，降低创新成本。

（1）还原原则。还原原则就是打破现有事物的局限性，寻求其形成现有事物的基本创新原点，改用新的思路、新的方式实现管理创新。在管理创新中，实现目标的手段是多种多样的。在当时的条件下可能选择一种合适的解决方法，但是随着环境的变化，原来的方法不一定是最好的，这就需要回到最初的目标上来，重新制定一种更为合适的新方法。也就是说，旅行管家在管理创新过程中不要就事论事，就现有事物本身去研讨管理创新问题，而应进一步寻找源头，从前提假设出发寻找创新的原点。

（2）木桶原则。木桶原则是指一个由木板围成的水桶，其最大盛水量是由最短的一块木板决定的。在旅行管家的管理创新过程中，如果能抓住影响事物发展最关键的环节或因素，那么不仅关键环节能得到增长，整体的发展也能得到促进。木桶原则在旅行管家的管理创新中有很大用处，在旅行管家实际工作过程中，涉及与不同层次、不同职能的部门合作和行业合作，其整体管理水平往往不由高效率部门决定，而取决于最薄弱的层次和部门。

（3）交叉综合原则。交叉综合原则是指旅行管家管理创新活动的开展，可以通过各种学科知识的交叉综合得到。从管理创新的历史过程来看，有两种创新方式是值得重视的。一是用新的科学技术、新的学科知识来研究分析现实管理问题；二是将以往的学科知识、方法、手段综合起来，系统地来看待管理问题，这样都能产生不同于以往的管理创新思路和看法。

此外，强调“洋为中用，古为今用”的兼容性原则，强调敢于担当不怕犯错的宽容性原则，都是旅行管家在实际工作中行之有效的创新管理原则。

4. 管理创新思维方法和创新技法

旅行管家管理创新工作的重点是突破思维定式。人类的思维模式一经建立，要改变就比较困难。例如，“非此即彼”的二元思维模式往往会严重损害人们的创新能力。因此，旅行管家可以通过增强创新意识、学习创新技法和参加创新实践等过程，帮助其突破思维定式，而一旦突破思维定式，往往就能产生巨大的潜能。

在管理创新的工作实践中，人们总结出了一些突破思维定式的方法和要点，旅行管家在实际工作过程中也可以借鉴和采用。首先是不按常理出牌。对创新活动来说，逻辑思维是必须的，但创新思维的胚芽往往根植于非逻辑思维中，因此旅行管家在创新过程中常常也要关注到非逻辑思维的世界。其次是放纵模糊思维。创新是从模糊到清晰的过程，当思维处在模糊状态时，可能会出现一些自相矛盾的观念，但却可能激发出想象力，突破狭窄的思想，产生创新的萌芽。所以如果放纵思维的模糊性，很有可能就会涌现出更多创新成果。同时，旅行管家在工作中推广定期评审制度，主动向规则挑战；提倡差异化发展，克服思想上的随大流；通过“大胆假设，小心求证”，寻求多种答案；站在对立面思考问题，开启逆向思维等，都是突破思维定式的常用方法。

在突破思维定式的同时，旅行管家在实施创新、提高创新效率过程中，也需要一定的方式方法，在这里介绍一些有代表性的方法。

（1）识别问题法。正确地界定问题，将问题简单化、明确化是进行有效管理创新的基础。旅行管家在工作中往往重视对结果的追求，却没有耐心去界定问题，使得问题的解决往往遇到路线上的偏差。识别问题有众多方法，比较常见的是“五问法”，即一问目的、二问地点、三问时间、四问人员、五问方法。

（2）头脑风暴法。头脑风暴法是目前最为实用和有效的集体创新性办法。头脑风暴法主要适用于开放性问题，当一群人围绕一个特定的领域产生新观点的时候，这种情境就叫作头脑风暴。头脑风暴鼓励提出新观点，接受新观点，反过来刺激更新的观点被提出。在这样的活动中，每当一个人提出新的想法，同时也能激发他人的想象力。在这一过程中，每个创新的观点都将面临其他观点的竞争，要想在竞争中取得成功，就必须让观点足够有新意和价值。

（3）列举法。列举法是通过列举有关项目来促进全面思考问题，防止遗漏，从而形成多种构想方案的方法。常见的列举法包括特性列举法、缺点列举法、希望点列举法等。其中特征列举法是基本方法，它通过列举现有事物的特征，针对其中需要改进的问题提出新的创新设想，其特色在于促进旅行管家对问题的全面考虑。缺点列举法和希望点列举法通过缺点和希望点的列举，找出创新问题的所在，只不过是特征列举法的巧妙应用。

（4）联想类比法。联想类比法是通过已知事物与未知事物之间的比较，从已知事物的属性去推测未知事物的属性，从而起到启发思路、提供线索、举一反三的作用。联想类比大致有三种类型，包括直接类比、结构类比和综合类比。直接类比是在两个事物间直接建立联系的方法。结构类比是指由未知事物与已知事物在结构上的某些相似处来推断事物也有某种属性的方法。如果已知事物与未知事物各要素关系十分复杂，就可进行综合类比。

内容小结

管理是旅行管家实际工作的核心，也是旅行管家有别于其他旅游接待服务者的最大特点。本章通过对旅游行程中管理思路的分析，揭示了旅行管家管理工作的基本内容，并对旅行管家实际工作中信息管理、行程管理、安全管理、产品管理等具体的管理工作以及管理创新工作做了简要介绍。

实训练习

应知考核

1. 旅行管家要做好旅行管理工作，就必须系统地开展________、组织、协调、控制等各项工作。

2. 按照不同内容、性质和加工情况，可将信息分为________、原始加工信息和管理决策信息。

3. 旅游安全常态管理通常包括安全事故预防、________、安全教育、安全保障等内容。

应会考核

1. 随着信息量的不断激增，信息检索的不断专业化，你觉得旅行管家还有必要自建旅游资源信息数据库吗?

2. 旅行管家如何才能做到高效报价?

3. 旅行管家如何才能做好行程的反馈管理工作?

4. 旅行管家的行程管理和产品生产管理工作有什么区别?

实践操作

请你为在实习中接触到的客户建立信息档案，并说明为什么要这样建立。

第八章 旅行管家的智慧升级

内容提纲

1. 知识目标：了解智慧旅游的基本架构，了解智慧旅游主要应用技术

2. 技能目标：掌握旅行管家智慧服务基本技能，掌握旅行管家智慧管理基本技能，掌握旅行管家智慧营销基本技能

3. 素质目标：掌握旅行管家智慧化服务的基本素质，掌握旅行管家创新化技能的基本素质

知识导入

在一趟美好的欧洲之行即将结束之际，游客张先生全家都来向旅行管家王女士握手道别并表示感谢。张先生的父亲一边握着王女士的手一边说："小王啊，你是我见过最用心的导游员，从出发前给我们发通知到现在，差不多每到一个地方，住也好、玩也好，都有提醒信息发到我们手机上，工作真的太细致了！"王女士笑道："张老先生，您过奖了！感谢您对我工作的认可。其实我们旅行管家和普通导游员还稍稍有些不同，不仅服务的范围更广了，技术含量也更高了。就拿这通知信息来说吧，我们公司开发了一体化的旅游服务平台，您收到的信息很大一部分都是平台自动发送的。打比方说您到了某个城市，系统平台一旦捕捉到您的位置，就自动给您发送这座城市的相关信息，以及晚上下榻酒店的注意事项，这可比我挨个儿发送更准确、更及时啊！"

这时候张先生也插话道："你们这个系统是真的好用，放在微信小程序上，一点不占存储空间，功能还这么强大。"王女士接着话说："是的，凡是用过它的游客们都说这个软件好用呢，既方便我组织活动，也方便你们参与旅游，其实它就是一个小小旅行管家。像

您这么爱旅游的人，以后哪怕自己一个人去什么地方玩，都可以通过它查询信息，提供比价，还能自动规划行程呢。如果您平时有空，在上面多参与活动和游戏，还能经常拿到各种优惠券和红包喔。”

旅行管家的各项工作和科学技术的联系将越来越紧密，先进的科技能为旅行管家的工作带来更大的便利，也能让游客享受到更加优质的服务。那么，科技究竟改变了旅行管家工作的哪些方面？旅行管家的工作在未来又将有哪些发展？相信通过本章的学习，你会得到答案。

旅行管家对于外部的经营环境，需要重点关注的是政治法律因素、社会文化因素、经济因素和科技因素等方面，这些因素是相辅相成的。例如，经济对社会发展的推动不仅促进了产业升级，也带来了科技进步；反过来，科技对社会发展的推动，不仅促进了经济发展，也改变了社会文化和人们的生活习惯。随着社会整体的进步，推动旅游需求朝向品质化、多元化、个性化等方向发展，旅行管家除了通过科学管理的手段提高资源利用率，优化工作效率，以应对这样的变化之外，也可以利用科学技术的手段解决经营发展中的矛盾，促进工作的进步。在这其中，智慧旅游是最佳解决方案之一。

智慧旅游，又称智能旅游，是利用5G、大数据、云计算、物联网、区块连等新技术，通过互联网或移动互联网，借助便携的终端上网设备，主动感知旅游相关信息，并及时安排和调整旅游计划，从而达到对各类旅游信息的智能感知、方便利用的效果。智慧旅游将全面提升旅游业的信息化水平，使中国旅游业由“信息化”时代和“数字化”时代大步迈进“智慧化”时代。智慧旅游的建设与发展将集中体现在旅行管家的旅游管理、旅游服务和旅游营销三个层面。

8.1　智慧旅游概述

8.1.1　智慧旅游架构

纵观人类发展的历史，科技是第一推动力。现代科技的发展创造了极大的社会财富，使得人均收入增加，为出游提供了经济条件；同时，科技让社会劳动率大大提高，人们的闲暇时间增多，让出游成为可能；现代交通（飞机、高铁、导航系统）缩短了世界的空间距离，改变了人们的出游方式；而科技的发展使旅游市场的外延和空间不断扩大，旅游产品日益丰富多彩，人们横跨极地、海底览胜、登上珠峰甚至月球旅游都不再是梦想；科技的运用还大大提高了旅游产品的安全性，使得旅游服务越来越完善，让品质服务得以实现。

科技与旅游的结合，为旅游带来了更多智慧化的进步，尤其是旅游与信息化的结合，必将为旅游服务业带来第二次革命。传统旅游的点菜模式正在随着物联网、云计算的带动转变为一种融合了贴身服务、位置服务等新型服务内容的智慧旅游模式。在这样的模式下，旅行管家可以利用技术手段主动发现旅游者的需求，也能根据旅游者所在位置，通过便利的手段实现更加优质的服务，应用前景十分广泛。

当然，智慧旅游的覆盖面不止在游客服务层面，通过互联网、物联网、通信网络平台的支持和多种先进信息技术的应用，智慧旅游可以为政府主管部门提供决策依据，提高政府的工作效率；为旅游企业提供及时的旅游信息，为企业的市场营销、线路设计提供技术上的支持；为旅游者提供与旅游有关的各种信息服务，并可针对旅游者的喜好为旅游者制定特色路线，虚拟现实技术更可以让旅游者提前进行体验；还能为旅游专业院校的学生提供虚拟的实习环境，为旅游教学服务等。

智慧旅游的开展需要依托众多外部科技、整合多样化的技术资源，智慧旅游也有着严谨的理论体系，是技术与生产的完美结合，一个完整的智慧旅游系统更有着立体而复杂的架构。智慧旅游的核心应用体系主要包括应用层、网络层和感知层。应用层实现智慧服务、智慧管理、智慧营销、智慧运营等智慧旅游的行业应用；网络层通过互联网、物联网以及移动通信网络为应用层提供网络服务实现数据安全、高效的传输；感知层通过 RFID（射频识别技术）、条形码、传感器、摄像头等各类数据采集和感知技术，实现数据采集和存储，为整个智慧旅游的应用体系提供基础数据的支撑。在此基础上，对接各种智慧设施设备构成的物理层、各种数据库构成的数据层、各种平台构成的支撑层与游客等旅游角色构成的服务层，就能组建成一个比较完整的智慧旅游层级架构体系，如表 8－1 所示。

表 8－1　智慧旅游整体系统架构

服务层	游客	景区	酒店	农家乐	导游	旅行社	政府	机构
服务层	旅游政务网	旅游资讯网	旅游执法网	电子商务网	手机 App	公众服务号	游客体验中心	
应用层	智慧服务		智慧管理		智慧营销		智慧运营	
应用层	智能导航、智能导游、智能导览、智能导购、电子地图、手机 App、电子支付、游客定位		信息发布、景区管理、实时数据统计、智能库存管理、旅游电子商务、旅游预测预警、综合安防监控、应急指挥调度		旅游资源展示、游客资源分析、互动营销、精准营销、品牌推广、智慧促销		微信运营推广、官方网站推广、人力资源管理、物业招商租赁	
支撑层	应急指挥调度平台	导航服务平台	导游服务平台	导览服务平台	导购服务平台	旅游门户服务平台	大数据决策分析支撑平台	智慧交通支撑平台
支撑层	智慧金融支撑平台	智慧政务支撑平台	智慧环保支撑平台	软件应用支撑平台	呼叫中心平台	移动办公平台	GIS 地理信息支撑平台	
数据层	从业人员数据库	旅行社数据库	酒店数据库	地理信息库	门票数据库	客户关系库	电子商务库	门户数据库
数据层	服务数据库	应急预案库	交换数据库	游客数据库	政务旅游数据库			
物理层	网络设施	主机设施	存储设施	安全设施	系统软件	旅游服务平台器群	旅游政务服务器群	
网络层	移动网络	互联网络	物联网络	电话网络	广电网络	无线网络	政务外网	政务内网
网络层	GIS	GPS	RS	RFID	音视频传感	智能终端	专网	互联网
感知层	手机	视频电话	呼叫中心	无线网关	计算机	RFID	摄像头	传感器网络

8.1.2　智慧旅游技术

智慧旅游的开展是科技进步的体现、旅游需求的反映，也是时代发展的必然。通过对智慧旅游架构的分析，可以看出智慧旅游的开展不仅需要各方面专业人才、技术和设施的支持，也需要专门的从业人员将智慧旅游的各要素加以整合。智慧旅游体系建设的核心主要是旅游应用信息系统工程的建设，这其中包括大量和传统旅游并无直接关联的技术，如要解决智慧旅游的数据化、互联化、智能化就需要掌握数据化感知、互联化传输和智能化处理等关键技术。因此，智慧旅游不单是旅游行业内的一次技术创新，而是整个社会产业革命的一个组成部分。推动智慧旅游，不仅需要旅游从业人员的积极参与，也需要更多关联行业的共同支持。

2020 年 11 月 30 日，文化和旅游部等十部委联合印发《关于深化“互联网＋旅游”推动旅游业高质量发展的意见》，提出“坚持正确导向、坚持市场主导、坚持技术赋能、坚持开放共享、坚持安全有序”五大原则。在这其中，应用技术是实现旅游“智慧”的关键。5G、大数据、云计算、人工智能、虚拟现实、增强现实、物联网、区块链等信息技术革命成果的应用普及，将深入推进旅游领域数字化、网络化、智能化转型升级，推动旅游业发展质量、效率和动力的变革。反过来，旅游业的这些发展变革也将促进智慧化旅游产品的创造与生产，以及新模式、新业态的产生。因此，旅行管家有必要了解一些能与旅游结合起来的前沿技术，并能在旅游活动的智慧创新工作中加以应用。

1. 5G 技术与智慧旅游

第五代移动通信技术简称 5G 技术，是最新一代蜂窝移动通信技术。5G 的性能目标是高数据速率、减少延迟、节省能源、降低成本、提高系统容量和大规模设备连接。我国三大运营商于 2019 年 11 月 1 日正式上线 5G 商用套餐。5G 的网络特点主要包括：（1）峰值速率需要达到 Gbit/s 的标准，以满足高清视频、虚拟现实等大数据量传输；（2）空中接口时延水平需要在 1ms 左右，满足自动驾驶、远程医疗等实时应用；（3）超大网络容量，提供千亿设备的连接能力，满足物联网通信；（4）频谱效率要比 LTE 提升 10 倍以上；（5）连续广域覆盖和高移动性下，用户体验速率达到 100 Mbit/s；（6）流量密度和连接数密度大幅度提高；（7）系统协同化、智能化水平提升，表现为多用户、多点、多天线、多摄取的协同组网，以及网络间灵活地自动调整等。

5G 不仅是网速更快，还在旅游业中的应用还有更广泛的天地，尤其是景区游览、酒店服务和公共服务方面都将产生巨大革新。华为公司在其网站中给出 5G 应用的行业分类案例集，包括 5G 与新媒体、医疗、电力、矿山、港口、工业制造、教育、公交、物流、海洋牧场等十多种场景，其中与旅游相关的场景内容包括 5G＋旅游、5G＋博物馆、5G＋机场、5G＋车站、5G＋酒店、5G＋商场等。[①]

扫一扫

华为：千行百业上 5G

5G 技术可以与云计算深度结合，助力万物互联，使旅游服务更具科技含量。在旅游活动中实现高清直播、VR 体验、室内导览、智能舞台等功能，在酒店服务中实现智

① 千行百业上 5G，见 https://carrier.huawei.com/cn/Industries-5G.

慧机器人、智慧客房、云商务办公等功能，在公共服务中实现与“城市智慧大脑”的无缝对接，实现智能监测预警、智能分析决策、智能管理、智能指挥全方位的服务旅游活动。

思政园地

5G在我国的发展

5G的发展并不是旅游行业的事，而是整个国家和社会发展的重要动力。我国充分发挥制度优势，在5G的研发和应用上领先世界，表8-2罗列了我国在5G发展过程中的重要政策、文件及会议。

表8-2 5G相关政策、文件以及会议梳理

时间	内容
2016年1月	工信部在“5G技术研发试验”启动会上宣布，正式启动5G研发试验，分为关键技术验证、技术方案验证和系统方案验证三个阶段推进实施
2016年9月	IMT-2020（5G）推进组在“5G创新发展高峰论坛”发布中国5G技术研发试验第一阶段测试结果，测试结果达到预期，充分验证的多样化5G场景需求的技术可行性
2017年6月	工信部发布《公开征集在毫米波频段规划第5代国际移动通信系统（5G）使用频率的意见》，公开征集在毫米波频段规划第5代国际移动通信系统（5G）使用频率的意见
2017年6月	中国信息通信研究院发布《5G经济社会影响白皮书》，提出2030年5G在直接贡献方面将带动的总产出、经济增加值、就业机会分别为6.3亿元、2.9万亿元和800万个；在间接贡献方面将带动的总产出、经济增加值、就业机会分别为10.6万亿、3.6万亿和1 150万个
2018年3月	工信部印发《2018年全国无线电管理工作要点》，提出要加快5G系统频率规划进度
2018年4月	工信部发布《5G发展前景及政策导向》，提到我国5G将在2019年下半年初步具备商用条件
2018年12月	5G频谱资源分布方案公布，标志着三大运营商在5G中低频段的频谱资源格局基本形成，5G格局已初步形成
2019年1月	国家发改委、工信部等部门联合印发《进一步优化供给推动消费平稳增长 促进形成强大国内市场的实施方案（2019年）》，指出扩大升级信息消费，加快推进5G商用牌照，加快推进超高清视频产品消费
2019年3月	工信部等部门联合发布了《超高清视频产业发展行动计划（2019—2022年）》，指出要积极探索5G应用于超高清视频传输，实现超高清视频业务与5G的协同发展
2020年3月	工信部发布《关于推动5G加快发展的通知》，明确提出加快5G网络部署、丰富5G技术应用场景、持续加大5G技术研发力度、着力构建5G安全保障体系和加强组织实施5方面18项措施

思考：你觉得5G的发展将会给旅游行业带来怎样的变化？你认为5G的发展对旅行管家的工作创新有哪些重要的推动方向？

2. 大数据与智慧旅游

大数据（Big Data），官方定义是指那些数据量特别大、数据类别特别复杂的数据集。麦肯锡全球研究所给出的定义是：一种规模大到在获取、存储、管理、分析方面大大超出了传统数据库软件工具能力范围的数据集合，具有海量的数据规模（Volume）、快速的数据流转（Velocity）、多样的数据类型（Variety）和价值密度

低（Value）四大特征。大数据是无法在一定时间范围内用常规软件工具进行捕捉、管理和处理的，需要特殊的技术才能有效地处理。适用于大数据技术，包括大规模并行处理（MPP）数据库、数据挖掘、分布式文件系统、分布式数据库、云计算平台、互联网和可扩展的存储系统等。

旅游大数据是指旅游行业的从业者及消费者所产生的数据，包括景区、酒店、旅行社、导游、游客、旅游企业等所产生的管理或业务数据，旅游行业基础资源信息库数据，以及互联网旅游数据、旅游宏观经济数据、旅游气象环保数据、旅游交通数据、旅游网络舆情数据等，其中游客的数据最为重要、应用价值最大。在实际应用中，旅游大数据工作主要包括大数据采集、大数据存储和管理、大数据分析和挖掘、大数据呈现和应用等方面。

实现海量数据多源异构，建立旅游大数据资源库是大数据采集工作的重要内容。利用旅游大数据共享交换技术、建立统一的数据平台、实现数据交换与共享等工作能促进旅游大数据的存储和管理工作。在大数据的分析和挖掘工作中，通常需要构建多层次、立体化、可视化、智能化的数据挖掘与深度应用系统，实现旅游管理、营销、服务、保护全方位的立体智慧能力。表 8－3 是旅游大数据平台数据分析及应用的示例。大数据程序和应用通常需要依据可视化的大数据平台实现，其功能主要包括景区热力图、客流量预测分析、客源地分析、实时流量监控、游客画像、分销渠道分析、逗留时间统计、消费情况统计等。

表 8－3　旅游大数据平台数据分析及应用表

游客	景区、旅行社	旅游主管部门
旅游资讯信息查询	产品信息、活动信息发布	旅游信息、政策发布
智能导游、导览	游客消费及行为分析	旅游行业资源基本信息库管理
点评、投诉	实时流量监控和客流预测	监控游客数量及趋势数据
旅游活动推荐	接待统计、客源地统计等	游客目的地及行为数据分析
产品预订	旅游舆情分析	游客消费行为数据分析
景区周边服务	拥堵预警、灾害预警	旅游舆情分析
…	实现旅游行业市场精准营销	提升旅游企业服务质量数据
	改善旅游行业服务水平	实现旅游行业精准管理
	…	旅游宏观数据分析及预测
		…

资料来源：深大智能，见 https://www.sendinfo.com.cn/smartTourism.htm.

3. 云计算与智慧旅游

云计算（Cloud Computing）最初是分布式计算的一种，指的是通过网络“云”将巨大的数据计算处理程序分解成无数个小程序，然后通过多部服务器组成的系统进行处理和分析，并将得到结果返回给用户。云计算技术已经普遍服务于现如今的互联网服务中，最为常见的就是网络搜索引擎和网络邮箱。而随着技术的不断深化，云计算已经发展成为分布式计算、效用计算、负载均衡、并行计算、网络存储、热备份冗杂和虚拟化等计算机技术混合演进并跃升的结果。目前，部署云计算资源有三种不同的方法：公共云、私有云和混合云。大多数云计算服务都可归为三大类：基础结构即服务（IaaS）、平台即服务（PaaS）、软件即服务（SaaS）。它们有时候称为云计算“堆栈”，因为它们互为构建基础。了解这些服务及它们之间的差异，可以更轻松地实现业务目标。

云计算在费用、速度、全局缩放、工作效率、性能、可靠性、安全性等方面有鲜明的优点。云计算让使用者无须在购买硬件和软件以及设置和运行现场数据中心上进行资金投入，也无需各种硬件设置、软件补丁和其他费时的 IT 管理事务。大多数云计算服务作为按需自助服务提供，因此通常只需点击几下鼠标，即可在数分钟内调配海量计算资源，赋予企业非常大的灵活性，并消除了容量规划的压力。云计算服务有优质的弹性扩展能力，能够在需要的时候从适当的地理位置提供适量的 IT 资源。云计算服务的安全数据中心与单个企业数据中心相比，能降低应用程序的网络延迟、提高缩放的经济性。云计算能够以较低费用简化数据备份、灾难恢复和实现业务连续性。许多云提供商都提供了广泛地用于提高整体安全情况的策略、技术和控件，这些有助于保护数据、应用和基础结构免受潜在威胁。①

大数据和云计算各有不同的关注点，但是在技术体系结构上，都是以分布式存储和分布式计算为基础，所以二者之间的联系也比较紧密。从技术上看，大数据与云计算的关系就像一枚硬币的正反面一样密不可分。大数据必然无法用单台的计算机进行处理，必须采用分布式架构。它的特色在于对海量数据进行分布式数据挖掘。但它必须依托云计算的分布式处理、分布式数据库和云存储、虚拟化技术。从应用角度来看，大数据是云计算的应用案例之一，云计算是大数据的实现工具之一。简而言之，云计算作为计算资源的底层，支撑着上层的大数据处理。

4. 人工智能技术与智慧旅游

人工智能（Artificial Intelligence，AI）。它是研究、开发用于模拟、延伸和扩展人的智能的理论、方法、技术及应用系统的一门新的技术科学。与计算机技术结合后，人工智能得到了极大的发展，成为计算机科学的一个分支。人工智能企图了解智能的实质，并生产出一种新的能以与人类智能相似的方式做出反应的智能机器，该领域的研究包括机器人、语言识别、图像识别、自然语言处理和专家系统等。人工智能可以对人的意识、思维的信息过程进行模拟，随着理论和技术日益成熟，人工智能应用领域也不断扩大。

具体来说，人工智能技术主要包括智能感知、机器学习、智能推理、智能行动四大方面，其技术内涵如表 8－4 所示。

表 8－4　人工智能技术及其内涵

技术	内涵	
智能感知	模式识别	语句识别法、统计决策法、人工神经元网络法
	自然语言处理	文字自动识别系统、语音自动合成系统、电子词典、机器翻译系统、自动索引系统
	计算机视觉	
机器学习	设计和开发学习算法	
智能推理	逻辑研究	谓词逻辑、其他逻辑
	推理搜索	显式搜索、隐式搜索
	专家系统	知识库的知识集合、推理机的程序模块
智能行动	数据挖掘	数据准备、规律寻找、规律表示
	智能控制	智能过程规划、智能过程控制、专家控制系统、语音控制、智能仪器

资料来源：柳红波．人工智能技术在智慧旅游中的应用［J］．自动化与仪器仪表，2016（02）．

---

① 什么是云计算，见 Microsoft Azure. https://azure. microsoft. com/zh-cn/overview/what-is-cloud-computing/.

人工智能技术在智慧旅游体系中有着广泛的应用前景，可以利用数据挖掘、机器学习、智能搜索等技术自动分析、展现旅游信息；利用自然语言处理、模式识别等技术实现自动翻译、自助导览等服务；利用预测模型、推理技术进行旅游需求分析决策；结合其他技术可以为游客提供更真实的旅游体验，为旅游监管部门提供更有效准确的监管手段。总的来说，人工智能技术有利于旅游者旅游信息的收集、搜索；有利于旅游经营者旅游信息的推送；有助于促进旅游解说系统的智能化；有助于推动酒店呼叫方式的变革，同时人工智能技术对于游客数量预测、景区管理质量提高、旅游行政管理效能提高和旅游线路规划的智能化都具有重要的促进作用。

5. 场景技术与智慧旅游

虚拟现实（Virtual Reality，VR）技术，又称灵境技术，是20世纪发展起来的一项全新的实用技术。虚拟现实技术集计算机、电子信息、仿真技术于一体，其基本实现方式是计算机模拟虚拟环境从而给人以环境沉浸感。虚拟现实技术集成了动态环境建模技术、实时三维图形生成技术、立体显示和传感器技术、应用系统开发工具、系统集成技术等关键技术手段，具有沉浸性、交互性、多感知性、构想性、自主性等特性，在影视、娱乐、教育、设计等领域应用广泛。随着社会生产力和科学技术的不断发展，旅游业对VR技术的需求日益旺盛，旅游VR技术也取得了巨大进步，并逐步成为一个新的科学技术领域。

增强现实（Augmented Reality，AR）技术则是一种将虚拟信息与真实世界巧妙融合的技术。增强现实技术广泛运用了多媒体、三维建模、实时跟踪及注册、智能交互、传感等多种技术手段，将计算机生成的文字、图像、三维模型、音乐、视频等虚拟信息模拟仿真后，应用到真实世界中，两种信息互为补充，从而实现对真实世界的“增强”。增强现实技术主要通过多媒体和三维建模、跟踪注册、交互技术以及场景融合等新的技术和手段，不仅能够有效体现真实世界的内容，也能够促使虚拟的信息内容显示出来，这些细腻内容相互补充和叠加，与人类能够直接感知的信息内容之间存在明显不同。

VR/AR等场景技术和旅游活动的结合，常见的形式有虚拟旅游、智慧旅游导览等，通过三维建模和全景视频，能够打造真实的现场感，让游客随时随地“亲临”景区，大大降低决策成本，提升景区营销效率。通过虚拟旅游，能够逼真重现人文历史景观及历史事件，让历史褪下神秘面纱，通过互动参与给游客带来沉浸式游览体验。通过数字化重建，游客可以打破时间、空间的限制，获得更丰富的游览体验。通过虚拟旅游，游客可以亲身体验超越自身极限的景观，让旅游体验更圆满。VR/AR等场景技术和旅游活动的结合，常见的形式包括虚拟展示及讲解、互动式沉浸体验、大场景多人互动体验、景区营销及文创产品升级等形式，其特点如表8-5所示。

表8-5　VR/AR和旅游活动结合示例

示例	概述	体验内容	体验方式
虚拟展示及讲解	通过在虚拟环境中构建景区的虚拟场景，让游客能够根据自己的兴趣和意愿，跨越时空地进行沉浸式景区体验，多维度、多视角、全方位立体展现景区的魅力；同时，还可以在虚拟环境中重现景区历史上的重要事件和文化典故，以高新科技展现景区的文化内涵。	景区全景式概览、重要景点讲解、历史事件和文化故事重现、虚拟导游等	以观看为主，在VR和AR环境下体验

续前表

示例	概述	体验内容	体验方式
互动式沉浸体验	针对景区的重要景点和重要游览内容，开发互动性强的虚拟内容，将景区的文化内涵融入互动剧情中，让游客能够以亲身经历的方式体验到景区的独特文化魅力，丰富游客的游览内容，提高游客旅游体验的深度。	景区的特色仪式活动、以景区文化为基础进行延伸创作的虚拟互动内容	以体验为主，在VR和AR环境中体验
大场景多人互动体验	将景区中气势恢宏、具有史诗感的历史故事在虚拟环境中重现，让游客沉浸于场景中，和同伴一起亲历历史，用自己的行动推动历史向前发展，在参与的过程中感受历史和文化的浑厚力量。	大型历史事件	多人互动，在VR环境中体验
景区营销及文创产品升级	将景区吉祥物或品牌形象、文创产品三维化，并以AR的方式立体呈现，既可与景区的网络营销相结合，又能丰富文创产品的内容维度，对旅游体验进行极大的延伸。	景区三维宣传内容、文创产品三维内容	在AR环境中体验

资料来源：聚象数字科技（深圳）有限公司。

6. 物联网技术与智慧旅游

物联网（Internet of Things，IOT）是指通过各种信息传感器、射频识别技术、全球定位系统、红外感应器、激光扫描器等各种装置与技术，实时采集任何需要监控、连接、互动的物体或过程，采集其声、光、热、电、力学、化学、生物、位置等各种需要的信息，通过各类可能的网络接入，实现物与物、物与人的泛在连接，实现对物品和过程的智能化感知、识别和管理。物联网是一个基于互联网、传统电信网等的信息承载体，它让所有能够被独立寻址的普通物理对象形成互联互通的网络。简而言之，物联网即“万物相连的互联网”，是互联网基础上的延伸和扩展的网络，将各种信息传感设备与互联网结合起来而形成的一个巨大网络，实现在任何时间、任何地点，人、机、物的互联互通。

物联网通过对互联网应用的拓展来实现物与物之间的信息互动，可以实现进一步的自动化、个性化和更好的客户体验，促进社会经济活动开展效率的提高，为人们的生活提供便利。在未来的旅游发展过程中，物联网技术也将得到深度应用。个人控制是物联网技术在旅游业中最广泛的应用体现。例如，在酒店内、航班上或景区中，游客通过一个集中设备（如手机），可以控制更多设施或服务，体现出更大的个性化优势。无缝旅行也是物联网技术在旅游中的典型应用，交通工具的换乘、景区的入园手续、酒店的入住和离店手续等，都可以通过传感技术快速实现，大大简化旅途中的衔接时间和衔接成本，为游客创造更好的旅游体验过程。同时物联网技术让游客的位置信息发挥更大的价值，通过智能手机与信标技术或其他传感技术相结合，旅行社或景区不仅可以根据游客具体所在位置，提供各种专业的服务，还能根据位置数据的变化，优化服务配置。当然，在智能节能、设备保养等众多旅游场景中，物联网技术的应用都能够体现显著的优势。

7. 区块链技术与智慧旅游

区块链起源于比特币，在比特币形成过程中，区块是一个一个的存储单元，记录了一定时间内各个区块节点全部的交流信息。各个区块之间通过随机散列（即哈希算法）实现链接，后一个区块包含前一个区块的哈希值，随着信息交流的扩大，一个区块与一个区块相继接续，形成的结果就叫区块链。近年来，比特币的发展起起落落，但作为其底层技术之一的区块链技术日益受到重视。如今，区块链是一个信息技术领域的术语。从本质上讲，它是一个共享数据库，存储于其中的数据或信息具有不可伪造、全程留痕、可以追溯、公开透明、集体维护等特征。基于这些特征，区块链技术奠定了坚实的“信任”基础，创造了可靠的“合作”机制，具有广阔的运用前景。

目前，区块链技术在金融领域、公共服务领域、数字版权领域、保险领域和公益领域等都有广泛的应用。例如，在金融领域中，区块链技术能够省去第三方中介环节，实现点对点直接对接，能在大大降低成本的同时快速完成交易支付。同时区块链技术和物联网、大数据可以天然结合。通过大数据的自动筛选和过滤功能和区块链中信用资源的建立，可以双重提高交易的安全性以及物联网交易的便利程度。当然，在未来的旅游发展过程中，区块链技术也将得到深度的发展。

在旅游活动中，区块链技术的身份认证功能可以大大简化游客的旅游负担，游客不仅可以通过区块链技术证明自己的身份，也能够借此获得基本的旅游和金融服务。区块链技术的智能合约功能不仅能消除中介机构的存在，方便旅游活动中的转账和结算，节约旅游消费的时间和费用，也能制约消费欺诈，减少旅游活动的随意性和交易过程中产生的矛盾。通过区块链技术，风险管理能更轻易被驾驭。每当一个新的预约被创建、修改或取消，或是游客进入旅游活动中某一新的场景（如登机、入住、入园、租车等），旅游服务者都能通过区块链系统实时获知他们的实况，便于更好地提供管理服务。利用区块链技术去中心化、开放性、独立性、安全性、匿名性等特性，可以真正做到旅游评价公开透明，促进游客和旅游经营者的共时性。

知识链接

《关于深化“互联网+旅游”　推动旅游业高质量发展的意见》

2020年11月30日，文化和旅游部、国家发展改革委、教育部、工业和信息化部、公安部、财政部、交通运输部、农业农村部、商务部、市场监管总局等部委联合发布了《关于深化“互联网+旅游”　推动旅游业高质量发展的意见》，意见指出：

旅游业是现代服务业的重要组成部分，已经成为我国国民经济的战略性支柱产业。当前，以互联网为代表的现代信息技术持续更新迭代，为旅游业高质量发展提供了强大动力。为坚定不移建设网络强国、数字中国，持续深化“互联网+旅游”，推动旅游业高质量发展，更好发挥旅游业在促进经济社会发展、满足人民美好生活需要等方面的重要作用，助力构建以国内大循环为主体、国内国际双循环相互促进的新发展格局，经国务院同意，现提出如下意见。

1. 总体要求

(1) 指导思想。以习近平新时代中国特色社会主义思想为指导，全面贯彻党的十九大和十九届二中、三中、四中、五中全会精神，坚持以人民为中心的发展思想，坚持新发展理念，以供给侧结构性改革为主线，加快推动绿色低碳发展，以“互联网+”为手段，在坚持常态化疫情防控的基础上，推动旅游生产方式、服务方式、管理模式创新，丰富旅游产品业态，拓展旅游消费空间，培育适应大众旅游消费新特征的核心竞争力，推动我国旅游业高质量发展。

（2）基本原则。

坚持正确导向。倡导文明旅游风尚，提供更高水平、更加丰富的旅游产品，让广大群众在高质量旅游体验中厚植家国情怀、感受幸福生活，实现社会效益和经济效益有机统一。

坚持市场主导。尊重人民首创精神，充分发挥市场在资源配置中的决定性作用。更好发挥政府作用，加强顶层设计，创新政策供给，完善配套制度，优化“互联网+旅游”营商环境。

坚持技术赋能。推动5G、大数据、云计算、物联网、人工智能、虚拟现实、增强现实、区块链等信息技术革命成果应用普及，深入推进旅游领域数字化、网络化、智能化转型升级，培育发展新业态新模式，推动旅游业发展质量、效率和动力变革。

坚持开放共享。将互联网作为旅游要素共享的重要平台，优化资源配置，加快形成以开放、共享为特征的旅游业发展新模式。

坚持安全有序。强化底线思维，树立安全意识，依法依规加强对互联网旅游服务平台的监管，筑牢互联网和旅游业融合发展的安全防线。坚持包容审慎监管，依托互联网技术全面提升旅游监管和服务水平，促进旅游市场健康有序发展。

（3）发展目标。到2022年，“互联网+旅游”发展机制更加健全，旅游景区互联网应用水平大幅提高。建成一批智慧旅游景区、度假区、村镇和城市。线上线下旅游产品和服务更加丰富，个性化、多样化水平显著提升。全国旅游接待总人数和旅游消费恢复至新冠肺炎疫情前水平，旅游市场大数据监管和服务能力进一步增强。到2025年，“互联网+旅游”融合更加深化，以互联网为代表的信息技术成为旅游业发展的重要动力。国家4A级及以上旅游景区、省级及以上旅游度假区基本实现智慧化转型升级。依托网络平台的定制化旅游产品和服务更加普及。全国旅游接待总人数和旅游消费规模大幅提升，对境外游客的吸引力和影响力明显增强。

2. 重点任务

（1）加快建设智慧旅游景区。制定出台智慧旅游景区建设指南和相关要求，明确在线预约预订、分时段预约游览、流量监测监控、科学引导分流、非接触式服务、智能导游导览等建设规范，落实“限量、预约、错峰”要求。国有旅游景区应于2021年底前全部提供在线预约预订服务。引导旅游景区开发数字化体验产品并普及景区电子地图、线路推荐、语音导览等智慧化服务。建设一批世界级旅游景区和度假区，树立智慧旅游景区样板。推进乡村旅游资源和产品数字化建设，打造一批全国智慧旅游示范村镇。支持旅游景区运用数字技术充分展示特色文化内涵，积极打造数字博物馆、数字展览馆等，提升旅游体验。

（2）完善旅游信息基础设施。加快提升国家全域旅游示范区、国家5A级旅游景区、国家级旅游度假区等各类旅游重点区域5G网络覆盖水平。推动停车场、旅游集散与咨询中心、游客服务中心、旅游专用道路及景区内部引导标识系统等数字化与智能化改造升级。推进物联网感知设施建设，加强对旅游资源、设施设备和相关人力资源的实时监测与管理，推动无人化、非接触式基础设施普及与应用。进一步规范各地区旅游大数据中心建设，建立省域统一的数据标准并逐步推广至全国，实现涉旅数据整合和共享，发挥数据综合服务和应用效能。

(3) 创新旅游公共服务模式。厘清政府公共服务与市场旅游信息服务边界，鼓励各地区采取政府与市场相结合的旅游公共服务平台运营模式，提升平台服务效能，实现可持续运营与发展。各地区要进一步拓宽旅游公共服务信息采集渠道，有效整合文化和旅游、公安、交通、气象等部门的相关数据信息，综合运用大数据、云计算等技术，在平台上及时发布旅游景区实时游客量、道路出行、气象预警等信息，引导旅游资源优化配置。依法依规推动政府与企业间相关数据资源共享。推进旅游厕所数字化建设，实现信息查询、路线导航、意见反馈等功能。完善入境游客移动支付方案，为其旅游消费提供便利。在为老年人等特殊群体保留线下服务的基础上，支持旅游公共服务平台开发专门应用程序和界面，优化使用体验。

(4) 加大线上旅游营销力度。统筹线上线下，强化品牌引领，实施国家旅游宣传推广精品建设工程。通过互联网有效整合线下资源，总结推广全域旅游发展经验模式，推动建设一批世界级旅游城市。开展长城、大运河、长征、黄河等国家文化公园，以及丝绸之路等重要主题旅游线上推广行动，打造一批世界级旅游线路。鼓励旅游景区、旅游饭店、博物馆等与互联网服务平台合作建设网上旗舰店，实现门票在线预订、旅游信息展示、会员管理、优惠券团购、文化和旅游创意产品销售等方面功能。鼓励电商平台拓展"旅游+地理标志产品+互联网+现代物流"功能，扩大线上销售规模。鼓励采用网络直播、网站专题专栏、小程序等线上营销方式，推介全国乡村旅游重点村镇、中国美丽休闲乡村和乡村休闲旅游精品景点线路。结合旅游扶贫，通过人员培训或技术帮扶等多种方式，推动更多贫困地区旅游业商户"触网"，利用网络直播平台开展营销。支持各地区建立旅游营销科学评价机制，提升旅游营销成效。

(5) 加强旅游监管服务。通过大数据采集分析加强旅游安全监测，提升旅游领域突发事件预警和应急处置能力。推动北斗系统等导航定位、可穿戴设备、电子围栏、遥感卫星等技术和设备在自助旅游、特种旅游中的运用。完善全国旅游监管服务平台，健全中央—地方旅游监管服务平台体系，形成旅游市场信息化、智能化监管服务格局。鼓励各地区建设基于大数据的旅游市场经济运行监测体系，实时监测区域旅游消费趋势，建立数据导向的政策调整机制。

(6) 提升旅游治理能力。推广旅游电子合同使用，推进旅游电子合同标准制定。推动各地区建立健全线上旅游投诉和处理机制，提高游客投诉快速处理能力，打击欺客宰客行为。用好文化、旅游市场严重失信名单管理制度，对列入严重失信名单的市场主体和从业人员，依法依规实施联合惩戒，构建放心消费环境。创新旅游统计应用，提高旅游统计的时效性、科学性和精准性。

(7) 扶持旅游创新创业。鼓励以产品和内容为载体开展业态融合创新，支持建设一批旅游营销创新基地，孵化一批具有较高传播力和影响力的旅游品牌。引导云旅游、云演艺、云娱乐、云直播、云展览等新业态发展，培育"网络体验+消费"新模式。引导旅游企业、大中专院校、科研机构建立产学研合作机制，积极开展科技创新支撑下的应用研发，通过举办各级各类创新创意大赛等方式，提高创新成果转化率，推广一批优秀应用案例和行业解决方案。开展数字文旅商结合促进行动，促进旅游业线上线下深度融合。在确保房屋安全的前提下，推动"互联网+旅游民宿"规范发展，研究出台相关政策，推广一批应用示范。

(8) 保障旅游数据安全。按照数据安全和个人信息保护相关法律法规要求，落实旅游数据安全管理责任，保障旅游数据收集、传输、存储、共享、使用、销毁等全生命周期安全，防止数据丢失、毁损、泄露和篡改。定期开展安全风险和隐患排查，增强应急处置能力。对存在重大旅游数据信息安全风险隐患的地区，采取通报、约谈等方式推动严肃整改。

3. 保障措施

（1）完善政策环境。各地区、各部门要结合新技术、新业态、新模式在旅游领域的应用试点和示范，积极推进体制机制改革，探索有利于创新成果转化的政策环境。加强“互联网+旅游”领域内容创作、产品研发、模式创新等知识产权保护，健全线上线下维权机制，增强企业创新动力和活力。建立健全智慧旅游标准规范体系，引导规范智慧旅游发展。

（2）加强要素支撑。统筹用好相关资金，结合实际对“互联网+旅游”关键领域、薄弱环节和重点项目等予以支持。创新投融资方式，支持符合条件的“互联网+旅游”企业发行债券。经认定的“互联网+旅游”高新技术企业，按规定享受相应的财税优惠政策。推进“互联网+旅游”人才队伍建设，加快相关专业升级和数字化改造，创新培养培训模式，完善激励机制。

（3）抓好组织实施。各有关部门要按照职责分工，研究具体政策措施，协同推进任务落实。各地区要研究制定符合本地区实际的落实方案，完善相关配套政策。文化和旅游部要会同有关部门加强跟踪分析和协调指导，重要情况及时报告国务院。

8.2 旅行管家的智慧变革

科技的进步为社会带来全方位的改变，智慧旅游也是旅游发展的大势所趋，因此，旅行管家若想在职业发展上获得长足的进展，必须紧跟时代的步伐，深入了解智慧旅游的概念，掌握基本智慧旅游的技能，融入甚至引领智慧旅游的发展。智慧旅游层级众多、架构复杂，虽然其发展来自众多科技行业的支持，但究其本质依然是旅游范畴。因此对旅行管家而言，其工作并非只在智慧旅游的服务层展开。根据具体的工作方向和内容的不同，旅行管家完全可以将其工作融合在智慧旅游的感知、网络、物理、数据、支撑、应用、服务等任何一个层级中，为旅游者提供更专业的智慧服务。这样就实现了旅行管家在智慧旅游中的职业细分，也会因此创造出许多新的岗位和技能。

但是，在实际工作开展中，旅行管家最主要的工作体现还是在服务层和应用层上。智慧旅游的发展为旅行管家服务层的工作带来了更多创新的空间，主要包括智慧服务、智慧管理和智慧营销三个方面。

8.2.1 旅行管家的智慧服务

1. 智慧旅游与智慧旅游服务体系

旅行管家通过技术引入和服务设计等工作，可以为旅游者提供更具智慧化的旅游服务。旅行管家的智慧旅游服务主要包括传统旅游服务的智慧化延伸和新型智慧服务的旅游化延伸。例如，门票预订、气象查询等服务，传统上通过电话、传真等工具也可以实现，但是费时费力，在完成智慧化升级后，旅行管家提供这一类服务，只需轻点手机屏幕即可实现，甚至可以做到自动触发。而定位服务、场景服务等新型智慧服务，本来并非旅游活动的专属，但随着技术应用的不断成熟，可以在旅游活动中得到深度融合。

智慧旅游的开展和社会智慧化程度的发展有密切关系，因此，旅行管家在不同地区、不同旅游活动中，服务的智慧化程度也是各不相同的。例如，目的地的通信网络建设落后、旅游者智慧化普及程度较低、旅游活动接待预算有限、旅行管家智慧服务技能不高等，都会造成旅游活动中旅行管家智慧服务比例的下降。反过来，旅行管家在旅游产品的策划设计过程中，同样也能够通过部分服务的智慧化植入，增加产品的价值和吸引力。同时，智慧化服务也能集合成服务系统，旅行管家也可以将各种智慧服务系统整合成完整的服务体系，促进智慧服务整体效力的提升。表8－6就是某智慧旅游服务体系基本架构示例，仔细观察可以看出，不同智慧服务体系之间存在众多信息关联和服务重叠，因此，智慧服务体系也需要进行经常性的优化，才能保证智慧服务的效率。

表8－6　某智慧旅游服务体系基本架构

智慧系统	智慧服务项目	智慧服务内容
智慧旅游系统	智能语音导览	地区全域导览服务
	周边服务推荐	根据游客游中位置，实时推送周边吃、住、行、游、购、娱等相关服务信息
	游览路线推荐	为景区开发定制多种主体游玩线路，给游客游玩建议和参考
	智能语音讲解	根据游客位置定位，自动讲解附近人文历史故事，可根据喜好选择男女声、专家名人讲解等
	VR/AR虚拟互动	可通过虚拟互动，将景区特色文化和风光多维度展现给游客
	AI智能客服机器人	智能客服机器人根据情景语境与游客实时互动，为游客答疑解惑
	在线商城	在线销售门票、演出票，购票快捷，无须排队，文创产品带动景区二销创收
地图系统	GIS手绘地图	1∶1真实绘制、完全匹配互联网地图，补充最后一公里数据不足，线下承载性强，纸质手绘地图、导览牌、文创产品定制
	室内3D GIS定位引擎	
	智能导览系统	支持GPS定位，一键导航，匹配出行场景，满足游客游中需求，吃、住、行、游、购、娱等信息全覆盖
	地磁指纹数据服务	室内高精度地磁定位，走到哪儿讲到哪儿

续前表

智慧系统	智慧服务项目	智慧服务内容
大数据中心	智慧旅游基础设施	综合布线
		云服务器
		有线网络
		无线网络
		视频监控
		智能广播
		智能停车场
		消控中心
	2.5 维地理信息系统	
	智慧旅游服务系统	旅游微信服务系统
	智慧旅游管理系统	大屏展示系统
		综合管控平台
		智能停车诱导系统
	基础数据采集系统	
	地图内容制作	基础数据采集、整理、入库、绘制
		2.5 维地图制作
	数据对接/交换	
智慧旅游服务系统	目的地线路分销	分享线路、佣金奖励
	20 秒入园票务系统	微信扫码购票、窗口纸质票、自助机购票都将自动为游客生成验票二维码，游客持码（或身份证）在景区闸机刷码即可自助入园
	活动促销	结合景区门口检票系统，景区入口落地，可以方便游客扫码入园。平价展现门票的同时，绑定语音及二销产品销售
	景区运营服务	建设文旅服务平台，为自助游游客提供游前、游中、游后的全程服务，包括旅游咨询展示查询、线路攻略制作、吃住行游购娱产品的预订、公共服务、导游导览、智能交互体验、旅游投诉点评等
	微信营销	微信商城可实现全品类销售，如门票、套票、酒店、民宿、特产、餐饮及纪念品等，实现线上线下销售一体化，用户在线购买成功后可以选择自提或者快递，商城自带全民分销功能，用户/商家可实现一键开店功能
	智慧门票	游客到达景区，除了购买门票，还会有吃、喝、住、购等消费需求。运用智慧化工具不只是解决效率，也能够帮助景区促进游客二次消费，实现更多的增量收入
	智慧运营	互动游戏
		朋友圈广告联盟
		照片＋
	智慧二销产品	深度整合全球多家前沿科技公司，甄选多款科技产品

续前表

智慧系统	智慧服务项目	智慧服务内容
文旅服务平台	旅游资讯	旅游资讯
		景点导览
		节庆活动
		文化特色
		旅游攻略
		活动分享
	智能体验	美景直播
		智慧导览
		AR 互动体验
		VR 虚拟展示
		景观灯光秀
		AI 智能客服
	旅游服务	停车引导
		厕所查找
		旅游气象
		投诉建议
		公告通知
	旅游电商	门票预订
		酒店预订
		特产预订
		美食预订
		线路预订
		优惠营销

资料来源：麦扑小鹿导游。

智慧旅游为旅行管家工作带来的最大变革来自服务创新。各种智慧旅游技术的融入，使旅行管家的服务不仅效率倍增，质量更是显著提高，同时也促使旅行管家整合服务功能，推出新的服务产品，创造更大的价值。人类的智慧本是无穷无尽的，旅行管家的智慧旅游服务类型也是层出不穷的。通过旅游服务的智慧升级，能够让服务变得更人性化，但这并不是为了要消灭“人的服务”。旅行管家也不应片面重视智慧工具的使用，而忽略了真实的人对人服务。只有将科技手段和真实服务有机结合，才能够让智慧旅游发挥更大的价值，为智慧旅游创造更大的发展空间。

不过，智慧旅游服务的发展并不是以旅行管家为中心的，与旅游业中大多数场景相比，旅行管家的实时服务已经很人性化了，因此在智慧旅游的发展初期，技术、资本和市场积极推动的主要是实时服务缺失度较高的旅游板块，如旅游景区、旅游场站等。而这样的推动，反倒可能会对旅行管家的服务需求造成冲击。表 8－7 是利用微信平台实施的智慧景区解决方案，不难看出，景区通过智慧化的旅游升级，不仅大大提高了服务效率和服务质量，创造了更多的服务内容，同时也大大突破了景区的传统经营范围，取代了部分旅行管家所提供的服务内容。

表 8-7 智慧景区的解决方案

项目分类	项目功能	具体内容
智能体验类	语音导游	游客通过线下扫描二维码或摇一摇，实现微信端自助收听语音讲解
	地图导览	为游客提供地图导览服务
	线路推荐	细化游览景区的特色线路，具体呈现特色线路的游览时间、季节，用户可以直观地筛选适合自己的线路
	定制行程	用户根据个人需求提出出行计划，后台工作人员接受需求后为其推荐行程。同时，可提前制定好常规的线路供用户选择
	流量监控	通过对景区游客流量和车位数量的统计，做好预警安排和通知
	多景区管理	大范围区域内对多个景区的集中囊括，游客可以通过此功能了解附近景区，获得附近景区的简介、门票、交通等信息
移动电商	门票销售	利用微信支付，在微信端实现门票直销，不再完全依赖OTA，开辟自己的销售渠道
	酒店预订	整合景区周边酒店资源，实现在线预订，丰富在线商业
	租车预订	在线预订租车服务，适用于未购车辆且想自驾游的用户
	微商城	帮助景区和目的地账号实现自媒体电子商务销售渠道，为游客提供多样化商品购买与消费方式
	微返现	微返现由粉丝主导，通过强关系进行高效推荐，参与商户的销售和品牌的传播，帮助景区和商户挖掘潜在用户，实现精准营销，提交景区和商户交易额
	红包管理	用户购票后获得红包，通过与微信好友分享红包实现景区品牌传播与商业转化
营销推广类	各类抽奖	快速生成大转盘、刮刮卡等线上活动，辅助日常运营，刺激用户参与，实现景区品牌传播与拉新
	秒杀活动	快速生成整点秒杀等线上活动，辅助日常运营，刺激用户参与，实现景区品牌传播与拉新
	社会化营销	利用微公益、众筹、夺宝等社会化营销活动，为账号创造更多的网络曝光量，吸引更多用户关注账号，带来更多的销售机会。具体活动包括智勇大闯关、全程寻宝、随手拍摄影比赛、领养花儿、围住大老虎、方言配对、夺宝、众筹活动、微公益、微投票等
社交互动类	聊天室	给游客提供在线交流平台
	留声卡	指可以“留下声音的照片”，用户可以上传在景区留下的身影，并配上语音，增加景区与游客、游客与游客之间的互动
	送心意	用户看到活动即可参与，购买了物品或服务后，可以分享至朋友圈或直接赠予朋友获得
	约同游	景区账号粉丝可发送文字、照片，系统随机匹配一个异性网友发出的瓶子作为回复
形象展示	微官网	快速搭建个性的移动端网站，展示景区形象，精美页面利于游客快速分享，实现移动端的营销和传播
	微画册	在微信公众号上打造景区随身宣传册
数据分析	用户分析	查看账号所有关注用户资料、运动轨迹、地域分布、用户发送消息等，以及账号关注用户增长情况分析
	交互数据	查看账号内文章/活动页面的访问次数和用户数、分享次数和分享用户等

续前表

项目分类	项目功能	具体内容
日常运营类	微信客服	针对用户的常规问题，系统判断分析，账号将自动回复
	引导关注	用户在未关注账号的时候进入页面会提醒用户关注账号
	预约助手	预约助手适用于主题乐园或者风情古镇举办大型演出，对游客量承载有一定限制，用户通过此功能可提前进行预约
	活动报名	详细介绍景区的活动，报名、详情等信息囊括其中
	问卷调查	景区提出的问题，起到采纳用户意见、收集数据的作用
	用户积分	用户可以在景区公众号做任务赚积分、消费积分，有利于活跃公众号粉丝，增强粉丝黏性

资料来源：微景通，见 http://www.weijingtong.net/product.html.

所以，智慧旅游的发展对旅行管家的工作开展其实是一把双刃剑。一方面能够促进旅行管家工作效率和质量的提升，另一方面也为旅行管家的工作带来了更多的竞争者。当然，这是一个朝阳产业的鲜明特征。“他山之石，可以攻玉。”正因为竞争者的技术也可以是旅行管家自身发展的“武器”，旅行管家更应在激烈的竞争中找准自己的角色和位置，明确自身的核心竞争力，用智慧旅游技术“武装”自己，而不是一味的拿来主义，在智慧旅游的浪潮中迷失方向。

同时，智慧旅游的全面实现需要依托大量的专业设施、设备、程序和相应的操作人员等资源。因此，推动旅游业的智慧化转型需要大量的前期投资，往往需要来自政府或大型财团的支持，才能完成网络层、物理层和支撑层的架构，完成智慧平台的搭建。旅行管家的智慧服务往往是依托这些平台的资源开展工作，或利用这些平台组建自身的服务系统。例如，云南省推出“一部手机游云南”平台，不仅集成了众多旅游资讯和服务，同时也为更多旅游服务者提供优质的服务平台。

经典案例

“一部手机游云南”实现“6个最”

近年来，云南省抢抓数字经济发展机遇，创新探索“数字云南”建设，努力推动全省经济社会高质量跨越式发展。特别是围绕游客“说走就走、自由自在、全程无忧”目标，建设“一部手机游云南”项目，推动数字经济下的云南旅游转型升级。云南携手腾讯在全国率先推出“游云南”App，实现了“6个最”——资讯信息最全面、实时直播最丰富、地理信息最精准、导游导览服务最便捷、高速无感支付最先进、投诉处置最高效，成为全国智慧旅游发展的标杆。

最全面权威的云南旅游资讯。“游云南”App 汇集了云南省 16 个州（市）、129 个县（市、区）1 分钟城市宣传片，339 个景区的名片和官方旅游攻略、出行信息等，为游客提供全方位服务信息。

数量最多的实时景区直播。“游云南”App 接入了 1 400 路直播流，对景区“此时此刻”的真实情景进行不间断直播，做到让游客“足不出户，尽览云南美景”。

最便捷的在线导游导览服务。142 家 3A 以上景点景区全面上线“游云南”App，实现了手绘地图、在线导游、语音讲解、AI 智能识景等服务，接入 2.3 万座厕所（其中智慧厕所 733 座）和 441 个景区停车场点位信息，提升了游客旅游体验。

最诚信的旅游服务保障。诚信体系是“一部手机游云南”建设的核心，构建了由政府部门、行业协会（或专业机构）、游客共同参与的诚信评价体系，对涉旅企业开展规范指数、品质指数、体验指数 3 个方面的打分评价，形成企业诚信指数并在平台上公布，为游客选择诚信旅游企业提供参考。

最高效的旅游投诉处置体系。“一部手机游云南”构建了省、州（市）、县（市、区）、涉旅企业“1＋16＋129＋X”的全域旅游投诉体系，游客可选择在线投诉、语音投诉和电话投诉等投诉渠道进行投诉，并在“游云南”App 上实时查看投诉办理进展情况。云南旅游投诉平均办结时间从原来的 7 天缩短到现在的 6 个半小时，99%的投诉做到了 24 小时内办结。同时，新增上线我要退货功能，全面保障游客权益。

最先进的互联网技术运用。“一部手机游云南”整合了物联网、云计算、大数据、人工智能、人脸识别、小程序、微信支付等多项技术，实现了刷脸入园、高速公路无感支付、AI 识你所见等功能。识花识草目前已经覆盖了云南 6 000 种以上植物；全省 91 个景区可以刷脸入园，省内 15 个机场可以刷脸登机；76 条高速公路全部支持无感支付。

据悉，自 2018 年 10 月 1 日，“一部手机游云南”项目的第一阶段成果“游云南”App 正式上线运行至今，已综合了餐饮、酒店、交通、景区景点、大型综合商场、文娱场所、养生基地 7 大行业，覆盖近 3 000 个政府机构部门、300 多个景区、1 228 路慢直播、20 000 多家诚信企业，串联起吃、住、行、游、购、娱旅游六要素。截至 2019 年 5 月中旬，“游云南”App 下载量超过 230 万，使用人次超 2 000 万，月活跃超过 50 万，“游云南”小程序集群累计访问量突破 1 700 万人次。

资料来源：储东华等．“一部手机游云南”实现“6 个最”[N]．云南日报，2019-05-21.

2. 旅行管家的智慧服务模式

旅行管家依托智慧旅游平台，可以根据自身规模的大小以模块的形式接入平台。如果旅行管家所在的旅行社或旅游服务机构规模较大，实力较强，可以在智慧旅游平台上搭建自己的工作室，运营自己的机构品牌，而如果旅行管家以个人身份与智慧旅游平台合作，也可以在智慧旅游平台上推出个人服务，运营自己的个人品牌。表 8－8 是在携程旅行网上某旅行管家服务流程，这是旅行管家以小规模机构的形式在智慧旅游平台上提供服务的一个例子。

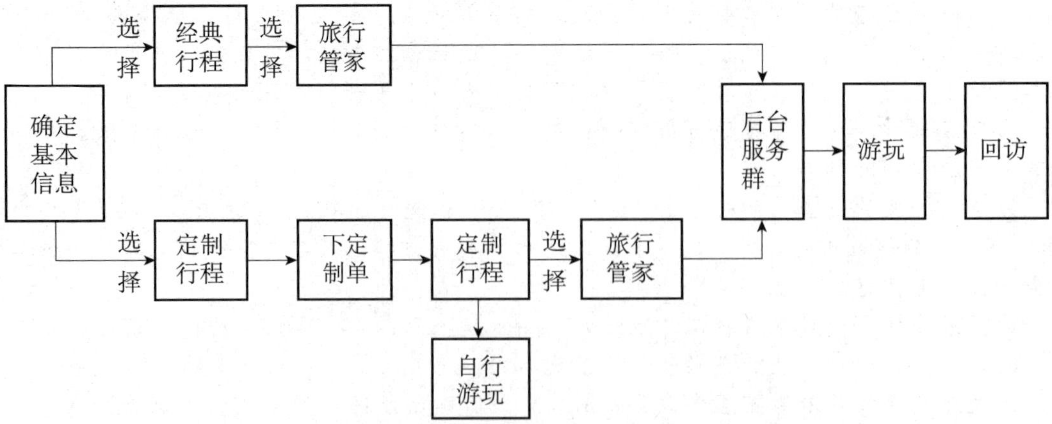

图 8－1　旅行管家服务流程示例

资料来源：携程旅行网，见 https://www.ctrip.com/.

在这种模式下，旅行管家和平台本质上是联合经营，可以共享游客的资源和信息。作为旅游者，既可能被平台吸引，选择平台中的特定旅行管家工作室，也可能被工作室吸引，在平台上完成交易。平台通过这样的模式收集更为丰富的信息和数据，利用智慧化技术生成智慧旅游工具或智慧旅游产品，旅行管家使用这些工具或产品，通过提升旅游接待或服务的智慧化水平，实现产品最终价值的提升。例如，旅游平台提供旅游线路自动生成工具，旅行管家只需要将平台资源库中餐厅、酒店、景点、活动等旅游要素填入，旅游行程和价格自动可以生成，这样将大大加快旅行管家与旅游者确认旅游产品的效率。当然，如果旅行管家在此基础上设计的一些创意活动内容是资源库中没有的，那么势必要通过手工添加的方式完成。这样不仅旅行管家能用最短的时间设计出最好的旅游产品方案来，旅游平台的资源库也会因此更加丰富，反过来让旅行管家下一次的产品设计有更高的效率。所以，在这样的模式下，平台和旅行管家可以通过智慧化的工作将旅游经营活动联系在一起，最终实现旅游经营的双赢局面。

旅行管家如果以个人身份进驻旅游平台，从事旅游接待服务工作，往往需要平台提供更多的技术支持，因此，在实际工作中也将受到平台更多的制度规范。表 8－8 就是携程“当地向导平台”对当地向导的管理规范细则。对平台而言，旅行管家是其旅游经营活动中众多供应商之一，随着平台的不断做大做强，平台对各类供应商的管理也将逐步深入。另外，旅行管家也可以实施多渠道的发展战略，可以线上线下同步经营或多平台进驻，充分利用旅游市场中各种智慧资源，提高旅游活动经营的效率和质量。

经典案例

携程当地向导管理规范细则

表 8－8　携程当地向导管理规范细则

分类	解释/说明
资质诚信	在注册环节向平台提交的资质证明材料虚假，包括但不限于公司营业执照、公司经营许可证、法人代表有效证件、旅行社责任险保险单、道路运输经营许可证，公司名下车辆保险单、导游证，学习及工作经验等
违反相关法律法规	发布国家禁止出售的商品或信息，包括但不限于危险武器类、有毒化学物类、色情低俗类等产品
	违反《旅行社条例》《旅游法》《消费者权益保护法》《广告法》《商标法》等相关法律法规情况
侵犯权益	泄露旅游者隐私或涉嫌侵犯旅游者隐私权的行为，造成旅游者财产或声誉损失的
	商家在平台发布的向导个人或商品信息涉嫌不当使用他人商标权、著作权、专利权等权利的，包括但不限于文字、图片等
承诺未能执行	商家行前未按承诺（订单包含的内容、外网信息披露、出团说明书）向旅游者提供产品与服务（含有资质的随团服务人员，如领队、导游等），严重影响旅游者出行或最终导致旅游者无法出行，导致产生重大恶性/群体性投诉、媒体公共事件、第三方机构调查行政处罚等情况，且处置不力，影响恶劣
	商家行中未按承诺（订单包含的内容、外网信息披露、出团说明书）向旅游者提供产品与服务，且涉嫌故意隐瞒、欺诈、强迫行为，特别是违反《旅游法》第三十五条（自费、购物）、第六十九条（行程变更）导致产生重大恶性/群体性投诉、媒体公共事件、第三方机构调查行政处罚等情况，且处置不力，影响恶劣
	商家未按照法律规定在行前与旅游者签订旅游合同，并未在行前提供旅游行程单（旅游行程单是包价旅游合同的组成部分）

续前表

分类	解释/说明
承诺未能执行	未征得旅游者书面同意，委托其他向导履行旅游服务合同的，或采取故意隐瞒、欺诈等方式时客人在不知情的情况下发生服务变更
恶意骚扰	向导采取恶劣手段对旅游者实施骚扰、侮辱、辱骂、贬低、恐吓等或通过非正常手段影响客人/携程服务人员
欺瞒客人	向导未经客人同意代替客人点评或强制要求客人按照其意愿点评
损害平台	向导在服务过程中冒充携程员工身份或诋毁携程声誉
	向导诋毁平台/携程声誉被认定给平台/携程带来负面影响
	以非正规军手段利用佣金政策漏洞、逃避平台佣金
	恶意利用平台系统漏洞，严重损害平台利益
投诉处置不力	因向导责任导致旅行者对行程中的服务不满，投诉至工商、地税、旅游局等上级主管机关或媒体，被认定责任且给“携程”网带来名誉或经济损失
	因向导责任导致旅游者行程中出现重大伤亡事故且处置不力
	突发事件或者旅游安全事故发生后，没有采取必要的救助和处置措施，也未依法履行报告义务，并对旅游者做出妥善安排。或发生此类事件事故后，没有积极承担相应法律义务及法律责任，推诿不配合处理
	向导未根据投诉反馈内容正确核实，给予回复错误信息，或故意隐瞒、误导事实和干扰携程客服公正判定
	向导拒不执行、服从向导平台规则
不当竞争	预订竞争对手产品并恶意取消、恶意差评或做出其他侵犯竞争对手权益的事项
飞单	以任何形式暗示、诱导或要求携程线上消费者脱离携程平台预订全部或部分资源，或接受客人脱离携程平台预订的要求
资金危机	商家资金信用危机（如商家未交纳或补足保证金、商家在正常运营过程中因订单退款等造成的店铺欠款等问题或其他信用危机）
虚假举证	商家在指证满足平台优惠政策或未违反规则等时，或者商家指证其他商家违法违规等时，提供不真实的证明材料的行为
虚假交易	禁止使用非正常手段，故意篡改、伪造，利用系统漏洞等不正当方式获取虚假的产品销量、点评、成交金额等（包括但不限于刷单、诱导客人拆单支付、刷点评等）
在线联系	使用生硬态度的语气、推卸责任的话语引起客人反感，或在沟通过程中与客人起争执
	客人举报、投诉向导在在线联系沟通过程中，有包括但不限于“携程客服”“携程国旅”等冒充携程员工的误导类话术
	联系过程中未完成沟通时，向导主动挂断客人电话引起客人投诉
点评回复	点评回复内容含有人身攻击词汇，语气生硬、嘲讽、推诿等
干扰客人	司机/导游故意骚扰、干扰、影响客户的行为（包括但不限于要求客人删除差评、撤销投诉等）
侵犯他人权益	严重抄袭其他向导的个人介绍或既有产品
发布非约定产品	向导发布的产品信息与实际经营的产品不一致。包括但不限于： 1. 含有夸大、不实等信息（价格、图片等），诱导、误导客人咨询及预订引起投诉情节严重的； 2. 含有诋毁竞争对手，侵犯任何第三方合法权利的信息或私自以携程平台名义影响客人判断的文字、图片等

续前表

分类	解释/说明
虚构价格	商家不得以虚构产品价格诱导消费者咨询预订，扰乱和破坏公平竞争、平等交易的市场秩序，侵害其他商家权益或对平台造成不良影响
产品管理	向导未按产品发布规则及携程发布的其他管理内容（包括但不限于规则、规范、类目管理标准、行业标准、明令禁止的词汇 LOGO 等）要求发布商品或信息，妨害买家权益的行为。 包括但不限于： 1. 产品标题、图片、价格、费用包含等产品要素之间明显不一致； 2. 产品标题等信息不实或者与本产品无关的； 3. 产品与所发布的类目或属性不符的； 4. 预订歧视，即商品以基于出行人安全考虑除外的理由等限制客人预订产品的； 5. 产品价格套餐设置时长不符合该地区要求； 6. 已过期产品未及时下线，包含为客户新增的临时性套餐未在客户付款当天下线

同时，软件技术的升级可以弥补某些智慧服务在硬件层面的不足。因此，部分旅游企业通过软件开发的方式为游客提供“机器人”服务，取代旅行管家的部分实际工作。虽然和真人服务相比，虚拟机器人在服务场景营造、个性化服务等方面依然存在较多不足，但是机器人程序具有随时随地呼起响应、专业算法精准高效等优势，又具有创新产品和科技产品的吸引力，成为智慧旅游服务又一重要的“新势力”，也将成为旅行管家实际服务工作中的重要帮手。

此外，共享服务也是智慧旅游服务的一种全新理念。随着智慧网络的不断发达、信息共享渠道日益畅通、共享文化和共享生活理念日益深入人心，也将推动旅游服务朝着共享服务方向迈进。在共享服务模式下，除旅行管家外，同一个旅游群组内的成员彼此都可以为对方提供方便其旅行的各种服务。这一模式将大大减轻旅行管家的服务压力，提高旅游服务效率，也能更有效满足游客多样化的需求。当然，这样的群组既可能是旅行管家组织的游客群，也可能是通过更开阔的旅游社区平台所组建的目的地游客群或主题游客群等。总之，智慧旅游服务的发展将日益成熟，未来的空间将更加广阔。

经典案例

携程专属微领队服务

“微领队”创立于 2015 年，是携程为预订自由行的游客提供的行中服务品牌。大部分购买携程自由行产品的游客会按照目的地和出发日期，被邀请加入相应的群组。群组里有携程旅游的旅行专家、客户服务人员、目的地旅游达人，也有相近时间段出行同一目的地的游客。“微领队”提供订单咨询、协助航班改签、酒店协调、交通指南、紧急联络、互动分享、当地咨询随问随答等服务。

如今携程微领队覆盖目的地已达到国内外 100 多个国家和地区，使用人群达几百万之多。除了普通的微信群，游客也可以根据自己的兴趣爱好、出行类型等加入相应的“主题群”。例如，喜欢潜水的朋友可以通过“海岛潜水主题群”的服务，在旅行前和旅行中随时了解专业潜水知识，结交相同爱好的驴友。未来，“微领队”的功能还将更加深入，将充分利用分享思维方式来解决行前、行中、售后的旅游问题，建立起出行者间的纽带和桥梁。表 8－9 是携程专属微领队服务内容对比。

表 8-9 携程专属微领队服务内容对比表

服务内容对比	常规免费电话服务	专属微领队服务	优势
咨询服务			
出行关键事项提醒	不含	根据客户行程安排复核护照有效期、签证签注等直接影响出行的关键信息	为您出行保驾
完善化内容提示	不含	参照客户计划提出便利性内容补充建议	助您旅途更轻松
旅行信息支持	不含	游览攻略、币种兑换、公共交通、餐饮购物、规则习俗、入境退税手续	随身谋士
订单服务			
待命式应答	一对多，工作时间	含服务订单 9—23 点时段一对一即时联络服务	即问即答
退变更处理	包含	含服务订单机票退改签、酒店及房型调整等协助处理	弹指应万变
诉求协调满足	不含	含服务订单特殊要求协调，如航空餐食、机场轮椅、入住要求、房间布置、应急物品输送等	贴心关怀，有求必应
保障服务			
应急支援	不含	旅行期间含服务订单目的地发生自然灾害或社会事件，情况通告、区域预警、方案推送、行程调整、协调减损、亲属联络、应急安置等	大事不慌
		旅行期间含服务订单发生人身安全、疾病、伤亡事件，协助报案、方案推送、行程调整、协调减损、亲属联络、安排救援、理赔善后等	
		旅行期间含服务订单发生财产物品遗失，协助报案、方案推送、安排当地资源协助等	
		旅行期间含服务订单发生当地纠纷事件，协助报案、法律援助意见、行程调整、协调减损等	
解决方案支持	通常由客户自行现场协商	旅行期间含服务订单航班取消、延误、超卖等情况处置，协助获取航司证明类文件	小事不忙

资料来源：携程“微领队”带着菜鸟自由行，见 https://www.sohu.com/a/69222553_215632；携程旅行网，见 https://vacations.ctrip.com/notes/4954.html.

8.2.2 旅行管家的智慧管理

1. 智慧管理与智慧管理系统

智慧管理，又称智能管理，是人工智能与管理科学、知识工程与系统工程、计算技术与通信技术、软件工程与信息工程等多学科、多技术相互结合、相互渗透而产生的一门新技术、新学科。智慧管理是现代管理科学技术发展的新动向，也是旅行管家未来管理工作的重要发展方向。旅行管家通过智慧管理系统，可以将管理信息系统、办公自动化系统、决策支持系统等管理系统的功能集成起来，应用人工智能专家系统、知识工程、模式识别、人工神经网络等方法和技术进行智能化、协调化，实现旅游管理的新跨越。

智慧管理的基础是管理的信息化和数据化，而智慧管理系统则是通过平台的搭建，有效采集、存储和管理这些信息和数据，并对其进行智能化加工和呈现。表 8－10 是智慧管理平台全景架构，平台依托大数据基础组建和私有云平台等软硬件设施、程序，可以通过多渠道的数据采集、全方位的数据治理提升数据的数量和质量，利用数据仓库高效存储和使用数据，通过特征工程、模型训练和可视化等技术手段，提供智能化的服务。从技术上说，数据智能依赖于算法的设定和模型的选择。平台通过特征工程对原始数据进行一系列工程处理，将其提炼为特征输入供算法和模型使用，在进行深度学习之后，输出为可视化信息。

表 8－10　智慧管理平台全景架构

<table>
<tr><th colspan="2">数据采集</th><th colspan="2">数据治理</th><th colspan="2">数据仓库</th><th colspan="2">数据智能</th></tr>
<tr><td colspan="2" rowspan="2">客户端采集：App、web、小程序、H5、公众号、企业微信</td><td colspan="2">数据 ETL 清洗</td><td colspan="2" rowspan="2">数据模型：Event 事件、User 用户、Item 内容、其他模型</td><td colspan="2">特征工程</td></tr>
<tr><td colspan="2">实时画像（ID-Mapping）</td><td colspan="2">特征选择</td></tr>
<tr><td colspan="2">服务器采集：服务器、数据库、历史数据导入、日志</td><td colspan="2">源数据管理</td><td colspan="2">实时导入系统</td><td colspan="2" rowspan="2">模型训练：深度学习、自然语言处理、时序预测、自动机器学习（AutoML）</td></tr>
<tr><td colspan="2">业务系统：客户关系管理（CRM）、会员系统、企业资源计划（ERP）、自建数仓</td><td colspan="2" rowspan="3">数据质量管理：数据校验、实时导入监控、异常报警、Debug 数据查询、用户关联效验、数据质量看板</td><td colspan="2">存储引擎</td></tr>
<tr><td colspan="2">第三方渠道：流量平台</td><td colspan="2" rowspan="2">查询引擎</td><td colspan="2">模型可视化</td></tr>
<tr><td colspan="2">40＋开源 SDK、导入工具、API</td><td colspan="2">在线服务</td></tr>
<tr><td>大数据基础组件</td><td>HDFS</td><td>KUDU</td><td>SKV</td><td>Yarn</td><td>Flink</td><td>Spark</td><td>Impala</td></tr>
<tr><td>私有云平台</td><td>多云管理系统</td><td>多应用管理</td><td>自动部署升级</td><td>监控报警系统</td><td>运维管理系统</td><td></td><td></td></tr>
</table>

资料来源：神策数据，见 https://www.sensorsdata.cn/features/bigdata.html.

在实际应用中，智慧管理系统不仅需要通过优化模型和算法，提升管理的智慧能力，同时也要考虑到使用过程的人性化，通过数据＋场景等方法，实现以使用者为中心的各种数据场景应用。当然平台的使用者不只有旅行管家，平台也可以开放部分功能和端口给予游客、旅行辅助人或其他相关群体使用。

2. 旅行管家的智慧管理模式

旅行管家智慧管理的目标首先在于集中管理。旅行管家的管理工作由行程管理、客户管理、安全管理等多项子工作构成，通过技术手段能够提升这些管理工作的效率，但是不同的管理项目自成系统，因为采用的管理方法和手段不同，所以不能合并开展，但是单独开展又容易造成大量重复劳动。利用智慧管理技术，就可以将不同的管理活动统一监视，集中管理。可以将各项管理工作相关信息统一存储、显示，在同一平台上操作和管理，这样既能准确、全面地反映各管理活动的实时状态，又能对管理活动进行动态监视，提高管理响应能力。其次，虽然不同的管理活动有较大的工作差别，但是也有相当多的信息和数据可以互通共享。通过智慧管理系统或平台，旅行管家既可以对各项管理活动分散控制，也可以实施系统联动，保证管理活动的优化运行。

从旅行管家的实际应用出发，智慧管理的优势还体现在多层次的角色构架上。优秀的智慧管理系统或平台可以根据使用者角色的不同提供不同的操作界面，旅行管家可以通过直观的可视化图形化系统总览全局，也可以通过专业的运行操控系统实施数据采集、监控、分析等各项管理手段，也能在后台配置系统参数、部署联动策略、组织运行模式。智慧管理系统通常还能和开放的游客系统对接，通过各种场景服务和场景控制，极大便利旅行管家和旅游者在旅游活动中的管理。

因为游客的旅游需求和旅游经营者的产品供给变化较快，旅游活动的模式也是日新月异。一方面为旅行管家的旅游管理提出了更高的要求，另一方面使旅游管理系统尤其是智慧旅游系统建设较为困难。低端的系统往往难以发挥智慧管理的效用，对管理工作的帮助不是很大，高端的系统往往采购成本极高，不是大多数旅行管家及其所属旅游企业能够承担的。但是，旅游市场中大型智慧旅游平台的建设不断成熟，为旅行管家的智慧管理提供了新的方式。平台为旅行管家提供智慧管理工具，和旅行管家共享旅游管理信息和数据，这样大大降低了旅行管家智慧管理的投入成本，有效促进了智慧旅游和智慧服务的全面推广。

8.2.3 旅行管家的智慧营销

随着科学技术走入人们的生产生活，不仅改变了旅游者的需求和习惯，也为旅行管家拓展了更大的业务覆盖面。因此，传统的营销模式已经难以适应这样的变化，旅行管家需要对营销模式进行智慧升级，才能更透彻地感知和获取旅游者的需求，更全面地互联互通，并随时随地分析和满足这样的需求。旅行管家的智慧营销主要体现在营销技术驱动、忠诚度管理和营销自动化等方面。

1. 营销技术驱动

技术对旅行管家营销工作的驱动不仅体现在先进性上，更重要的是能与旅游产品的生产销售加以匹配。随着旅游业的发展，旅游市场中的产品从内容、价格到体系都发生了较大的变化，需要与之相适应的营销手段。例如，当旅游市场中产品的数量有限或较少时，旅行管家可以通过定制或优化行程，为游客提供更具针对性的产品。但是当旅游市场中的产品种类和数量没有上限时，营销工作就将面对更复杂的竞争和筛选压力。又如，当旅行管家所经营的旅游产品品种较为单一时，简单的价格策略就能满足旅游者的要求，但是当面对品种繁多的旅游产品时，没有灵活的价格策略，难以满足旅游者的价格心理需求。旅游产品的内容和价格从最初由旅行管家决定发展为由旅游者和旅行管家共同决定，这些问题都需要旅行管家的营销朝向智慧化方向转型，通过相匹配的技术驱动才能够得到有效解决。

旅行管家智慧营销技术的驱动包括硬件技术驱动与软件技术驱动两类，它们是相辅相成的。硬件技术包括手机等终端设备和各级智慧处理设备的技术水平；就软件技术而言，信息的多条件触发技术、个性化处理技术、多埋点采集技术、大数据画像技术、多渠道聚合技术等，都是比较常见的智慧营销驱动技术。通过多种埋点采集方案、标签化的运营形式、明确的用户画像，以及线索行为打分等手段，可以使旅行管家锁定客户生命周期所处阶段，更智慧地为旅行管家筛选优质的商机。信息聚合技术能极大地促进旅行管家的管理和营销效率，常与大数据画像技术、标签化运营技术配合使用。表 8-11 是实时、全域的用户标签体系。旅行管家通过信息聚合技术统一客户的各类 ID 后，就能依托全触点数据采集技术为客户更精确地画像，再通过全域标签管理技术，配合全渠道触点营销手段，将大大提高旅行管家的营销效率。

表 8-11 实时、全域的用户标签体系

项目	全触点数据采集	全渠道触点营销	用户 ID
微信生态	公众号、小程序、企业微信、H5	公众号、群发消息、服务号模板消息、微信服务通知、微信社群触达、小程序运营位、微商城运营位、小程序弹窗、小程序客服消息	Open ID 、union ID
自营平台	App、web、H5、客户关系管理（CRM）、会员管理、企业资源计划（ERP）	站内信、web 客服消息、App Push、App 弹窗、App 运营位、短信、邮件	匿名 ID、cookie ID、注册账号 ID
第三方渠道	合作的流量平台、其他小程序	朋友圈广告、其他付费推广	各流量平台 ID
线下门店	线下门店采集	线下门店推广、地推	会员账号 ID
全域标签	消费偏好类标签、社会属性类标签、消费决策类标签		统一的用户 ID

2. 忠诚度管理

忠诚度是客户对旅行管家的商业忠诚程度，这是一个量化的概念，通常指受旅行管家经营的产品质量、价格、服务等诸多因素影响，使客户对旅行管家的产品或服务产生感情，形成偏爱，并长期重复购买的程度。旅行管家对客户的忠诚度管理通常通过会员制营销模式实现。会员制营销就是旅行管家通过发展会员并提供差别化的服务和精准的营销，以提高客户忠诚度，从而长期增加企业利润的营销方式。旅行管家通过会员制营销可以更好地了解客户及其消费行为，通过对会员信息和消费行为对客户分类，进行更具针对性的营销和关怀。在会员制模式下，会员就是旅行管家最好的宣传媒体，旅行管家的促销也可以成为针对会员的关怀，提升会员的消费体验，最终提升会员的忠诚度。

虽然在传统旅游营销模式下，会员制营销模式已存在，但是随着智慧化程度不断提高，会员制营销模式和客户的忠诚度管理会更加丰富、高效、精准，将得到质的改变。智慧化的忠诚度管理工具通常是具体的管理软件或平台，一般需要由旅行管家和技术团队共同建设完成，其内容主要包括忠诚度实时管理、忠诚度计划管理、品牌忠诚度管理、忠诚度管理工具维护等。

旅行管家对忠诚度的实时管理通常可以通过实时奖励实现。智慧化的忠诚度管理工具能帮助旅行管家轻松创建以会员管理为中心的忠诚度管理计划，提供丰富的积分活动、积分兑换、会员升级等服务，提高对客户实施奖励的精准度和有效性。同时，旅行管家利用智慧化忠诚管理工具还能够通过等级体系、积分体系、权益体系的忠诚度体系的构建，为会员制定个性化的忠诚度管理计划。表 8-12 是某旅游企业忠诚度体系规则的示例，通过这种会员“成长管理”的方式，无疑能有效提升客户黏性和复购率。旅行管家的品牌忠诚管理也可以通过会员制营销方式实现。例如，通过“会员推荐计划”，可以帮助旅行管家的旅游品牌拥有更多忠诚度的会员。旅行管家通过智慧化系统也能更方便地实施客户的满意度追踪服务，让客户忠诚度培育贯穿旅行管家经营的始终。

表 8－12　旅游企业忠诚度体系规则

体系	内容	
等级体系	会员分层规则	等级规则设置满足个性化设置，可实现会员全渠道等级一致，各渠道的会员权益一致
	等级有效期	有效且具有时效性的会员等级可帮助商家准确触达沟通，避免营销资源的浪费
	等级升降级	延续忠诚度体系的灵活和有效性，配合保级策略的激励玩法，可提升会员活跃度
积分体系	积分价值	确定具有明确价值的折现率，为会员提供丰富的积分活动、积分兑换等，增加会员的品牌黏性
	积分有效期	时效性能增强积分的流转，实现更多形式玩法，且可帮助商家锁定和节约营销资源
	积分获取 & 消耗渠道	交易互动积分获取方式、消费方式、多种形式结合可增强会员互动和黏性
权益体系	权益价值	权益的选取满足个人尊享价值或者服务价值的体现
	权益多样性	财务刺激型的产品、优惠；情感关怀型的祝福、提醒；体验活动型的邀约等多样聚合
	权益分层	结合等级体系实现权益定向会员分层，塑造会员体系差异度

资料来源：慧博科技，见 https://www.hbtech.cn/static/channel_vipsolution.html.

此外，旅行管家通过忠诚度管理工具，还可以对接软件或平台以外的渠道，实现全渠道忠诚度管理，方便客户在多样化的渠道中与旅行管家实现个性化的互动。常见的方式有随时随地赚取和兑换积分、各种体验类奖励、移动端忠诚度计划等。由于市场中各类销售信息的充斥，使得客户对旅行管家的营销信息有自我保护和厌烦情绪，因此，旅行管家利用智慧化平台，通过游戏化的方式提供忠诚度管理，往往能取得较好效果。

3. 营销自动化

营销自动化是一种营销模式，也是一种营销思路或营销策略。自动化的营销一方面能够降低旅行管家营销的工作量，另一方面也能够提高营销的效率，因此是旅行管家智慧营销工作的重要组成部分。营销自动化通常通过营销自动化软件等数字化营销工具来实现。虽然通过营销自动化能大幅降低营销劳动力成本，但是自动化营销的软件设计、使用以及运营维护都价格不菲，对使用条件的要求较高，因此早期只有大型企业才具备使用条件。但是随着营销自动化技术门槛的不断降低、使用面的不断宽泛，在旅行管家的工作中也能得到广泛的应用。

早期的营销自动化工作主要是根据时间延迟或信息触发等技术，为客户或潜在客户提供必要的信息服务，但客户端的信息却难以充分反馈到营销人员这里。随着技术的进步，目前营销自动化已进入“集客营销”阶段，即以客户为中心，通过更充分的信息捕捉，了解客户不断变化的需求，并提供所需的信息，与之互动与沟通。旅行管家营销自动化工作主要包括多渠道营销工具选择、多条件的触发、高效的多渠道联动、高效渠道的优选、线索的培育和拓展、信息的度量和分析、跨渠道客户生命周期规划、营销活动的管理等。

由于技术壁垒的客观存在，目前，旅行管家使用的营销自动化软件大多数都需要通过外部采购完成，因此这也涉及实用学习和运营维护的工作。随着技术的进步，营销自动化也可以集成在管理系统中成为智慧管理的一个模块。通过这样的系统，旅行管家可以基于客户资料、行为和消费数据等，进行客户分群和分层，准确识别企业需要的特定营销对象；可监测丰富的客户行为事件或其他类型事件，通过对事件进行分析判断，可完成场景化的营销以及支撑客户旅程的搭建；可提供包括消息触达在内等一些营销动作能力，如除了能发送召回消息给流失的客户，也需要能够在线索进行价值评估并将完成线索的分配；当营销自动化系统能够集成更多来源的客户数据、能够监测更丰富的事件、执行更多类型的营销动作时，它所能够划分的客户群体也将越精准，能支持的营销场景也就越丰富。

当然，营销自动化并不是万能的，也并非旅行管家所必需的。因此，旅行管家在开展营销自动化工作之前，一方面，需要从自己实际的客户需求场景以及工作最终目标出发，判断是否需要使用营销自动化技；另一方面，营销自动化也需要和人工服务相结合。通过营销自动化技术，可以向细分受众发送更具针对性的内容，但是在沟通交流等领域，自动化技术的服务水平依然不能和真人相比，需要旅行管家及时提供后续的服务，才能保证营销活动的一体化。同时，营销只是旅行管家经营管理工作的一个组成部分，所以旅行管家虽然要重视营销工作，积极壮大未来客户群体，但更需要重视目前正在接待或服务的客户。

内容小结

智慧旅游是旅游业未来发展的重要方向之一，也是旅行管家工作重要的升级方向。随着科技的进步，5G、大数据、云计算、人工智能、虚拟现实、增强现实、物联网、区块链等技术与旅游的结合越来越紧密，旅行管家既要跟紧时代发展的方向，了解智慧旅游发展的基本方向，熟悉智慧旅游技术的基本应用，掌握智慧旅游接待服务的基本技能，也需要根据实际的工作目标和需求场景，在智慧旅游服务、智慧旅游管理、智慧旅游营销等领域积极创新，开拓进取，为所经营的旅游产品和服务创造更大的价值。

实训练习

应知考核

1. 智慧旅游的核心应用体系主要包括应用层、________、感知层。

2. 大数据的特征是具有海量的数据规模、快速的数据流转、多样的数据类型和______________。

3. ________技术是一种将虚拟信息与真实世界巧妙融合的技术。

应会考核

1. 请举例说明等技术与旅游结合带来的智慧变革。

2. 请举例说明旅行管家智慧服务的类型（三类以上）。

3. 请问旅行管家的工作是否需要与智慧管理技术融合？如果是，应该怎样融合？如果不是，为什么？

实践操作

请你尝试以手机为终端，将旅行管家所有工作全部移至手机上完成，然后请分析利用手机办公后，哪些工作更简便了？哪些工作更困难了？能不能通过技术的优化，使这些工作变得更加容易？

主要参考文献

[1] 中国旅行社协会．旅行管家分类、要求与认定（T/CATS001—2021），2021.

[2] 中华人民共和国旅游法解读编写组．中华人民共和国旅游法解读［M］．北京：中国旅游出版社，2013.

[3] 吴必虎，黄潇婷等．旅游学概论［M］．3版．北京：中国人民大学出版社，2019.

[4] 邢以群．管理学［M］．5版．杭州：浙江大学出版社，2019.

[5] 陈传明．管理学［M］．北京：高等教育出版社，2019.

[6] 全国导游资格考试统编教材专家编写组．导游业务［M］．5版．北京：中国旅游出版社，2020.

[7] 易婷婷，王晓宁，吴颖．导游实务［M］．2版．北京：北京大学出版社，2018.

[8] 孔邦杰．旅游安全管理［M］．3版．上海：格致出版社，2019.

[9] 杨晓安．旅游安全综合管理［M］．北京：中国人民大学出版社，2019.

[10] 卢世菊．旅游法教程［M］．6版．武汉：武汉大学出版社，2017.

[11] 全国导游资格考试统编教材专家编写组．政策与法律法规［M］．5版．北京：中国旅游出版社，2020.

[12] 张澜．服务心理学［M］．5版．北京：旅游教育出版社，2020.

[13] 徐文燕．旅游心理学［M］．2版．上海：格致出版社，2015.

[14] 黄宝辉．旅游线路设计实务［M］．2版．长春：东北师范大学出版社，2019.

[15] 马费成，宋恩梅．信息管理学基础［M］．2版．武汉：武汉大学出版社，2011.

[16] 乜瑛，郑生勇．公共关系学［M］．杭州：浙江大学出版社，2007.

[17] 曹戈．旅游顾问［M］．北京：旅游教育出版社，2015.

[18] 徐郅耘，龙睿．定制旅行服务与技能［M］．上海：上海交通大学出版社，2020.

[19] 赵西萍．旅游市场营销学［M］．北京：高等教育出版社，2006.

[20] 王昆欣，牟丹．旅游景区服务与管理［M］．3版．北京：旅游教育出版社，2018.

[21] 沟通的基本方法［EB/OL］．https://wenku.baidu.com/view/39e8d4a3d1f34693daef3e0a.html

附录　旅行管家分类、要求与认定

扫一扫

旅行管家分类、要求与认定

图书在版编目（CIP）数据

旅行管家实务：微课版/韩德琼，杜晨主编．--北京：中国人民大学出版社，2021.7
新编21世纪高等职业教育精品教材．旅游大类
ISBN 978-7-300-29582-4

Ⅰ.①旅… Ⅱ.①韩… ②杜… Ⅲ.①旅游服务-高等职业教育-教材 Ⅳ.①F590.6

中国版本图书馆CIP数据核字（2021）第132262号

校企“双元”合作开发教材
中国特色高水平高职专业（导游专业群）建设成果
新编21世纪高等职业教育精品教材·旅游大类
旅行管家实务（微课版）
主　编　韩德琼　杜　晨
Lüxing Guanjia Shiwu

出版发行	中国人民大学出版社		
社　　址	北京中关村大街31号	**邮政编码**	100080
电　　话	010－62511242（总编室）		010－62511770（质管部）
	010－82501766（邮购部）		010－62514148（门市部）
	010－62515195（发行公司）		010－62515275（盗版举报）
网　　址	http://www.crup.com.cn		
经　　销	新华书店		
印　　刷	天津鑫丰华印务有限公司		
开　　本	787 mm×1092 mm　1/16	**版　　次**	2021年7月第1版
印　　张	21 插页1	**印　　次**	2024年8月第3次印刷
字　　数	504 000	**定　　价**	45.00元